Colom | Rohlfing-Dijoux | Schulze (eds.)

The 50th Anniversary of Mauritius

Constitutional Development

Nomos

REGION REUNION
www.regionreunion.com

The Deutsche Nationalbibliothek lists this publication in the Deutsche Nationalbibliografie; detailed bibliographic data are available on the Internet at http://dnb.d-nb.de

ISBN 978-3-8487-5474-8 (Print)
978-3-8452-9628-9 (ePDF)

British Library Cataloguing-in-Publication Data
A catalogue record for this book is available from the British Library.

ISBN 978-3-8487-5474-8 (Print)
978-3-8452-9628-9 (ePDF)

Library of Congress Cataloging-in-Publication Data
Colom, Jacques / Rohlfing-Dijoux, Stephanie / Schulze, Götz
The 50th Anniversary of Mauritius
Constitutional Development
Jacques Colom / Stephanie Rohlfing-Dijoux / Götz Schulze (eds.)
472 p.
Includes bibliographic references and index.

ISBN 978-3-8487-5474-8 (Print)
978-3-8452-9628-9 (ePDF)

1st Edition 2019

Preamble

As we prepared this book, we learned of the tragic death of our colleague and friend Prof. Dr. Götz Schulze. He succumbed to a heart attack during the evening of October 30th, 2018 while he was working in his office. He was 54 years old.

Götz largely contributed to the development and improvement of the Franco-German curriculum between the Universities Paris Nanterre and Potsdam and the elaboration of a research network with the Universities of Mauritius and Réunion. He has organized numerous international colloquiums, Winter and Summer Universities in partnership with Nanterre. The colloquium in honour of the 50th Anniversary of the Mauritian Constitution was the second one Götz organised with us in Mauritius, after a Summer University in October 2015.

Those who had the chance to know him know how much he was unanimous liked because of his professional skills of course but also because of his human qualities: jovial, humble, he also had a great sense of humour. He was a recognized specialist in private international law and judge at the Superior Regional Court of Brandenburg. His friends and colleagues are deeply saddened by his passing and we are sincerely with the members of his family.

Götz is co-editor of this book and contributed to this colloquium with a lecture entitled "*The protection of judicial independence under German Constitution and EU Law*". Unfortunately, his paper was not entirely finished at the time of his death, so that we are unable to publish it in this book.

This book will naturally be dedicated to Götz.

Foreword

The articles collected in this book have been presented on the occasion of an international symposium held from 14 to 17 March 2018 for the celebration of the 50th anniversary of the Mauritian Independence. Co-chairs of this symposium were Hambyrajen Narsinghen, University of Mauritius, Götz Schulze, Universität Potsdam, Jacques Colom, Université de La Réunion and Stephanie Rohlfing-Dijoux, Université Paris Nanterre.

The symposium topic was the development of constitutionalism in Mauritius, other Indian Ocean states and Africa. This issue had been considered from a historical, political and legal perspective by integrating institutional stakeholders: The Supreme Court, the Director of Public Prosecutions and the Law Reform Commission (Mauritius); constitutional judges from other IOC (Indian Ocean Commission) States: Madagascar and the Seychelles; the French Constitutional Council (*Conseil Constitutionnel*) and the German Federal Constitutional Court (*Bundesverfassungsgericht*). Members of the French Constitutional Council and judges of the German Federal Constitutional Court participated for the very first time in a colloquium in Mauritius on compared constitutional law. Constitutional law in all its perspectives constituted the core of the event.

The collaboration between French (Paris Nanterre, Poitiers et La Réunion), German, Mauritian, Madagascar and Seychelles judges and researchers demonstrates not only the natural links between these islands and Europe but also the relevance of a dialogue between their supreme or constitutional courts. After all, it is only through exchanges and diversity that it is possible to improve our knowledge, not only of foreign system, but also of our own.

The fact that Mauritius' success is often attributed to its (quite specific) institutions offered also the opportunity to address, often indirectly, the renewal of African constitutionalism by comparing experiences and difficulties faced by African countries and the way they tried to solve them.

The book's structure follows the structure of the symposium.

The first part is dedicated to Mauritius' political and constitutional accession to Independence and its historical, political, economic and social development. The question addressed revolved around constitutional principles of separation of powers, protection of fundamental rights and guarantee of a democratic electoral system... since these principles are constituting the "core" of liberal democracies. The guarantee of second- and third- generation Fundamental Rights in Mauritius, such as the right to health care and environment protection were also explored.

The second part addresses the independence of the constitutional judges and, more broadly, the independence of the Judiciary. This research was carried out with regard on French, German and Mauritian prospects. Comparative constitutional Justice in the Indian Ocean Area (states represented by the Indian Ocean Commission - IOC) was presented amongst others by the chief Judge of the Seychelles and the President of the Constitutional Court of Madagascar.

The third part revolves around Economic and Social Rights. Mauritius has until now not included in its catalogue of Fundamental Rights considerations regarding Economic and Social Rights, that were excluded from the text of the Constitution by its English drafters before the independence. The situation in Mauritius related to the protection of investments and private property in general and personal, social and economic rights, including rights of minorities were pointed out in theses presentations.

Other unpublished, but prominent contributions where from Anne-Françoise Zattara-Gros (Université de la Réunion), *Le Conseil constitutionnel et la propriété*; Nabil Hajjami (Université Paris Nanterre), *L'indépendance de Maurice devant les juridictions internationales*; Hambyrajen Narsinghen (University of Mauritius), *Constitutional Reforms in Mauritius since Independence*; Shivani Georgijevic (University of Mauritius), *Rights of minors in the Mauritian Constitution;* Bernard Georges (Judge of the Court of Justice for the COMESA), *The role of Regional Courts and their Relationship with their Member States.*

We want to express our many thanks to all contributors of this book and participants of the colloquium, as well as to the French Ambassador, S.E.M. Emmanuel COHET and the German Ambassador, S.E.M. Harald GERIG for their support and attendance to this colloquium. Our warm thanks go as well to Professor Dhanjay JHURRY, Vice-Chancellor of the University of Mauritius, who hosted this conference. We also want to thank the H.E.M. Paramasivum Pillay VYAPOORY, G.O.S.K, Vice-President of the Republic Mauritius and Honourable Maneesh GOBIN, Minister of Justice for their valuable attendance to the opening ceremony of the conference.

Jacques Colom, Stéphanie Rohlfing-Dijoux
Nanterre Paris, La Réunion, December 2018

© Photografin: Karla Fritze

Contenu / Content

Avant-propos

Dominique Lottin

Membre du Conseil constitutionnel français / Member of the French Constitutional Council

A l'occasion du cinquantenaire de l'indépendance de Maurice, un colloque co-organisé par les facultés de droit de Paris-Nanterre, de La Réunion, de Potsdam, franco-allemande et de Maurice s'est tenu du 14 au 16 mars 2018. Portant sur le développement constitutionnel de Maurice il a permis à des universitaires, à des historiens et à des professionnels du droit constitutionnel français, allemands et mauriciens de comparer leurs analyses et leurs pratiques.

La conférence inaugurale a été présidée par Monsieur Maneesh GOBIN, Attorney Général, Ministre de la Justice de Maurice en présence du Vice-Chancelier de l'université de Maurice, le professeur Dhanjay JHURRY et des ambassadeurs d'Allemagne et de France.

Quatre modules ont suivi respectivement consacrés :

- A l'histoire du développement politique, économique et social de Maurice depuis 1968 et au développement d'une jurisprudence constitutionnelle dans ces domaines ;
- Au principe de la séparation des pouvoirs, la protection des droits fondamentaux, la réforme électorale et le « best loser system » ;
- L'indépendance du juge constitutionnel et du pouvoir judiciaire ;
- Les droits économiques et sociaux et leur protection indirecte par la Cour de Strasbourg ;

Un public nombreux composé de juges constitutionnels, d'avocats, d'universitaires et d'étudiants en droit a suivi trois jours durant les conférences particulièrement riches d'enseignements.

La publication des actes du colloque permet d'appréhender la richesse des contributions de chaque intervenant. Quelques lignes forces peuvent en être dégagées.

En premier lieu, la Constitution offre à chaque Etat, la garantie d'un fonctionnement démocratique des institutions. Fruits de l'histoire de la Nation et adaptées au contexte local, les constitutions sont diverses mais elles ont en commun le respect des droits fondamentaux dont les périmètres sont définis concomitamment par les cours européennes et les juridictions nationales.

En deuxième lieu, il apparait que tous les champs d'activité sont désormais investis par le droit constitutionnel dont les jurisprudences les plus récentes portent sur les droits sociaux et économiques comme environnementaux. Droit vivant, il a su s'adapter aux évolutions de nos sociétés et fixer des normes qui s'imposent au législateur et aux juges.

Enfin, la comparaison des pratiques en Allemagne, en France ou à Maurice a permis de mettre en évidence la volonté de chaque Etat de se doter d'une cour constitutionnelle indépendante et performante dont l'autorité est ainsi désormais incontestable.

L'organisation de cette manifestation a permis de démontrer une nouvelle fois que Maurice est une terre d'accueil multiculturelle qui sait s'enrichir de la force de chacune des communautés qui la composent et qui ont écrit son histoire. Nul doute que ce colloque sera prolongé par des propositions de réforme de sa Constitution à l'image des nombreuses réformes déjà intervenues ou en cours en Allemagne ou en France.

Le Conseil constitutionnel français et les lois financières

Michel Charasse

Membre du Conseil constitutionnel français / Member of the French Constitutional Council, ancien Ministre du Budget,

Discours du 14 mars 2018

The Role of the Constitutional Council in Financial and Tax Policy Control

Monsieur le Président, Messieurs les Ambassadeurs d'Allemagne et de France,

Mesdames, Messieurs les Doyens et Professeurs,

Chers collègues de la Cour constitutionnelle de Maurice et des Cours invitées, notamment la Cour Fédérale d'Allemagne avec laquelle le Conseil Constitutionnel de la République française entretient des liens étroits,

Chers intervenants, Chers invités, Mesdames et Messieurs,

Avant d'aborder le sujet qui va m'a été imparti par les organisateurs de cette belle réunion, permettez-moi, au nom du Président Fabius et du Conseil Constitutionnel de la République française, de souhaiter bon anniversaire et bonne chance aux droits humains, aux libertés fondamentales et à la démocratie à Maurice. Cette île vaillante et dynamique se développe et se modernise à grands pas !

Je le constate chaque fois que je viens chez vous – aujourd'hui pour la troisième fois ! – mais je n'ai pas besoin de chercher les causes de cette situation : c'est à la liberté que Maurice doit sa prospérité et l'espérance de ses habitants !

La liberté qui repose sur la tolérance entre peuples de multiples et diverses origines qui, au milieu de ce vaste océan, se sont regroupés pour constituer le peuple Mauricien, tolérance qui constitue un modèle dans notre monde tellement déchiré, et qui suscite notre envie, en Europe et ailleurs, tant l'intolérance et les antagonismes entre communautés humaines soufflent tous les jours sur la braise et font couler trop souvent tant de sang !

Merci donc à l'Ile Maurice et à son université pour cette invitation qui nous rappelle, à nous Français, les liens étroits et historiques qui unissent la France à Maurice, et, pour les juristes, ce qu'il en reste aujourd'hui encore en matière de droits fondamentaux, depuis les Capitulations de 1810.

Ce droit français, issu lui-même souvent des antiquités gréco-latines, que vous avez soigneusement préservé et qui perdure, en cohabitation pacifique avec la Common law et le droit anglo-saxon, sans doute premier exemple de ce qui sera, presque un siècle plus tard, la fameuse "Entente cordiale" entre la France et le Royaume-Uni.

C'est dire le plaisir que nous avons, ma collègue la Première présidente Dominique Lottin et moi-même, de nous exprimer devant vous, d'autant que le Conseil constitutionnel de la République française est invité à Maurice pour la première fois. C'est vrai que nous sommes une institution tout à fait nouvelle dans la Constitution française, née seulement en 1958, dix ans à peine avant votre propre Constitution.

Avec Dominique Lottin, nous nous interrogeons depuis notre arrivée : mais comment avons-nous pu vivre toutes ces années sans nous rencontrer et nous connaître ? Même si nous fréquentons ensemble régulièrement l'Association des Cours constitutionnelles ayant en partage l'usage du français !

En tout cas, ce colloque va réparer cette longue séparation ! Et c'est à votre initiative ! Alors soyez en remerciés chaleureusement !

C'est à partir de la fin du XVIIIème siècle, avec l'Indépendance américaine et la Révolution française, qu'est née l'organisation actuelle des grandes démocraties, organisation fondée sur deux éléments.

- d'une part, un Etat souverain qui repose sur un ensemble de droits
- d'autre part, et que l'on soit ou non en République ou en Monarchie, un Parlement à une ou deux chambres, élu au suffrage universel, et dont le premier rôle – c'est en tout cas ce qu'ont voulu faire les révolutionnaires français après leurs lointains prédécesseurs anglais de la Magna Carta au XIIIème siècle et aussitôt après la jeune démocratie américaine –, dont le premier rôle, donc, est le consentement à l'impôt, à la dépense publique et le contrôle du Gouvernement qui recouvre l'impôt et en dépense le produit.

La démocratie parlementaire – que l'on soit en régime présidentiel ou parlementaire – est donc le fruit d'une banale question d'argent, d'impôt et de dépenses publiques ; Elle a abouti à une organisation des Etats et des pouvoirs qui reposent sur les droits et leurs garanties, tout ceci à partir de querelles financières et d'impôts dès le Moyen-âge en Angleterre et au XVIIIème siècle chez ceux qui ont fait sécession pour créer les Etats-Unis avec le soutien des finances royales pourtant bien malades de la Monarchie française –

ce que nous ne regrettons pas ! – qui n'ont pu être d'ailleurs redressées qu'à la Révolution, en 1789 et après !

Paradoxalement cependant, cet aspect essentiel de la vie démocratique voulu par les peuples de nos Etats n'a pas toujours eu, dans nos Constitutions et nos pratiques institutionnelles, une place aussi centrale que celle voulue à l'origine par les premiers constituants !

Pour s'en tenir à cet aspect de nos régimes constitutionnels, l'impôt et la dépense publique, on peut dire que la France est aujourd'hui dans une situation plutôt originale avec l'installation du Conseil constitutionnel en 1959 et la manière dont il s'est peu à peu saisi du sujet budgétaire, financier et fiscal, prolongeant ainsi l'œuvre engagée, mais à postériori seulement, par les juges des comptes de la Monarchie – Chambres des comptes –, des Empires – Cour des comptes – et de la République avec la Cour des comptes et les Chambres régionales des comptes. Mais prolongeant l'action de ces institutions indépendantes, qui interviennent après coup, à la fois à priori et à postériori, proclamant la loi financière ou fiscale conforme ou non à la Constitution, – ce qui peut aboutir à l'abroger avant qu'elle entre en vigueur –, ou en l'annulant partiellement à postériori, en mettant ainsi un terme à ses effets contraires à la Constitution. Alors que les juges des comptes de la République française ne peuvent jamais anéantir une loi ni à priori, ni à postériori.

Ainsi, depuis 1789, il y a en France un Etat qui a un chef, et une organisation démocratique dont l'Etat est la colonne vertébrale ! Et au milieu de tous les droits fondamentaux que nous connaissons aujourd'hui et qui a un caractérisent les peuples libres, les constituants ont mis sous surveillance du Parlement, donc des élus du Peuple, les impôts, le budget et le contrôle de l'exécution des dépenses et des recettes, par l'intermédiaire du seul Parlement, donc des élus du peuple.

I) Le Conseil constitutionnel fait partie, au sein des institutions, de celles qui sont spécialement chargées de veiller au respect des grands principes et des règles de leur mise en œuvre.

1) Ainsi, il est juge de la conformité des lois ordinaires dont-il peut être saisi par le Président de la République, le Premier ministre, les présidents des assemblées parlementaires et soixante députés ou sénateurs, ceci avant la promulgation de la loi, c'est-à-dire avant son entrée en vigueur !
2) Le Conseil juge aussi, mais obligatoirement, les lois ayant un caractère "organique" défini comme tel par la Constitution, qui ne peuvent

entrer en vigueur qu'avec son agrément et doivent évidemment être conformes à la Constitution, ce qui oblige les lois ordinaires à la respecter. Or, certaines matières législatives sont réglées en vertu de lois organiques, notamment le budget de l'Etat et celui de la Sécurité sociale dont la discussion et le vote sont ainsi très encadrés, comme d'ailleurs certains traités soumis à ratification parlementaire, notamment financiers et fiscaux.

3) Le Conseil constitutionnel contrôle aussi obligatoirement les Règlements des assemblées parlementaires qui ne peuvent pas entrer en vigueur sans son accord et dont la méconnaissance peut entrainer l'annulation d'une loi votée au terme d'une procédure inconstitutionnelle devant l'Assemblée nationale ou le Sénat.
4) Enfin, depuis 2010, les citoyens à l'occasion d'un procès, peuvent soulever une exception d'inconstitutionnalité s'ils estiment qu'on leur applique une loi contraire à la Constitution. Cette exception, si elle est acceptée par le Conseil d'Etat ou par la Cour de Cassation, arrive alors au Conseil Constitutionnel sous la forme d'une "question prioritaire de constitutionnalité" (QPC) et peut donner lieu à l'annulation de tout ou partie de la disposition législative renvoyée.

II) Les lois de Finances et de financement de la Sécurité sociale, dont l'adoption est enserrée dans des délais stricts, sont votées selon les modalités prévues par deux lois organiques, donc déclarées conformes par le Conseil Constitutionnel

Celui-ci est donc particulièrement vigilant sur le respect de la Constitution et des lois organiques à l'occasion du vote des lois financières, dont le domaine d'intervention est strictement encadré par l'article 34 de la Constitution précisé et complété par les deux lois organiques.

1) L'impôt fait partie intégralement du domaine d'intervention des lois financières – assiette, taux et modalités de recouvrement – mais les lois financières n'en ont pas l'exclusivité. L'impôt peut donc aussi relever d'une loi ordinaire, ce qui est fréquent et parfois source d'une certaine pagaille !
2) En revanche, certaines dispositions financières ou budgétaires ne peuvent relever que des lois financières et sociales, à l'exclusion de tout autre texte non financier ou concernant les finances sociales !

III) La compétence du Conseil Constitutionnel touche donc à la fois le respect des procédures de vote des lois financières et de finances sociales et leur contenu.

Ainsi, parce que les dépenses avaient été votées avant les recettes au mépris de la règle de l'équilibre budgétaire, la loi de Finances pour 1980 a été entièrement annulée par le Conseil Constitutionnel fin décembre, huit jours avant le début de l'exercice budgétaire.

1 le domaine des lois financières est strictement limité par les lois organiques : tout ce qui n'est pas prévu par elles ne peut pas y être inscrit. C'est ce que nous appelons les "cavaliers budgétaires", que le Conseil Constitutionnel annule chaque année par dizaines parce qu'ils n'ont rien à voir avec la matière couverte par les lois organiques.

2 la préparation des projets financiers annuels doit être conforme aux procédures imposées par le Traité budgétaire européen de 2012. Le Traité est mis en œuvre par les lois organiques et toute violation de ses dispositions est sanctionnée par le Conseil, après avis d'un Haut Conseil des Finances publiques indépendant des pouvoirs politiques, qui se prononce sur la sincérité des prévisions et des évaluations de recettes, de dépenses et d'équilibre, avis sur lequel le Conseil Constitutionnel s'appuie pour apprécier la conformité de la loi et notamment sa sincérité, exigée par la Constitution.

3 la Constitution comporte des délais d'examens très limités, dont la méconnaissance peut entrainer l'annulation de la loi financière. Car si le Parlement ne respecte pas les délais, la loi relève alors de la seule compétence du Gouvernement agissant par voie d'ordonnances et le Parlement est dessaisi ! Continuité de l'Etat oblige.

IV) Tous les principes constitutionnels fondamentaux, notamment ceux qui découlent de la Déclaration des Droits de 1789 du Préambule de la Constitution de 1946 des principes fondamentaux reconnues par les lois de la République et la Charte de l'Environnement s'appliquent aux lois financières.

1) Il en est ainsi en particulier :
- du principe d'égalité devant la loi et devant l'impôt
- du principe d'égalité devant les charges publiques
- de l'interdiction des impôts confiscatoires

- des droits de la défense face aux procédures de contrôle et de vérification fiscales et douanières
- du domaine de la loi qui couvre l'ensemble des impositions de toutes natures ainsi que la création et les principes des cotisations sociales dont le taux relève toutefois du décret gouvernemental
- des opérations d'emprunt et de trésorerie de l'Etat, qui relèvent de la loi de finances
- des opérations d'emprunt assurant l'équilibre des finances sociales

2) La violation de ces règles et principes a conduit le Conseil à prononcer, à priori ou a postériori, de nombreuses non conformités avec annulation de la loi :
   - la création d'une taxe "carbone" en 2009 qui taxait plus fortement les petits pollueurs que les gros ! Sous la présidence de M. Sarkozy.
   - la création d'un impôt de 75% sur les hauts revenus, sous la présidence de M. Hollande, qui ne respectait pas le quotient familial qui s'applique normalement à tous les revenus soumis à l'impôt sur le revenu.
   - l'annulation de certaines dispositions baptisées "redevances" alors qu'il s'agit d'impôts !
   - l'annulation de certaines dispositions fiscales ou financières tellement complexes qu'elles auraient été incompréhensibles pour beaucoup de contribuables au nom du principe constitutionnel d'intelligibilité et d'accessibilité de la loi.

V) Le Conseil veille également à ce que :

- le Parlement dispose de la plus large compétence pour le vote des lois financières dont la préparation, mais seulement elle, est soumise à un strict encadrement par le Traité budgétaire européen.

Mais ce Traité n'encadre toutefois pas le vote du Parlement ! Seulement la préparation des projets par le Gouvernement.

Le Gouvernement dispose lui toujours de la plus large compétence pour l'exécution des lois financières afin d'assurer la continuité de la vie nationale et celle de l'Etat, qui peuvent exiger des annulations ou des ouvertures de crédits en urgence par voie règlementaire.

- la prérogative du Gouvernement en matière de dépenses publiques soit respectée : seul l'exécutif peut créer ou augmenter une dépense publique ! Le Parlement fait ce qu'il veut pour accepter ou refuser mais ne peut proposer que de réduire ou de supprimer une dépense !

VI) Le Conseil constitutionnel a réglé de très nombreux contentieux fiscaux dans le cadre des questions prioritaires de constitutionnalité, dont 30 à 40% concernant le domaine fiscal ou financier !

Ainsi, à l'automne 2017, une taxe de 3% sur les produits financiers a été déclarée contraire à la Constitution en raison de la violation du principe d'égalité devant les charges publiques, obligeant l'Etat à restituer plus de 10 milliards d'euros de contributions perçues dans des conditions contraires à la Constitution.

VII) Enfin, le Conseil constitutionnel a accepté d'examiner des questions prioritaires de constitutionnalité portant sur l'article 15 de la Déclaration des Droits de 1789 selon lequel "la société a le droit de demander compte à tout agent public de son administration"

Ainsi le Conseil pourrait-il être conduit à sanctionner des lois financières ou autres soustrayant le domaine fiscal, budgétaire ou financier au contrôle des institutions et corps d'inspection et de contrôle chargés de contrôler le recouvrement des recettes ou l'exécution des dépenses publiques, Cour et Chambre des Comptes, inspections générales mais aussi le Parlement, etc…

Je pourrais multiplier les exemples d'interventions du Conseil constitutionnel dans le domaine des lois financières car sa jurisprudence est particulièrement abondante, notamment depuis 1974 quant une minorité qualifiée de députés et sénateurs a été autorisée par la Constitution à saisir le Conseil avant la promulgation de la loi, et depuis 2010 quand est intervenu le droit pour les citoyens de saisir le Conseil à postériori par les questions prioritaires de constitutionnalité.

Mais le temps m'est compté, comme pour tous les intervenants de ce matin, et je dois conclure.

Dans le domaine des finances publiques budgétaires et sociales, le Conseil n'a pas hésité à exercer ses prérogatives, quelles que soient les conséquences de ses décisions, non seulement pour le respect des principes et des garanties offerts aux citoyens, et qui sont à la base de notre régime démocratique, mais aussi pour obliger les acteurs publics – Gouvernement, Parlement et juridictions – à respecter les règles et procédures de vote de la loi.

Ainsi, il s'est montré fidèle à la volonté des constituants, exprimée dès 1789, dans le Préambule de la Constitution de1946, dans la Charte de l'environnement et dans les grands principes reconnus par les lois de la République si bien qu'il est aujourd'hui considéré par l'opinion, les citoyens mais aussi les juristes, comme l'un des piliers de la défense des droits des citoyens et des règles essentielles du régime républicain.

Et il s'est montré aussi fidèle à la volonté des constituants de 1958 en s'affirmant comme un "régulateur des pouvoirs publics", qui veille à éviter tout désordre dans le gouvernement de l'Etat, pour ne pas retourner aux errements des régimes précédents, qui ont failli menacer la République elle-même !

Je vous remercie de votre attention !

Discours du 14 mars 2018

Johannes Masing

Professeur et juge à la première chambre de la Cour constitutionnelle fédérale allemande / Professor and Judge in the First Chamber of the German Federal Constitutional Court / Professor und Richter des Ersten Senats des Bundesverfassungsgerichts

Salutations de la Cour constitutionnelle fédérale allemande,

J'ai le grand plaisir de vous transmettre les salutations de la Cour constitutionnelle fédérale allemande pour ce colloque consacré au 50ème anniversaire de l'indépendance de la République de Maurice. Mon collègue le professeur Eichberger et moi-même sommes très heureux d'être ici pour fêter avec vous cet anniversaire. Ce ne sont pas seulement la beauté et aussi la quiétude de ce pays – certes, très attirantes, qui ont motivé notre venue. Nous sommes aussi et surtout venus vu l'évolution impressionnante des structures politiques de la République de Maurice depuis son indépendance il y a 50 ans. Même si l'Ile Maurice n'est qu'une petite île dans un grand océan agité, dans le monde tel qu'il est aujourd'hui, cette évolution est source d'espérance.

La situation politique de Maurice après 50 ans d'indépendance est un exemple de réussite. Pour preuve : Dans l'Index de démocratie de *The Economist* Maurice est classée 18ème sur 167 et elle y est l'un des rares pays à être considéré comme étant une démocratie pleine – le seul des pays d'Afrique. Dans l'index de liberté économique de *la Fondation Heritage* et du *Wallstreet Journal* elle figure à la 21ème sur 180, et enfin dans l'index de compétitivité mondiale, elle est au premier rang des pays africains. En conséquence Maurice dispose du revenu par tête d'habitant le plus élevé d'Afrique. Et dans de nombreux autres domaines encore, elle figure en tête des pays du continent africain. Si sa place dans l'index mondial de la liberté de la presse de *Reporters sans frontières* est moins avancée, force est de constater que la place occupée – la 54ème – n'est finalement que quatre places derrière l'Italie.

Certes, nous savons qu'il faut prendre ces indices avec précaution et il faut les interpréter. Et assurément, la paix sociale, la stabilité intérieure et le respect effectif des libertés fondamentales restent, pour la République de Maurice aussi, de grands défis à relever. Une manifestation consacrée au développement constitutionnel ne peut se contenter d'autosatisfaction, bien au contraire, elle doit toujours prendre en compte aussi les nouveaux défis juridiques qui se posent. Cela étant, sur ce point Maurice ne diffère pas beaucoup d'autres Etats. Maurice n'est pas seulement un Etat prospère, c'est aussi, comparé à d'autres pays, un état bâti sur un fondement constitutionnel solide. Jadis repaire de pirates, l'Ile Maurice est désormais une passerelle entre l'Afrique et l'Europe.

Je souhaiterais particulièrement féliciter les organisateurs de ce colloque pour leur choix du sujet de la manifestation. Je vois une portée symbolique forte dans le fait que vous n'avez pas mis au centre ni le droit des affaires, ni le droit du cyberespace, ni le droit international, mais le droit constitutionnel et la juridiction constitutionnelle. Cela nous amène au cœur de la réflexion juridique de l'Europe continentale. Et cela s'inscrit dans la continuité de ce pays cosmopolite qui suit sa propre voie sans perdre de vue son attachement à l'Europe. Cela est vrai pour l'intégration dans la tradition juridique anglo-saxonne qui est manifeste dans le maintien des voies de recours au *Judical Committee of the Privy Council* de la Reine d'Angleterre. Et cela est vrai pour la tradition française et – plus large – continentale, que nous discutons ici.

Le propos de votre colloque est donc d'examiner le concept de constitutionnalité dans l'Europe continentale. Et pour ce faire vous instaurez le dialogue avec deux tribunaux constitutionnels du cœur de l'Europe, le Conseil constitutionnel français, la cour qui a énormément gagné d'importance ces dernières années, et la Cour constitutionnelle fédérale allemande, dont les compétences sont traditionnellement particulièrement vastes. Votre choix montre que ni la taille de ce petit pays, ni son éloignement ne l'empêchent de s'intéresser aux pratiques des pays du cœur de l'Europe. Et votre choix montre surtout que vous accordez un rôle fondamental à l'Etat de droit comme fondement de la communauté nationale. Je souhaiterais insister sur ce point car (comme vous) je suis en effet profondément convaincu que la croissance économique, la prospérité et une société juste et stable ne peuvent se développer que sur le fondement d'un Etat de droit. Un corps judiciaire efficace doté en outre de compétences constitutionnelles (comme c'est également le cas de la Cour suprême de Maurice) est un fondement essentiel de l'Etat de droit.

Réfléchir sur ce qu'est un Etat de droit c'est réfléchir aussi sur son rapport à la démocratie. Cette réflexion est d'une grande actualité – en Afrique, en Europe, dans le monde. J'en développerai ici quelques volets pour ouvrir ce colloque.

Dans l'adhérence au contrôle de constitutionnalité, les notions d'Etat de droit et de démocratie sont liées. Il s'agit de deux éléments de l'Etat moderne qui sont interdépendants : Une démocratie qui n'est pas un Etat de droit n'est pas une démocratie, un Etat de droit qui n'est pas une démocratie n'est pas un Etat de droit. Les deux sont indissociables. Il en ressort dès lors que le défi posé à la constitutionnalité comme Etat de droit démocratique est grand.

Préserver et comprendre la relation entre ces deux éléments sont des gageures importantes, particulièrement aujourd'hui. On a tendance à oublier que la démocratie, ce n'est pas la simple loi de la majorité et que l'invocation de la majorité comme seul principe de légitimation conduit vite au despotisme. Si nous regardons ce qui se passe dans le monde ces dernières années, l'évolution des structures constitutionnelles est une source progressive d'inquiétude. Après 1990, on avait dans un premier temps l'espoir que les idées d'Etat de droit et de démocratie s'imposeraient progressivement. Même dans les pays de régime jadis autoritaire et totalitaire on a vu apparaître au moins les prémisses d'un ordre constitutionnel et s'installer un ordre politique plus modéré. Et pourtant, ces tendances ont été largement renversées. L'évolution politique en Chine, en Russie et en Turquie (pour ne citer que ces pays), montre que sous le couvert de prétendue majorité démocratique, ces états ne pratiquent avec cynisme et calcul rien d'autre qu'une politique de force. Il est évident qu'il n'y a pas de tribunaux indépendants dans ces pays, encore moins des tribunaux constitutionnels avec des pouvoirs réels. L'exigence de légitimité politique y repose uniquement et directement sur l'assentiment de majorités organisées au niveau gouvernemental. Malheureusement, des tendances similaires commencent à se faire jour en Europe également. La Hongrie comme la Pologne voient en la démocratie l'application pleine et sans borne de la volonté majoritaire exprimée lors de la dernière élection. Elles détruisent les éléments constitutionnels de leur régime et par là la légitimation démocratique elle-même. Ce n'est pas un hasard si ce sont d'abord les Cours constitutionnelles qui ont été affaiblies, voire détruites, dans ces deux pays. Des tendances semblables commencent d'ailleurs à émerger dans nombre d'autres pays européens. Assurer l'équilibre intérieur devient plus difficile. Même aux Etats-Unis il est évident que la relation entre constitutionnalisme et démocratie est fragilisée.

Face à ces évolutions il est nécessaire de rappeler une caractéristique essentielle de la démocratie – une caractéristique, qui est la source même de sa légitimité et qui, historiquement, a toujours été pensée par ses pères – et ses mères – fondateurs : Le pouvoir de la majorité n'est pas le pouvoir d'oppression de la minorité, c'est le pouvoir de conciliation. En quoi cela se manifeste-il ?

Un premier élément dans lequel la relation entre démocratie et Etat de droit apparaît est la séparation des pouvoirs. La séparation des pouvoirs est depuis toujours une des conditions préalables à l'Etat démocratique. Elle est un premier correctif du pouvoir majoritaire : La majorité actuelle ne peut pas s'imposer d'emblée, elle a face à elle des contre-pouvoirs issus de majorités autres ou antérieures. La séparation des pouvoirs n'a pas comme objectif d'installer une simple relation de force pour limiter le pouvoir public par la logique du pouvoir et du contre-pouvoir. C'est plutôt d'apporter un équilibre permettant une entente sur le fond. La collaboration des différentes forces doit permettre de trouver un équilibre qui prenne en compte la diversité de tous les courants.

Un second élément de la relation entre Etat de droit et démocratie réside dans le respect des libertés fondamentales. Les libertés fondamentales elles-mêmes incluent une limite du pouvoir majoritaire. Les libertés fondamentales sont plus que des droits particuliers de l'individu face aux excès de l'Etat. Elles sont la condition préalable intrinsèque de la démocratie dont une des caractéristiques est la limitation dans le temps du pouvoir en place et le changement possible de majorité dans le futur. Les libertés fondamentales sont en outre l'expression essentielle que le pouvoir majoritaire s'exerce toujours dans la garantie de la liberté individuelle de chaque citoyen – le pouvoir est un pouvoir au nom de tous pour tous. Le véritable pouvoir démocratique n'est pas destiné à imposer la vérité, bien au contraire, on lui confie de chercher des solutions qui, autant que cela est possible, permettent à chacun une vie selon ses propres vérités et ses propres idéaux. Les libertés fondamentales permettent à chaque individu de vivre selon ses convictions (liberté d'opinion), sa religion (liberté de religion), ses capacités et ses intérêts (liberté de profession), ses goûts en ce qui concerne la vie avec autrui (liberté d'association). Le fondement de ces libertés réside dans la reconnaissance de tous les citoyens comme étant par essence tous égaux, indépendamment de leur origine, de leurs convictions et de leur morale. L'Etat démocratique n'a ni religion ni morale, il a, en revanche, la mission de trouver un équilibre non-métaphysique pour rendre possible une vie dans la diversité ; et pour cela il se contente de réglementer les aspects extérieurs du vivre ensemble. Dans la démocratie fondée sur les libertés fondamentales, la question de la religion et de la morale n'est pas une question de majorité, c'est une question privée de l'individu.

Un troisième élément : Le régime démocratique est soumis aux procédures de l'Etat de droit. La majorité en place ne peut imposer ses programmes ni immédiatement, ni directement, ni sans contrôle aucun. Elle ne peut le faire que dans le cadre d'un processus procédural étalé dans le temps, dans lequel tous disposent des mêmes droits. Les décisions sont ainsi ralenties et rationalisées. La démocratie constitutionnelle est du même coup l'antithèse de la corruption.

Quatrièmement : L'état constitutionnel protège l'opposition, surtout au parlement. Il crée des structures qui donnent aux minorités au Parlement un forum d'expression efficace, des instruments effectifs de contrôle permettant l'expression de critiques. Là encore se manifeste le désir de trouver un équilibre qui à terme devra aussi faire ses preuves lors du changement de majorité. Cela est vrai aussi pour l'ouverture de l'appareil d'Etat à des agents, indépendamment de leurs convictions politiques. Là encore l'Etat démocratique est légitime seulement s'il est soumis à l'Etat de droit. La possibilité d'accéder à des fonctions d'ordre institutionnel sans appartenance à quelque parti politique que ce soit doit être garantie de manière efficace et l'opposition doit pouvoir disposer de droits d'information et d'expression réels.

Du fait de l'internationalisation, il faut probablement encore citer un autre élément – le cinquième : le respect des règles aussi dans le cadre des échanges internationaux. Les libertés fondamentales ne doivent pas s'arrêter d'exister aux frontières et les rapports entre les individus eux-mêmes doivent se faire dans le respect mutuel des ordres juridiques. A cela il appartient que les ordres juridiques ne soient pas organisés de telle manière qu'ils permettent à des étrangers de se soustraire à la loi en vigueur des pays où ils se trouvent. La majorité propre se relativise par le respect des majorités démocratiques d'autres Etats.

La sauvegarde des liens constitutionnels de la démocratie est la tâche essentielle du contrôle de constitutionnalité – que ce soit par des tribunaux spécifiques (comme le Conseil constitutionnel et la Cour constitutionnelle fédérale), ou par une Cour suprême qui dispose de son côté de compétences constitutionnelles. Le rôle de la juridiction constitutionnelle est particulièrement important notamment lorsqu'il s'agit de limiter le pouvoir de la majorité et de protéger la minorité. Les domaines essentiels de la jurisprudence, qui ont crée la renommée de notre Cour, sont : L'application conséquente de la liberté d'expression même si les opinions exprimées étaient contraires aux et polémiques envers les convictions de la majorité et même si elles s'attaquaient à des sujets touchant des tabous moraux (briser des tabous est – encore aujourd'hui – un combat à mener). Un autre champ d'action a été la protection contre les discriminations, d'abord des femmes, puis des homosexuels ou des transsexuels, de même que la protection des minorités religieuses (qui englobe la question du foulard islamique). Encore un autre domaine important est la protection de l'individu contre des pratiques débordantes de la puissance étatique – qui se manifeste par des peines pénales excessives (ainsi avons-nous réussi à imposer une limite stricte de la condamnation à perpétuité), aussi la protection contre la violence et les conditions de détention inhumaines dans les prisons, contre les actions policières trop zélées ou encore contre les mesures excessives de surveillance. On peut voir ces actions comme une recherche d'équilibrage entre la majorité et l'individu, précisément comme un contrebalancement entre le besoin de sécurité de la masse (et c'est la majorité) face au même besoin de sécurité d'un individu en situation précaire car considéré comme étant suspect. Parmi de nombreux autres champs d'action il faut encore citer la garantie des droits des minorités au Parlement. Tous les députés – y compris ceux de l'opposition – doivent, dans les groupes parlementaires comme dans l'assemblée plénière, disposer de compétences efficaces de participation, avoir accès aux dossiers et avoir droit à des réponses substantielles du gouvernement à leurs questions. Ces droits doivent être garantis par des instruments procéduraux.

La juridiction constitutionnelle peut ainsi être une composante essentielle de l'équilibre démocratique constitutionnel. Mais pour qu'il en soit ainsi, d'importantes conditions doivent être remplies : D'une part il faut que soit garantie l'indépendance réelle des juges. D'autre part il faut veiller à une composition pluraliste des chambres au sein des tribunaux. Il faut exclure que les majorités respectives puissent installer d'un jour á l'autre une majorité des membres de leur parti dans les tribunaux. Pour qu'une jurisprudence constitutionnelle efficace soit possible, il faut que la majorité accepte d'une part le contrôle par une justice indépendante, ne reflétant pas la répartition des sièges, et – d'autre part – qu'elle accepte de se conformer aux décisions de celle-ci. Cela signifie que dans une démocratie constitutionnelle, la majorité n'agit pas de manière absolutiste mais qu'elle accepte au contraire le caractère relatif de sa politique dans une société diversifiée.

L'Etat de droit démocratique est par conséquent un acquis culturel très exigeant qui doit sans cesse être défendu. Il suppose la volonté des individus de se considérer comme tous égaux, indépendamment des cultures et origines différentes, de l'appartenance à tel ou tel un groupe religieux ou idéologique et de l'appartenance à un peuple ou à une ethnie. Cette volonté doit être présente chez les citoyennes et les citoyens eux-mêmes mais aussi chez ceux qui ayant été élus sont appelés à exercer des fonctions politiques. Cela suppose que les élus aspirent à faire une politique qui s'adresse à tous et non pas seulement à leur clientèle, et de même cela suppose que les électeurs n'attendent pas de leurs élus une politique clientéliste. Toutes ces pratiques reposent en grande partie aussi sur l'éducation. C'est à cela que la société doit aspirer sans relâcher, et même si elle n'y parviendra qu'en partie, cela demeure l'objectif ambitieux d'une démocratie constitutionnelle. Une bonne justice peut – quand elle est bonne – participer à cette ambition. Ses décisions peuvent créer des règles qui en retour facilitent une telle culture juridique et en renforcent la prise de conscience. La justice demeure toutefois fragile : Si elle peut contribuer à une culture constitutionnelle, elle en suppose toujours aussi l'existence préalable.

J'arrive au terme de mon intervention. A l'occasion du 50ème anniversaire de l'indépendance de Maurice nous débattons de l'évolution de la constitutionnalité en nous penchant sur la séparation des pouvoirs, la protection des libertés fondamentales, le droit de vote, l'indépendance de la justice et l'importance de la juridiction constitutionnelle. Le seul fait que ces questions soient posées souligne la fonction de passerelle entre l'Afrique et l'Europe qui revient à Maurice. Au nom de la Cour constitutionnelle fédérale allemande je forme le vœu que la République de Maurice réussisse à consolider et à développer ses structures dans l'esprit d'une démocratie constitutionnelle, à conserver sa stabilité intérieure et à concilier les différentes forces politiques et sociétales. Qu'elle serve à la fois de phare à d'autres pays qui ne sont pas encore engagés dans la même voie ou qui se sont égarés en route !

Part I

L’écriture et la pratique constitutionnelle au service du développement démocratique à Maurice en intégrant en particulier l'application du principe de la séparation des pouvoirs

Constitutional Writing and Practice for Democratic Development in Mauritius, including the Application of the Principle of Separation of Powers

Contribution of Law Reform Commission to the Strengthening of Constitutionalism in Mauritius

Pierre Rosario Domingue

Introduction

1. The Law Reform Commission's mandate is to review laws, recommend reforms and advise the Attorney-General on ways in which the laws can be made understandable, as is practicable.[1]
2. Since 2007, time and again the Commission has asserted in its Annual Programs of Review, Reform and Development of the Law, that it would also keep the Constitution, which is the supreme law of Mauritius under review.
3. The Commission has also opined that it considers its primary function is of ensuring that our laws are in conformity with constitutional and human rights standards, as well as with our international obligations.
4. The purpose of this paper is to highlight the contribution of the Law Reform Commission of Mauritius to the strengthening of Constitutionalism, the Rule of Law and Democratic Governance, in particular the appropriateness of the Independence Constitution and the need to ensure laws and practices are in conformity with the Constitution.

(A) Appropriateness of the Independence Constitution

(a) Need for a Home-Grown Constitution in a Globalized World

5. In its 1st annual program, the Commission expressed its agreement with the views of Professor Carlson Anyangwe (UNDP Consultant) in his report on 'Situation Analysis of the Human Rights Landscape in Mauritius' (2006), namely that

   "The Independence Constitution ought to be revisited to take on board many crucial matters the critical mass in Mauritius would want to see

---

1 Section 4(1) Law Reform Commission Act.

included in the Constitution. A mere tinkering of the existing Constitution might not do. A new home-grown, autochthonous constitution would commend itself to the generality of the people. A Constitution Review Commission put in place would propose a draft new constitution after holding public hearings round the country, after having full consultation with and receiving input from all stakeholders. Such an exercise would provide a unique opportunity for resolving contentious national issues, building national consensus around hotly disputed matters, adapting the constitution and national legislation to reflect international human rights standards, and adopting appropriate and effective legal mechanisms and guarantees to ensure effective enforcement of these standards."

6. The Commission has been of the opinion that there is the need for a Home-grown Constitution, in the context of globalization, which would take into account the best practices which have emerged since the Independence Constitution was designed and which would also embody the core values of the nation [which are those of its people, of the various stakeholders in society, as well as those of the founding fathers].
7. At the 29th meeting held on 17 April 2008, the Commission was of opinion that the time had come for the establishment of a Constitutional Review Commission to review the Constitution, after extensive research and consultations, to propose recommendations for a New Constitution, which might be approved by referendum.
   The Commission considered the Review Exercise should aim at:
   (a) Strengthening those principles/concepts underlying the Independence Constitution which have served us well [rule of law, separation of powers, independence of the judiciary, protection of fundamental rights and freedoms, democratic accountability, existence of politically neutral zones];
   (b) Revising existing arrangements which have turned out to be inadequate;
   (c) Doing away with those arrangements which are out-dated and whose contemporary usefulness can seriously be questioned;
   (d) Complementing existing arrangements with new concepts and norms (making additions to the existing framework where it is felt the current Constitution is incomplete)

(b) Need to Further Entrench Fundamental Rights and Freedoms

8. At its 36th meeting held on 28 May 2010, the Commission approved that fundamental rights should be further entrenched in the Constitution. There is a need to better safeguard existing rights, to afford constitutional protection to economic, social and cultural rights, and also to guarantee the rights of vulnerable persons. An Issue Paper about "Constitutional Protection of Human Rights" was released in October 2010, which contains the views of the Commission as to the manner in which fundamental rights and freedoms can be further entrenched in the Constitution.
   (i) **Better guaranteeing existing rights**

(1) Affording better protection to equality than what is currently guaranteed by sections 3 and 16.

9. In the Issue Paper on "Equality/Anti-Discrimination Legislative Framework [November 2008] (Re Equal Opportunities Bill No. XXXVI of 2008), observations were made about the structure of the anti-discrimination provision. It was considered the structure of the anti-discrimination provision is *self-contained* [it prohibits discrimination on specified grounds] and is not in line with best international practices in the field. Our international obligation under articles 2 and 26 CCPR [International Covenant on Civil and Political Rights] requires of us that we enact an *open-ended provision* [whereby discrimination is prohibited on the basis of an indeterminate number of grounds, the grounds mentioned being merely instances of discrimination].
   A non-discrimination, or equality provision, which is *open-ended* or indeterminate, as to the possible grounds of discrimination that will engage the right, has one particular significant interpretative result. Determining whether a given distinction violates the non-discrimination principle will never concern whether the given distinction is covered by the non-discrimination provision or not. Every distinction, of any kind, will invoke the non-discrimination or equality principle. History shows that the legislature cannot beforehand foresee all forms of prejudice and discrimination that may crop up in a given society.[2]

---

2 With the development of science and technology, new forms of discrimination are likely to emerge, such as genetic discrimination: *vide* Australian Law Reform Com-

(2) Affording better protection to right to respect for privacy:

10. Affording not merely protection to privacy of home and premises, as is currently the case under section 9 of the Constitution, but also respect for private and family life.

(3) Affording better protection to the system of freedom of expression :

11. By protecting right of access to information, whilst putting emphasis (as is the case under Article 10 ECHR) that this freedom carries with it duties and responsibilities.
The right to freedom of expression is afforded constitutional protection by section 12 of the Constitution. Freedom of expression is defined as the freedom to hold opinions and to receive and impart ideas and information without interference. Freedom of expression constitutes one of the essential foundations of a democratic society. It is necessary for the pursuit of truth, individual self-fulfillment, and the democratic process. The right guaranteed by section 12(1) does not cover access to official information.[3]

---

mission Report No. 96 on 'Protection of Human Genetic Information' vol. 1 at pp. 289-318 and vol. 2 at pp. 651 seq.

3 The constitutional provisions could be drafted in the following manner:
Protection of right of access to information
(1) Everyone shall have the right of access to –
(a) Any information held by the State; and
(b) Any information that is held by another person and that is required for the exercise or protection of any rights.
(2) The law shall give effect to this right and may provide for reasonable measures to alleviate the administrative and financial burden of the State.
(3) Nothing contained in or done under the authority of any law shall be held to be inconsistent with or in contravention of this section to the extent that the law in question makes provision –
(a) in the interests of defence, public safety, public order, public morality;
(b) for the purpose of protecting the rights or freedoms of other persons;
except so far as that provision or, as the case may be, the thing done under its authority is shown not to be reasonably justifiable in a democratic society.

(4) Better Secure Protection of Law (section 10):

12. By protecting rights to just administrative action.[4]
13. By prescribing as a constitutional norm that slavery (and other related practices) is a crime against humanity.

(ii) Affording constitutional protection to economic, social and cultural rights

14. It has been considered that the following rights – bearing in mind the provisions in the Draft 2006 Constitution of Trinidad & Tobago and the 1996 Constitution of South Africa - could be afforded constitutional protection:

4 The provisions could be drafted as follows:
Protection of rights to just administrative action
(1) Everyone shall have the right to administrative action that is lawful, reasonable and procedurally fair.
(2) Everyone whose rights have been adversely affected by administrative action shall have the right to be given reasons.
(3) The law shall give effect to these rights, and must –
(a) provide for the review of administrative action by a court or, where appropriate, an independent and impartial tribunal;
(b) impose a duty on the State to give effect to the rights in subsections (1) and (2); and
(c) promote an efficient administration.
(4) Nothing contained in or done under the authority of any law shall be held to be inconsistent with or in contravention of subsection (2) to the extent that the law in question makes provision -
(a) in the interests of defence, public safety, public order;
(b) for the purpose of protecting the rights or freedoms of other persons;
except so far as that provision or, as the case may be, the thing done under its authority is shown not to be reasonably justifiable in a democratic society.

(a) Right to education;[5]
(b) Right to language and culture;[6]
(c) Right to housing;[7]
(d) Right to basic amenities;[8]

5 The constitutional provisions could be drafted along those lines:
Protection of right to education
(1) Everyone has the right to -
(a) a basic education, including adult basic education; and
(b) further education, which the State through reasonable measures shall make progressively available and accessible.
(2) In order to ensure the effective access to, and implementation of, this right, the State shall consider all reasonable educational alternatives, taking into account various types of education to meet different levels of competencies.

6 The constitutional provisions could be drafted as follows:
Protection of right to language and culture
Everyone shall have the right to use the language and to participate in the cultural life of their choice, but no one exercising these rights may do so in a manner inconsistent with any provision of this Constitution or any law enacted under this Constitution.

7 The constitutional provisions could be drafted in the following manner:
Protection of right to housing
(1) Everyone shall have the right to have access to adequate housing.
(2) The State shall take reasonable legislative and other measures, within its available resources, to achieve the progressive realisation of this right.
(3) No one may be evicted from their home, or have their home demolished, without an order of a court of law made after considering all the relevant circumstances. No legislation may permit arbitrary evictions.

8 The constitutional provisions could be drafted as follows:
Protection of right to basic amenities
(1) Everyone shall have the right to have access to-
(a) health care services, including reproductive health care;
(b) sufficient food and water; and
(c) social security including, if they are unable to support themselves and their dependants, appropriate social assistance.
(2) No one may be refused emergency medical treatment in a public health institution.
(3) The State shall take reasonable measures, within its available resources, to achieve the progressive realisation of each of these rights.

(e) Right to a healthy and sustainable environment;[9]
(f) Right to freedom of trade, occupation and profession.[10]

(iii) Guaranteeing the rights of vulnerable persons

15. Guaranteeing in the Constitution the rights of the following vulnerable persons:
(a) The Child;[11]
(b) The Elderly Person;
(c) The Person with disabilities;

---

9 The constitutional provisions could be drafted along those lines:
Protection of right to a healthy and sustainable environment
(1) Everyone shall have the right to an environment that is not harmful to their health or well-being; and
(2) Everyone shall have the right to have the environment protected, for the benefit of present and future generations, through reasonable legislative and other measures that –
(i) prevent pollution and ecological degradation;
(ii) promote conservation; and
(iii) secure ecologically sustainable development and use of natural resources while promoting justifiable economic and social development.

10 The constitutional provisions could be drafted in the following manner:
Freedom of trade, occupation and profession
Every person shall have the right to choose his trade, occupation or profession freely. The practice of a trade, occupation or profession may be regulated by law.

11 The following guarantee can be afforded to the child:
Protection of the rights of the child
(1) Every child, being a person under the age of eighteen years, shall have the right -
(a) to a name and a nationality from birth;
(b) to parental care or family care, or, when removed by the State from that environment, to appropriate alternative care;
(c) to basic nutrition, shelter, basic health care services and social services;
(d) to be protected from maltreatment, neglect, sexual abuse or any other form of abuse or degradation;
(e) to be protected from exploitative labour practices;
(f) not to be required or permitted to perform work or provide services that-
(i) are inappropriate for a person of that child's age; or
(ii) place at risk the child's well-being, education, physical or mental health or spiritual, moral or social development;
(g) not to be detained except as a measure of last resort, in which case, in addition to the rights a child enjoys in relation to freedom and security of the person and in relation to a person being accused, arrested, or de-

(d) A Witness in Court proceedings;[12] and
(e) The Consumer.

(c) Need to reconsider Existing Arrangements

16. The Commission has also considered how existing arrangements can be improved so as to strengthen our democracy.

---

tained, the child may be detained only for the shortest appropriate period of time, and shall have the right to be -
(i) kept separately from detained persons who are over the age of eighteen years; and
(ii) treated in a manner, and kept in conditions, that takes account of the child's age;
(h) to have a legal representative assigned to the child by the State, and at the expense of the State, in civil proceedings affecting the child, if substantial injustice would otherwise result;
(i) not to be used directly or indirectly in any form of armed conflict, and to be protected in time of such conflict; and
(j) to be protected from any form of sexual trade for the purpose of pornography or any other dehumanizing or illicit purpose.
(2) A child's best interests shall be of paramount importance in every matter concerning the child.
(3) The State shall take reasonable measures, within its available resources, to achieve the progressive realisation of these rights, by setting out clearly the criteria for eligibility.

12 The following guarantee can be afforded:
Witness Protection
(1) The State shall ensure that necessary and reasonable action is taken to protect the safety and welfare of a witness in any proceedings before a court.
(2) In this section
"witness" includes a person who has made or given a statement in any form or who has given or agreed to give evidence in any proceedings in relation to the commission of an offence;
"proceedings" includes any procedure in relation to an alleged or proven offence, including an inquiry or investigation, or preliminary or final determination of such inquiry or investigation.

(i) Mechanisms for better enforcing the Constitution, better Securing Compliance of Laws and Policies with Constitutional Norms

17. The Commission has reflected on how Mauritius can benefit from the approaches taken by other jurisdictions regarding enforcement of, securing compliance with, constitutional norms. What can be learnt about the methods, specificity, and limits of judicial enforcement?
18. In that context, the Commission took note that an important observation made by Professor S.A. De Smith, Constitutional Commissioner, in his November 1964 Report [Sessional Paper No. 2 of 1965, Report of the Constitutional Commissioner] had been overlooked:
At para. 34 of that Report, he did mention:

> *"Some thought might also be given to the idea of establishing a Constitutional Council ... whose main function would be to report on Bills which in its opinion were inconsistent with the terms of the Constitution."*

(ii) Electoral System

19. In the Report on "Local Government Reform" [June 2009], the Commission recommended that provision be made for a political party to be under the obligation to ensure gender representation on its electoral list of candidates.
20. Criticisms have been expressed at the system of allocation of additional seats in the National Assembly [more commonly known as the "best loser system"]. A candidate at a general election is under a legal obligation to declare on the nomination paper the community to which he or she belongs, failing which, his or her nomination paper will be held invalid by the Returning Officer.[13]

---

13 Paragraph 3(1) of the First Schedule to the Constitution requires of every candidate for election at any general election of members of the Assembly that he declares in such manner as may be prescribed which community he belongs to. According to paragraph 3(4) of the Schedule, the population of Mauritius shall, for the purposes of the schedule, be regarded as including a Hindu community, a Muslim community and a Sino-Mauritian community; and every person who does not appear, from his way of life, to belong to one or other of those 3 communities shall be regarded as belonging to the General Population, which shall itself be regarded as a fourth community.

At its 29th meeting held on 17 April 2009, the Commission examined the issue of communal representation under our electoral system [regarding elections to National Assembly] and expressed its agreement with the views of Professor S.A. De Smith, Constitutional Commissioner, in his November 1964 Report [Sessional Paper No. 2 of 1965, Report of the Constitutional Commissioner], about any form of 'communal representation.'

21. In his book, "The New Commonwealth and its Constitutions", Professor de Smith had earlier written, in relation to the representation of minority communities, the following at page 117:

> *"The idea that minority communities should be guaranteed special representation as such in the legislature is seldom acceptable in Africa and Asia today. Communalism stands for divided loyalties; it inhibits the development of a national consciousness; it is identified with religious fanaticism or tribal separatism or economic and social privilege. In the United Kingdom, Jews, Roman Catholics and West Indians may suffer unofficial discrimination in various ways, but it is not thought necessary or desirable to give them distinct representation in the House of Commons. Why, then, should it be thought necessary to single out communal groups in new states for this form of preferential treatment? The outside observer who detects the accents of special pleading must remind himself that communal representation, in so far as it entails the reservation of seats for communal members elected only by members of their own communities, has a poor record. It tends to magnify existing communal differences, inasmuch as communities are stirred to fuller self-consciousness and electoral campaigns are dominated by appeals to communal prejudices; and new communities discover themselves as further claims to separate representation are lodged."*

When considering proposals for the particular electoral system and the Legislature that might best meet the needs of Mauritius, the Professor expressed the same concerns at paragraph 19 of his report (Report of the Constitutional Commissioner, November 1964, Sessional Paper No. 2 of 1965 of the Mauritius Legislative Assembly) as follows –

> "Some of the proponents of communal representation sought to show that this would discourage communalism and strengthen tendencies to vote along party lines; others conceded that it would encourage communalism but asserted that communalism was in any event an ineluc-

table fact of life in Mauritius. My own belief is that the immediate effect of the introduction of communal representationin any form would be to intensify communalism by endowing it with the accolade of legitimacy, that candidates in an electoral campaign would experience irresistible temptations to appeal to the narrower communal prejudices, that there would be increasing demands for communal representation in other walks of private life, and that the long-term effects would be deleterious both to the minorities which now think of it as a safeguard and to the general welfare of the island."

22. But the Commission also took note that the system of allocation of additional seats to most successful unreturned candidates at legislative/national assembly elections on the basis of appropriate community and appropriate party, according to the First Schedule to the Constitution, while giving effect in some measure to communal considerations, institutionalized the political party as a vehicle to ward off those evils and dangers by encouraging multi-communal parties.

    As pointed out by Justice Lallah (as he then was) in *Sir Gaetan Duval v François* [1982] MR 84:

"Unlike the case in constitutions where only one political party is institutionalized, our Constitution conforms to the model which implicitly recognises - and indeed encourages - a multiplicity of parties. With this essential difference, however, that elsewhere, first, the electoral law does not necessarily recognize the political party as a participant (nomination and ballot papers in the United Kingdom, for example, show only the names of candidates) and, secondly, the existence of political parties is traditionally or conventionally determined by practical considerations of forming a government. Our Constitution, however, though permitting independent candidates to stand for election in the limited, though important, sphere of the direct election of members of Parliament, nevertheless expressly recognises, in Schedule 1, the existence of political parties. And candidates of those parties are entitled to participate both in the direct election process and the subsequent election by the allocation of additional seats. It further recognises the existence of four main communities in that it expressly requires every candidate, whether independent or not, to declare in his nomination paper which of the four communities he belongs to. There was clearly deliberate purpose behind the constitutional recognition of political parties and, if this purpose is properly perceived, it would shed light on the rights of political parties as such and those of the officials, in particular, the leader of a political party whom the Constitution also recognises ...

A complex system was devised in Schedule I to our Constitution which, while giving effect in some measure to communal considerations, institutionalized the political party as a vehicle to ward off those evils and dangers. Thus, in this system, communal parties could not expect to fare well in all twenty-one constituencies. In normal circumstances, no independent candidate nor any party which had not returned at least one candidate could participate in the allocation of additional seats. But, most importantly, while the allocation of the first four of the eight additional seats was made to be determined by communal considerations, the party was given the constitutional guarantee to claim its rights in relation to the allocation of the remaining four seats a measure clearly designed as much to encourage multicommunal parties, if they had any pretensions to form a government as to prevent the result of the elections from being frustrated by depriving a party of a majority that it had democratically won. And the system of block voting was called in aid, if only with variable possibilities of success, to strengthen the notion of party politics in the mind of the electorate."

23. On 24 March 2014, the Government released a Consultation Paper on Electoral Reform, which contained proposals on issues on which there is broad agreement, and called for discussion with options on those aspects on which there is no broad consensus yet. Government invited the views of all interested parties on the Consultation Paper: Proposals/comments/suggestions to be sent by 5 May 2014.
The Commission in an Opinion Paper about "Electoral Reform" [May 2014] considered the objectives of the reform should be:
(1) The elimination of Communal Representation (as per system of allocation of additional seats under First Schedule to the Constitution, commonly known as "Best Loser System") whilst ensuring representation of diversity of electorate;
(2) Fair Gender Representation through greater participation of women in National Assembly elections and their enhanced presence in Parliament;
(3) Fairness to Political Parties and to the Electors through increased correspondence between share of votes and share of seats in National Assembly whilst ensuring stable, effective and responsive Government and discouraging emergence of communal parties.
These objectives could be attained *inter alia* through introduction of some form of proportional representation [PR] in the electoral system as the first-past-the-post-system [FPTP] may not ensure a

fair representation of all interests, and by providing that a Political Party shall be under the obligation to ensure gender representation on its list of candidates.

(B) Compliance of Laws and Policies with the Constitutional Norms

24. Time and again the Commission has drawn the attention to laws and practices which fall short of the norms/imperatives in the Constitution.

(a) Operational Autonomy of the Office of Director of Public Prosecutions

25. In March 2009, the Commission released an Issue Paper on "The Office of Director of Public Prosecutions [DPP] and the Constitutional Requirement for its Operational Autonomy" in which it asserted that:
    (a) The operational autonomy of the Office of Director of Public Prosecutions is a constitutional imperative and the Office of the DPP must operate independently of the Office of the Attorney-General;[14]
    (b) The practice since independence of law officers working at Attorney-General's Office appearing for or advising DPP falls foul of the principles underlying the setting-up in the Constitution of distinct offices of Attorney-General and DPP. This arrangement is unconstitutional and should be brought to an end;
    (c) Civil Establishment Orders, adopted in accordance with section 74 of the Constitution and the Civil Establishment Act, must give effect to this constitutional imperative of the independence of the

14 The Office was first established in the 1964 Constitution, as part of the second stage of constitutional developments in Mauritius (as spelled out in the *Text of Agreed Final Communiqué of the Mauritius Constitutional Review Conference of 1961*) [Mauritius Legislative Council, Sessional Paper No. 5 of 1961 - Constitutional Development in Mauritius].
It was agreed at that conference that should provision be made for the post of Attorney-General to be filled by a Minister, who would not be a public officer, "it would be necessary to create a new official post of Director of Public Prosecutions who would be solely responsible in his discretion for the initiation, conduct and discontinuance of prosecutions and would in this respect be independent of the Attorney-General".

Office of the DPP: posts for law officers involved in criminal prosecutions must be established under the Office of the DPP;

(d) Since independence, the salary and other allowances of the DPP appear in Appropriation Acts as a vote item under the Attorney-General's Office. This practice also is unconstitutional and must cease. Henceforth in Appropriation Acts the budget of the Office of the DPP should appear as a vote item for an independent body, as is that of the Judiciary.

26. Emphasis was put on what Professor S.A. De Smith said regarding the independent constitutional status of the DPP, which stemmed from the need "to safeguard the stream of criminal justice from being polluted by the inflow of noxious political contamination ... to segregate the process of prosecution entirely from general political considerations."[15]

(b) Other Issues

27. In its Reports and Papers as well as opinions to Hon. Attorney-General, the Commission has, *inter alia*, drawn the attention to the need for legislation to give effect to constitutional standards, such as:
   (a) Effective equality of arms between parties to the proceedings ["Report on Disclosure in Criminal Proceedings" (Dec 2008)];
   (b) Equal access to courts [Report on "Access to Justice and Limitation of Actions against Public Officers" (May 2008)]; and
   (c) Right of Accused to a fair hearing [Discussion Paper on "Forensic Use of DNA (April 2009); Issue Paper on "Evidence of Reluctant/ Intimidated Witness in Criminal Proceedings: Proposal for Reform of the Law" (May 2010)].

Concluding Remarks

28. In a democratic State, reflection on the Constitution, its meaning and scope, should be an on-going process. The meaning of a constitutional text springs from the way it is used and applied, from the perspective from which it is being looked at. It is not astonishing, therefore,

---

15 S.A. De Smith, *The New Commonwealth and its Constitutions* (London: Stevens & Sons, 1964), at pp. 144-145.

that the Constitution can be interpreted in different ways by different institutions. Both strategic and tactical considerations affect the techniques of interpretation which an institution can adopt. Ultimately it is up to our superior courts (in particular the Supreme Court which has been vested with original jurisdiction to interpret the Constitution) to determine the significance, at any given point in time, of a constitutional norm or arrangement.

29. Law Reform agencies should continuously reflect on the Constitution, as it is as well as it ought to be. The process of Constitutional Reform should be guided by best international practices and must be the outcome of extensive consultations with all stakeholders.

Specific Features of the Mauritian Constitutional System

Milan JN Meetarbhan

Though the British colonial powers used the "Whitehall model" as a template for drafting the Constitutions of many newly independent States of the Commonwealth, especially small island nations, the Constitution granted to Mauritius on its accession to Independence in 1968 contained various provisions which were not necessarily found in other Constitutions. These specific provisions were required because of the country's singular history, demography and politics. There was strong opposition to Independence essentially because of ethnic considerations and concerns about majority rule.

This paper considers some of the features of the Mauritian Constitution designed to allay these concerns and ensure a peaceful democratic transition.

States which are part of the Commonwealth, previously of the British Empire, have a lot in common in terms of their constitutional regimes, parliamentary practices, legal systems and court structures and the civil service. However, accession to independence came in different waves: Canada (1867), Australia (1901) and New Zealand (1907) were the first to achieve statehood though the British monarch remained (and still is) the titular Head of State. The second wave started with the independence of India in 1947 which was followed by Sri Lanka (then Ceylon) in 1948 and Ghana and Malaysia in 1957. The third and largest wave came only in the 60's with Nigeria and Cyprus (1960), Sierra Leone and Tanzania (1961), Jamaica, Trinidad and Tobago, Uganda (1962), Kenya (1963), Malawi and Zambia (1964), Gambia (1965), Botswana, Lesotho and Guyana (1966) and Mauritius in 1968. Some of the smaller island nations, mainly in the Caribbean and the Pacific but also in the Indian Ocean (Seychelles, 1976) only became independent in the 70's and 80's.

Though the road to Independence often followed different pathways, there was specially for small island nations, similar constitutional processes.

A former Legal Adviser to the Commonwealth Office in the 1960's has termed the post-war constitutions of newly independent States of the Commonwealth, the "Whitehall Constitutions". "The UK Parliament passed an Independence Act; but the constitutions either were drawn up in Whitehall, and made law by Order in Council, or were indigenous. We have something of a phenomenon: Whitehall lawyers must have drafted at least 33 complete and final independence constitutions during the period, to say nothing of a deluge of intermediate instruments. And this from almost the only country in the world to be itself without a written constitution. [..] The constitutions drafted in Whitehall were drawn up with meticulous care, in a style owing much to the style of an Act of Parliament, with the object-at least at first-of reproducing the features, in detail, of parliamentary democracy as it obtains in Britain. A Governor-General was to be the Queen's representative, a legislature-or one House of it-was to be freely elected by the adult citizens, a cabinet of ministers was to be responsible to the House, and there were safeguards for an independent judiciary. Dicey's Conventions of the Constitution were often given statutory form."

The Whitehall participants probably sought, according to the author, to establish the British system of government because it was the only one, they knew and they thought it was the best.[1] The author cites Sir Kenneth Roberts-Wray who was Legal Adviser at the Commonwealth Office from 1945 to 1960, "It is not as if independence constitutions enacted in the United Kingdom are imposed upon the country. They are always the outcome of full consultation and discussion and in the majority of cases independence constitutions have been preceded by one or more full-scale conferences. It can justly be claimed that the constitution gives the people what they ask for, remembering that by "the people" one does not necessarily mean only the majority. If safeguards are provided for particular communities or minorities, that, surely, makes the constitution more one which is wanted by the people than if it contained nothing except that which would satisfy a majority."[2]

In spite of the fact that the Mauritian Constitution can largely be considered as one of the "Whitehall Constitutions" there are provisions of this Constitution which are peculiar to Mauritius, given the country's history, politics and ethnic composition. This paper will address three of these salient features: 1. Powers of the Governor General, 2. Electoral system, and 3. Constituent Powers of Parliament.

---

1 William Dale: The Making And Remaking Of Commonwealth Constitutions, 42 Int'l & Comp. L.Q. 67 1993.

2 Changing Law in Developing Countries, J. N. D. Anderson (Ed.), (1963), p. 61.

Adoption of the Constitution

The Constitution of Mauritius came into force on Independence Day, March 12, 1968 following the adoption by the Parliament of the United Kingdom, of the Mauritius Independence Act.

In Mauritius, the Constitution was published as the Mauritius Independence Order1968[3].

The Mauritian Constitution was consequently *granted* by the United Kingdom and did not emanate from the people of Mauritius or their elected representatives. No Constituent Assembly was appointed to adopt a Constitution though the British Government had consultations with various political parties both in Mauritius and London.

Constitutional talks took place in London in 1961, 1964 and 1965 between the British Government and representatives of Mauritian political parties.[4]

Following the Constitutional talks held at Lancaster House in September 1965, where the main debate was "between the advocates of independence and of continuing association with Britain on the ultimate status of Mauritius"[5], the Secretary of State for the Colonies, announced that "it was right that Mauritius should be independent and take her place among the sovereign nations of the world.[6]

---

3 GN54of1968.

4 The final communiqué issued after the 1961 talks stated that "It is not possible at this stage to suggest what should be the precise status of Mauritius after the attainment of full internal self government. It is the general wish that Mauritius shall remain within the Commonwealth. Whether this should be achieved as an independent state, or in some form of special situation with the United Kingdom or with other independent Commonwealth countries, are matters which should be considered during the next few years in the light of constitutional progress generally.".

5 "Report of the Mauritius Constitutional Conference September 1965", Sessional Paper No.6 of 1965, at para.6.

6 Anthony Greenwood, Secretary of State for the Colonies, had emphasised at the opening of the Conference that he would not "prejudge in any way the outcome of the present conference. No solutions have been ruled out in advance." In their opening remarks, Sir Seewoosagur Ramgoolam stated that "the Mauritius Labour Party wants the independence of Mauritius within the Commonwealth" whereas Jules Koenig Q.C stated on behalf of the Parti Mauricien that " if we contend that decolonisation there must be, we discard independence as being fatal to the prosperity and the peaceful and harmonious development of Mauritius as part of the free world. We claim that it is the general wish of the people of Mauritius that as substitute for independence, close constitutional associations with Great Britain should be maintained within the framework of a new pattern.".

The Secretary of State also announced that a general election will be held under the new electoral system yet to be decided. Following the election, Her Majesty's Government would be prepared, in consultation with the new Government of Mauritius, to fix a date and take the necessary steps to declare Mauritius independent after a period of six months of full internal self-government, if a resolution asking for this is passed by a simple majority of the new Assembly.

At the elections held on 7 August 1967, the Independence Party led by Sir Seewoosagur Ramgoolam which advocated Independence from the United Kingdom won 39 seats with 54.13 % of the popular vote whilst the Parti Mauricien Social Democrat, led by Gaetan Duval, which was opposed to independence and called for an "associate" status with the UK, won 23 seats with 43.99 % of the vote.

At the first sitting of the newly elected Legislative Assembly on 22 August 1967, a motion calling for "Mauritius to accede to Independence within the Commonwealth" was adopted.

The Leader of the Opposition, Gaetan Duval stated that the Opposition would not support the motion and he pointed out that this was primarily because by voting for independence, Mauritians would lose their British passport.[7]

Following the adoption of the motion,[8] it was agreed that Mauritius would accede to independence on 12 March 1968.[9]

The Parliament of the United Kingdom adopted the Mauritius Independence Act on 29 February 1968. An Order in Council, the Mauritius Independence Order was made on 4 March 1968, with the Constitution of Mauritius as an Annex.

7 "c'est, encore et surtout qu'en le faisant, le Mauricien perdrait son passeport britannique" Hansard, Accession of Mauritius to independence within the Commonwealth of Nations, 22 August 1967 at p.879.

8 The Opposition did not support the motion for independence and walked out of the Assembly during the debates. There was consequently no formal vote and the records state " Question put and agreed to.".

9 The date of March 12 was chosen as a tribute to the struggle for Indian independence as the Salt March which is considered as a landmark in the freedom struggle started on this date in 1930. (The Salt March was called by Mahatma Gandhi to protest against the imposition of a salt tax by the British colonial government.).

Role and Powers of the Governor General

When Mauritius became independent in 1968, the Constitution provided that Her Majesty the Queen would be the Head of State and would be represented in the country by a Governor General. Sir John Shaw Rennie who was the Governor immediately prior to Independence was appointed as the first Governor General.

Though the appointment of a Governor General as representative of the British monarch who remained Head of State of the independent country was by no means unique to Mauritius and specially of small island nations, the powers given to the Governor General under the Mauritian Constitution were broader than those granted elsewhere.

In his speech to the Legislative Assembly introducing the motion calling for independence, Sir Seewoosagur Ramgoolam had pointed out that,

> *"There will be a Governor-General with extensive discretionary powers, more than those which obtain in other independent countries, which by themselves offer adequate guarantee to every section of the Mauritian community."* [10]

Prof S.A de Smith who was Constitutional Commissioner for Mauritius has highlighted the range of personal discretions which the Governor-General would have under the Mauritian Constitution.[11] : "...the Governor-General is invested with several personal discretionary powers which may have to be exercised in times of political crisis. [..] What is extraordinary and unique in Mauritius is the range of other personal discretions vested in the Governor-General. This feature of the Constitution is traceable to the decision taken in 1965 to remove from the hands of the political branch of the Executive the power to exercise certain highly sensitive functions which might give rise to serious political contention. [..]Thus the Governor-General personally appoints and removes not only the Leader of the Opposition and the members of the Commission on the Prerogative of Mercy. [..] what is far more important is that personal responsibility for the appointment of the Chief Justice, the Ombudsman, and members of the Public Service Commission, is vested in the Governor-General. In 1965 it was thought inexpedient to follow the normal course of leaving responsibi-

10 Hansard, 22 August 1967 at p. 865.

11 Mauritius: Constitutionalism in a plural society" (Modern Law Review, 1968, Vol 31 No 6).

lity for these appointments in the hands of the Prime Minister, having regard to the political and communal tensions obtaining in Mauritius"

The Constitution provided for three distinct modes of exercise of the Governor-General's powers:

(i) when he acts after consultation with some other person or authority;
(ii) when he acts on the advice of some other person; or
(iii) when he acts in his own deliberate judgment.

When Mauritius became a Republic in 1992, the powers given to the President as Head of State were essentially the same as those initially granted to the Governor General. The President is elected by the National Assembly on a motion by the Prime Minister. Since only the Prime Minister can come with a motion for the election of a President, there can be no other candidate for the election and no debate is allowed in the Assembly on the Prime Minister's motion. Under the Mauritian constitutional regime, the Prime Minister commands a majority in the Assembly and his nominee should consequently obtain the simple majority required to be elected.

Section 28 of the Constitution provides that the President is the Head of State and Commander-in-Chief of the Republic of Mauritius and his duties include upholding and defending the Constitution and ensuring that- i. the institutions of democracy and the rule of law are protected; ii. The fundamental rights of all are respected; and iii. The unity of the diverse Mauritian Nation is maintained and strengthened.

It is only the Prime Minister who can nominate a candidate for election as President and it is only the Prime Minister who can come with a motion calling for removal of the President.

Though in practice the powers of the President have, in accordance with British constitutional conventions, been exercised by the Governor General, and later by the President, on the advice of the Prime Minister, it is clear that the President is not always bound to do so. The Mauritian President is not just a figurehead. He has real powers including appointments to major constitutional posts and in certain circumstances, powers of dissolution of the National Assembly. This gives rise to the question of the legitimacy of the exercise of powers by a President who for all intents and purposes is a nominee of the Prime Minister. The Prime Minster is the leader of a parliamentary majority elected by the people but the President who does not have a direct mandate from the people may still override the wishes of the Prime Minister and act on his own.

Whilst it is right that powers should in a democratic State, not be concentrated in the hands of only one person and thus the exercise of certain powers by a President may act as a check on possible abuses by an "elected dictatorship"[12] in a Westminster-style prime-ministerial government, the legitimacy of the President's mandate must be enhanced for him to effectively exercise these powers. The mode of election of the President should therefore be reviewed as apart of a broader constitutional reform exercise.

The Electoral System

Mauritius has a unicameral Parliament and the First Schedule to the Constitution provides for the election of 62 members (20 three-member constituencies and one two-member constituency in the island of Rodrigues) and appointment of up to eight Best Losers, to the National Assembly.

The electoral system was the most controversial issue during the constitutional debates in the 1960's, apart from the issue of independence or association with the UK. The debate over the electoral system was essentially driven by ethnic considerations and the need to ensure adequate representation of "minority groups". Various proposals were made regarding quotas, discrete electoral rolls, reserved seats and proportional representation. To allay the concerns about adequate representation of all sections of the population, two measures were finally envisaged;

i. It was proposed to draw constituency boundaries in such a way as to ensure that certain minority groups would still have an opportunity to elect members who might not otherwise get elected;
ii. The Best Loser system would ensure that additional Members would be appointed from amongst unreturned candidates belonging to under-represented communities in the Assembly following a general election.

The delimitation of constituency boundaries to meet the above objectives resulted in wide disparities between the number of voters in different constituencies. Though all constituencies in mainland Mauritius were entitled to three Members of Parliament, some constituencies had almost twice as many voters as others.

For the purposes of determining which communities were under-represented among elected members and for appointing Best Losers, candidates at elections were required to state which of the four communities specified

12 Lord Hailsham: 'Elective Dictatorship', The Richard Dimbleby Lecture; The Listener, 21 October 1976, p. 496; 500.

in the Constitution[13] they belonged to. The Electoral Supervisory Commission may then nominate from amongst unreturned candidates of the community it has deemed to be under-represented, the candidate with the highest percentage of votes as a Best Loser MP to ensure "a fair and adequate representation" of that community.

The First Schedule to the Constitution, the Representation of the People Act and the National Assembly Elections Regulations provide the legal framework governing the election of members of the National Assembly and the appointment of Best Losers. The additional seats of Best Losers "shall so far as is possible be allocated to persons belonging to parties who have stood as candidates for election as members at the general election but have not been returned as members to represent constituencies." Paragraph 5(3) of the Schedule provides that, "The first 4 of the 8 seats shall so far as is possible each be allocated to the most successful unreturned candidate, if any, who is a member of a party and who belongs to the appropriate community, regardless of which party he belongs to." (the appropriate community being one of the four specified communities which is less well represented on the basis of the 1972 census). In order to ensure that the balance of power in the Assembly resulting from the election of 62 Members is maintained after the allocation of the first four seats, the second 4 seats shall one by one be allocated to the most successful unreturned candidates (if any) belonging both to the most successful party and to the appropriate community.[14]

13 The four communities specified in section 3 of the First Schedule to the Constitution are : Hindu (2) Muslim (3) Sino-Mauritian (4) " every person who does not appear from his way of life to belong to one or other of those 3 communities shall be regarded as belonging to the General Population". In The Electoral Supervisory Commission v The Honourable The Attorney-General (2005 SCJ 252, 2005 MR 42) the Supreme Court declared that "prospective candidates at a general election are under a legal obligation to declare on their nomination papers the communities to which they belong, failing which, their nomination papers will be held invalid by their respective Returning Officers."; thus in effect overruling an earlier decision in Devianand Narrain and ors v The Electoral Commissioner and ors [2005 SCJ 159] where the Court had held that " that the provision in paragraph (5) of Regulation 12 of the National Assembly Elections Regulations 1968 is, to the extent that it purports to provide that the nomination of a candidate in view of a general election shall be deemed to be void and of no effect if he has not made a declaration in compliance with para. (4)(c) of that regulation, is repugnant to section 1 of the Constitution, and has been invalidly enacted.".

14 The First Schedule was amended in 1991 to provide that with respect to the second set of four seats where there is no unreturned candidate of the appropriate

The fact that the 1972 census is used to determine the adequacy of representation of each of the fours communities has been criticised by the UN Human Rights Committee. In 2007, members of a political party whose nomination papers for standing as candidates at a general election were turned down as they had not disclosed the community to which they belonged (deemed to be a mandatory requirement) complained to the UN Human Rights Committee that their rights under Articles 18, 25 and 26 of the International Covenant on Civil and Political Rights had been violated[15]. Since the purpose of the declaration was to enable the Electoral Supervisory Commission to determine the adequate representation of each of the four communities and hence to nominate Best Losers, the Committee noted that community affiliation has not been the subject of a census since 1972. The Committee therefore found "taking into account the State party's failure to provide an adequate justification in this regard and without expressing a view as to the appropriate form of the State party's or any other electoral system, that the continued maintenance of the requirement of mandatory classification of a candidate for general elections without the corresponding updated figures of the community affiliation of the population in general would appear to be arbitrary and therefore violates article 25 (b) of the Covenant." (The Supreme Court had in a judgment given in 1991 already highlighted the difficulty of relying on the 1972 census instead of the latest available census)[16] census.

In a case before the Judicial Committee of the Privy Council in London[17], which remained as the highest appellate court for Mauritius even after the country became a Republic, the applicants' nomination papers to stand as candidates for the elections were turned down by the Returning Officers on the grounds that they had not declared their community affiliation as required. Their application to the Supreme Court for an order directing the Returning Officers to insert their names on the list of candidates was turned down. They applied to the Privy Council, and the Judges of the Privy Council said that they could well understand the applicants' concerns about the Best Loser system "especially for example the amendment to paragraph 5(8) of the First Schedule which introduced a reference to the

---

community from the most successful party the seats can still be allocated to unreturned candidates of that party irrespective of community.

15 Communication No. 1744/2007.

16 *Ex parte- Electoral Supervisory Commission and Electoral Commissioner and ors.* [1991] MR 166; [1991] SCJ 335.

17 *Dany Sylvie Marie & Dhojaven Vencadsamy & ors v Electoral Commissioner & ors* [2010] PRV 70; [2011] UKPC 45.

1972 census as the basis of an important part of the calculation necessary to operate the system... It is said that a system based on figures now nearly forty years old makes no sense."

The community to which the candidate belonged is to be determined in accordance with his "way of life". The Supreme Court had an opportunity to consider the meaning of "community" and "way of life"[18] and the difficulty of deciding whether the community to which the candidate declared he belonged to was in fact the right one. The Court ordered that the candidates who had stated that they did not belong to any of the specified communities should be considered as members of the General Population, which is a residual category.

In a case brought before the Supreme Court during the campaign for the 2014 national legislative elections,[19], the applicant asked the Court to invalidate the nomination of a candidate for the forthcoming general election who had stated in his nomination papers that he was a member of the Sino-Mauritian community whereas at the previous election he had stated that he belonged to the general population. The Court reached the "inescapable conclusion" that the applicant had failed to establish that the respondent candidate does not belong to the Sino-Mauritian Community and that his declaration to that effect in the nomination paper is not correct.

The allocation of seats to Best Losers has been one of the main issues discussed in wide ranging debates on electoral reform over many years. A Consultation Paper, "Renewing Democracy, Electoral Reform- Modernising the Electoral System" published by the Government of Mauritius in March 2014, reviewed proposals on electoral system made over the years[20] and set out the Government's own proposals.

In a case decided six years after Mauritius became independent, a Supreme Court Judge[21], giving a separate and dissenting opinion said, "One other factor which must be noticed when dealing with the ill-effects of communal rivalry in Mauritius is that, for political and electoral purposes,

18 *Parvez Carrimkhan v Tin How Lew Chin & Ors* [2000] SCJ 264.

19 *Tsang Man King T.F.K. v Yeung Sik Yuen J.M.T & Ors* [2014] SCJ 429.

20 (a) at the London Conference of 1956 and the resulting London Agreement of March 1957 and recommendations of the Trustram Eve Commission in the same year; (b) the Constitutional Review Conference of 1961 followed by the Constitutional Order 1964; (c) by the Constitutional Commissioner Prof SA de Smith in his 1965 Report; (d) the Banwell Commission report in 1966; (e) the recommendations of the Rt Hon John Stonehouse in 1966; (f) the Commission on Constitutional and Electoral Reform (the Sachs Commission) 2001/02; (g) the Parliamentary Select Committee Report 2002; and (h) the Carcassonne Report 2013.

21 *Duval v Commissioner of Police* [1974] MR 130.

communalism is a reality not only recognised but also likely to be perpetuated by our Constitution. Those responsible for the framing of the Constitution have willed it so. It is part of our history that the comparting of the population for electoral purposes was founded on the expressed fear that minorities might not otherwise be adequately represented in the Legislature and their interests, as a result, be inefficaciously indicated. For that reason, a candidate for election under our Constitution is bound to declare to which of the four communities specified by the Constitution he belongs. For that reason, also, an elected member sits in the Legislative Assembly generally as a representative of the people of his constituency, whatever be their community, but also in particular as a defender of the interests of the community to which he belongs.

The consequence of that state of affairs is that not only would it not be unethical for a member of the Assembly to have the interests of his community particularly at heart, but by the very fact of his election he must think of himself as some kind of a champion of those interests. Another consequence is that the creation of one community parties avowedly pledged to defend and promote the interests of the community is a thing to be expected. Parties of that type have existed and will probably continue to exist. That being so, any factual reference to the communal character of a party or to reasonable endeavours on the part of its leader to obtain that members of its community should be in sufficient number and strength in Parliament or in the Cabinet as but the legitimate fulfillment of his role in the political field should not necessarily be found objectionable or be taxed as tending to promote communal conflicts."

Constituent Powers of Parliament

The Mauritian Constitution was granted by the colonial power but it provides for "alterations" by the Mauritian Parliament. Whilst the Constitution allows for alteration of any of its provisions it lays down tiered amendment thresholds - a hierarchical order of the provisions in terms of the super-majoritarian requirements for constitutional amendment:

(i) Those provisions which can only be altered if approved by three quarters of the electorate in a referendum AND subsequently approved by all Members of the National Assembly (this was introduced in the Constitution by an amendment made in 1982)[22];

(ii) Provisions which can only be altered if supported by at least three quarters of the Members of the National Assembly;

(i) Provisions which only require the support of two-thirds of Members of the Assembly.

Sub-section (1) of Section 47 provides for the power to "alter" the Constitution and does not use the term "amend". Sub-section (5) further defines the power to alter as including the power to (a) revoking it, with or without re-enactment or the making of different provisions; (b) modifying it, whether by omitting or amending any of its provisions or inserting additional provisions in it or otherwise and (c) to suspending its operation for any period, or terminating any such suspension.

In the course of the debates on the Constitution of Mauritius (Amendment No IV) Bill 1991, the opposition Labour Party proposed at Committee stage that the term "alter" in sub-section (1) should be replaced by the term "amend". The proposal was rejected by the Government.

The very wide definition of the term "alter" in sub-section (5) may mean that a ruling party or coalition which has the required majority in the Assembly might on its own suspend or revoke the whole Constitution or significant parts of it and effectively rewrite the Constitution.

It must have been initially assumed that the qualified majority required to amend the Constitution would ensure that such amendments would be carried only if they had bipartisan support as it would be unlikely that a governing party or alliance would on its own hold more than three quarters of the seats in the Assembly. However, any such assumption has been proved wrong as elections held in 1982, 1991, 1995, 2000 and 2014 led to a ruling coalition holding the required number of seats to adopt constitutional amendments without the support of the opposition.

As was pointed out by the Privy Council[23], the Constitutions of new members of the Commonwealth "embody what is in substance an agreement reached between representatives of the different shades of political opinion in the State as to the structure of the organs of government through which the plenitude of sovereign power of the state is to be exercised in future."

This was the case for Mauritius as well since the Constitution was drafted following discussions held between the British Government and repre-

22 Act No.2 of 1982.

23 *Hinds v The Queen* [1977] AC 195.

sentatives of different shades of political opinion in Mauritius, at the Constitutional talks in London.

If a single party or alliance may obtain the required majority to alter the Constitution it may in effect alter the structure of the organs of government agreed by representatives of different political parties at the Constitutional talks.

In the Mauritian context, the powers of Parliament elected in accordance with an electoral system that can enable a party or alliance to obtain three quarters of the parliamentary seats with less than half of the popular vote, are compounded by the fact that the country has a unicameral Parliament. In the absence of a second chamber, a ruling party in the National Assembly may thus, amend the Constitution on its own.

There are only two sections of the Constitution (sections 1 and 57(2)) which cannot be altered unless they have first been submitted to the people in a referendum. Sub-section (3)(a) provides that a Bill amending sections 1 or 57(2) cannot be passed by the National Assembly unless it has first been approved in a referendum by the votes of not less than three quarters of the electorate.

Under section 2 of the Constitution, the Mauritian constitutional regime would be categorised as one of constitutional supremacy which posits that any exercise of legislative functions by Parliament would be subject to the provisions of the Constitution.

Indeed, provisions of legislation voted by the Mauritian Parliament have been struck down as being inconsistent with the Constitution.

However, since the Mauritian Constitution can be amended by a unicameral legislature by the majority prescribed under section 47, in the event that any law is found to be inconsistent with the Constitution, Parliament could conceivably alter the infringed constitutional provision to ensure that the impugned law stands valid.

Thus, Parliament would still have the last word.

This begs the question whether the Mauritian constitutional regime is one which theoretically rests on constitutional supremacy but which, in practice, can effectively enable Parliament to prevail.[24]

---

24 In Attorney General v Ramgoolam [1993] MR 81, Lallah SPJ said "it is perhaps necessary to observe that, though used on occasion in a juridical context, the terms "sovereignty' and 'supremacy' pertain more to the language of the political scientist, often inaccurate and devoid of sound juridical basis, rather than to the language of the jurist. Those terms originally attempted to describe evolving concepts designed to emphasise the transfer of important political and legislative powers from the Sovereign in a monarchy to emerging political institutions with-

Given that Mauritius has a parliamentary system where the Executive has an inherent majority, the Executive can, where a law or a section of the law has been struck down by the courts as being unconstitutional, obtain the support of the qualified majority prescribed under the Constitution to alter the supreme law itself to ensure consistency with the impugned law. On the other hand, when the Government introduces a Bill which it considers to be in breach of the Constitution or which could be challenged before the Supreme Court on grounds of inconsistency with the Constitution, it may seek to pre-empt such challenge by amending the Constitution upfront to remove or alter the relevant provision or add a new provision which specifically allows for the proposed bill to withstand any challenge. This is what the Government did in December 2015 when in view of doubts about whether the proposed Good Governance and Integrity Reporting Bill providing for the confiscation of property acquired through "unexplained wealth", would stand the test of constitutionality, Government simultaneously introduced a Constitutional Amendment Bill which would specifically allow for confiscation of assets as proposed by the Good Governance and Integrity Reporting Bill.[25]

Introducing the Constitutional Amendment Bill to the National Assembly, the Prime Minister said, "Government is mindful and respectful of the provisions of sections 1 and 2 of the Constitution and is aware that the Supreme Court, acting within its constitutional powers and functions, is empowered to strike down any law which breaches the Constitution. Government fully endorses that right and is committed to ensuring that any proposed legislation passes the test of constitutionality. We are also aware that Constitutions, insofar as rights are concerned, have to be interpreted generously. [..] It is with this perspective in mind that Government decided to come up with an amendment to section 8 of the Constitution in order to ensure that assets which are confiscated pursuant to the proposed Good

in an evolving constitutional monarchy. In any event, these terms are bound to be relative in countries like ours in the new Commonwealth. We have adopted written Constitutions with entrenched provisions conferring on the Judiciary, among a wide variety of other jurisdictional powers, the overall control of constitutionality, whether with regard to functions performed by the legislature or the executive."

25 The Bill provided for the confiscation of assets in cases of unexplained wealth through actions in rem which would consequently exclude constitutional safeguards available in criminal proceedings. Both the Constitutional amendment introducing the new Section 8(4)(aa) and the Good Governance and Integrity Bill were voted by the National Assembly on December 2 and 3, 2015.

Governance and Integrity Reporting Bill, when enacted, are confiscated pursuant to a law which meets the test of constitutionality."

In December 2016, when the Government was proposing to introduce legislation establishing a Prosecution Commission which would be empowered to review and overrule a decision of the Director of Public Prosecutions, the Government simultaneously introduced a Constitutional Amendment Bill that would ensure that the new legislation would not be declared unconstitutional.[26]

In the above circumstances, the constitutional amendments would effectively ensure that the Constitution would be made consistent with the proposed legislation instead of the legislation being consistent with the Constitution.[27]

The data available from the last ten general elections suggest that the Mauritian electoral system may enable a party or an alliance which has obtained only half or less of the popular vote to have over three quarters of the seats in Parliament, thus enabling it to alter the Constitution on its own without the support of oppositions parties.[28]

Conclusion

Though the Mauritian Constitution has for the last fifty years enabled the country to maintain a fairly stable democratic system, it is important that in the light of the experience of how the constitutional regime has worked or not worked well enough but also in view of developments that have taken place worldwide since the mid 60's that we should now consider how best to modernise and further improve our democracy. In the course of this exercise we will need to examine the extent to which the specific features of the Constitution deemed necessary in the 60's in the light of circumstances prevailing then are still required today or whether these should be replaced by other provisions and safeguards which will best serve the nation in the coming decades.

26 The two Bills were subsequently withdrawn.

27 See Milan Meetarbhan: "La Banalisation des Modifications Constitutionnelles", L'Express, 6 December 2016.

28 *See: Milan J.N Meetarbhan: " Souveraineté Parlementaire et Suprématie Constitutionnelle" in L'effectivité des droits fondamentaux dans les pays de la communauté francophone, (Editions AUPELF-UREF, 1994, Montreal.).*

Application of the Separation of Powers Mechanism in a Unicameral Framework: the Case of Mauritius
L'application du mécanisme de séparation des pouvoirs dans un cadre monocaméral : le cas de l'Ile Maurice

Varsha Mooneram Chadee

Depuis ses origines dans les théories d'Aristote ou de Locke et Montesquieu, le principe de séparation des pouvoirs a connu une évolution et une application remarquable. Avec un contrôle horizontal ou vertical de pouvoir donnant lieu à des régimes soit parlementaire soit présidentiel, le principe de séparation des pouvoirs demeure une idée pertinente dans la gestion du pouvoir de l'état.

Cette étude vise à étudier les enjeux et les conséquences du principe sur le développement d'un état de droit dans un Etat comme l'Ile Maurice et à comprendre la relation entre la séparation des pouvoirs et d'autres principes non-écrits comme la règle de droit, la démocratie, la souveraineté du Parlement pour déterminer la réussite du principe comme mode de contrôle du pouvoir dans l'Etat.

L'emphase sera sur le dynamisme du principe dans la constitution mauricienne durant ses cinquante années d'existence. La recherche débutera, dans une première partie, avec un bref constat de l'évolution historique (pré et post indépendance aussi bien que pendant la période post-république) amenant à l'inclusion et au développement du principe de séparation des pouvoirs. Elle continuera dans une deuxième partie à analyser d'abord l'interprétation juridictionnel élaborant et expliquant l'application du principe dans un ordre juridique monocaméral et de droit mixte qui représente un contexte différent de celui d'où il est originaire, c'est-à-dire le système bicaméral de Westminster, et ensuite, les effets réels du contrôle effectué par la séparation des pouvoirs dans une situation de chevauchement entre le législatif et l'exécutif, et sur la pertinence du principe dans l'ère contemporaine du 21ème siècle avec une société mauricienne et un cadre politique et légal différent de 1968.

1. Introduction

Half a century since its existence in its current form, the Mauritian constitution has faced the test of time but as we reach the milestone of fifty years of existence it becomes fundamental to appraise this supreme law of the island. Several perspectives of appraisal can be adopted as so many features desperately require re-assessment so as to cope with the contemporary challenges. Amongst the knotty debates on the best loser system, the inclusion of socio-economic rights and the review of some constitutional posts, some discussion is needed on its fundamentals. Our constitution is based on several important principles that are fundamental for its survival and essential for a sustainable democratic society. Amongst those principles there exist the rule of law, democracy and separation of powers.

1.1 The Doctrine of Separation of Powers

Shall we be tempted to revisit the famous adage of the fairy tale Snow White and the Seven Dwarfs by the Brothers Grimm to asking the Magic Mirror: "Mirror, mirror, who is the more powerful?"

Human beings have always been very passionate about power. Political, social, psychological as well as legal theories have tried to explore this controversial concept which is yet a vital aspect of the running of a state. Several legal philosophers came up with different theories and ambit of application of the concept of power. Hobbes[1] pondered over the notion of common power and 'soveraigne' power which is acquired either naturally like the authority exercised by a man over his children, or by force like subduing the enemies or by choice whereby the community agrees to voluntarily submit themselves to one man or an assembly of men in all confidence to be protected by the latter. The jurisprudence, through authors like Rousseau, Locke, Dicey…etc, has always pointed that the one who exercise this sovereign power has the welfare and good of his people in mind.

However, history bears testimony that this has not always been the case. Several discussions, especially during the Age of Enlightenment, on the notion of power have demonstrated that, at all levels, power tends to corrupt. Locke, The Earl of Chatham, Lamartine, Lord Acton and many others pointed out the tempting and contagious corruptive nature of power in their various writings by declaring that 'power corrupts and abso-

1 The Leviathan, (1651).

lute power corrupts absolutely'. Grounding himself on this aphorism, Montesquieu went a few miles further in devising a mechanism to fairly and justly administer the power of the state. Through L'esprit des lois (1748), Montesquieu became well-known as the founding father of the doctrine of the separation of powers which emerged therein and where he propounded that the power of the state should not reside in one hand or a few men only but should be separated. Pactet and Melin Soucramanien (2012), a more recent literature in constitutional theories, pointed out that power is a social fact to which we need to accommodate but it remains a concept that we need to consider with care as it can be threatening also.

In his classic theory, Montesquieu established a correlation between the power, the functions and the organs of the state. The power of the state, according to him, is instituted mainly to accomplish a legislative, executive and judicial functions and therefore he adopted a threefold division of the power which basically refers to the separation of the responsibilities normally shouldered by the government into three separate organs. Montesquieu, according to Pactet and Melin Soucramanien (2012), wanted those three organs to be as independent as possible in their designation, their attributes as well as in the people forming part of them so that more of a balance rather than a separation in the powers is achieved. Montesquieu advocated that to prevent any abuse of power, the state should be so construed as power itself should stop power. As pointed out by Jennings (1967), the main objective of Montesquieu was to use the British context as an example where the tyranny and despotism, that the French history had witnessed, had been uprooted through the application of the separation of the state's power. A more recent literature, Bradley and Ewing (2006), affirmed that a complete separation of powers in the contemporary context, is neither possible in practice nor in theory.

1.2 The implications of the doctrine

Over the years, the concept that Montesquieu presented came to be applied in different contexts and has often been revisited to suit the local, historical, political as well as social needs. The doctrine, yet, bears important implications and challenges for a state that wishes to uphold democracy and the rule of law. One of the main purposes of the doctrine resides in the limitation of power and prevention of the concentration of the State's power so that none can then act in an arbitrary or tyrannical manner or abuse of the power they possess. The application of the doctrine ensures that democracy will be upheld. Additionally, each branch acts as a check on the other to ensure that there is no trespass over the realm of action of each other and that no institution is acting ultra vires. The doctrine, according to some authors[2], is recognised as not only having an institutional dimension and being a concept for organising the public powers, but goes beyond to act as a safeguard for the citizens and a guarantee for their liberties and freedoms.

2. *The Separation of Powers in the Mauritian Constitution*

2.1. *The Historical Context*

The inclusion of the notion of separation of powers in the Mauritian public law can be traced back to the times of the French occupation. One of the first relevant documents in history is the 'Mode de Constitution de l'Ile de France arrêté par l'Assemblée Coloniale'[3] which is the document that established the island as a French colony. The second chapter from Article 1 to Article 4 described the quadruple division of powers in the colony and provided that there was to be a legislative power exercised by the Colonial Assembly, an executive power borne by the representative of the French monarchy on the island, a judicial power entrusted to the tribunals of the colony and an administrative power which would be carried out by the administrative and municipal corpus of the island. All those bodies and functions were further elaborated in the rest of the 1791 document. From there on, there has been no turning back and in most constitutional documents that followed, the doctrine has been present. In 1803, the 'Arrêté du Premier Consul concernant le gouvernement des Iles de France et de Bourbon'[4] recognised three different offices amongst which the state's power was divided namely the 'Capitaine Général', the 'Préfet Colonial' and the 'Commissaire de Justice'.

Under the British occupation, the division of powers was less manifest in the initial documents establishing the Queen's orders. In 1831, through the 'Instructions Royales modifiant la Constitution du Conseil du Gouvernement'[5], one of the limbs of the State was established as the Council of Government and the functioning was modified in 1885 in 'Lettres patentes

2 Roblot-Troizier, (2012), pg 101.
3 Document dated 2 April 1791.
4 Document dated 2 February 1803.
5 Document dated 20 July 1831.

modifiant la Constitution du Conseil du Gouvernement'[6]. These documents demonstrated extensive powers being granted to the Governor and Commander-in-Chief of the island. For example, in the 1831 document, he was empowered to elect the people from the chief landed proprietors and merchants of the island to constitute half of the members of the Council of Government. This reflects the lesser importance that is normally accorded to the doctrine by the English practices as compared to the French application of the doctrine[7].

Under the British occupation, the first signs of the doctrine can be retraced to 1947 in the Order in Council establishing the Legislative Council[8] where mention is made of the Legislative and Executive Council but no clear mention can be identified of the separation and organisation of powers within the existing bodies. In the Constitution of 1958[9], which can be seen as a draught of the actual Constitution, the three divisions can be diagnosed. The legislative council is mentioned at Part II, the executive council is explained at Part III and Part IV explained the mechanism of operation of the judiciary of the island. Thereafter, these three branches have maintained their presence in the supreme law.

2.2 *The Post-Independence era*

The 1968 Constitution, which came into operation at the moment of the independence of the island, neither recognises explicitly nor mentions the division of powers in any of its section. Nonetheless, the chapters are explicitly divided as per the three branches of the State namely Chapter V-Parliament, Chapter VI- The Executive and Chapter VII- the Judicature. From this organisation of the chapters, the application of the doctrine is entrenched as one of its unwritten principles and the state is therefore organised to segregate the power into these three branches. The Parliament, established under section 31 of the Constitution, has the power to make laws for the peace, order and good government of Mauritius[10]. The Executive is blurredly described at section 58 as no mention of the ambit of the executive authority is explained. The section refers to the President as the one in

6 Document dated 16 September 1885.
7 Bradley and Erwin,(2006), pg 83.
8 19 December 1947.
9 Order in Council modifying the Constitution, 30 July 1958, Government Gazette no. 51.
10 As per section 45 of the Constitution.

whom that executive authority is vested. Eventually, the supreme judicial authority is vested into the Supreme Court for Mauritius[11].

Consequently, the island adopts a parliamentary regime[12] which resembles the UK model[13]. One area of strong similarity in the application of the doctrine of separation of powers in Mauritius and in England resides in the flagrant overlapping between the legislature and the executive. These two branches are in practice composed of the same personnel as the executive is comprised of the Ministers forming part of the Cabinet enforcing executive decisions and those same Ministers are also the elected members of Parliament sitting for the law-making functions. Similar to the English context, the functions might be different but they are accomplished by the same persons; contrary to what was propounded by Montesquieu who advocated separation in the powers, organs and staff. The parliamentary regime advocates more of an interdependence amongst the powers instead of a complete and rigid separation as in the American framework. Though this interdependence may baffle the notion of separation as conceptualised by the early philosophers, it is within this context that the doctrine is commented by the contemporary jurists[14] and evolves actually in many countries worldwide.

It is observed that, in the Mauritian context, there exists a sort of incestuous relationship between the Prime Minister and the President. Section 59(1) of the Constitution avers that the Prime Minister shall be appointed by the President and then, according to section 28(2)(a), the President, though formally chosen and appointed by the National Assembly, the motion is brought only by the Prime Minister and no debate is allowed. Thus, though the latter is known to be the Head of the State, the real powers of the State will still reside in the hands of the Prime Minister and there is no separation, distribution or juxtaposition of powers here. For practical reasons, it may be better to operate as such in order to avoid deadlock and crisis situations at the State's level but with a Prime Ministership who has more than two thirds' Members of Parliament support, this can lead to dangerous situations where democracy can be put at stake.

---

11 As per section 76.

12 Favoreu, (1970), pg36.

13 The U.S Constitution serve no proper reference for the Mauritian context as the American constitution operates a presidential regime adopting a vertical separation of powers through its federalist practices whereas the Mauritian context fosters a parliamentary regime with a nominated instead of elected President as well as a collaboration amongst the powers instead of a rigid separation.

14 E.g Bradley and Ewing, (2006).

In the past, when there have been contentions between these two offices, it is the Prime Minister who would have the last word. President Uteem's resignation in 2002 bears witness as the president resigned after refusing twice to give his assent to a legislative act and more recently, this year, the President Gurib-Fakim saga bears testimony of the stronger powers of the Prime Minister's Office whereby, it has been clearly demonstrated that in a tug of war between the Office of the President and the Prime Minister, it is the latter that has the final say, especially if he is supported by his Cabinet of Ministers and more than two-thirds of the members of Parliament. After all, they are the elected ones.

Nevertheless, in the Mauritian application of the doctrine, there is a clear demarcation of the judiciary from the other branches as the institution and the personnel comprising the judicial component is clearly extricated from the other branches. Often, they have been called upon to restore the muddle that the executive or the legislative may have engendered, as explained in the cases cited below. There exists nonetheless an awkward situation linking the judiciary to the executive. An overlapping exists between the judiciary and the executive as in the absence of the President and Vice President, according to section 28(7)(b), the Chief Puisne Judge which is the highest position to attain in the judiciary, is empowered to perform the functions of the Office of the President, consequently fitting in the shoes of the head of the executive. Even if the Chief Puisne Judge will be only a temporary visitor to that Office, this kind of overlapping appears incongruous and obviously undermine the idea of independence of powers and decisions amongst the three organs. This should be a matter to be reviewed and the intersection between the judiciary and the executive should be severed.

Often denoted as following the Westminster model, the Mauritian constitution, however, bears fundamental differences with its English counterpart. At this point, a few pertinent observations are to be made as to the specificities of the Mauritian background. The Mauritian constitution is a written one as opposed to the English context of unwritten constitution. Many authors have commented on that fact where English constitutionalists, though coming from a jurisdiction having no written constitution, have been called upon to contribute in the writing of many of the commonwealth countries' constitutions like Kenya, India, Australia…etc. It is observed that in many, if not all, of those Westminster constitutions, the separation of powers principle remains an unwritten and implied tenet. Though absent in words, the doctrine is ever present in practice.

Moreover, the English constitutional law evolves in a bicameral system where the House of Commons and the House of Lords both contribute to the law-making process. Small states with a small geography and population tend for practical reasons to observe a unicameral system as is the case in Hong Kong, Malta as well as in Mauritius. Thus, with a single-housed Parliament, the role and relevance of the doctrine of Separation of powers take other dimensions whereby the balance of powers among the three divisions is done differently as the legislative power cannot be divided into two houses, due to the establishment and presence of only one legislative house in which all the legislative powers are vested and concentrated. Since one body which offers some checks on Parliament is absent from the system, each of the three branches definitely need to exert the 'checks and balances' in order to ensure that no organ is acting in an arbitrary manner.

In the unicameral system, an additional responsibility will be placed on the duly elected opposition[15] as the Leader of the Opposition, appointed under section 73 of the Constitution and the other members of the opposition are the one who will check upon the legislative and executive. They will monitor and criticise but in a constructive manner. Mathur (1991)[16] affirmed that the opposition is solidly entrenched in our parliamentary system, yet, the country's electoral history bears testimony that the opposition's authority can be weakened if they are little in number. The country had witnessed in its history the total victory of a single alliance who win over all or a large majority of the seats of Parliament (the famous 60/0 results as they are locally identified) like in 1982, 1991 and 1995 results of election. With a weak or quasi-inexistent opposition, the executive and legislative are provided with extensive powers and can even go to the extent of amending the constitution at their whims and caprices. The Mauritian population should be made aware of these dangers so that during the periods of electoral campaigns, they do not fall prey to the famous directives of the alliances contesting the elections to vote for all their candidates and instead to vote as per the abilities and competence of the candidates.

3. *The application of Separation of Powers in the Mauritian Courts.*

The doctrine, though only tacitly present in the language of the Constitution, has been, several times, upheld by the Mauritian courts, more specifi-

---

15 The Office of the Ombudsman, established under section 96 of the Constitution can supplement and offer an alternative to aggrieved citizens.

16 Mathur (1991) pg 204.

cally the Supreme Court[17]. A few landmark cases are below analysed to demonstrate the prominence of the doctrine. Most of the decisions tend towards the recognition and relevance of the doctrine in Mauritian constitutional law and depict the decisive role played by the judiciary as control over the powers exercised by the two other branches, whereby the courts have at different occasions recalled to order the trespasses of the other branches and required remedial actions in order to uphold the fundamentals of separation of powers which according to them, is a principal pillar in the temple of democracy and rule of law.

In Ahnee v. DPP (1988)[18], the Judicial Committee of the Privy Council observed that:

> "*First, Mauritius is a democratic state constitutionally based on the rule of law. Secondly, subject to its specific provisions, the Constitution entrenches the principle of the separation of powers between the legislature, the executive, and the judiciary. Under the Constitution one branch of government may not trespass upon the province of any other. Thirdly, the Constitution gave to each arm of government such powers as were deemed to be necessary in order to discharge the functions of a legislature, an executive and a judiciary. Fourthly, in order to enable the judiciary to discharge its primary duty to maintain a fair and effective administration of justice, it follows that the judiciary must as an integral part of its constitutional function have the power and duty to enforce its orders and to protect the administration of justice against contempts which are calculated to undermine it.*"

In the case of Noordally v. Attorney General (1986)[19], the judiciary was called upon to re-assess the legitimacy and constitutionality of the section 46(2) of the Dangerous Drugs Act. The judges thereby recalled their fundamental role of checking over the other branches and ensuring that they are not acting in such ways as to put the rights of the citizens at jeopardy. In this judgment, it is mentioned that the Mauritian constitution rests on two fundamental tenets, namely, '*the rule of law and the juxtaposition (or separation…) of powers*. The judgement pointed out the checks and balances applicable in the context of separation of powers whereby the relevance and

17 Under Section 17, 83 and 84 of the Constitution, the Supreme Court is the only court having jurisdiction to hear constitutional matters.
18 (1988) PRV 28.
19 (1986) MR 204.

diligence of the courts are vital to set the matters right when the other organs act beyond their powers[20].

The judgment of Mahboob v. Government of Mauritius (1982)[21] referred to two other Commonwealth constitutions, namely the Sri Lankan and Jamaican ones which are of the same pedigree as the Mauritian constitution and upheld that the doctrine of separation of powers is embedded in the Mauritian Constitution and remained one of the tenets on which democracy stands.

The Intermediate Court, in the case of Hurnam v. Master and Registrar (2013)[22], has been called upon to comment on the doctrine and referred to renowned authors of constitutional and administrative law for clarifying that there can in practice exists no rigid and complete separation of powers as such division will lead to deadlocks.

Eventually, the Privy Council generated a leading, though controversial, decision in State v. Khoyratty (2004)[23]. The Law Lords took support from Ahnee v. DPP (cited above) to clarify the Mauritian as well as commonwealth countries idiosyncrasy. They reiterated the tolerance of overlap between the executive and legislative but adamantly asserted the independence of the judiciary who can then check on the work of the two other organs and restore any misbalance and/ or abuse.

Therefore, the concept is undeniably and obviously entrenched in our constitution as one of its unwritten principle that has been upheld by the various courts of the country.

4. *The Contemporary Relevance of the Doctrine.*

In the current era, it is not contested that the doctrine of separation of powers still holds its importance but it is furthermore averred that there exist other mechanisms that today acts as counter-powers in the existing

---

20 '*Within the framework of the Constitution, Parliament's right to pass laws, however unpalatable, stringent or to our minds unfair, remains unfettered. But this Court's power to control the Executive, in accordance with its constitutional role, must also remain, and be seen to remain, unimpaired. So that, since we are faced, not with an exercise of Parliament's wisdom, but with an illustration of its misprising its powers, no doubt though being ill-advised, we are entitled to intervene to set matters right*'.(Noordally v. AG (1986)MR 204.).

21 (1982) MR 135.

22 (2013) INT 307.

23 (2006) UKPC 13, (2004)PRV 59.

democratic societies. The main counter-power which has worked wonders over the past decade, is the media[24]. With the advent of technology, internet and instantaneous communication means, the media has been empowered by the citizens themselves to monitor the work of the government. Rightly or wrongly, this remains debatable.

The emergence of other powers with growing impact in the current era has been observed. Some powers are domestic like financial power and power of lobby groups and non-governmental organisations, whilst other powers are supra-national to which the state needs to submit itself and surrender part of its sovereignty as in the case of regional groupings or international organisations.

5. *Conclusion*

It can be concluded that the Mauritian constitution is a firm adherent to the doctrine of separation of powers which tolerates an overlapping between the executive and legislative but maintains the clear demarcation of the judicial organ. In this approach, the Mauritian Constitution fits in a 'sui generis' category of Westminster constitution that has been applied in several commonwealth countries. It has over the years been interpreted consistently by the courts and has been tailor-made to suit the needs and specificities of the Mauritian context.

References

BARBERIS M, (2012), La séparation des pouvoirs, Traité international de droit constitutionnel, Tome 1, Théorie de la Constitution, Dalloz, Paris.

BRADLEY A W and EWING K D, (2006), Constitutional and Administrative Law, 14th Edition, Pearson Publications, UK.

FAVOREU L, (1970), Encyclopédie politique et constitutionnelle (série : Afrique), L'ile Maurice, L'institut international d'administration publique, Editions Berger-Levrault, Paris.

FREEMAN M D A, (2001), Lloyd's Introduction to Jurisprudence, 7th Edition, Sweet and Maxwell, UK.

JENNINGS I, (1966), The law and the constitution, University of London Press Ltd, 5th Edition, UK.

24 Kessler D, (2012), pg 105.

KESSLER D, (2012), Les médias sont-ils un pouvoir ?, Pouvoirs, 2012/2 no. 143, pg 105-112.

MANANGOU V R, (2014), Contre-pouvoirs, tiers pouvoirs et démocratie en Afrique, Congres de Lyon, 26-28 Juin 2014, Association française de droit constitutionnelle.

MATHUR H, (1991), Parliament in Mauritius, Editions de l'Océan Indien, Mauritius.

MEETARBHAN M, (2017), Constitutional Law of Mauritius, Mauritius.

NAPAL D, (1962), Les constitutions de l'ile Maurice, The Mauritius Printing Co Ltd., Mauritius

PACTET P and MELIN SOUCRAMANIEN F, (2012), Droit constitutionnel, 31st Edition, Sirey, France.

ROBLOT-TROIZIER A, (2012), Un concept moderne : séparation des pouvoirs et contrôle de la loi, Pouvoirs, 2012/4, no. 143.

PART II

Prospects for the Adoption of Second- and Third-generation Fundamental Rights in Mauritius: Refusal of the Colonial Office, Comparative Approach on the Impact of such Rights

Perspective de l'adoption des droits fondamentaux de la deuxième et de la troisième génération à Maurice : le refus du Colonial Office, l'approche comparative sur l'impact de ces droits

Protection constitutionnelle égalitaire et non discriminatoire du droit à la santé à Maurice

Jacques Colom

Equality and Non-Discrimination – Health Care Protection and Human Rights: Mauritius

Although the Fundamental's rights of the Constitution of Mauritius are based on the European Convention of Human Rights, 'colonial heritage', Supreme Court of Mauritius and Privy Council do not adopt an indirect protection of the right to health as the Strasbourg's Court. In Police v. Rose (1976), they do not pay attention to racial discrimination against the african community (95% of the population) of Rodrigues. Only a constitutional reform could promote the right to health.

La protection du droit à la santé et des droits économiques et sociaux[1], rejetée par les rédacteurs coloniaux anglais de la constitution mauricienne de l'indépendance, est toujours écartée par les pouvoirs constituant et judiciaire mauriciens, contrairement aux autres pays de la COI (Commission de l'Océan Indien). Cette politique va à l'encontre du système de protection collective de la santé, mais pas à Rodrigues[2] longtemps affectée par des pratiques discriminatoires et racistes envers la communauté africaine,

1 La protection de la santé, inscrite dans le préambule de la constitution française de 1946, est devenue un objectif de valeur constitutionnel à concilier avec d'autres droits et libertés en contribuant à la mise en place d'une protection collective de la santé, renforcée en France par l'action de la Cour européenne des droits de l'homme (CEDH) en faveur du droit à un environnement sain.

2 Jacques Colom, *La protection du principe d'égalité constitutionnelle des femmes-Île Maurice*, pp 339 à 348, in Gillette Staudacher-Valliamée (Ed), '*La femme et les sociétés pluriculturelles de l'Océan indien*', actes du colloque international organisé par l'université de la Réunion en 2000, éditions SEDES, 2002, 408 p. Voir p.343 note n°7 : « Unicef, *Situation Analysis of Women and Children in Mauritius*, 1994, 103 p. Voir p. 76 : '4.65 Districtwise variations concerning mothers health status in 1992', l'organisation indique par exemple que Rodrigues a le taux le plus élevé de mortalité maternelle (140 contre 40 en moyenne à Maurice). Elle possède 1 docteur (généraliste) pour 4311 habitants contre 1191 à Maurice. » En l'absence de gynécologue à Rodrigues jusqu'en juillet 2016, l'urgence gynécologique du cordon autour du cou du fœtus ne pouvait déboucher que sur la mort du fœtus, voire de la mère si une

héritées de l'esclavage. La politique raciste anglaise[3] au détriment des africains noirs[4] n'a pas aussi été dénoncée par Maurice après l'indépendance.

Le cas rodriguais illustre la difficulté d'obtenir par le juge mauricien, dans le contexte constitutionnel actuel d'origine colonial, l'introduction de la protection constitutionnelle indirecte du droit à la santé comme l'a fait le juge de Strasbourg. Le juge mauricien et le Conseil privé n'hésitent pas à s'écarter des standards de la CEDH et ont laissé perdurer une négation du droit à la santé à Rodrigues, ex : taux de mortalité enfantine 50% supérieur à celui de Maurice à l'époque de l'arrêt de principe en matière de Discrimination (Police v. Rose, voir infra). La situation des enfants à Rodrigues reste marquée par la pauvreté[5].

Seule la protection constitutionnelle directe du droit à la santé parait la solution adaptée au cas mauricien. En absence de rapatriement, il s'agit même d'une refondation constitutionnelle dans laquelle le droit à la santé aura toute sa place. Cette refondation nécessitera aussi une refonte de l'of-

---

césarienne était tentée dans ces conditions inadéquates, sans compter l'absence de réanimation pédiatrique et de pédiatre contrairement à Maurice. .

3 Jacqueline Dutheil de la Rochère, *Le pouvoir judiciaire et les libertés du Royaume Uni*, Pouvoirs, 1986, n°37, p. 101-114, voir p. 110 : «*En 1970, deux ans après l'adoption du Commonwealth Immigrants Act, le Gouvernement britannique a décidé- sans consulter le Parlement – d'accepter la procédure de requête individuelle auprès de la Commission de la Cour européenne des droits de l'homme. Les ressortissants britanniques d'origine asiatique* (chassés du Kenya et de l'Ouganda) *ont alors saisi la Commission qui a adopté en 1973 un rapport 'historique'. La Commission a estimé que l'Act de 1968 était inspiré par des motifs raciaux, que les ressortissants britanniques d'origine asiatique avaient fait l'objet de discriminations en raison de leur couleur et de leur origine ethnique,…* ».

4 Omar Khan (Dir), *How far have we come? Lessons from the 1965 Race Relations Act*, Runnymede, 2015, 36 p. Voir p. 19 : « *Commonwealth Immigrants Act (1962) removed the automatic right of citizens of British Commonwealth countries to migrate to the United Kingdom, prompting Hugh Gaitskell, the leader of the Labour Opposition, to call the act 'cruel and anti-colour legislation'.*» et p. 21: «*… Frances Ezzreco who, with Claudia Jones, led a deputation of black organizations to lobby Conservative home secretary Rab Butler about racism after the killing of Kelso Cochrane in 1959. Claudia Jones, in November 1961, was to write a lead article in the West Indian Gazette denouncing the impending 1962 Immigration Act as a colour bar, i.e. discriminatory-as it would be applied to black people, not white.* » .

5 *Serge Clair, chef commissaire de l'Assemblée Régionale de Rodrigues : « Il faut revoir la loi sur la proportionnelle* », journal Le Mauricien, 17/4/2017 : question du journaliste 'Des ONG m'ont dit que des centaines d'enfants Rodriguais vont à l'école sans avoir rien mangé. C'est possible en 2017 ?' Réponse de Serge Clair : Malheureusement, oui. Mais nous avons prévu un projet pilote qui sera étendu après à toute l'île, pour offrir un repas chaud à chacun.'

fice de juge constitutionnel dans tous les domaines : éthique[6], formation, recrutement, indépendance… mais ce thème très important ne pourra pas être traité dans cette étude ainsi que le débat sur le juge étranger[7].

I. Le maintien par le constituant mauricien du legs colonial hostile aux droits économiques et sociaux

Le Premier ministre de l'indépendance Sir Seewosagur Ramgoolam, chef du parti travailliste, a bien développé une politique en faveur du welfare state[8], suivant le chemin tracé par les fondateurs du parti et de l'Independent Forward Block (IFB), parti partenaire dans la coalition de l'indépendance. Des politiques publiques ont été mises en place dans les domaines de la santé, du travail et de l'éducation, ex : sécurité sociale créée en 1950. Actuellement, Maurice assure la gratuité du système de santé et d'éducation et une pension de vieillesse à toutes les personnes âgées.

Cette volonté politique en faveur des droits sociaux avant même l'indépendance n'a pas été retranscrite dans les constitutions mauriciennes malgré les demandes du parti travailliste et de l'IFB lors des conférences constitutionnelles ou auprès du rédacteur colonial anglais. Contrairement aux autres communautés, la communauté africaine de Maurice et de Rodrigues n'était pas présente à la conférence constitutionnelle de 1965 à Londres. Elle ne sera d'ailleurs pas reconnue par la constitution contrairement à la communauté chinoise minoritaire. Elle va être incluse dans une communauté fourre-tout : la population générale avec la communauté minoritaire blanche de Maurice.

---

6 "Roman Catholic Diocese of Port Louis V. Minister of Education", 1991 MR 176: le Chef juge Victor Glover n'aurait-il pas du se déporter en tant que membre du conseil d'administration du collège catholique Saint Joseph ? Kate Malleson, « Judicial bias and disqualification after Pinochet (N° 2) », Modern Law Review, vol 63, issue 1, january 2000, pp. 119-127. Abimbola A. Olowofoyeku, *Bias in Collegiate Courts, ICLQ* vol 65, October 2016, pp 895-926.

7 Jacques Colom, *Le Conseil privé et Maurice. Justice constitutionnelle transnationale à la britannique*, APOI, 1995-1996, pp 151 à 165. .

8 Encyclopedia Britannica (online), definition du welfare state: "concept of government in which the state or a well-established network of social institutions plays a key role in the protection and promotion of the economic and social well-being of citizens. It is based on the principles of equality of opportunity, equitable distribution of wealth, and public responsibility for those unable to avail themselves of the minimal provisions for a good life. The general term may cover a variety of forms of economic and social organization.".

Le rejet non démocratique des propositions constitutionnelles mauriciennes favorables au principe d'égalité et aux droits économiques et sociaux dès 1961 du fait de l'hostilité de l'expert anglais le Pr Stanley Alexander de Smith[9] et du Colonial office[10], s'est imposé dans la constitution octroyée par le Royaume Uni, conformément aux valeurs défendues par la doctrine britannique en faveur d'un chapitre sur les droits fondamentaux proche de la Convention européenne de sauvegarde des droits de l'homme devant l'absence de réaction du Premier ministre Sir Seewosagur Ramgoolam[11]. Les autorités coloniales ont rejeté la demande du parti travailliste, pourtant dirigé par Sir Seewosagur Ramgoolam, en faveur de la Déclaration universelle des droits de l'homme : « *-23. Declaration of Fundamental rights: The constitution should include a declaration of human rights modelled on the United Nations declaration of human rights. It must take provision regarding the life and liberty of the subject, the administration of justice, social and religious freedom and discrimination on any ground whatsoever, and the supreme court should have special jurisdiction to provide redress against any infringement of such rights.*»

Extrait du « *Memorandum submitted by the Mauritius Labour Party to the legislative council*"_, du 21/4/1961, signé Guy Forget, leader adjoint et Seewosagur Ramgoolam leader du parlement (document transmis par le gouverneur Colville Montgomery Deverell-en poste du 2/11/1959 au 10/7/1962- au secrétaire d'Etat aux colonies).

---

9 S.A. de Smith, «*The New Commonwealth and its constitution*», Ed Stevens, 1964, 312p., voir p. 168: «*Article 21 of the Indian Constitution, providing that 'no person shall be deprived of his life or personal liberty except according to procedure established by law', is no more impressive than the preamble to the French Constitution of 1946 guaranteeing the right to strike 'within the framework of the laws that govern it'*, ».

10 J. Colom, « *L'écriture dirigée par le Colonial office de la constitution mauricienne de 1968* », pp. 23-42 in J. Colom *(dir)*, « *le développement constitutionnel dans les Etats du sud-ouest de l'Océan indien* », PUAM, 2013, 186 p. Constitution mauricienne dont les grands choix et le contenu ont été discutés et rédigés essentiellement dès 1961 par un petit groupe de personnes: hauts fonctionnaires du Colonial Office, Pr S.A. de Smith, Sir J. Rennie- gouverneur de Maurice, Sir A. Greenwood- secrétaire d'Etat aux colonies ; travaillant en étroite collaboration et appliquant les modèles de développement constitutionnels et d'écriture du Colonial Office. Les archives privées du Pr S.A. de Smith (déposées à la bibliothèque de Cambridge) montrent par exemple qu'il a rejeté la proposition du PMSD visant à remplacer le Comité judiciaire du Conseil privé par la Cour Européenne des Droits de l'Homme.

11 J. Colom, op cit note 5, voir p. 29 note 22.

Contrairement aux exemples indien[12], européen[13] et canadien, les gouvernements mauriciens n'ont pas rapatrié la constitution mauricienne et introduit les droits économiques et sociaux. Cet attachement au texte colonial, compréhensible dans un ordre colonial qui n'a introduit le suffrage universel à Maurice qu'en 1959 et le droit de vote à Rodrigues qu'en 1967 sous la pression du juge, n'est plus tolérable en 2018.

II. L'impasse de la protection constitutionnelle indirecte du droit à la santé : le cas du déni de discrimination raciale envers la communauté africaine à Rodrigues.

- Le chapitre sur les droits fondamentaux de la constitution mauricienne s'inspire toujours de la Convention européenne de sauvegarde des droits de l'homme (CESDH) qui ne protège pas les droits sociaux directement.
  La Cour européenne des droits de l'homme (CEDH) pour intervenir dans le domaine de la santé, a été obligée d'interpréter généreusement l'article 8 de la CESDH sur le droit à la vie privée et familiale et au respect du domicile (CEDH 9/6/1998 Mc Ginley et Egan c. Royaume Uni), l'art 2 sur le droit à la vie, lorsque la santé des personnes est exposée à des dangers environnementaux (CEDH 24/7/2014 Brincat et a.c/ Malte, voir aussi 9/12/1994 Lopez Ostra), et l'art 10 sur la liberté d'expression pour garantir l'accès du public aux informations à caractère médical (CEDH 29/10/1992 Open Door et Dublin Well Woman c. Irlande).

---

12 Un comité constitutionnel indien a été créé après l'indépendance et chargé de rédiger le projet de constitution du nouvel Etat indien. Il était présidé par un sociologue, le Dr B.R.Ambedkar. Défenseur des intouchables, il a influencé la rédaction des dispositions constitutionnelles en leur faveur. Il a aussi imposé des emprunts à la constitution américaine. Voir R. Dhavan,"*Ambedkar's Prophecy: Poverty of Human Rights in India*", 36 J.I.L.I. 1994, pp. 8-36 (journal of Indian law institute).

13 France : Déclaration des droits de l'homme de 1789, charte de l'environnement de 2004 et préambule de 1946 sur les droits économiques et sociaux particulièrement nécessaires à notre temps repris dans la constitution de 1958 ; Allemagne (constitution de 1949) : articles 3 (égalité), 9 (libertés syndicales), 74-12 répartition des compétences en droit du travail et pour la sécurité sociale), Italie (constitution de 1947): articles 2 (solidarité … sociale), 3 (principe d'égalité), 4 (droit au travail), 35 (droit du travail), 36 (droits sociaux), 38 (assistance sociale), 39 (libertés syndicales), 40 (droit de grève)117-0 (prévoyance sociale).

- La Cour suprême aurait dû adopter en droit constitutionnel une interprétation généreuse selon la jurisprudence du comité judiciaire du Conseil privé. La Cour par exemple dans l'affaire rodriguaise Police contre Rose[14] n'a pas suivi cette politique en niant la discrimination raciale envers Rodrigues qui aboutit à valider le non accès des rodriguais au droit à la santé.
  La Cour, approuvée par le Conseil privé[15], a restreint l'affaire à une simple question de discrimination en raison de l'emplacement à Rodrigues, en concluant à la non-discrimination, précédent toujours respecté par la justice et la doctrine mauricienne, ex : Milan JN Meetarbhan[16].

Pourtant, les arguments en faveur du rejet du précédent Police v. Rose pour cause de discrimination raciale envers la communauté africaine rodriguaise ne manquent pas :

1. La composition démographique spécifique de Rodrigues à plus de 95% d'habitants d'origine africaine et descendants d'esclave[17] contrairement à celle de Maurice, dominée par une population d'origine indienne, implique que toute discrimination envers Rodrigues est une discrimination raciale suspecte, le pouvoir exécutif étant tenu par les hindous de manière quasi ininterrompue depuis 1968. Rodrigues, en plus de la pauvreté, a connu de graves discriminations en matière de santé et d'éducation qui n'ont pas été totalement résorbées malgré l'octroi de l'autonomie régionale, ex : un taux de mortalité infantile deux fois plus

---

14 *Police v. Rose,* 1976 MR 79. L'affaire a été jugée par les juges Maurice Rault (1920-2004) et Philippe de Ravel (Ravel de l'Argentière : 1925-1998). La Cour suprême avait été saisie pour avis par le magistrat de Rodrigues ayant accepté la demande de l'avocat Guy Ollivry sur la base de l'article 84 de la constitution.

15 Milan JN Meetarbhan, *Constitutional Law of Mauritius- constitution of Mauritius with commentaries,* 2017, édition à Maurice par l'auteur, 333 p. Voir p. 112 : « *In Matadeen v. Pointu [1999] 1 AC 98,the Privy Council endorsed the approach taken by the Supreme Court in Rose.* ».

16 Op cit supra note 13..

17 Benjamin Moutou, *Les chrétiens de l'île Maurice,* 1996,I.S.B.N. 99930 23 22 4. Voir p. 528 : Tableau VI Ethnicité du collège électoral mauricien Août 1991 : circonscription 21 Rodrigues : 18176 électeurs dont 17800 issus de la population générale soit 97,93% des électeurs ; et p. 533 tableau IX Maurice et Rodrigues Circonscriptions électorales 1991 Illustrant le % de chrétiens, ex : Rodrigues 99,20% de chrétiens.

important à Rodrigues jusqu'en 2005[18], un fort taux d'échec scolaire spécifique à la communauté africaine[19].

2. Les autorités coloniales britanniques ont officiellement discriminé Rodrigues en ne lui accordant le droit de vote qu'en 1967, sous la pression de la Cour suprême[20]. Contrairement à Maurice, Rodrigues a voté contre l'indépendance et pour le maintien de Maurice dans le Royaume Uni.
3. En droit comparé, la discrimination raciale fait l'objet d'un contrôle maximum[21] quand elle porte sur des matières touchant les fondements de la démocratie, ex : droit de vote ; et les libertés et les droits des indi-

---

18 Ministry of Finance and Economic Development-Republic of Mauritius, *Statistics Mauritius-Digest of Statistics on Rodrigues 2016*, août 2017, voir p.15: "Table 1.10 Population and vital statistics rates Island of Rodrigues 1986-2016, ex Infant Mortality rate 1986: 48,8, 2016: 14.6; Crude death rate 1986: 5.6, 2016: 6.0. A comparer avec Annual Digest of Statistics of Mauritius: Health-vol 5- 2012, july 2013, voir p.37 Table 1.16(a) Population and vital statistics rates- Republic of Mauritius 1978-2012,: Infant Mortality rate 1978:34.7, 1986:27.3, 2012: 13.7; crude death rate: 1978:7.1, 1986: 6.6, 2012: 7.2; p. 39 sur Rodrigues: 1978: infant mortality rate 56.4 et crude death rate: 8.2.

19 Jimmy Harmon, *Le système éducatif de l'Ile Maurice,* Revue internationale d'éducation de Sèvres, 57-septembre 2011, pp. 22-30. Voir point 16 : « *Les théoriciens du conflit partent du postulat que l'école renforce la structure de classe, ce qui privilégie certains élèves au détriment des autres et contribue ainsi à reproduire les inégalités sociales. Autrement dit, on transmet certaines idées aux élèves qui renforcent les différences quant à leurs aptitudes et leurs compétences et qui accentuent les différences de classe, d'ethnie et de genre. Les taux d'échec scolaire à Maurice et les résultats médiocres du système scolaire coïncident au moins partiellement avec les différences ethniques. En 2006, l'équipe de l'Association pour le développement de l'éducation en Afrique (ADEA) a noté dans son Rapport d'examen par les pairs que l'Ile Rodrigues, qui dépend de la République de Maurice, ainsi que le district de Rivière Noire sur l'ile principale, enregistrent les plus faibles résultats scolaires et regroupent les zones les plus pauvres du pays. C'est dans ces deux zones que l'on trouve les taux de décrochage scolaire les plus élevés. L'une des sources de préoccupation, selon le rapport, est que ces districts sont majoritairement peuplés de Mauriciens d'origine africaine, plus communément appelés « créoles », qui représentent la plus grande minorité. Vingt-sept établissements à faible taux de réussite, classés en zone d'éducation prioritaire (ZEP), sont essentiellement fréquentés par des élèves de la communauté créole. Lorsqu'un groupe ethnique est représenté de façon disproportionnée dans la catégorie des plus pauvres, on se demande s'il n'y a pas un problème d'ordre structurel dans le système éducatif. La situation se complique encore quand la majorité des enseignants qui travaillent dans ces établissements est issue de la communauté hindoue et musulmane.* ».

20 *Roussety v.the honourable Attorney general,* 1967 MR 45 du 1/1/1967.

21 Jacques Colom, *La justice constitutionnelle dans les Etats du nouveau Commonwealth : le cas de Maurice*, Ed Economica, 1994, 244 p. Voir pp 167 et s : « *I Le principe d'égalité et le contrôle de constitutionnalité aux Etats Unis et en Grande Bre-*

vidus constitutionnellement protégés, ex : respect des droits de la défense en matière pénale.

Comme l'affaire Police v. Rose porte sur la discrimination envers Rodrigues en matière de principe de collégialité appliqué au pénal pour les délits à Maurice mais pas à Rodrigues, dans un contexte de discrimination généralisée envers les rodriguais, l'inconstitutionnalité de la mesure de discrimination aurait dû être prononcée[22]. Les deux juges mauriciens, formés à Middle Temple, auraient pu évoquer le renforcement de la lutte contre la discrimination raciale en Grande Bretagne par le Race Relations Act (RRA) de 1976 prenant en compte la discrimination indirecte et créant la Commission pour l'égalité raciale (CRE : Commission for Racial Equality), appliquant expressément l'égalité dans son article 43.1(b) « *to promote equality of opportunity, and good relations, between persons of different racial groups generally;...* » .

La prise de position du Conseil privé dans l'affaire Matadeen v. Pointu en faveur de Police v. Rose et contre la défense du principe d'égalité[23]

---

tagne ». Joanna Schmidt, *La notion d'égalité dans la jurisprudence de la Cour suprême des Etats-Unis d'Amérique*, RIDC 1-1987, pp. 43-88 ; Voir p. 60 « *B. L'égalité négation des différences matérielles : Le législateur est nécessairement amené à tenir compte de différences matérielles pour délimiter le domaine d'application de la loi. De manière générale, de telles classifications sont admises et ne sont déclarées contraires à la règle de l'égalité que dans le cas exceptionnel, où elles ne présentent aucune relation raisonnable avec l'objectif de la loi.* Le raisonnement est, cependant, inversé à propos de certains traitements différenciés, basés sur une « classification suspecte » : de tels traitements sont présumés inconstitutionnels et ne peuvent être maintenus que moyennant une justification exceptionnelle... Les traitements différenciés en fonction de la race des individus sont les seuls dont le caractère « suspect » soit certain. ».

22 François Fourment, *Procédure pénale*, Ed Larcier, coll Paradigme, 2013, 366 p. Voir p. 312 « *Le Conseil constitutionnel et le juge unique en matière correctionnelle : '... Le Conseil constitutionnel a observé que « des affaires de même nature pourraient ainsi être jugées ou par un tribunal collégial ou par un juge unique selon la décision du président de la juridiction ». Le juge constitutionnel a considéré qu'une telle disposition mettait en cause le « principe d'égalité devant la loi ». La Haute juridiction n'a donc pas admis que « des citoyens se trouvant dans des conditions semblables et poursuivis pour les mêmes infractions soient jugés par des juridictions composées selon des règles différentes* » (décision n° 75-(- DC du 23 juillet 1975, JORF du 24 juillet 1975, p. 7533, RDP 1975 note Favoreu ; » I l s'agissait dans l'affaire Police v. Rose d'une affaire d'incendie criminel.

23 *D.Matadeen v.M.G.C.Pointu*, Privy Council n° 14 of 1997, décision rendue le 18/2/1998:« *Although the Declaration of the Rights of Man is a seminal document in the history of human rights, it is however a statement of principles or, perhaps more accurately, aspirations. It does not in itself mean that compliance with such principles by the legislature or executive was in ever, case to be justiciable in the courts*».

apparait donc contraire à : l'esprit du RRA, à la mixité du droit mauricien protégé depuis le traité de capitulation de 1810[24] et à la jurisprudence du Conseil privé en matière de respect de la spécificité des systèmes juridiques étrangers ou locaux.
Doit-on comprendre que le Conseil privé interprète différemment la règle de droit selon qu'elle soit issue d'un Etat membre de l'Union africaine appartenant à la francophonie, ou de l'Ile de Sercq[25]?
Ce mépris du Conseil privé pour le principe d'égalité est patent dans l'affaire Norton[26] où il n'évoque pas les arguments du juge Ahnee tirés du droit français.

Dans l'affaire Pointu, le Conseil privé a commis les mêmes erreurs que Dicey quant au droit administratif français et à l'importance du principe d'égalité, toujours intégré dans le bloc de constitutionnalité français grâce à la Déclaration des droits de l'homme de 1789, reprise par les jurisprudences du Conseil d'Etat et du Conseil constitutionnel[27].

---

24 Idem, voir point 11: «*The fact that it (Declaration of the Rights of Man) was adopted in Mauritius tells one nothing about which organ of government was intended to decide how its principles should be applied. The contemporary background suggests very strongly that the Assemblée Coloniale did not have any form of judicial review in mind*». Le Conseil privé fait référence à Robespierre et à la Déclaration des droits de 1793 en passant sous silence que dans le volume 1 du livre de Raymond d'Unienville «*Histoire politique de l'Isle de France (1789-1791)* » p. 3 sur l'arrivée de la DDH de 1789 à Maurice en janvier 1790, p. 6 sur le droit de vote des femmes blanches propriétaires à Maurice le 18/4/1790, p. 54 : « *Le 7 décembre, l'Assemblée prenait connaissance d'un arrêté du 28 novembre du conseil général de la Commune de Flacq tendant à promouvoir la « création et établissements des juges de paix », lequel avait été circulé dans toutes les municipalités de l'île. Une requête à cet effet avait déjà été refusée et l'Assemblée trouva dans le nouveau projet de Flacq un dessein de lui forcer la main. En conséquence, elle le cassa et l'annula comme inconstitutionnel.* », pour atteinte à la séparation des pouvoirs.

25 *Adolphus Henry Vaudin V. Adolphus John Hamon and others,* Privy Council, 19/6/1973, publié: [1974] AC 569 et [1973] 3 WLR 257, voir l'application de la "Charte aux Normans" de 1314.

26 *Michael Robert Eddy Norton v. The Public Service Commission,* Privy council appeal 56 of 1985 rendu le 15/12/1987.

27 *Matadeen v. Pointu, voir point 9 « Democracy and equality ...But the very banality of the principle must suggest a doubt as to whether merely to state it can provide an answer to the kind of problem which arises in this case.»*Voir aussi point 11 à propos de la Déclaration "It is however a statement of principles or, perhaps more accurately, aspirations." Naturellement, les juges anglais passent sous silence la jurisprudence française sur l'application du principe d'égalité.

4. La discrimination positive envers Rodrigues selon la Cour suprême : réalité ou nouveau déni de justice :
   La Cour suprême a qualifié de discrimination positive la disposition législative favorisant l'embauche à Rodrigues de fonctionnaires rodriguais[28]même avec des qualifications inférieures mais avec un statut différent de celui des fonctionnaires mauriciens. Contrairement à ces derniers, il ne leur sera pas possible de demander leur mutation dans d'autres services à Maurice.
   Cette jurisprudence va toujours à l'encontre des standards internationaux en matière de discrimination positive réparatrice[29]. La Cour suprême a créé une nouvelle forme de discrimination positive-sanction maintenant Rodrigues en communauté de second rang au sein de l'Etat mauricien. Il faut ajouter que les rodriguais à l'île Maurice, habitent généralement dans les quartiers défavorisés avec des collèges au plus fort taux d'échec au plan national[30]. La Cour aurait pu ajouter une

---

28 *Rodrigues Government Employees Association & Ors v. The Government of Mauritius*, 2000 SCJ 375. Voir p.3: « *Indeed if discrimination it is, it is discrimination in favour of Rodriguans. It is inconceivable that a person who has benefited from such* 'positive discrimination' *should claim that he is being discriminated against in that he is not eligible for transfer for another Ministry or Government department in the Island of Mauritius or elsewhere,*».

29 Charles Cadoux, *A l'écoute de l'île Rodrigues*, APOI, 1977, publié aussi dans « L'Ïle Maurice, sociale, économique et politique, 1974-1980 », Extraits de l'Annuaire des Pays de l'Océan Indien, 1984, PUAM-CNRS, 432 p., pp. 143-160 ; Voir p. 145 note 9 : « En 1972, cinq travailleurs sur cent avaient pu pousser leurs études au-delà du primaire. Voir les tableaux présentés par P. Dinan, op cit. p. 4(*Rodrigues : réalités économiques*, in journal Le Mauricien du 6 au 10 février 1978). Le pourcentage n'a pas dû varier beaucoup depuis cette date. A noter qu'il n'y a eu que 3 boursiers au mérite rodriguais depuis 1810 soit un par siècle sachant que le deuxième au XXième siècle a réussi en partant faire ces études secondaires à Maurice et que le premier était d'origine mauricienne.

30 Issa Asgarally (Ed), *Etude pluridisciplinaire sur l'exclusion à Maurice*, rapport au Président de la République, 1997,193 p. Voir p. 134 « *The majority of those attending the schools in Roche Bois (Emmanuel Anquetil Government School) and Tranquebar are of creole origin, many of them born to parents from Rodrigues or the Outer islands (les Ilois). All these schools are officially categorized as low-achieving schools. The official figures show that at one school, Emmanuel Anquetil Government school, the rate passes at the C.P.E. is under 20%. This means that 80% of the children fail to score 35 marks out of 100 in English, French, Maths and E.V.S. after having studied these subjects for six years. It also of course means that these 80% of children who complete their primary education at this school may never be admitted to a secondary school… As for the 20% who do pass, they rarely, if ever, obtain admission to one of the good colleges since their grades or their ranks are not good enough for our highly selective and elitist system*».

réserve interprétative garantissant aux fonctionnaires rodriguais une formation et une validation des acquis leur permettant d'être traités sur un pied d'égalité avec les fonctionnaires mauriciens.

La non généralisation du système d'aide judiciaire à Maurice limite l'accès des catégories socio-économiques défavorisées au Conseil privé. L'accès des pauvres à la justice grâce à la Cour suprême de l'Inde à travers la 'Public Interest Litigation'(PIL) n'existe pas à Maurice[31].

III. Le droit à la santé et la refondation constitutionnelle à Maurice

La constitution mauricienne en 2018 est toujours incomplète. En plus de l'absence des droits économiques et sociaux, elle n'a pas de préambule qui pourrait donner un sens à cette loi constitutionnelle et à la nation. Cette constitution, simple annexe au départ d'une ordonnance royale, avait en fait le sens que la Reine d'Angleterre et de Maurice et le gouvernement anglais ont voulu lui donner dans le Mauritius Independence Order de 1968: « *Her majesty, in exercice of the powers enabling Her in that behalf, is*

31 Pr Sheila Bunwaree, *Metro Express tragedy: Advocating for Public Interest Litigation*, journal L'Express, 13/9/2017, p. 10. Aman Hingorani, *Public Interest Litigation*, Annual Survey of Indian Law, 2011, pp. 693-733; voir p. 695: «The Orissa High Court, in *Rabindra Kumar Bisoi v. State of Orissa, examined the remedial nature and norms of PIL,... The High Court summarized the principles underlying PIL as follows: The Court, in exercise of powers under article 32 and article 226 of the Constitution, is constitutionally bound to entertain a petition filed by any member of the public in the welfare of people who are in a disadvantaged position and, thus, not in a position to knock the doors of the court. In PIL, the court may treat a letter or a telegram as a PIL, upon procedural laws as also the law relating to pleadings. The common rule of locus standi is relaxed so to as enable the court to look into the grievances complained on behalf of the poor, the deprived, the illiterate and the disabled who cannot vindicate the legal wrong or legal injury caused to them. When the court is prima facie satisfied about violation of any constitutional right of a group of people belonging to the disadvantaged category, it would not allow the State or the Government from raising the question as to the maintainability of the petition. Whenever injustice is meted out to a large number of people, the court will not hesitate in stepping in. Articles 14 and 21 of the Constitution of India as well as the International Convention on Human Rights provide for reasonable and fair trial.* » V.N. Shukla's,et M.P.Singh, *Constitution of India*, Eastern Book Company, 9ième edition,1994, 1055 p. Voir p. 288 sur l'arrêt de principe en matière de PIL : *S.P. Gupta v.Union of India*, 1981, Supp SCC 87, AIR 1982 SC 149 ; Les juges indiens en plus de l'ouverture du droit à agir, ont ajouté des remèdes en matière de réparation, d'injonction et le contempt of court en cas de refus d'exécution des décisions de justice.

pleased, by and with the advice of Her Privy Council, to order, and it is hereby ordered, as follows:.. »[32]

La réforme constitutionnelle à Maurice doit être une réforme globale, une véritable refondation de la constitution en accord avec la nation mauricienne[33]. Contrairement à 1965, l'écriture constitutionnelle doit associer l'ensemble des communautés, des genres[34] et des forces vives de la nation comme en Afrique du sud à travers une conférence constitutionnelle nationale.

Sur la question du niveau de protection de la santé, l'île Maurice pourrait s'inspirer de l'OMS (organisation mondiale de la santé) créée en 1946, qui dans sa constitution (préambule), définit la santé : « *La santé est un état de complet bien être physique, mental et social et ne consiste pas seulement en une absence de maladie ou d'infirmité.* » *L'article 1 de sa constitution ajoute que* « *l'objectif de l'OMS est que tous les peuples atteignent le plus haut niveau de santé possible.* » Les législations européenne (art 35 de la charte des droits fondamentaux de l'Union européenne) et française (préambule de 1946 al. 11) insistent aussi sur la nécessité d'atteindre un haut niveau de santé.

Si une partie de la doctrine est défavorable à cette affirmation comme le Pr S. A. de Smith[35]: «*...for a constitution is primarily a legal document; rights ought not to be 'guaranteed' in it unless they can be judicially enforced, and a 'right' to social security manifestly cannot*», l'affirmation internationale du droit à la santé trouve ses racines dans la déclaration de Philadelphie de l'OIT de 1944 en faveur des droits sociaux. A partir de là, le droit international a constitué un vecteur important des droits sociaux que le Pr de

---

32 Cette mention a été retirée du Mauritius Independence Order 1968 reproduit dans le volume Revised Law of Mauritius « *The Constitution* », Attorney General's Office, 1981. Voir p.63 et s.

33 Les sujets de réforme ne manquent pas en plus de l'introduction des droits économiques et sociaux: la réforme électorale, le débat sur l'évolution du régime politique, la réforme du Parlement, l'introduction du principe d'égalité, la reconnaissance du plurilinguisme, la décentralisation et l'autonomie régionale, la bonne gouvernance, monisme ou dualisme en droit international.

34 Seule une femme (délégation britannique) a participé officiellement aux travaux de la conférence de 1965 qui potentiellement constituent une possibilité de remise en cause des droits des femmes musulmanes mauriciennes. Pour rappel, Kadidja n'a pas eu besoin de l'autorisation des hommes pour embaucher et demander en mariage Mahomet. De même qu'Aïcha a participé sans arme à la bataille du chameau pour défendre sa conception de l'avenir de la communauté islamique.

35 Stanley Alexander de Smith, « *The New Commonwealth and its constitution* », *op cit note 7*, voir p. 185.

Smith s'est évertué à minimiser dans son modèle d'écriture[36]. Les Nations Unies vont compléter ce texte par la Déclaration universelle des droits de l'homme (DUDH) de 1948 : art 25 sur le droit à la santé, et l'OMS dans sa charte de 1946 précise dans son art 1 que l'objectif de l'OMS est de permettre à tous les peuples d'atteindre le niveau de santé le plus élevé possible. Le Conseil de l'Europe a consacré le droit à la santé dans l'art 11 de la Charte Sociale européenne de 1961[37].

En France, le Conseil constitutionnel a consacré la protection du droit de la santé comme objectif de valeur constitutionnel[38]. Le Conseil constitutionnel et le Conseil d'Etat ont tendance à distinguer deux volets dans la protection de la santé:

- Un droit liberté très limité, c'est le droit à ne pas voir sa santé altérée par l'action publique. Qui peut être invoqué par le patient et imposé au médecin pour faire respecter sa santé (Décisions IVG de 1975 et de 2001 et sur la loi bioéthique de 1994).
- Un droit créance a minima qui n'est pas mis en place pour défendre l'individu, le patient mais plus conçu par le Conseil constitutionnel pour protéger l'intérêt public, la société. Le Conseil Constitutionnel a favorisé, en s'appuyant sur ce principe, l'organisation d'un système de soins publics et d'un système d'assurance maladie. Le Conseil constitutionnel utilise aussi ledroit créance pour bloquer l'application d'un autre droit fondamental, ex : la liberté d'entreprendre.

La sécurisation de l'introduction du droit de la santé dans la réforme constitutionnelle à Maurice :

- L'introduction du droit à la santé dans la constitution mauricienne passe par le rappel dans la constitution de l'affirmation au plan international du droit à la santé et par son application par le juge constitutionnel.

---

36 Idem p. 185, voir note 89: « A European Social Charter was concluded in 1961, but it had not been brought into operation by the middle of 1963. »
Numéro spécial de la Revue des affaires européennes & European affairs, 2011/3 : « *L'Union européenne à l'heure des droits des patients* », p. 481 à 561.

37 Tatiana Grundler, *Section 1 Le droit à la protection de la santé*, in *Droits des pauvres, pauvres droits ? Recherches sur la justiciabilité des droits sociaux*, Revdh (La Revue des Droits de l'Homme), 1/2012.

38 Christian Byk, *La place du droit à la protection de la santé au regard du droit constitutionnel français, R.G.D., 2001-31, p. 327-352.*
Bertrand Mathieu, *La protection du droit à la santé par le juge constitutionnel- A propos et à partir de la décision de la Cour constitutionnelle italienne n° 185 du 20 mai 1998*, Cahiers du Conseil constitutionnel n° 6 – janvier 1999, 11 p.

- La sécurisation du droit à la santé peut être obtenue en mobilisant les ressources de l'écriture constitutionnelle :
  - multiplication des références au droit à la santé : dans un véritable préambule à créer, dans les articles 3 et 16, dans un article consacré au droit à la santé,
  - la protection du droit à la santé par un retranchement renforcé des articles concernés, l'insertion du principe d'égalité notamment pour l'accès aux services publics.

La sécurisation doit prendre en compte la spécificité du système bi-juridique mauricien et de son hybridation et obliger le juge étranger, le Conseil privé à respecter ce pluralisme juridique et linguistique mauricien.

Les autorités coloniales puis le gouvernement mauricien ont pratiqué l'anglicisation de la justice et du droit mauricien[39]. En droit de la santé, l'affaire de la liposuccion[40] montre la nécessité d'accompagner la protection constitutionnelle par une refonte de ce droit et des institutions en charge de la santé en tenant compte notamment de l'apport du code civil et de la Cour de cassation, ex : en matière de responsabilité médicale et de réparation des préjudices corporels, de création d'experts judiciaires encadrés par la justice comme en France.

39 *Ameer v. The Queen* , 1981 SCJ 466 rendue le 23/12/1981: «... in a country where, in ninety per cent of the cases, the accused standing in the dock may not even grasp what his Counsel tell the Court in a language (anglais) he does not understand and where the word "instructions" my not necessarily have its dictionary meaning.»Les accusés en fait parlent parfaitement le créole, langue non protégée par la constitution mauricienne contrairement aux Seychelles.

40 *Ha Soon M.L. v. Ramdawon Dr P.*, 2014 SCJ 46, décision rendue le 18/2/2014. La Cour suprême n'entend aucun expert indépendant sur l'affection nosocomiale qui a rongé la chair de la patiente après la liposuccion, se contentant d'auditionner le docteur qui l'a pris en charge pour cette affection. Ni la Cour ni ce médecin ne se sont interrogés sur les obligations notamment de résultat en matière d'asepsie qui pesait sur le premier docteur, spécialisé dans les liposuccions, poursuivi en responsabilité. Personne n'a posé de questions sur le fonctionnement de la machine utilisée, en particulier sur le protocole en matière d'asepsie de la machine entre chaque cliente de liposuccion. On ne nettoie pas une telle machine en 5mn. Naturellement, la cliente qui souffre de graves séquelles n'a reçu aucune indemnisation contrairement à ce qu'elle aurait pu prétendre à La Réunion. La Cour s'est contentée comme aux Seychelles de suivre le modèle britannique du 'coroner' Cette affaire pose aussi la question de la qualité de la formation initiale et de la formation continue des médecins mauriciens.

Conclusion

La construction d'une société inclusive mauricienne prenant en compte tous les rayons de cette société arc en ciel est le but de toute démocratie républicaine soucieuse de bonne gouvernance[41].

Le constituant et le juge constitutionnel à Maurice pourraient s'inspirer en matière de droit à la santé, de droits économiques et sociaux de la décision du Conseil constitutionnel sur le principe de fraternité[42]. La politique de santé doit être liée à celle de la protection de l'environnement et de la lutte pour la justice climatique.

La refondation constitutionnelle dans la République de Maurice pourrait comme l'Afrique du sud de Nelson Mandela passer par la création d'une Conférence nationale en charge de la réécriture constitutionnelle en associant toutes les communautés, les citoyennes et les citoyens de Maurice et son environnement contrairement à la conférence constitutionnelle coloniale de 1965.

---

41 Constitution de la République de Maurice : article 45 Power to make laws 1. Subject to this constitution, Parliament may make laws for the peace, order and **good government** of Mauritius.

42 Décision n° 2018-717/718 QPC du 6 juillet 2018 m ; Cedric H ; et autre [Délit d'aide à l'entrée, à la circulation ou au séjour irréguliers d'un étranger]. Voir considérant n°7 : Aux termes de l'article 2 de la Constitution : « La devise de la République est "Liberté, Egalité, Fraternité" ». La Constitution se réfère également, dans son préambule et dans son article 72-3, à l' « idéal commun de liberté, d'égalité et de fraternité ». Il en ressort que la fraternité est un principe à valeur constitutionnelle ».

Protecting fundamental rights in the European Union: Competing approaches by the European Court of Human Rights and the Court of Justice of the European Union

Christian Kohler

Protection of Fundamental Rights by the ECtHR and the CJEU

The protection of fundamental rights in the European Union has led to an ongoing controversy between the Court of Justice of the European Union and the European Court of Human Rights. When implementing EU law, Member States have to comply with both the Charter of Fundamental Rights of the European Union and the European Convention of Human Rights. In administering these instruments, the two European courts adopt different approaches. In its 2014 Opinion inhibiting the accession of the EU to the ECHR the CJEU held that the Member States are required by the principle of mutual trust to presume that fundamental rights have been observed by the other Member States, so that, save in exceptional cases, they may not check whether another Member State has actually observed the fundamental rights in a specific case. In 2016, these consequences have been opposed by the ECtHR in the case of *Avotiņš v. Latvia.* The ECtHR held that Member States must be empowered to review any serious allegation of a violation of Convention rights by another Member State in order to assess whether the protection of such rights has been manifestly deficient. However, the opposition between the two European courts seems less dramatic as recent case-law of the CJEU gives increased importance to the effective protection of fundamental rights. In view of that case-law the competing approaches towards the protection of fundamental rights in Europe show new elements of convergence.

I. Three levels of protection of fundamental rights in the EU

There is no shortage of fundamental rights[1] in the European Union. Those rights are guaranteed and protected at three different levels. At the national level, the 28 EU Member States recognise fundamental rights of the individual in the constitution or in specific legislation and provide for their protection by the national courts. At the supra-national level, the EU recognises the rights, freedoms and principles set out in the Charter of Fundamental Rights of the European Union of 7 December 2000 which, according to Article 6(1) TEU as modified by the Treaty of Lisbon, has the same legal value as the Treaties. The protection of those rights is entrusted to the national courts of the Member States and the Court of Justice of the EU (CJEU) in Luxembourg.[2] At the international level, the European Convention for the Protection of Human Rights and Fundamental Freedoms[3] of 4 November 1950 sets out a catalogue of rights of the individual and provides for the protection of those rights by the Contracting Parties and the European Court of Human Rights (ECtHR) in Strasbourg. The Convention, as interpreted by the Strasbourg court, has exercised a remarkable, and often decisive, influence on the development of human rights law in the national legal systems in Europe [and beyond) after World War II.[4] Today, the Convention is in force in the 47 Member States of the Council of Europe, amongst whom are all 28 EU Member States. The European Union itself is not a Contracting Party to the Convention as only States may become parties. Nevertheless, according to Article 6(2) TEU, the EU "shall accede to the [ECHR]", and there is an ongoing political will to amend the Convention and to make the EU a full-fledged party to it. So far, efforts to

---

1 In this paper the term "fundamental rights", employed in national constitutional law and in EU law, is preferred to "human rights" which is used mostly in (public) international law.

2 The CJEU is composed of the Court of Justice and the General Court of the EU.

3 Hereinafter European Convention of Human Rights or ECHR.

4 Indeed, "one cannot today understand the way in which human rights norms are articulated in domestic constitutional law without understanding the degree to which domestic decision-makers might be responding to concerns about international supervision" (*Mark Tushnet*, Comparative constitutional law, in Mathias Reimann and Reinhard Zimmermann (ed.), The Oxford Handbook of Comparative Law, 2006, p. 1225, at 1233.) The author continues: "It seems reasonably clear, for example, that the United Kingdom's adoption of the Human Rights Act 1998 was in part a response to the fact that the European Court of Human Rights had held, with some regularity, that practices approved by the British courts violated the European Convention of Human Rights."(*ibid.*).

reach that goal have been unsuccessful, the latest attempt having been blocked in 2014 by the CJEU who held that the draft agreement for the EU's accession to the ECHR was not compatible with primary EU law (we shall come back to this issue shortly). However, this shortcoming is compensated, at least in part, by the fact that the EU legal system adheres by its own motion to the rights enshrined in the ECHR. This adherence has repeatedly been reaffirmed by the Court of Justice in Luxembourg, and its most recent expression in primary law is to be found in Article 6(3) TEU which acknowledges that

> "Fundamental rights, as guaranteed by the European Convention for the Protection of Human Rights and Fundamental Freedoms and as they result from the constitutional traditions common to the Member States, shall constitute general principles of the Union's law".

In the same vein, the Preamble of the EU Charter of Fundamental Rights "reaffirms (...) the rights as they result, in particular, from the (...) European Convention for the Protection of Human Rights and Fundamental Freedoms (...) and the case-law of the Court of Justice of the European Union and of the European Court of Human Rights".

This commitment is illustrated by a long line of decisions where the Luxembourg Court, when protecting fundamental rights recognised by EU law, has followed the rulings of the Strasbourg court on the interpretation of similar rights in the ECHR. As a result, Article 6(3) TEU, the Charter of Fundamental Rights and the case-law of the CJEU have brought about a situation *as if* the EU were a Contracting Party to the ECHR although this is still not the case in a formal sense.

II. EU law before the European Court of Human Rights. The presumption of equivalent protection (the "Bosphorus presumption")

Inevitably, the situation just described has led to a delicate relationship between the two European courts in cases where the protection of fundamental rights is claimed against measures of national authorities based on EU law. When applying that law, national courts are bound by the provisions of the Charter,[5] and although there is no appeal from national courts to the CJEU the latter court has jurisdiction to decide on the validity of secondary Union law in the light of the Charter and to interpret the provisi-

5 See Art. 51(1) of the Charter of Fundamental Rights (CFR).

ons of the Charter by way of preliminary rulings at the request of national courts;[6] actually, most of the CJEU's judgments on fundamental rights have been given in preliminary proceedings.[7] But what happens if the national measure is challenged before the Strasbourg court on the ground that the underlying EU law violates the ECHR? As the EU is not a Contracting Party to the ECHR, acts and decisions of its institutions, including judgments of the European courts in Luxembourg, may not *directly* be challenged before it and it may not be a defendant before the ECtHR. However, as the EU Member States are Contracting States to the ECHR, their courts are bound by the Convention, and decisions of these courts may be challenged in Strasbourg even if they are based on EU law. Obviously, this may lead to a double review of the same situation as regards the protection of fundamental rights, first by the CJEU under the Charter and second by the ECtHR under the Convention. This seems hardly justified as both European courts apply, in substance, similar rights and arrive at a comparable standard of protection.

It is before this background that the ECtHR has come to limit its review of decisions of the courts of EU Member States where these decisions are based on EU law. In a seminal ruling the court held in 1995, in the case of *Bosphorus Hava Yollari Turism v. Ireland*[8], that actions taken by Contracting States in compliance with their obligations arising out of the membership in an international organisation will be presumed to be justified under the ECHR where the relevant organisation protects fundamental rights in a manner which can be considered "at least equivalent" to that provided by the ECHR. The presumption of equivalent protection (the "*Bosphorus* presumption") has been applied to the protection of fundamental rights afforded by the European Union and, in particular, to decisions of national courts applying provisions of EU law which are unconditional and leave no room for discretion. However, the presumption may be rebutted if, in the circumstances of a particular case, the protection of Convention rights was "manifestly deficient". In such cases, the interest of international

6 See Art. 267 TFEU.

7 The Court may also be seised by direct actions in order to establish that a Member State has infringed its obligations resulting from the Charter (see Art. 258 and 259 TFEU). Moreover, where the General Court of the EU in Luxembourg exercises original jurisdiction, its judgments may be appealed to the Court of Justice, a violation of the Charter being of course a ground of appeal.

8 ECtHR (GC) 30.6.2005, Nr. 45036/98, ECHR 2005-VI, §§ 152 s., affirmed and developed in ECtHR Nr. 12323/11, *Michaud v. France*, ECHR 2012, §§ 102 s.

cooperation would be outweighed by the Convention's role as a „constitutional instrument of European public order" in the field of human rights.[9]

III. The principle of mutual trust in EU law and Opinion 2/13 of the CJEU. The presumption that Member States observe fundamental rights guaranteed by the EU

In 2014 the very basis on which the *Bosphorus* presumption rests has been shaken dramatically by the CJEU, and this of all things in the context of the envisaged accession of the EU to the ECHR. The draft agreement to that effect, which had been negotiated between the EU and the 47 Member States of the Council of Europe, had been submitted by the Commission to the CJEU for an opinion as to whether it was compatible with the Treaties.[10] The court held that the agreement was not so compatible, thus blocking the EU's accession to the ECHR.[11] One of the reasons on which the court's opinion rests was that the agreement was "liable adversely to affect the specific characteristics and the autonomy of EU law" as it did not prevent the risk that the "principle of mutual trust" between Member States under EU law may be undermined. That principle, said the court, is of fundamental importance in EU law and requires each Member State, save in exceptional circumstances, to consider all the other Member States to be complying with EU law and particularly with the fundamental rights recognised by EU law. Thus, Member States may be required to *presume* that fundamental rights have been observed by the other Member States, so that, "save in exceptional cases, they may not check whether [another] Member State has actually, in a specific case, observed the fundamental rights guaranteed by the EU".[12] According to the court, this principle would be jeopardised by the approach adopted in the draft agreement. Article 1(4) thereof was to the effect that for the purposes of the ECHR action taken by a Member State of the EU was to be attributed to that State even if it occurred when the State implemented EU law; however, that was not to preclude the EU itself from being responsible for a violation resulting from such action.[13] In requiring the EU *and* the Member States to be considered Contracting Parties also in their relations *inter se*, the ECHR would

9 See the judgment in *Michaud*, § 103.
10 See Art. 218(11) TFEU.
11 CJEU 18.12.2014, Opinion 2/13.
12 Opinion 2/13, para. 192.
13 See Opinion 2/13, para. 54.

oblige "a Member State to check that another Member State has observed fundamental rights, even though EU law imposes an obligation of mutual trust between those Member States". This, however, would "upset the underlying balance of the EU and undermine the autonomy of EU law".[14]

Obviously, in order to be acceptable for the Luxembourg court, the accession agreement should have made clear, first, that in the relations between Member States the compatibility of EU law with fundamental rights was to be assessed exclusively in the light of the Charter under the control of the CJEU and, second, that for the purposes of the ECHR the sole Contracting Party responsible for the compliance with the Convention was the EU (who should continue to profit from the *Bosphorus* presumption). But the opinion of the Luxembourg court goes still further as it implies that the principle of mutual trust is part of positive EU law, thus obliging the Member States to refrain *already today* from checking whether another Member State had, in a specific case, observed the fundamental rights guaranteed by the EU.[15] As it inevitably impacts on the rights guaranteed by the ECHR this finding is in conflict with the long standing case-law of the Strasbourg court according to which a Contracting State who does not oppose a violation of a Convention right by another Contracting State *commits itself a violation of the Convention*. At first sight, seen from the perspective of the Strasbourg court this conclusion makes it difficult, if not impossible, to maintain the *Bosphorus* presumption which demands not only equivalent substantive guarantees but also equivalent mechanisms controlling their observance.[16]. No wonder therefore that the reaction of the Strasbourg court to the pretensions behind the Luxembourg opinion was awaited with eager interest.

---

14 Opinion 2/13, para. 194.

15 As to the qualification that the principle applies "save in exceptional circumstances", see infra, V. Anyhow, in the context of the opinion, this appears as an insignificant reservation that does not weaken the fundamental principles expressed.

16 See the judgment in *Michaud*, § 102.

IV. *The Bosphorus presumption after Opinion 2/13. How to overcome the paradox of the presumptions? The judgment of the ECtHR (GC) in Avotiņš v. Latvia.*

The case of Avotiņš v. Latvia

The opportunity presented itself to the ECtHR in the case of *Avotiņš v. Latvia* which concerned the enforcement in Latvia of a civil judgment delivered in Cyprus in 2004 ordering the repayment of a debt; at the relevant point in time both countries were Member States of the European Union. The applicant, Mr Avotiņš, a Latvian businessman who had borrowed money from a Cypriot company,[17] complained that he had not been summoned properly before the Cypriot court and that his defence rights had been disregarded. The judgment, which had been given in his absence, noted however that he had been duly informed of the date of the hearing but had not appeared. In 2005 the judgment creditor applied to a district court in Latvia seeking the recognition and enforcement of the Cypriot judgment. The application was granted and the registration of a charge against Mr Avotiņš' property in the land register was ordered in February 2005. The applicant declared that in June 2006 he had become aware, by chance, of the existence of the Cypriot judgment and the Latvian court's enforcement order. He did not attempt to challenge the Cypriot judgment before the Cypriot courts but appealed in Latvia against the enforcement order. He was successful before the Regional court in Riga but failed before the Latvian Supreme Court who again upheld the plaintiff's claim and ordered the recognition and enforcement of the Cypriot judgment.

Before the ECtHR Mr Avotiņš complained that by enforcing the Cypriot judgment, which in his view was unlawful as it disregarded his defence rights, the Latvian courts had failed to comply with Article 6 § 1 ECHR concerning the right to a fair trial.[18]

It has to be mentioned in this respect that recognition and enforcement of the Cypriot judgment in Latvia was governed by a regulation of the European Union, i.e. Council Regulation 44/2001 on jurisdiction and the en-

17 The relevant document stated that it would be governed in all respects by the laws of Cyprus and that Cypriot courts would have jurisdiction to hear all disputes arising from it.

18 Art. 6 § 1, in so far as relevant in this case, provides: "In the determination of his civil rights and obligations (…), everyone is entitled to a fair and public hearing within a reasonable time by an independent and impartial tribunal established by law. (…)".

forcement of judgments in civil and commercial matters (the "Brussels I Regulation"). According to that regulation, a judgment given by a court of a Member State and enforceable in that State shall be enforced in another Member State when it has been declared enforceable there (Art. 38). The court which is seized on appeal by the interested party shall refuse the declaration of enforceability only on one of the grounds laid down in the regulation. The ground on which the applicant relied in the case at hand relates to the protection of the absent defendant and is specified in Article 34(2) which provides:

> "A judgment shall not be recognised: [...] 2. Where it was given in default of appearance, if the defendant was not served with the document which instituted the proceedings [...] in sufficient time and in such a way as to arrange for his defence, unless the defendant failed to commence proceedings to challenge the judgment *when it was possible for him to do so*; [...]."[19]

In its decision ordering the recognition and enforcement of the Cypriot judgment, the Latvian Supreme Court had stated that the applicant had not appealed against the judgment in Cyprus and that his submission that he was not duly notified of the proceedings lacked relevance. However, the Latvian court did not raise the point whether it was "possible" for the applicant to challenge the judgment in Cyprus.

The Chamber judgment of 25.2.2014

The case came before a Chamber of the ECtHR which, in February 2014, rejected the application by a majority of 4:3.[20] In its judgment, the Chamber highlighted that the applicant had not appealed against the Cypriot judgment and had not produced evidence of the inexistence or ineffectiveness of a remedy before the Cypriot courts. Regarding the application of the Brussels I Regulation the Chamber applied the *Bosphorus* presumption: Having regard to the interest of the Latvian courts in fulfilling the obligations arising from Latvia's membership in the EU, the Chamber found that the Latvian Supreme Court had sufficiently taken account of Mr Avotiņš' rights. There had been no violation of Article 6 § 1 ECHR.

---

19 Emphasis added.

20 ECtHR 25.2.2014, *Avotiņš v. Latvia*, no. 17502/07.

The judgment of the Grand Chamber of 26.5.2016

Following the Chamber judgment, the applicant requested the referral of the case to the Grand Chamber. The request was granted, and the Grand Chamber delivered its judgment on 26.5.2016.[21] Although the applicant remained unsuccessful, essentially on the same grounds as set out in the Chamber judgment, the Grand Chamber took the opportunity to rehearse the role of the Strasbourg court when it has to review actions taken by Contracting States in compliance with their obligations as EU Member States and to react to the statements of the Luxembourg court in opinion 2/13.

The Court leaves no doubt that even when applying EU law, the Contracting States remain bound by the obligations flowing from the ECHR. It then confirms that these obligations must be assessed in the light of the *Bosphorus* presumption. It affirms that the conditions for that presumption were fulfilled in the case at hand. The question was therefore whether the presumption of equivalent protection had been rebutted, i.e. "whether the protection of the rights guaranteed by the Convention was manifestly deficient in the present case". This led to the test whether the Latvian courts when applying the Brussels I Regulation had "manifestly" disregarded Mr Avotiņš' right to a fair hearing pursuant to Article 6 § 1 ECHR (to which corresponds Article 47 of the Charter). But wasn't that test excluded under EU law by the principle of mutual trust? The ECtHR admits that the principle of mutual trust between EU Member States, in particular in the context of judicial cooperation in Europe, "is wholly legitimate in principle from the standpoint of the Convention". The Court disagrees, however, with the conclusion of the Luxembourg court in opinion 2/13 that EU Member States may check only "in exceptional cases" whether fundamental rights have been observed in a specific case. Limiting in such a way the power of the State in which recognition of a judgment is sought to review the observance of fundamental rights by the State of origin of the judgment "could, in practice, run counter to the requirement imposed by the Convention according to which the court in the State addressed must at least be empowered to conduct a review commensurate with the gravity of any serious allegation of a violation of fundamental rights in the State of origin, in order to ensure that the protection of those rights is not manifestly deficient."[22]

---

21 ECtHR (GC) 26.5.2016, *Avotiņš v. Latvia*, no. 17502/07.

22 § 114 of the judgment of 26.5.2016.

The ECtHR goes on by emphasising that in cases like the one at hand "the combined effect of the presumption on which mutual recognition is founded and the *Bosphorus* presumption of equivalent protection results, paradoxically, in a twofold limitation of the domestic court's review of the observance of fundamental rights".[23] In order to avoid that paradox the Strasbourg court insists that the principle of mutual trust is limited by the obligations resulting from the ECHR. In the context of judgment recognition in the European judicial area this means that the mutual recognition mechanism established by EU law may be given full effect where the protection of Convention rights cannot be considered manifestly deficient.

"However, if a serious and substantiated complaint is raised before [the courts of a State which is both a Contracting Party to the Convention and a Member State of the EU] to the effect that the protection of a Convention right has been manifestly deficient and that this situation cannot be remedied by European Union law, they cannot refrain from examining that complaint on the sole ground that they are applying EU law."[24]

Applying these principles to the case at hand the Court found that the protection of fundamental rights by the Latvian Supreme Court had not been manifestly deficient. The Court noted however that in applying Article 34(2) of the Brussels I Regulation the Latvian Court omitted to examine whether it was possible for Mr Avotiņš to challenge the default judgment before the Cypriot courts. The burden of proof as to the existence and availability of a remedy in Cyprus "should have been examined in adversarial proceedings leading to a reasoned finding". The fact that the Latvian court failed to examine that point could "in theory" lead to a finding that the protection afforded was manifestly deficient such that the *Bosphorus* presumption was rebutted. "Nevertheless, in the specific circumstances of the present application[25] the Court does not consider this to be the case, although this shortcoming is regrettable."

---

23 § 115 of the judgment of 26.5.2016.

24 § 116 of the judgment of 26.5.2016.

25 In that respect the Court relied on the fact that the applicant – "for reasons known only to himself" – made no attempt to challenge the Cypriot judgment after he had come the know it during the Latvian proceedings. It also noted that the applicant, who was an investment consultant, should have been aware of the legal consequences of the acknowledgment of debt deed which he had signed and which was governed by Cypriot law and subject to the jurisdiction of the Cypriot courts.

V. The case-law of the CJEU after Opinion 2/13. New elements of convergence

Clearly, a withdrawal of the *Bosphorus* presumption of equivalent protection would have led to an undesirable clash between the two European courts. Such a withdrawal would also have been unwarranted because Opinion 2/13 of the Luxembourg court is less dogmatic as it may appear. As a matter of fact, the findings of the CJEU that the presumption that Member States comply with fundamental rights applies "save in exceptional circumstances" and that the prohibition to check whether such rights have been observed in a specific case applies "save in exceptional cases"[26] have materialised in the case-law of the Court as significant limitations of those principles.[27] This appears at different levels, first, in the context of the public policy exception in regulations on judicial cooperation in civil matters and, second, in the context of the so-called Dublin system concerning the examination of an asylum application in an EU Member State[28] and, lastly, in the execution of a European Arrest Warrant (EAW).[29]

(1) In the context of the "free movement" of judgments [and other acts) in civil matters within the EU there are explicit public policy exceptions in the relevant instruments. Thus, e.g., the national court shall not recognise a judgment "if such recognition is manifestly contrary to public policy in the Member State in which recognition is sought"[30] Since a seminal judgment of the CJEU of 2000,[31] it is accepted that this applies in case of a manifest breach of a fundamental principle of the legal order of the State addressed and that the infringement of fundamental rights constitutes such a breach. Since then, e.g., the violation of the rights of the defence as guaranteed by Article 47 of the Charter and Article 6 § 1 ECHR [and the relevant national provisions) is regarded as obliging the national court to refuse the recognition of a judgment from another Member State.

The situation is less clear if there is no *explicit* public policy clause in the relevant provisions on civil judgments. Although the CJEU has be-

26 See Opinion 2/13, paras. 191 and 192.

27 Cf. *Koen Lenaerts*, La vie après l'avis: Exploring the principle of mutual (yet not blind) trust, Common Market Law Review 54 (2017), p. 805 (the *Avotiņš* judgment of the ECtHR is discussed at p. 839 s.); the author is President of the CJEU.

28 Art. 3(1) of the Dublin II Regulation, now Art. 17(1) of the Dublin III Regulation.

29 See Framework Decision 2002/584.

30 See, e.g., Art. 34(1) of Regulation Brussels I, now Art. 45(1)(a) of Regulation Brussels Ia.

31 CJEU 28.3.2000, C-7/98, *Krombach*.

en reluctant so far to allow the application of the exception,[32] it is submitted that recognition must nevertheless be refused in case of a serious breach of a fundamental right guaranteed by EU law.

(2) The second context in which the CJEU has admitted the existence of exceptional circumstances which override the principle of mutual trust is the Dublin system concerning the examination of an asylum application in an EU Member State. Here the criterion of first entry is controlling, and the asylum seeker present in another Member State is to be transferred to the Member State of first entry. This principle had been challenged by asylum seekers who were to be transferred to Greece on the ground that they would face the real risk of being subjected to inhuman or degrading treatment. The Luxembourg court admitted that the presumption that all Member States comply with fundamental rights is rebuttable and that Member States may not transfer an asylum seeker to the "responsible" Member State "where they cannot be unaware that systemic deficiencies in the asylum procedure and in the conditions of asylum seekers in that Member State amount to substantial grounds for believing that the asylum seeker would face the real risk of being subjected to inhuman or degrading treatment within the meaning on Article 4 of the Charter".[33] It should be noted that the CJEU referred in its reasoning to the judgment of the Strasbourg court in *M.S.S. v. Belgium and Greece*[34] where the Court found, in a case similar to that before the Luxembourg court, that the infringement of fundamental rights by Belgium was the result of a systemic deficiency in the procedure and reception condition in Greece.

(3) Analogous questions have arisen in the last context to be mentioned here which concerns the Framework Decision on the EAW. Here the issue was whether the execution of an arrest warrant could be suspended in case of a real risk of inhuman treatment whose origin was a systemic deficiency in the prison system. The Court held[35] that the operation of the principle of mutual trust may be limited where the execution of an EAW is liable to give rise to breaches of the prohibition of torture and inhuman or degrading treatment enshrined in Article 4

---

32 CJEU 22.12.2010, C-491/10, *Aguirre Zarraga*.

33 CJEU in cases C-411/10 and C-493/10, *N.S. and Others*, para. 100; this ruling has now been codified in Article 3(2) of the Dublin III Regulation.See for further developments of this case-law CJEU 16.2.2017, C-578/16 PPU, *C.K. and Others*, concerning a transfer of Syrian asylum seekers from Slovenia to Croatia.

34 ECtHR 21.11.2011, No. 30696/09.

35 CJEU 5.4.2016, C-404/15 and C-659/15 PPU, *Aranyosi* and *Căldăraru*.

of the Charter. That might be the case, e.g., where conditions of detention in the issuing Member State do not comply with Article 4 because the prison facilities where the person surrendered is likely to be incarcerated are overpopulated or prison cells are too small. This line of reasoning is comparable to that followed, already in 2010, by the ECtHR in a case where it dismissed as inadmissible an application brought for alleged violations of Article 6 ECHR by a person subject to an EAW. Indeed, in *Stapleton v. Ireland*[36]the Court held that in the absence of substantial grounds for believing that there would be a real risk for the applicant being exposed to a flagrant denial of a fair trial in the issuing Member State it was for the courts of that State to provide the applicant with effective judicial protection of his fundamental rights under the ECHR.[37]

VI. *Concluding remarks*

The preceding overview of recent cases shows that the opposition between the two European courts which appears from Opinion 2/13 of the CJEU and the *Avotiņš* judgment of the ECtHR has not led to incompatible decisions in practice. On the contrary, recent case-law shows elements of convergence as the Luxembourg court develops the concept of "exceptional circumstances" which permit Member States to check whether those rights have been observed by another Member State despite the general presumption that fundamental rights are respected throughout the EU, and the ECtHR is prepared to give weight to the principle of mutual trust according to the *Bosphorus* presumption. There appears, however, a somewhat different approach in so far as the rebuttal of the respective presumptions is concerned. Whereas the Luxembourg court has, so far, admitted exceptional circumstances only if systemic deficiencies in the Member State concerned create a "real risk" of breaches of the prohibition of torture and inhuman or degrading treatment [Article 4 of the Charter), the *Bosphorus* presumption of the ECtHR is rebutted if a "serious and substantiated com-

36 ECtHR 4.5.2010, No. 56588/07.

37 See also ECtHR 18.5.2014, No. 46706/08, *Habib Ignaoua and Others v. United Kingdom* where the Court held that the mutual trust and confidence underpinning measures of police and judicial cooperation in the EU "must be accorded some weight" since that principle "reflects the Court's own general assumption that the Contracting States of the Council of Europe will respect their international law obligations" (§ 55).

plaint" is raised to the effect that the protection of a Convention right has been "manifestly deficient". This difference – which is arguably more one of style than of substance[38] – should not be overstated, and it would be unfair to pretend that it has created lacunae in the judicial protection of fundamental rights.

This is of course not necessarily the end of the matter. The convergence just mentioned may not last, and new cases may create new tensions. The two courts will also in future pursue their course in parallel, independent from each other, and in the framework of the respective competences each court has the last word. Conflicts may even seem inevitable as the pretension of the CJEU to regulate the protection of fundamental rights in the EU exclusively according to the Charter is incommensurate with the task of the ECtHR to ensure the observance of the obligations flowing from the ECHR also with respect to those Contracting States who are Member States of the EU. This situation may be overcome only by an accession of the EU to the ECHR which would bring acts of the EU including judgments of the CJEU under the direct jurisdiction of the Strasbourg court. As, in spite of Article 6[2) TEU, this will not happen in a foreseeable future, the two European courts will continue to compete in the protection of fundamental rights in Europe, and this competition will hopefully continue to build a homogeneous judicial area in Europe.

38 In his article cited *supra* at footnote 28, President Lenaerts, citing *inter alia* the judgments in *Avotiņš* and *Stapleton* (*supra* footnote 37), writes that the findings of the Strasbourg court are "fully consistent with the line of case law developed in N.S., C.K. and *Aranyosi* and *Căldăraru*" (p. 839).

Quelques réflexions sur l'environnement et la Constitution mauricienne

Odile Lim Tung

Alors que la protection de l'environnement s'est constitutionnalisée dans 26 Etats africains, Maurice s'est satisfait d'une reconnaissance législative à la protection de l'environnement. Avec l'importance que prend l'industrie océanique et les possibilités d'exploitation d'hydrocarbures dans les fonds marins des territoires maritimes mauriciens, l'environnement s'est haussé au rang des priorités économiques. L'accès à la constitutionnalisation est devenu un enjeu politique majeur et la protection de l'environnement appelle une consécration au plus haut niveau normatif. Cet article examine la nécessité d'une protection constitutionnelle de l'environnement à Maurice (Ière partie) dans un premier temps et le contenu potentiel d'une protection constitutionnelle de l'environnement à Maurice (IIème partie) dans un deuxième temps.

Introduction

Alors que la protection de l'environnement s'est constitutionnalisée dans plus d'une centaine d'Etats[1], la République de Maurice s'est contentée d'une reconnaissance législative de la protection de l'environnement[2]. Maurice a eu une approche sectorielle quant à la gouvernance environne-

---

1 Cf. P. SANDS, *Principles of International Environmental Law*, Cambridge University Press, 2ème édition, 2003, p. 291; G. CANIVET, L. LAVRYSEN et D. GUIHAL, *Manuel Judiciaire du droit de l'environnement*, Programme des Nations Unies pour l'environnement (PNUE), 2006, pp. 42-43.

2 Elle comprend l'île principale (Maurice), Rodrigues, Agaléga, *Cargados Carajos*, Tromelin et l'Archipel des Chagos (Section 111(1) de la Constitution de la République de Maurice RL 1/1 du 12 mars 1968; V. le litige territorial sur l'Archipel des Chagos (Sentence arbitrale du tribunal international du droit de la mer sur la zone marine protégée des Chagos (Mauritius c. Royaume-Uni) du 18 mars 2015, disponible sur https://pca-cpa.org/fr/cases/11/; Cour internationale de justice, Effets juridiques de la séparation de l'archipel des Chagos de Maurice en 1965 (demande d'avis consultatif soumise par l'Assemblée générale des Nations Unies), Compte-

mentale pendant ces dernières décennies avec des règles et procédures rattachées à l'environnement pour délimiter, préserver ses ressources naturelles, prévenir ou contrôler la pollution. La Constitution mauricienne héritée du parlement britannique par un Ordre en conseil pour faciliter le transfert des pouvoirs dans le cadre de l'indépendance de Maurice[3], ne comportait pas de disposition environnementale. Même si cette constitution a été amendée plusieurs fois, il n'y a pas eu de révision en profondeur en fonction des besoins présents et futurs de Maurice et elle ne comporte toujours pas de dispositions environnementales[4].

Si le développement économique a été une priorité pour les décideurs mauriciens pendant ces dernières décennies, le développement ne pourrait être durable que s'il satisfait équitablement les besoins des générations présentes et futures en matière de développement et d'environnement[5]. Maurice ayant des ressources naturelles limitées en tant que petit Etat insulaire en développement (PEID), la protection de l'environnement constitue une priorité économique avec le développement de l'industrie issue des ressources de l'océan et les possibilités d'exploitation d'hydrocarbures dans les fonds marins des territoires maritimes mauriciens[6]. La constitutionnalisation de la protection de l'environnement constitue également un enjeu politique majeur pour Maurice comme Etat africain et PEID[7]. C'est dans la consécration constitutionnelle de la protection de l'environnement

rendu de l'audience publique tenue le 6 septemebre 2018, CR 2018/26, disponible sur https://www.icj-cij.org/files/case-related/169/169-20180906-ORA-01-00-BI.pdf) et Tromelin (G. ROGER, *Rapport du Sénat*, Session ordinaire 2012-2013, N°143, Commission des affaires étrangères, de la défense et des forces armées, France, 2012; O.J. LIM TUNG, *Environmental Law in Mauritius*, Kluwer Law International, International Encyclopedia Series, 2015, § 2).

3 Section 2 de la Constitution mauricienne (v. l'annexe (*Schedule*) au *Mauritius Independence Order* 1968 lors de l'indépendance de Maurice (*Mauritius Independence Order* 1968 in *Government Notice* (GN) 54 of 1968).

4 E.g. Amendement des Sections 1, 28-30, 31 et 111 en 1991.

5 V. le Principe 3 de la Déclaration des Nations Unies sur l'environnement et le développement, 14 juin 1992, UN Doc.A/CONF.151/5/Rev. 1(1992), reproduit in 31 ILM 876, 1992 (ci-après la "Déclaration de Rio"); V. Le préambule de la loi-cadre sur la protection de l'environnement (*Environment Protection Act* (EPA) 19 of 2002).

6 O.J., LIM TUNG, « An Appraisal of the Energy Efficiency Regulatory Framework in Mauritius », *Journal of Energy and Natural Resources Law*, 31 (4) 2013, p. 435.

7 Parmi les 54 Etats africains, 26 Etats ont un droit à un environnement "sain" et/ou "propre" et/ou "écologiquement balancé" dans leurs constitutions (v. Afrique du Sud (Section 24); Algérie (Article 68 (nouveau)); Angola (Article 39); Bénin (Article 27); Côte d'Ivoire (Article 27); Burkina Faso (Articles 29 et 30); République du Congo (Article 35); République Démocratique du Congo (Section 53); République

énonçant un droit juridiquement contraignant et non une proclamation simplement déclaratoire que s'apprécie l'ampleur qu'un Etat entend donner à la protection environnementale. Toutefois, l'adoption d'une protection constitutionnelle de l'environnement nécessite une réflexion en profondeur en raison de leurs implications au niveau du droit substantiel et procédural. En outre, une protection constitutionnelle de l'environnement requiert une modification de la Constitution mauricienne qui nécessite le consensus d'une majorité de parlementaires mauriciens[8]. Cet article examine la nécessité d'une protection constitutionnelle de l'environnement à Maurice (Ière partie) dans un premier temps et le contenu potentiel d'une protection constitutionnelle de l'environnement (IIème partie) dans un deuxième temps.

I. La nécessité d'une protection constitutionnelle de l'environnement à Maurice

La première partie de cet article traite de la reconnaissance législative mais non-constitutionnelle de la protection de l'environnement à Maurice et de ses limites ainsi que de la portée régionale et internationale d'une protection constitutionnelle de l'environnement.

A. Une reconnaissance législative et non-constitutionnelle de la protection de l'environnement

1. Survol du droit de l'environnement à Maurice

Lors de son indépendance du Royaume-Uni en 1968, Maurice a hérité de lois sectorielles réglementant la protection des rivières et canaux, des mon-

---

Centrafricaine (Article 9); Egypte (Article 46); Ethiopie (Article 44); Kenya (Article 42); République de Guinée (Article 16); Mali (Article 15); Maroc (Article 31); Mozambique (Article 72); Namibie (Article 95(l)); Niger (Article 27); Ouganda (Article 39); Rwanda (Article 22); Sénégal (Article 8); Seychelles (Article 38); Tchad (Article 47); Togo (Article 41); Tunisie (Article 45); Zimbabwe (Article 73); D'autres Etats africains avec des dispositions constitutionnelles relatives à la protection de l'environnement (v. Burundi (Article 35); Malawi (Article 13 (d)); Madagascar (Article 39); Namibie (Article 95(l)); Swaziland (Sections 210(2)); Guinée Equatoriale (Article 6); Lesotho (Article 36)); V. les PEID en Afrique et dans l'océan Indien avec un "droit à un environnement sain" (Seychelles, République de Cabo Verde (Article 70(1)), Maldives (Article 23), Sao Tome et Principe (Article 48)).

8 V. Section 47 de la Constitution mauricienne.

tagnes, des forêts ou encore la prévention du bruit et la santé publique[9]. Après 1968, le législateur mauricien a également élaboré des lois sectorielles rattachées à la protection de l'environnement selon les besoins de l'économie mauricienne lors de ces dernières décennies[10].

Ce n'est qu'en 1991 que Maurice a adopté une loi-cadre sur la protection de l'environnement (*Environment Protection Act* (EPA) avec une approche visant la prévention et le contrôle de la pollution de façon intégrée[11]. Cette loi comprend entre autres, des institutions publiques environnementales, les normes environnementales, un système de gestion des situations d'urgences et de la zone côtière et maritime, une procédure administrative quant aux litiges et un tribunal d'appel pour l'environnement (*Environment Appeal Tribunal* (EAT))[12]. Elle requiert également une évaluation quant aux impacts environnementaux (EIE) avant d'autoriser des activités pouvant causer des impacts environnementaux et un cadre juridique pour créer des normes et des seuils de tolérance de pollution ainsi qu'un fonds national pour l'environnement. En 2002, cette loi-cadre (ci-après "l'EPA") fut révisée pour inclure d'autres types d'EIE, le rapport d'étude environnementale préliminaire (*preliminary environment report*) ainsi que l'évaluation stratégique des impacts environnementaux (*strategic environment impact assessment (SEIA)*)[13] quant aux activités pouvant avoir davantage d'impacts environnementaux. Une police de l'environnement quant à l'application du droit de l'environnement constituée d'une équipe provenant de la force policière sera également créée par l'EPA[14]. Cette loi s'applique à Maurice ainsi qu'à ses territoires[15] et comprend des procédures administratives en cas de violation du droit de l'environnement ainsi que des sanctions administratives et pénales[16].

---

9 E.g. *Rivers and Canals Ordinance* 35 of 1863; *Pas Géométriques Ordinance* 18 of 1874; *Forests, Mountain and River Reserves Ordinance* 13 of 1875.

10 E.g. *Territorial Sea Act* 4 of 1970, *Continental Shelf Act* 5 of 1970, *Maritime Zones Act* 13 de 1977.

11 V. L'EPA 34 of 1991, abrogée par l'EPA de 2002.

12 L'EAT (l'EPA de 1991) a été remplacé par le tribunal d'appel pour l'environnement et l'utilisation des terres (Environment and Land Use Appeal Tribunal(ELUAT) *Act* 5 of 2012).

13 Toutefois la SEIA (v. la partie C de la 5ème *Schedule* de l'EPA) a été abrogée en 2008 (The *Environment Protection (Amendment) Act* 6 of 2008).

14 Cf. Section 9 de l'EPA.

15 *Ibid* Sections 4 (Rodrigues, *Agaléga* et *Cardajos Carajos* (*St Brandon)* (v. *supra* note 2).

16 *Ibid* Sections 8-9, 70-89.

La source du droit de l'environnement à Maurice comprend non seulement l'EPA mais aussi les règlements y relatifs et les directions, ordres ou notifications émis en vertu de cette loi-cadre[17]. Le droit de l'environnement inclut toute autre loi ou partie d'une loi ou règlements subsidiaires que le Ministre de l'Environnement déclare comme faisant partie du droit de l'environnement[18]. Le Ministre de l'Environnement peut prendre l'initiative d'élaborer des codes pratiques qui doivent être publiés dans la Gazette du Gouvernement[19] ou émettre des règlements subsidiaires avec des normes environnementales[20]. Néanmoins, la République mauricienne ne comporte pas de protection constitutionnelle de l'environnement.

2. *Les limites d'une protection législative de l'environnement*

La protection de l'environnement par le biais d'une loi-cadre et d'autres lois relatives à l'environnement à Maurice se rapproche d'une protection administrative de l'environnement (a) se caractérisant par une absence de reconnaissance législative des principes de base de la protection de l'environnement (b).

a. Une protection administrative de l'environnement

Des dispositions générales dans une loi-cadre ainsi que d'autres lois relatives à l'environnement seraient proches d'une protection administrative de l'environnement avec des institutions publiques environnementales et *l'Environment and Land Use Appeal Tribunal* (ELUAT)[21]. Le Département de l'Environnement[22] au sein du ministère responsable de la protection de l'environnement gère le cadre légal de protection environnementale établi par l'EPA tandis que d'autres institutions publiques environnementales sont chargées de veiller à l'application du droit de l'environnement[23].

17 Cf. Les règlements et normes élaborées sous l'autorité de l'EPA.

18 Cf. Section 3 de l'EPA; E.g. *Building Control Act* 9 of 2012 and *Building Regulations-Government Notice* (GN) 210 of 1919; *Beach Authority (Use of Public Beach) Regulations* GN 90 of 2004); *Central Water Authority Act*20 of 1971.

19 Section 95 de l'EPA.

20 *Ibid* Sections 37- 46.

21 V. Section 2 de l'*ELUAT Act*.

22 Sections 5-12A de l'EPA.

23 *Ibid* Sections 9, 13 et 14.

L'EPA prévoit des procédures administratives en vue des situations affectant ou susceptibles d'affecter une personne ou des parties à un litige relatif à l'environnement[24] qui peuvent chercher une solution administrative auprès du Directeur du Département de l'Environnement (DDE). Le DDE enverra une notification, une directive ou un ordre[25] à l'auteur de la violation ou à la personne susceptible d'être l'auteur d'une violation du droit de l'environnement. En cas de violation d'une notification ou d'un ordre[26] du DDE, la personne visée par la notification ou l'ordre peut être condamnée à une amende ou une peine de prison[27]. En pratique, ce sont les institutions environnementales gouvernementales qui ont pris des décisions administratives et/ou accordé des permis qui vont prendre des décisions relatives aux infractions environnementales à ce stade.

En cas d'insatisfaction quant à une décision administrative prise par le Ministre de l'Environnement ou par des institutions environnementales ou dans le cadre d'un litige, une partie peut saisir l'ELUAT[28]. Toute personne affectée par l'octroi d'un permis relatif à une EIE peut avoir recours à l'ELUAT si elle prouve que l'approbation du permis respectif lui cause un préjudice indu[29]. Contrairement à l'ancien EAT, l'ELUAT peut aussi être saisi d'un recours contre les décisions d'un Conseil municipal de ville ou d'un Conseil de district quant à certaines lois concernant la construction des bâtiments, le morcellement des terres ou le gouvernement local[30]. Un recours contre une décision de ce tribunal devant la Cour suprême est possible en cas d'insatisfaction[31]. Cependant l'EPA ne permet qu'un accès limité à l'ELUAT en cas de préjudices causés par la violation d'une loi relative à l'environnement avec un plafond de 50 000 roupies mauriciennes[32]. En outre, les parties à un litige ne peuvent avoir recours à l'ELUAT pour une demande en réparation qu'à condition de renoncer à leurs droits d'intenter une action civile quant aux mêmes faits[33]. Toutefois cette renonciation ne s'applique pas à une action en justice au titre des Sections 17 (relative aux droits et libertés fondamentales) ou 83 (relative à la compétence de la

24 *Ibid* Sections 70-87.
25 *Ibid* Sections 70-73.
26 *Ibid* Sections 71-73.
27 *Ibid* Sections 85(2) et 88.
28 Cf. Section 4(1) de l'ELUAT *Act*.
29 Section 54(2) de l'EPA.
30 Section 4(1) de l'ELUAT *Act*.
31 *Ibid* Section 6.
32 Section 54(2) de l'EPA.
33 *Ibid* Section 54(3)(a).

Cour suprême quant aux questions constitutionnelles) de la Constitution mauricienne[34]. Or la Constitution mauricienne ne comporte pas de dispositions consacrant de droit à un environnement sain ou des devoirs étatiques quant à la protection de l'environnement.

Cette loi-cadre sur la protection de l'environnement est nécessaire mais se rapproche davantage de procédures administratives sans un "droit à un environnement sain". Bien que l'EPA dispose que toute personne à Maurice doit faire tout son possible pour gérer l'environnement naturel de façon responsable[35], en pratique cela ne semble pas susciter une obligation légale pour les personnes publiques ou privées de se conformer dans toutes leurs activités aux exigences de ce devoir. Or un droit constitutionnel à un environnement sain s'imposerait aux gouvernés comme aux gouvernants tandis que toute loi ou règlement subsidiaire devra respecter ce droit. Avec un droit constitutionnel à un environnement sain, une demande en réparation au titre de ce droit serait possible devant la Cour suprême qui a une compétence illimitée pour entendre une affaire civile[36]. De plus, un droit à un environnement sain donnerait au juge civil des moyens nouveaux pour réparer les dommages environnementaux au-delà de la théorie des troubles anormaux de voisinage et pourrait servir de base légale pour des actions contre des décisions des personnes publiques qui porteraient atteinte à l'environnement[37].

b. Une absence de reconnaissance législative des principes de base du droit de l'environnement.

Cette protection administrative de l'environnement à Maurice est également caractérisée par une absence de reconnaissance législative des principes de base du droit de l'environnement.[38]Les politiques nationales sur la protection de l'environnement ont adopté des approches comportant le principe de précaution, le principe de prévention et le principe du pollu-

---

34 *Ibid* Section 54(3)(c)(iii).

35 *Ibid* Section 2.

36 Section 76(1) de la Constitution mauricienne.

37 V. Articles 1382 et 1383 du CCM.

38 Cf. United Nations Environment Programme (UNEP), *Training Manual on International Environmental Law*, édité par L. Kurukulasuriya et N.A. Robinson, 2006, pp. 23-36.

eur-payeur[39] mais ces politiques nationales ne sont pas une source de droit en tant que telle. Les principes du droit de l'environnement sont nécessaires dans la mesure où ils indiquent les caractérisques essentielles de ce droit, aident à interpréter des textes de lois et ont un rôle important quand il y a des lacunes du droit positif[40]. L'EPA consacre un devoir de "gestion responsable" de l'environnement incombant à toute personne à Maurice[41] tandis que le préambule de cette loi comporte la protection environnementale et le développement durable pour les générations présentes et futures[42]. Néanmoins, les principes de base tels que le principe de précaution[43] ou le principe de prévention[44] ou le principe du pollueur-payeur[45] ne figurent pas dans cette loi-cadre ou d'autres lois à Maurice. Quant au principe de précaution, Maurice le reconnaît dans les traités bilatéraux et multilatéraux auxquels elle est Etat-membre mais ne lui accorde pas de reconnaissance législative[46]. Les tribunaux mauriciens n'examinent le principe de précaution qu'en 2011 dans une affaire relative à un projet de centrale à charbon[47] en s'appuyant sur l'application du principe de précaution par les cours étrangères[48]. L'EPA ne consacre pas le principe de prévention mais elle établit le mécanisme de l'EIE et les normes environnementales qui sont

---

39 V. par exemple, Republic of Mauritius, *National Biodiversity Strategy and Action Plan 2006–2015*, 2006, p. 2, disponible sur https://www.cbd.int/doc/world/mu/mu-nbsap-01-en.pdf; les principes directeurs de la politique, du plan d'action et de la stratégie de "Maurice Ile Durable" (MID). Republic of Mauritius, *Maurice Ile Durable Policy Strategy and Action Plan*, Final Report 2013, p. v, disponible sur http://www.govmu.org/portal/sites/mid/file/full%20report%20midpolicy.pdf.

40 Cf. UNEP, *Training Manual on International Environmental Law, op. cit.*, p. 23.

41 Section 2 de l'EPA.

42 V. P.W. BIRNIE et A.E. BOYLE, *op. cit.*, p. 89.

43 Voir le Principe 15 de la Déclaration de Rio; Cf. J. THORNTON et S. BECKWITH, *Environmental Law*, Sweet and Maxwell Textbook Series, 1997, p. 35.

44 Cf. J. THORNTON et S. BECKWITH, *op. cit.*, p. 37.

45 Cf. P.W. BIRNIE et A.E. BOYLE, *op. cit.*, p. 92.

46 V. le préambule du Traité bilatéral relatif à la gestion conjointe du plateau continental dans la région du plateau des Mascareignes entre le gouvernement de la République des Seychelles et le gouvernement de la République de Maurice (conclu le 13 mars 2012) United Nations Treaty Series 2847, disponible sur https://treaties.un.org/Pages/showDetails.aspx?objid=0800000280331cc0.

47 V. *The (Mauritius) CT Power Limited c. The Ministry of Environment and Sustainable Development* Cause no 02/2011 [2012] Environmental Appeal Tribunal.

48 E.g. *Telstra Corporation Limited c. Hornsby Shire Council* [2006] NSWLEC 133; *Monsanto Agricoltura Italia c. Presidenza del Consiglio dei Ministri,* Arrêt de la Cour européenne de justice C-236/0 du 13 mars 2003.

inspirés de ce principe[49].Quant au principe du pollueur-payeur, il a inspiré l'introduction d'une taxe sur la protection de l'environnement[50] et d'une charge quant aux frais de recyclage des équipements électriques et électroniques[51] à Maurice tandis qu'une "responsabilité élargie des producteurs" a été introduite dans certains secteurs[52]. Après avoir examiné les limites d'une reconnaissance législative de la protection de l'environnement à Maurice, la sous-section suivante traite de la portée internationale et régionale du choix de protection constitutionnelle de l'environnement à Maurice.

B. *La portée internationale et régionale d'une protection constitutionnelle de l'environnement*

Une protection constitutionnelle de l'environnement par Maurice aura certes, une portée internationale mais surtout une portée régionale au niveau africain ainsi qu'au niveau des PEID de la région.

1. *La portée internationale d'une protection constitutionnelle de l'environnement*

La constitutionnalisation de la protection de l'environnement est réalisée dans plus d'une centaine de pays[53] avec un droit à un environnement sain[54] ou des devoirs étatiques[55] ou des préoccupations environnementales[56]. La Conférence des Nations Unies sur l'environnement humain de Stockholm de 1972 serait à l'origine de la notion selon laquelle l'environnement est

---

49 Cf. Sections 15-28A et 37-48 de l'EPA.

50 *Ibid.*Section 66.

51 *Ibid.* Section 69C.

52 *Ibid.* Section 66.

53 Cf. J. MORAND-DEVILLER, « L'environnement dans les constitutions étrangères », Nouveaux Cahiers du Conseil constitutionnel, n° 43, Le Conseil Constitutionnel et l'environnement, Avril 2014, p. 1.

54 Cf.M.-A. COHENDET, « Vers la constitutionnalisation du droit de l'homme à un environnement sain et équilibré »,*Revue Juridique de l'Environnement*, 2003, p. 75; E.g Article 23(4) de la Constitution de la Belgique;*supra* note 7.

55 E.g. Article 2 de la Constitution de la Suède; Article 24 de la Constitution grecque.

56 E.g. Article 21 de la Constitution des Pays-Bas; Article 1(3) de la Constitution de la République gabonaise.

une condition préalable de la jouissance des droits de l'homme[57]. Après cette conférence, la protection de l'environnement paraît comme un impératif et plusieurs constitutions nationales feront référence à l'environnement comme un devoir étatique ou un droit individuel ou collectif[58]. Selon une étude du Haut-Commissariat des Nations Unies aux droits de l'homme, environ 140 pays avaient mis en place des dispositions constitutionnelles relatives à l'environnement en 2010-2011[59]. Le Conseil des droits de l'homme des Nations Unies a reconnu des obligations des droits de l'homme relatifs à la jouissance d'un droit à un environnement sain, propre et durable[60]. La reconnaissance croissante de droits environnementaux dans les constitutions de différents pays reflète une sensibilisation grandissante à l'importance des valeurs environnementales bien qu'aucun traité contraignant des Nations Unies ne prévoit de droit spécifique à un environnement sain[61]. Le choix d'une protection constitutionnelle de l'environnement pour Maurice lui permettrait d'adhérer à cette reconnaissance croissante de droits environnementaux dans les constitutions de différents pays et de démontrer sa volonté politique de consacrer la protection de l'environnement au plus haut niveau normatif.

---

57 V. la Déclaration de la Conférence des Nations Unies sur l'environnement, Rapport de la Conférence des Nations Unies sur l'environnement (Stockholm, 5-16 juin 1972), UN Doc. A/CONF.48/14/Rev. 1, New York, Nations Unies, 1973, pp. 3-5.

58 V. D.R. BOYD, *The Environmental Rights Revolution-A Global Study of Constitutions*, Human Rights and the Environment, Vancouver, University of British Columbia Press, 2012, p. 3.

59 V. Haut-Commissariat des Nations Unies aux droits de l'homme (HCDH), *Etude analytique sur les liens entre les droits de l'homme et l'environnement*, UN Doc. A/HRC/19/34, 16 décembre 2011, § 7.

60 Cf. Conseil des droits de l'homme, *Rapport de l'Expert indépendant chargé d'examiner la question des obligations relatives aux droits de l'homme se rapportant aux moyens de bénéficier d'un environnement sûr, propre, sain et durable*, John H. Knox, Rapport préliminaire, Assemblée Générale des Nations Unies, Distr. générale 24 décembre 2012, A/HRC/22/43 disponible sur http://www.ohchr.org/Documents/HRBodies/HRCouncil/RegularSession/Session22/A.HRC.22.43_fr.pdf.

61 Cf. J. MORAND-DEVILLER, *op. cit.*, p. 1; E.g. le Pacte international relatif aux droits civils et politiques du 16 décembre 1966 (Nations Unies, Recueil des Traités volume 999, n° 14668) et le Pacte international relatif aux droits économiques, sociaux et culturels du 16 décembre 1966 (Nations Unies, Recueil des Traités volume 993, n° 14531).

2. *La portée régionale d'une protection constitutionnelle de l'environnement*

Au niveau régional, la Charte africaine des droits de l'homme et des peuples[62] (ci-après la "Charte de Banjul") est le premier traité à proclamer en 1981 que "tous les peuples ont droit à un environnement satisfaisant et global"[63]. Le droit à un environnement satisfaisant a été particulièrement mis en avant dans une complainte contre le Nigéria devant la Commission africaine des droits de l'homme et des peuples[64]. La saisine de cette Commission africaine ou de la Cour africaine des droits de l'homme et des peuples est possible en cas de non-respect du "droit à un environnement satisfaisant"[65] après l'épuisement des voies de recours internes. La Convention africaine sur la conservation de la nature et des ressources naturelles[66] contient également le "droit des peuples à un environnement satisfaisant qui favorise leur développement". Le Protocole à la Charte africaine des droits de l'homme et des peuples relatif aux droits des femmes (ci-après, le "Protocole des droits de la femme en Afrique") apportera des précisions à ce "droit à un environnement" en le qualifiant de "sain et viable"[67]. Les dispositions de la Charte de Banjul[68] sont-elles obligatoires pour Maurice qui a ratifié cette Charte? Selon la jurisprudence mauricienne, la ratification

62 Maurice a ratifié cette charte le 19 juin 1992. V. La Commission africaine des droits de l'homme et des peuples, *Tableau de ratification: la Charte africaine des droits de l'homme et des peuples*, disponible sur http://www.achpr.org/fr/instruments/achpr/ratification/.

63 Cf. Article 24 de la Charte de Banjul.

64 Commission africaine des droits de l'homme et des peuples (CADHP), *Social and economic Rights Action Center, Centre for Economic and Social Rights/Nigeria*, n° 155/96, 30ème Session ordinaire, 15ème Rapport d'activités, pp. 29-41, 13-27 octobre 2001, § 1 et 2.

65 Cf. E. GUÉMATCHA, « Section 2: La justiciabilité des droits sociaux en Afrique. L'exemple de la Commission Africaine des droits de l'homme et des peuples »,*La Revue des droits de l'homme*, n° 1, 2012, p. 140; Voir le Protocole portant création d'une Cour africaine des droits de l'homme et des peuples de 1998. Maurice a ratifié ce protocole le 3 mars 2003 mais n'a pas fait de déclaration spéciale permettant aux citoyens de saisir directement la cour (disponible sur http://www.achpr.org/fr/instruments/court-establishment/ratification/).

66 Article III (1) de la Convention africaine sur la conservation de la nature et des ressources naturelles.

67 Maurice a signé le Protocole des droits de la femme en Afrique le 29 janvier 2005 (v. La Commission africaine des droits de l'homme et des peuples, *Tableau de ratification: Protocole à la Charte africaine des droits de l'homme et des peuples relatif aux droits des femmes*, disponible sur http://www.achpr.org/fr/instruments/women-protocol/ratification/).

68 Article 1 de la Charte de Banjul.

d'un traité régional ou international ne rend pas obligatoire les dispositions du traité ou de la convention en question à Maurice à moins qu'il y ait une loi ou un règlement subsidiaire donnant effet à ces dispositions[69]. 26 Etats africains ont choisi des dispositions constitutionnelles comportant un droit à un environnement sain[70] tandis que d'autres Etats africains ont choisi des devoirs étatiques, des devoirs du citoyen ou des dispositions plus générales[71]. L'introduction d'un droit à un environnement sain permettrait à Maurice de se conformer à la Charte de Banjul et de s'aligner sur la politique des autres Etats africains et des autres PEID dans l'Océan Indien[72].

II. Le contenu d'une protection constitutionnelle de l'environnement à Maurice

Il convient d'examiner le choix du contenu d'une protection constitutionnelle de l'environnement à Maurice et ses limites.

A. Le choix potentiel du contenu de la protection constitutionnelle de l'environnement

Nous verrons d'abord la protection constitutionnelle de l'environnement en tant que devoirs étatiques et devoirs de l'individu et ensuite, la protection constitutionnelle de l'environnement avec le droit à un environnement sain, des devoirs étatiques et des devoirs de l'individu.

1. La consécration constitutionnelle de la protection de l'environnement en tant que devoirs étatiques et devoirs de l'individu

La protection de l'environnement peut prendre la forme de dispositions constitutionnelles avec une finalité assignée à l'Etat consacrant des devoirs étatiques et des devoirs de l'individu quant à la protection de l'environnement. Certains Etats africains ont choisi une protection constitutionnelle de l'environnement ne garantissant pas le droit à un environnement sain

69 V. *Matadeen et autres c. Pointu et autres* (Privy Council Appeal No. 14 de 1997); *Pierce c. Pierce* 1998 SCJ 397; V. *Permal c. Ilois Trust Fund* 1984 MR 65; Section 2 de la Constitution mauricienne.

70 V. *supra* note 7.

71 E.g. Article 20 de la Constitution de la République Fédérale duNigéria.

72 V. *supra* note 7.

mais des devoirs étatiques[73] et/ou des devoirs de l'individu[74]. Toutefois, ce choix de protection constitutionnelle de l'environnement ne consacre pas de droit pouvant être invoqué devant le juge par un particulier. Dans les pays où le droit à un environnement sain n'est pas expressément garanti, les tribunaux ont interprété et appliqué d'autres droits constitutionnels dans un contexte environnemental[75]. La Cour suprême indienne fut l'une des premières cours à accepter le droit à un environnement sain comme faisant partie du droit à la vie garanti par la Constitution[76]. En Europe, si la "Convention européenne des droits de l'homme" (CEDH)) ne comporte pas de "droit à un environnement", la protection de l'environnement est effectuée à travers d'autres droits garantis par la CEDH[77]. Toutefois, en cas de choix d'une protection constitutionnelle de l'environnement, il serait nécessaire pour Maurice d'inclure le droit à un environnement sain dans sa constitution et non de s'appuyer sur des droits constitutionnels existants pour protéger l'environnement.

2. *La consécration constitutionnelle de la protection de l'environnement avec un droit à un environnement sain, des devoirs étatiques et devoirs de l'individu*

En cas de choix d'une protection constitutionnelle de l'environnement à Maurice, c'est une protection constitutionnelle comportant le droit à un

---

73 Cf. Article 20 de la Constitution de la République Fédérale du Nigéria; Article 35 de la Constitution du Burundi; Article 39 de la Constitution ougandaise; Constitution de la République de Guinée Equatoriale; Devoirs étatiques quant aux déchets toxiques venant de l'étranger (l'Article 95(l) Constitution namibienne; l'Article 27 de la Constitution du Niger); l'Article 48 de la Constitution du Tchad).

74 V. Madagascar (Article 39 de la Constitution, Sous-titre II, droits et devoirs économiques, sociaux et culturels).

75 Cf. G. Canivret et al., *op. cit.*, pp. 43-44.

76 V. *Bandhua Mukti Morcha contre l'Union indienne* 3 SCC 161 (1984) et *Charan Lal Sahu contre l'Union indienne* AIR 1990 SC 1480 (1991); V. au Costa Rica (*Presidente de la Sociedad Marlene S.A. c. Municipalidad de Tibas*, Sala Constitucional de la Corte Supreme de justicia, Jugement n° 6918/94 du 25 novembre 1994) et au Bangladesh (*Dr Mohiuddin Farooque contre le Ministre des Communications, Gouvernement de la République Populaire du Bangladesh et 12 autres*, 48 DLR 1996, Cour suprême du Bangladesh).

77 V. Cour européenne des droits de l'homme (CEDH), *Environnement et Convention européenne des droits de l'homme*, Fiche thématique-Environnement et CEDH), 2016, p. 1; Convention de sauvegarde des droits de l'homme et des libertés fondamentales (Convention européenne des droits de l'homme), Rome, 4 novembre 1950, Nations Unies, Recueil des Traités, volume 213, n° 2889.

environnement sain ainsi que des devoirs étatiques et des devoirs de l'individu qui serait nécessaire. Des droits substantiels rattachés à la protection de l'environnement comporteraient deux aspects du droit à l'environnement, droit de toute personne d'un côté, devoir de l'État de l'autre se retrouvent ensemble ou séparés dans plusieurs Constitutions[78]. Par exemple, la Constitution espagnole prévoit des droits substantiels rattachés à l'environnement avec le "droit de jouir d'un environnement approprié pour développer leur personnalité et le devoir de le conserver" mais également des devoirs étatiques[79] ainsi que des sanctions pénales ou administratives[80]. Ou encore, la Constitution sud-africaine comporte un "droit à un environnement qui ne nuit pas à la santé humaine ou au bien-être"[81] avec la possibilité d'une action en justice pour le protéger et l'Etat est tenu de respecter ce droit constitutionnel[82]. Des droits substantiels comportant un droit à l'environnement pour toute personne et des devoirs de l'Etat seraient nécessaires pour Maurice en cas de protection constitutionnelle de l'environnement[83].

B. *Ses limites*

Au cas où les décideurs mauriciens choisiraient une protection constitutionnelle quant à l'environnement, il s'agit de savoir où placer ces dispositions dans la Constitution et quelles sont ses implications.

1. *Sa place dans la Constitution nécessite une révision constitutionnelle votée par l'Assemblée Nationale*

Les dispositions concernant l'environnement sont le plus souvent insérées dans le texte même d'une constitution[84] tandis que l'adoption de dispositions environnementales uniquement dans le préambule d'une constitution est à exclure car elle ne conférerait pas de force obligatoire à ces dispositi-

78 E.g. Afrique du Sud (Sections 24 (a) et 24(b)); Algérie (Article 68 (nouveau)).

79 Cf. Article 45(2) de la Constitution espagnole.

80 *Ibid.*

81 Cf. Section 24 (a) de la Constitution sud-africaine.

82 *Ibid.*

83 V. *supra* note 7.

84 V. Toutefois la Charte française consacrée à l'environnement est adossée à la Constitution (Loi constitutionnelle du 1er mars 2005).

ons[85]. Maurice pourrait choisir d'insérer des dispositions environnementales au sein du chapitre[86] de la Constitution consacrant les droits et libertés fondamentaux de l'individu à l'instar de nombreux Etats. Par exemple, d'autres constitutions dans le monde incluent le droit à un environnement sain comme droits et devoirs économiques[87] ou comme principes économiques et sociaux[88]. Plusieurs Etats africains ont inséré le droit à un environnement sain dans leurs constitutions au sein des chapitres énumérant les droits et devoirs fondamentaux[89] ou dans les composantes de base de la société[90] ou au sein des chapitres énumérant les droits économiques, sociaux et culturels[91]. De nombreux Etats africains ont adopté des dispositions constitutionnelles non seulement en ce qui concerne le droit à un environnement mais également le droit à la santé séparément[92] ou en combinaison[93] avec ce droit. D'autres Etats ont des dispositions constitutionnelles relatives au droit à un environnement sain, au droit à la santé ou au droit à l'eau insérés dans des articles séparément[94] ou en combinaison dans un ar-

---

85 Voir le Préambule de la Constitution du Cameroun.

86 Le Chapitre II ne distingue pas spécifiquement les droits civils et politiques (Sections 4, 5, 6, 7, 8, 9, 10, 11, 12, 13, 15, 16, 17, 17A ,18, 19) des droits et devoirs économiques et sociaux (dispositions qui se rapprochent des droits économiques: Section 14 sur la liberté d'établir des écoles).

87 V. Article 23 (4°) (Titre II: Des belges et de leurs droits) de la Constitution belge; Article 66 (Titre III: Droits et devoirs économiques, sociaux et culturels, Chapitre II: Droits et devoirs sociaux) de la Constitution du Portugal.

88 Principe directeur (Article 45, Chapitre Trois: Des principes directeurs de la politique sociale et économique de la Constitution espagnole; Article 2, Chapitre premier: Principes généraux de la Constitution de la Suède.

89 E.g. Afrique du Sud (Section 24 (a), Chapitre II: Charte des droits, Constitution sud-africaine); Algérie (Article 68 (nouveau), Chapitre IV: Des droits et des libertés, Constitution algérienne démocratique et populaire).

90 E.g. Egypte (Article 46, Chapitre II: Les composantes économiques (la Constitution égyptienne); République Centrafricaine (Article 9, Titre I: des bases fondamentales de la société, de la Constitution de la République Centrafricaine).

91 E.g. Burkina Faso (Article 29, Chapitre IV: Des droits et devoirs sociaux et culturels, Constitution du Burkina Faso).

92 E.g. Le droit à un environnement sain et le droit à la santé séparés (L'Algérie (Article 68 (nouveau) (droit à un environnement sain) et Article 66.24 droit à la protection de la santé) Constitution algérienne démocratique et populaire); Burkina Faso (Article 29 (droit à un environnement sain) et Article 26 (droit à la santé) de la Constitution du Burkina Faso).

93 V. Sénégal (Article 8 (droit à la santé et droit à un environnement sain) de la Constitution du Sénégal).

94 V. Tunisie (Article 38 (droit à la santé), Article 44 (droit à l'eau), Article 45 (droit à un environnement sain et équilibré) de la Constitution tunisienne.

ticle unique[95]. S'il est important pour Maurice de considérer l'adoption d'autres droits et devoirs économiques (par exemple le droit à la santé) séparémentou en combinaison avec le droit à un environnement sain, cela nécessite néanmoins une réflexion en profondeur en raison de leurs implications au niveau du droit substantiel et procédural. Toutefois, la considération de l'adoption d'un droit et devoir économique à la fois pourrait avoir une importance stratégique en vue d'avoir le consensus nécessaire parmi les décideurs mauriciens. Ce qui est certain, c'est que l'adoption d'un droit constitutionnel à un environnement sain à Maurice provoquera des demandes de garanties constitutionnelles de la part du public quant aux autres droits et devoirs économiques[96]. L'on pourrait considérer l'insertion d'une Section 3(d) à la Section 3 intitulée "droits et libertés fondamentaux de l'individu" comportant le droit à un environnement sain au sein du Chapitre II[97] mais un consensus relatif à sa formulation est nécessaire. Le droit à un environnement sain au sein des droits et libertés fondamentaux d'un individu[98] confèrera une valeur constitutionnelle à ce droit tandis que la Cour suprême sera compétente pour connaître d'un litige violant ce droit[99]. Cependant, l'insertion de ce droit au Chapitre II de la Constitution mauricienne nécessiterait une loi votée à la majorité des trois-quarts des membres à l'Assemblée Nationale[100].

2. *Les implications d'une protection constitutionnelle de l'environnement*

Le choix d'une protection constitutionnelle de l'environnement, particulièrement avec l'insertion d'un droit à un environnement sain aura des implications sur le droit substantiel et procédural et donnera lieu à des questions quant à l'interprétation de son contenu, ses destinataires et sa mise en oeuvre.

Si le droit à un environnement sain est consacré par la Constitution mauricienne, il reviendrait aux juges mauriciens de l'interpréter. L'EPA se-

95 V. Le Maroc (Article 31 (droit à un environnement sain, droit aux soins de santé et droit à l'accès à l'eau) de la Constitution marocaine).

96 V. Le Pacte international relatif aux droits économiques, sociaux et culturels du 16 décembre de 1966.

97 E.g. Section 3(d) (*le droit à un environnement sain et/ou écologiquement balancé et durable et le devoir pour toute personne et l'Etat de protéger l'environnement).*

98 Sections 3-16 de la Constitution mauricienne.

99 *Ibid* Sections 17 et 76 (1).

100 *Ibid* Section 47(2) (c).

rait utile pour interpréter le terme "environnement", terme défini comme la "terre, l'air, l'eau ou n'importe lequel ou toute combinaison de ces moyens, tout organisme vivant, tout environnement bâti"[101]. Le niveau de "détérioration" de l'environnement qui pourrait nécessiter une action en justice pourrait être la violation des normes légales relatives à chacun de ces moyens constituant l'environnement[102]. Le droit à un environnement sain permettrait un environnement équilibré dans lequel la diversité biologique est préservée, le développement durable respecté et la capacité des générations futures à satisfaire leurs besoins pas compromise[103]. Si la violation des normes légales quant aux différents éléments de l'environnement selon l'interprétation de l'EPA ne paraît pas poser de problèmes particuliers, le contenu du droit à un environnement sain paraît vague et son interprétation suscite des questions. Ce droit pourrait-il être invoqué pour justifier des annulations de projets ou de lois favorisant la croissance économique en raison de leurs conséquences néfastes pour l'environnement ? C'est au regard de la protection de l'environnement à long terme que l'on doit apprécier la marge de liberté que l'on peut laisser au développement économique[104]. Ou encore, la prise en compte de ce droit pourrait-elle courir le risque de déclencher une concurrence entre les droits fondamentaux déjà consacrés (par exemple la liberté individuelle ou le droit de propriété) par la Constitution. La prise en compte du droit à un environnement sain ne devrait pas se faire aux dépens des autres valeurs constitutionnelles mais en tenant compte de l'unité du texte constitutionnel[105]. Malgré les questions relatives à l'interprétation du droit à un environnement sain, en pratique, les tribunaux de certains Etats ont autorisé des procès pour faire respecter le droit constitutionnel à un environnement sain[106].

Le destinataire principal d'un droit à un environnement sain dans la Constitution mauricienne serait l'individu comme personne privée (quel

101 *Ibid* Section 3.
102 *Ibid* Sections 38-46 et les règlements subsidiaires y relatifs.
103 Cf. M.-A. COHENDET, *op. cit.*, p. 115.
104 *Ibid*, p. 129.
105 V. Section 3 de la Constitution mauricienne.
106 Cf. G. Canivret et al., *op. cit.*, p. 75; Aux Philippines (*Juan Antonio Oposa et autres c. l'Honorable Fulgencio S. Factoran et autres*, Cour suprême des Philippines G.R.N ° 101083, 30 juillet 1993, 224 SCRA 792, 802-803); En Ouganda (V. *The Environment Action Network Limited c. The Attorney General and the National Environment Management Authority* Misc. Appl. No 39 de 2001 (Haute Cour de l'Ouganda à Kampala); En Argentine (v. *Beatriz Silvia Mendoza c. Gouvernement National et Autres* (2008) (Dommages découlant de la contamination de la rivière *Matanza-Riachuelo*), M. 1569, 8 juillet (2008) (Cour suprême)).

que soit son âge ou son sexe) ou personne morale[107] mais est-ce le cas pour les générations futures[108]? S'il n'a pas encore été question des intérêts ou des droits des générations futures en tant que tels dans la jurisprudence mauricienne, la question des droits d'un enfant à naître en vertu du Chapitre II de la Constitution mauricienne a été évoquée mais pas débattue par les juges de la Cour suprême[109]. La Constitution prévoit un recours au titre de la Section 17 pour toute personne dont l'un ou plusieurs droits fondamentaux (selon le Chapitre II) a été ou pourrait être violés à condition que ce soit un préjudice personnel mais l'association demanderesse n'a pu établir un tel préjudice[110]. Il serait important qu'un droit à un environnement sain inscrit dans la Constitution mauricienne inclut les générations futures comme destinataire de ce droit. L'irréversibilité de certaines atteintes au milieu naturel et aux espèces animales et végétales affecte nécessairement les générations futures[111]. La Constitution sud-africaine reconnaît le droit à un environnement à toute personne mais aussi aux générations futures[112] tandis que la Cour suprême des Philippines reconnaît que le droit à une écologie balancée et saine comporte une obligation de préserver l'environnement pour les générations futures[113].

Un droit constitutionnel à un environnement sain donnerait au juge des moyens nouveaux pour réparer les dommages environnementaux au-delà de la faute, la négligence, la théorie des troubles anormaux de voisinage et pourrait servir de base légale pour des actions contre les décisions des personnes publiques qui seraient contraires à l'environnement. La Cour suprême ayant une compétence illimitée[114] pour connaître d'une affaire au civil, une demande en réparation invoquant la violation d'un droit constitutionnel à un environnement sain ne pourrait pas avoir de plafond. Toute-

---

107 V. *Tengur c. Le Ministère de l'Education et la Recherche Scientifique et autres* 2002 SCJ 48, p. 5.

108 Néanmoins un "patrimoine national" est un travail de valeur considérable et qui a besoin d'être preservé au bénéfice de la génération future, à la fois locale et internationale. Voir les Sections 2 et 4 de la loi réglementant le patrimoine national (*National Heritage Fund Act* 40 of 2003).

109 V. *Ius Ad Vitam Association c. l'Etat de Maurice et autres* 2017 SCJ 1.

110 *Ibid*, p. 10.

111 Cf. M. RÉMOND-GOUILLOUD, « A la recherche du futur, la prise en compte du long terme par le droit de l'environnement », *Revue Juridique de l'Environnement*, 1992, 1, p. 5.

112 Cf. Section 24(b) de la Constitution sud-africaine.

113 V. *Juan Antonio Oposa et autres c. l'Honorable Fulgencio S. Factoran et autres,* Cour suprême des Philippines G.R.N° 101083, 30 juillet 1993, 224 SCRA 792, 802-803.

114 *Ibid* Sections 17(2), 54 (2), 76(1) et 81.

fois, pas tous les préjudices environnementaux pourraient être réparables en vertu d'un droit à un environnement sain dans la mesure où celui qui invoque ce droit devra démontrer la violation de ce droit et prouver un préjudice l'affectant personnellement[115]. Conséquemment les préjudices environnementaux réparables en vertu d'un droit à un environnement sain inscrit au Chapitre II de la Constitution mauricienne n'incluraient pas les préjudices provenant d'une atteinte à l'environnement dans ses éléments inappropriés ou inappropriables. Les juges mauriciens ne pourraient pas garantir le respect de ce droit si un individu se plaint de la pollution de la mer en général sans démontrer un préjudice personnel. L'évaluation des préjudices environnementaux qui seraient réparables en vertu d'un droit à un environnement sain ne sera pas toujours aisée, il s'agit de connaître la valeur économique de l'environnement concerné et fixer un prix peut être difficile surtout en cas d'irréversibilité des préjudices.

Conclusion

Consacrer un texte constitutionnel spécifique à l'environnement revêt une grande valeur symbolique mais il ne sera pas chose aisée d'insérer un droit à un environnement sain dans la Constitution mauricienne. Une protection constitutionnelle de l'environnement demande une réflexion en profondeur sur l'énoncé de cette protection, les implications sur les procédures et les droits substantiels impliqués. D'abord, le choix de sa formulation et sa place au sein de la Constitution doivent être déterminés. Ensuite, avec l'insertion du droit à un environnement sain dans la Constitution, les juges de la Cour suprême auront la tâche de bien l'interpréter, de gérer le risque de concurrence de ce droit avec d'autres droits constitutionnels et l'étendue de la réparation des dommages environnementaux. Enfin, la modification de la Constitution relatives aux droits et libertés fondamentaux nécessiterait un consensus avec une loi votée à la majorité des trois-quarts de l'Assemblée Nationale. Certes, donner une protection constitutionnelle à l'environnement ouvrira la porte à la question de la constitutionnalisation des autres droits économiques, sociaux et culturels et la détermination de leurs conditions d'exercice. Mais si tant d'autres Etats ont inclus des droits et libertés fondamentaux ou des droits socio-économiques ne serait-il pas temps pour Maurice d'en faire autant par la consécration d'une protection environnementale accrue conformément à la Charte de Banjul. La recon-

115 Cf. Section 17(1) de la Constitution mauricienne.

naissance d'un droit à un environnement sain garanti par la Constitution ne signifierait pas que du jour au lendemain, Maurice aura un environnement idéal mais c'est une évolution nécessaire.

Bibliographie

BIRNIE, P.W. et BOYLE, A.E., *International Law and the Environment*, Oxford University Press, 2ème édition, 2002.

BOYD, D.R., *The Environmental Rights Revolution-A Global Study of Constitutions*, Human Rights and the Environment, Vancouver, University of British Columbia Press, 2012.

CANIVRET, G., LAVRYSEN, L. et GUIHAL, D., *Manuel Judiciaire du droit de l'environnement*, Programme des Nations Unies pour l'environnement (PNUE), 2006.

COHENDET, M.-A., Vers la constitutionnalisation du droit de l'homme à un environnement sain et équilibré, *Revue Juridique de l'Environnement*, 2003.

Commission africaine des droits de l'homme et des peuples (CADHP), *Social and economic Rights Action Center, Centre for Economic and Social Rights/Nigeria*, n° 155/96, 30ème Session ordinaire, 15ème Rapport d'activités, pp. 29-41, 13-27 octobre 2001.

Conseil des droits de l'homme, *Rapport de l'Expert indépendant chargé d'examiner la question des obligations relatives aux droits de l'homme se rapportant aux moyens de bénéficier d'un environnement sûr, propre, sain et durable*, John H. Knox, Rapport préliminaire, Assemblée Générale des Nations Unies, Distr. générale 24 décembre 2012, A/HRC/22/43 disponible sur http://www.ohchr.org/Documents/HRBodies/HRCouncil/RegularSession/Session22/A.HRC.22.43_fr.pdf.

Haut-Commissariat des Nations Unies aux droits de l'homme (HCDH), *Etude analytique sur les liens entre les droits de l'homme et l'environnement*, UN Doc. A/HRC/19/34, 16 décembre 2011.

GUÉMATCHA, E., Section 2: La justiciabilité des droits sociaux en Afrique. L'exemple de la Commission Africaine des droits de l'homme et des peuples, *La Revue des droits de l'homme*, n° 1, 2012.

LIM TUNG, O.J., *Environmental Law in Mauritius*, Kluwer Law International, International Encyclopedia Series, 2015.

LIM TUNG, O.J., An Appraisal of the Energy Efficiency Regulatory Framework in Mauritius, *Journal of Energy and Natural Resources Law*, 31 (4) 2013, pp. 375-498.

MORAND-DEVILLER, J., L'environnement dans les constitutions étrangères, Nouveaux Cahiers du Conseil constitutionnel, n° 43, Le Conseil Constitutionnel et l'environnement, Avril 2014.

RÉMOND-GOUILLOUD, M., A la recherche du futur, la prise en compte du long terme par le droit de l'environnement, *Revue Juridique de l'Environnement*, 1992, 1.

Republic of Mauritius, *National Biodiversity Strategy and Action Plan 2006–2015*, 2006, p. 2, disponible sur https://www.cbd.int/doc/world/mu/mu-nbsap-01-en.pdf

Republic of Mauritius, *Maurice Ile Durable Policy Strategy and Action Plan*, Final Report 2013, p. v, disponible sur http://www.govmu.org/portal/sites/mid/file/full%20report%20midpolicy.pdf

ROGER, G., *Rapport du Sénat,* Session ordinaire 2012-2013, N°143, Commission des affaires étrangères, de la défense et des forces armées, France, 2012.

SANDS, P., *Principles of International Environmental Law*, Cambridge University Press, 2ème édition, 2003.

THORNTON, J. et BECKWITH, S., *Environmental Law*, Sweet and Maxwell Textbook Series, 1997.

United Nations Environment Programme (UNEP), *Training Manual on International Environmental Law*, édité par L. Kurukulasuriya et N.A. Robinson, 2006.

L'intégration juridique des acteurs de protection de l'environnement : pour un renouvellement de la démocratie

Aurélie Fontaine

La protection de l'environnement à Maurice est faite de paradoxes : île splendide aux rivières polluées, Maurice illustre ce contraste de la modernité où la relation à la nature est parlée mais où le dialogue demeure encore largement à construire. Des soubresauts de conscience apparaissent. Çà et là, quelques groupes se structurent en collectifs de défense, ici contre une plateforme pétrolière, là pour la défense du littoral. L'ordre juridique mauricien est-il prêt à accueillir et canaliser ces nouvelles sources de conflits ? L'arsenal législatif n'est pas démuni en la matière, mais le droit à un environnement sain brille par son absence de protection constitutionnelle et législative. Cette absence serait-elle un véritable frein à l'intégration juridique des acteurs civils engagés pour la défense de l'environnement ? Le raccourci serait vite pris. En effet, d'autres systèmes leur accordent une protection solide en l'absence même de toute disposition expresse affirmant un droit à un environnement sain. Prenant en ce sens appui sur la jurisprudence de la Cour Européenne des Droits de l'Homme, nous démontrerons que l'édifice législatif mauricien dispose d'une ossature de base permettant à l'intégration des acteurs environnementaux dans le débat démocratique. Cependant, cette dernière doit être fortement consolidée en la matière pour que la marche de la République accompagne celle du temps. Il apparaît ainsi clairement qu'une réelle intégration juridique des acteurs civils engagés dans la protection de l'environnement est une porte ouverte sur le renouvellement de la démocratie.

Les récents évènements climatiques nous rappellent avec acuité combien plus que jamais nos sociétés sont vulnérables et dépendantes de l'environnement. Cette dépendance, le droit ne l'ignore pas. Il la reconnaît d'ailleurs parfaitement au travers d'un droit fondamental, le droit à un environnement sain et écologiquement équilibré.

Présent depuis près de quarante ans sur la scène juridique internationale, le droit à un environnement sain a été affirmé par de nombreux instruments, au rang desquels les illustres Déclarations de Stockholm et de

Rio[1]. Il est aussi présent dans la quasi-totalité des ordres juridiques régionaux et nationaux[2]. Au niveau régional, l'article 24 de la Charte africaine des droits de l'Homme et des Peuples dispose que « Tous les peuples ont droit à un environnement satisfaisant et global, propice à leur développement ». Ses consoeurs américaines[3] et européennes le consacre également, certes implicitement mais non sans une grande vitalité. En la matière, l'œuvre de la Cour européenne des droits de l'homme (ci-après CEDH) est exemplaire : depuis la fin des années 1990[4], elle affine les contours de ce

1 En 1972, le principe 1er de la Déclaration de Stockholm énonçait que « L'homme à un droit fondamental à la liberté, à l'égalité et à des conditions de vie satisfaisantes, dans un environnement dont la qualité lui permette de vivre dans la dignité et le bien-être. Il a le devoir solennel de protéger et d'améliorer l'environnement pour les générations présentes et futures ». La Déclaration de Rio en 1992 sera plus légère en considérant en préambule que « Les êtres humains sont au centre des préoccupations relatives au développement durable. Ils ont droit à une vie saine et productive en harmonie avec la nature ».

2 BOYD D.R., *The Environmental Rights Revolution. A Global Study of Constitutions*, 2012, Vancouver, BC, UBC Press, Law and society series, 421 p.

3 Le protocole de San Salvador (17 nov. 1988) additionnel à la convention américaine des droits de l'homme fera ainsi du droit à l'environnement un droit individuel, bien que de manière lapidaire : « *Toute personne a le droit de vivre dans un environnement salubre* » (art. 11-1).

4 L'affaire *Arrondelle c/ Royaume Uni* (Com. EDH, *Arrondelle c/ Royaume Uni*, req. n° 7889/77, décision du 15 juillet 1980, DR 19, p. 186.) ainsi que l'affaire *Baggs c/ Royaume-Uni* (Com. EDH, *Baggs c/ Royaume Uni*, req. n° 9310181, décision du 19 janvier 1985, DR 44, p. 13 ; et *X c/ France*, req.13728, décision du 17 mai 1990 : début de la recevabilité de la protection conventionnelle), seront les premières pierres de l'édifice qui se construira au fil du temps. L'arrêt *Powell et Rayner c/ Royaume Uni* en date du 16 juillet 1986 poursuivra la percée de l'intérêt environnemental dans le système juridique de la CEDH. Dans cette instance, les nuisances sonores subies par les habitants vivant à proximité d'un aéroport furent reconnues comme constitutives d'atteintes environnementales (CEDH, *Powell et Rayner c/ Royaume Uni*, req. n° 9310181, décision du 16 juillet 1986, DR 47, p. 22). La Cour reconnaitra finalement le droit de vivre dans un environnement sain au travers de la violation de l'article 8 lors de l'affaire *Lopez Ostra c/ Espagne*, du 9 décembre 1994 (CEDH, 9 décembre 1994, *Lopez Ostra c. Espagne*, req. n° 16798/90, Série A, n° 303-C, § 51, disponible en ligne, *JDI*, 1995, obs. TAVERNIER P., p. 798 ; *RUDH*, 199, chron. SUDRE F., p. 112 ; *RTD civ.*, 1996, chron. MARGUÉNAUD J.-P., p. 507 ; SUDRE F., MARGUÉNAUD J.-P., ANDRIANTSIBAZOVINA J., GOUTTENOIRE A., LEVINET M., *Les grands arrêts de la CEDH*, 7ème éd., 2015, Paris, PUF, Collection Thémis, n° 3, comm. SUDRE F. ; BILLET Ph., NAIM-GESBERT É. (dir.), *Les grands arrêts du droit de l'environnement*, 1ère éd., 2017, Paris, Dalloz, n° 10, comm. MICHALLET I. ; TORRE-SCHAUB M., *L'essentiel des grands arrêts du droit de l'environnement*, 1ère éd., 2017, Paris, Gualino, Coll. Les Carrés, p. 200).

droit par une utilisation dynamique et une interprétation évolutive[5] de « l'instrument de l'ordre public européen »[6] qu'est la Convention. L'affaire s'entend : la Convention est un instrument vivant devant être interprété à la lumière des évolutions des sociétés contemporaines[7]. La montée des préoccupations environnementales démontre que ces sociétés aspirent à une meilleure protection de l'environnement. La question environnementale est devenue un enjeu majeur du débat public et revêt en tant que tel une importance capitale pour les démocraties. En effet, si le droit à un environnement sain se décline sous un volet substantiel établissant un certain standard[8] de qualité de vie, il est aussi solidement complété par un volet procédural[9] dont la finalité est d'assurer une équité entre les différents intérêts

---

5 COHEN-JONATHAN G., *Aspects européens des droits fondamentaux*, Montchrestien, 3ème éd., 2002, p. 204.

6 SUDRE F., « L'ordre public européen », *in* REDOR M.-J., *L'ordre public : ordre public ou ordres publics ? Ordre public et droits fondamentaux*, 2001, Bruxelles, Bruylant, p. 114.

7 CEDH, Gde. ch., 12 novembre 2008, *Demir et Baykara c./ Turquie*, n° 34503/97, § 85, *D*. 2009/11, note MARGUÉNAUD J.-P., MOULY J., p. 739-744.

8 RIALS S., « Les standards, notions critiques du droit », *in* PERELMAN Ch., VANDER ELST D. (dir.), *Les notions à contenu variable en droit – essai de synthèse*, 1984, Bruxelles, Bruylant, Coll. Travaux du Centre national de recherches de logique, p. 44.

9 Si la Cour affirme que l'article 8 n'impose pas que tous les individus profitent de standards environnementaux de protection particulier (*V*. CEDH, *Ward v. the United Kingdom* (dec.), no. 31888/03, 9 November 2004), elle reconnait qu'il impose une procédure prenant en compte les intérêts des individus dans les projets publics. Ainsi, dans l'affaire *Tanascoiaca*, elle rappelle que le processus décisionnel doit avoir respecté et pris en compte les intérêts individuels (CEDH, 3e sect., 19 juin 2012, *Tanasoaica c/ Roumanie*, n° 3490/03, § 217; *Giacomelli, préc.* § 82 ; *Taşkın*, préc. § 118.). Cela implique le droit à la participation (CEDH, 21 July 2011, *Grimkovskaya v. Ukraine*, no. 38182/03, § 67.). Dans l'affaire *Brânduşe c. Roumanie*, la Cour a estimé que l'État roumain avait entre autres l'obligation de donner accès aux conclusions des études environnementales ainsi qu'à des informations permettant d'évaluer le risque sanitaire auquel ils étaient exposés (CEDH, 7 avril 2009, *Brânduşe c. Roumanie*, req. n°6586/03, HUDOC, § 74, D. 2009. 2448, obs. F. G. Trébulle; RSC 2009. 661, obs. D. Roet). Les mesures et études doivent être prises pour que les risques de dommage à l'environnement et aux hommes puissent être prédits et évalués à l'avance et un juste équilibre doit prendre en considération les intérêts en cause (CEDH, 3e sect., 19 juin 2012, *Tanasoaica c/ Roumanie*, n° 3490/03, § 220.). Enfin, dans sa jurisprudence *Giacomelli*, la Cour rappelle que les individus concernés doivent aussi pouvoir former un recours contre toute décision, tout acte ou toute omission devant les tribunaux, s'ils considèrent que leurs intérêts ou leurs observations n'ont pas été suffisamment pris en compte dans le processus décisi onnel (V., *mutatis mutandis*, *Hatton et autres*, précité, § 128, et *Taşkın et autres*, précité,

lors de la prise de décision publique susceptible d'avoir des répercussions sur l'environnement. Instruments de démocratie, les droits procéduraux environnementaux sont les premiers tremplins pour la garantie[10] et la mise en œuvre du droit à l'environnement[11]. Dans cette perspective procédurale, les acteurs de la société civile jouent un rôle clé dans le débat démocratique puisque qu'ils veillent à une juste prise en compte des intérêts environnementaux dans le processus décisionnel. Le rôle et l'importance de ces acteurs ont par ailleurs été reconnus par un instrument-clé en la matière : la Convention d'Aarhus[12].

Parce qu'ils sont de véritables contre pouvoirs, l'intégration de ces acteurs dans le débat démocratique –voire leur institutionnalisation- est un symbole fort de l'État droit. D'aucuns pourraient s'en effrayer : à leur ouvrir les portes de l'agora, ne finirait-on pas par bloquer toute possibilité de projet de développement économique ? À la peur, il faut répondre par l'optimisme : ne pourrait-on pas s'en réjouir considérant que le système démocratique n'en sortirait renforcé et les citoyens mieux protégés ?[13] C'est là ce que nous amène à penser l'état de la jurisprudence de la CEDH en la matière. Articulant sa jurisprudence autour du droit à la participation (I) la Cour affirme et consolide le rôle démocratique des acteurs de défense de l'environnement en leur reconnaissant d'autres droits procéduraux (II). C'est à la lumière de cette jurisprudence que le droit local sera étudié. Che-

§§ 118-119, CEDH, 2 novembre 2006, *Giacomelli c. Italie*, req. n°59909/00, CEDH 2006-XII, § 87).

10 VON MOLTKE K., « Une approche écologique et un essai de définition », *in* KROMAREK (dir.), *Environnement et droits de l'homme*, éd. UNESCO, 1987, p. 110.

11 KISS A., « Définition et nature juridique d'un droit de l'homme à l'environnement », *in* KROMAREK (dir.), *Environnement et droits de l'homme*, éd. UNESCO, 1987, spéc. p. 24-25.

12 Elle dispose dans son article 1er : « Afin de contribuer à protéger le droit de chacun, dans les générations présentes et futures, de vivre dans un environnement propre à assurer sa santé et son bien-être, chaque partie garantit les droits d'accès à l'information sur l'environnement, de participation du public au processus décisionnel et d'accès à la justice en matière d'environnement conformément aux dispositions de la présente Convention ».

13 L'histoire mauricienne démontre que c'est pour la défense d'un intérêt collectif – celui des travailleurs- que la grande marche de l'indépendance a été amorcée. À la lumière de cet événement glorieux que nous commémorons, il n'est donc pas saugrenu de soutenir que l'intégration d'un nouvel intérêt collectif participera au renouvellement démocratique. *V.* NAGAPEN A., *Histoire de la Colonie, Isle de France – Ile Maurice, 1721-1968*, Diocèse de Port Louis, 1996, 226 p.

min faisant, il sera possible d'identifier des points de force et d'amélioration et d'envisager des perspectives d'évolution pour l'avenir.

I) *Le rôle central du droit à la participation dans la protection des acteurs de défense de l'environnement*

L'intervention des citoyens dans le processus décisionnel par la participation permet une définition commune de l'intérêt général[14] et assure à la décision une certaine légitimité[15]. Dans cette perspective, il devient aisé de comprendre que le droit à la participation implique une liberté d'expression sur les sujets concernant l'environnement (A). La possibilité de former légalement des collectifs dans le but de défendre l'environnement doit également être reconnue et assurée : c'est tout l'enjeu de la liberté d'association (B).

A) *Une participation active et libre : les déclinaisons de la liberté d'expression en matière d'environnement*

Les citoyens peuvent participer directement à la défense de l'environnement en informant le public sur des éléments pouvant porter atteinte à l'intégrité de l'environnement ou de la santé humaine. Plusieurs arrêts de la CEDH sont venus affirmer une protection conventionnelle des lanceurs d'alerte en matière d'environnement. Dans la plupart des cas[16], les dénonciateurs devaient faire face à des condamnations pénales pour diffamation.

---

14 BELLEMARE D., « Bien commun et intérêt collectif », *Éthique publique* [En ligne], vol. 6, n° 1, 2004, mis en ligne le 30 décembre 2015, consulté le 09 mars 2017.

15 LASCOUMES P., LE BOURHIS J.-P., « Le bien commun comme construit territorial. Identités d'action et procédures », *Politix*, 1998, Vol. 11, n° 42, p. 37-66.

16 Nous ne prendrons ici que quelques exemples à titre illustratif. Pour d'autres exemples d'arrêts sur ce point, *V.* MARGUÉNAUD J.-P., « Les droits fondamentaux », *in* NAIM-GESBERT É., MEKKI M., *Droit public et droit privé de l'environnement : unité dans la diversité ?*, Actes du colloque organisé le 12 juin 2015, LGDJ 2016, p. 127 s., notamment sur les affaires *Mamère contre France* du 7 novembre 2010 (*D.* 2007, note MARGUENAUD J.-P, p.704) et *Steel et Morris c/ Royaume Unis* (*AJDA* 2005, chron. FLAUSS J.-F., p. 1895), où deux militants avaient proféré des accusations de déforestation contre une grande chaîne de distribution alimentaire. Ils avaient été condamnés soit à leur faire des excuses, soit à prouver la véracité de leur argument, ce qui relevait d'une mission impossible. La Cour fait

Ainsi, dans l'affaire *Bladet Tromso c. Norvège*[17], un journaliste avait publié des manquements aux règlements de chasse aux phoques en Norvège dans son journal local, le *Bladet Tromso*. La Cour a ici considéré que le débat autour de la chasse des phoques et de ses conditions était d'intérêt général, et l'emportait sur l'intérêt particulier lié à la réputation des chasseurs (§ 73). Affirmant le rôle de « chien de garde » des journalistes, elle soumet toutefois l'exercice de cette liberté à une obligation de vérifier les sources, obligation proportionnelle à l'importance des allégations. Dans l'affaire *Tanasoaica c/ Roumanie*[18] il s'agissait également d'un journaliste ayant publié une étude sur la pollution des eaux accompagnée d'une mise en cause spécifique de la société commerciale gérant le service public de l'assainissement. Ce dernier fut condamné pour insulte. La Cour rappellera à l'État roumain son obligation de ne pas porter atteinte au droit d'un journaliste à exposer des faits relevant d'un débat d'intérêt général. Rattachant l'affaire aux jurisprudences relatives au volet substantiel du droit à un environnement sain, elle rappellera que le processus décisionnel doit respecter les intérêts individuels[19] et que mesures et études doivent être prises pour que les risques de dommage à l'environnement et aux hommes puissent être prédits et évalués à l'avance, le tout en veillant à un juste équilibre dans la prise en considération les intérêts en cause (§ 220). Elle affirmera que les dirigeants d'un service public sont à regarder comme des « personnages publics » et doivent faire preuve d'une tolérance plus grande qu'un particulier *lambda* vis-à-vis des journalistes (§ 34 et § 46) et ce d'autant que l'intérêt en cause est un « intérêt public, important en l'occurrence » (§ 48). Notre dernier exemple sera l'affaire *Šabanovic* du 31 mai 2011[20]. L'affaire était intéressante car le lanceur d'alerte était le directeur d'une compagnie de distribution des eaux. En l'espèce, suite à un rapport de l'Institut de la Santé, il avait fait publier dans la presse que l'eau du robinet était pleine de bactérie. Il avait également tenu une conférence de presse expliquant que les autorisations accordées favorisaient les intérêts de deux sociétés en charges de la distribution d'eau (§ 8), et critiquait les actions de l'Inspecteur en chef. Ce dernier intenta une procédure en diffamation et le requérant écopa de trois

---

preuve de faveur envers eux en considérant qu'ils n'étaient pas tenus de démontrer leur propos et qu'il y eu atteinte disproportionnée à leur liberté d'expression.

17 CEDH, 20 mai 1999, *Bladet Tromso et Stensaas c. Norvège*, n° 21980/93, disponible en ligne.

18 CEDH, 3e sect., 19 juin 2012, *Tanasoaica c/ Roumanie*, n° 3490/03, disponible en ligne.

19 *V.* § 217.

20 CEDH, 31 mai 2011, *Šabanovic*, n° 5995/06, disponible en ligne.

mois de prison. Dans ce cas, la qualification de « chien de garde » n'a pas été retenue mais la protection accordée au requérant n'en était pas pour autant amoindrie. La Cour considéra que la qualité de l'eau est un « grand intérêt public » (§ 41). Se basant sur des textes internationaux et nationaux, elle reconnaitra la violation de l'article 10 et rappellera à l'État son obligation de ne pas imposer une sanction disproportionnée à la diffamation de manière à ne pas freiner les journalistes ou autres personnes à lancer des débats démocratiques.

En droit interne mauricien il ne semble pas qu'une protection spécifique existe pour les lanceurs d'alerte. Bien au contraire, il y a encore quelques mois les journalistes d'un journal local à grand tirage publiaient une tribune expliquant la nécessité de leur protection. Certes, la plupart des affaires étaient relatives à des scandales financiers voire de corruption[21], et il n'était pas fait mention des alertes en matière environnementale. Cela ne signifie pas pour autant que la liberté d'expression n'est pas menacée. Ainsi, un collectif de défense de l'environnement a publié un article en ligne révélant que l'une de ses associations partenaires sur une affaire relative à la construction d'un hôtel avait subitement changé posture suite à des accords ou des tractations passés avec le promoteur du projet. L'association en cause, qui s'est retirée de l'instance en cours devant le tribunal de l'environnement aurait également passé un accord aux termes duquel elle s'engageait à ne pas donner une image négative de l'hôtel ou du projet[22]. Il va de soi que l'information est à prendre avec beaucoup de réserve, mais elle démontre qu'il existe bien un ressenti du côté de certains acteurs que des blocages existent relativement à la liberté d'expression. Cet exemple illustre qu'assez naturellement les individus trouvent un intérêt à se regrouper dans le but de former des collectifs de défense. Cela révèle l'enjeu capital de la liberté d'association en matière d'environnement.

21 SIVARAMEN N., « Pourquoi il faut protéger les lanceurs d'alerte », *lexpress.mu*, 27 octobre 2017, en ligne.

22 *V.* VagDivanBorlamer, « VagDivanBorlamer et le FCL seul en cour contre le projet d'un Hôtel à la Cambuse et pour la liberté de parole », juin 2017, en ligne, consulté en avril 2018.

B) *Une participation active et militante : la force de la liberté d'association en matière d'environnement*

Définir l'intérêt collectif n'est pas chose évidente. Il peut s'exprimer sous différentes formes et est revêtu de polysémie[23]. Ceci étant, il est possible de le comprendre de deux manières. D'une part, l'intérêt collectif peut être entendu comme la somme des intérêts individuels des membres composant un groupe. C'est le cas des « ligues de défense » : l'intérêt collectif est en fait une collectivisation d'intérêts individuels concordants. D'autre part, l'intérêt collectif peut aussi être entendu comme représentant plus que la simple agrégation des intérêts individuels. Il représente alors une forme d'intérêt supérieur à cette somme, « une grande cause »[24]. Dans cette perspective, il se distingue à la fois de la somme des intérêts individuels et de l'intérêt général qui lui est défini par l'État[25]. En raison de cette dimension immanente, « l'intérêt collectif-grande cause » peut parfois se retrouver à coïncider avec l'intérêt général. Il participe alors à sa protection. La liberté d'association permet aux citoyens de participer au débat démocratique selon les deux acceptions. En la matière, la CEDH a eu à rappeler que « la possibilité pour les citoyens de former une personne morale afin d'agir collectivement dans un domaine de leur intérêt constitue un des aspects les plus importants du droit à la liberté d'association, sans quoi ce droit se trouverait dépourvu de tout sens »[26]. Par la défense d'un intérêt commun au travers d'une association, les citoyens participent au processus démocratique. Dans l'affaire *Gorraiz Lizarraga c/ Espagne*, la Cour affirme très clairement que « dans les sociétés actuelles, lorsque le citoyen est confronté à des actes administratifs spécialement complexes, le recours à des entités collectives telles que les associations constitue l'un des moyens accessibles, parfois le seul dont il dispose, pour assurer une défense efficace de ses intérêts particuliers »[27].

---

23 DREVEAU C., « Réflexion sur le préjudice collectif », *RTD civ.* 2011, p. 249.

24 GUINCHARD S., « L'action de groupe en procédure civile française », *RIDC*, Vol. 42, n° 2, Avril-juin 1990, Etudes de droit contemporain, p. 613.

25 DE SCHUTTER O., « Forme d'action collective en justice et dialectique entre les intérêts individuels et l'intérêt collectif », *in* BERNS, Th. (dir.), *Le droit saisi par le collectif*, Bruylant, Droits, Territoires, Cultures, 2004, p. 313.

26 CEDH, 10 mai 2010, *Tebieti Mühafize Cemiyyeti et Israfilov c. Azerbaïdjan*, n° 37083/03, § 52, disponible en ligne.

27 CEDH, 27 avril 2004, n° 62543/00, *Gorraiz, Lizarraga et. al. c. Espagne*, § 38, disponible en ligne.

C'est principalement sous cet angle que la CEDH a eu l'occasion de se prononcer sur le rôle décisif des associations dans le jeu démocratique. L'affaire *V.A.K.*[28] a ainsi affirmé qu'elles étaient les « chiens de garde » de la démocratie. En l'espèce, la requérante était une association qui s'était élevée publiquement contre la politique menée par son Conseil Municipal. La municipalité avait pris de nombreux actes d'urbanisme dont les dispositions étaient contraires à celles relatives aux zones protégées. Le maire intenta un recours en droit interne en démenti des affirmations lancées par la requérante. Il obtint gain de cause. La requérante fit appel puis cassation, sans succès. Les juges de la CEDH considèreront que l'appréciation de la légalité d'un acte d'un conseil municipal par une association de protection de l'environnement est un jugement de valeur qui n'a pas à être démontré (§ 45). Secondement, ils confirmeront qu'il est possible pour une association de qualifier le comportement d'une autorité publique « d'illégal » au regard de la législation environnementale dans la mesure où « les pouvoirs publics s'exposent en principe à un contrôle permanent de la part des citoyens, et, sous réserve de bonne foi, chacun doit pouvoir attirer l'attention publique sur des situations qu'il estime irrégulière au regard de la loi » (§ 46). La même noblesse a été accordée aux associations de protection des animaux dans l'affaire *Animal Defenders International c. Royaume Uni* du 22 mai 2013[29]. Le rôle des associations environnementales est donc particulièrement renforcé par les droits fondamentaux. État du droit intéressant, le collectif professionnel auquel se rattache l'individu peut aussi jouer un rôle direct dans un litige environnemental le concernant. Dans l'affaire *Mangouras c. Espagne*[30], la CEDH a ainsi pris en considération les liens professionnels d'un individu pour valider la détermination du montant de sa caution. Le collectif d'arrière plan vient ici au premier plan pour déterminer une variable de privation de liberté individuelle. La décision n'a pas manqué de soulever des opinions dissidentes pour lesquelles seules les ressources de l'intéressé devraient être prises en considération[31]. Dans cette af-

28 CEDH, 27 mai 2004, *Vides Airardzibas Klubs c. Letonnie*, req. n° 57826/00, disponible en ligne .

29 CEDH, Gde. Ch., 22 mai 2013, Animal Defenders International c. Royaume Uni, Revue semestrielle de droit animalier, 2013/1, obs. SZYMCZAK D., p. 97.

30 CEDH, Gde. Ch., 28 septembre 2010, *Mangouras c. Espagne*, req. n° 12050/04, § 16, disponible en ligne, *AJDA* 2011. 889, chron. BURGORGUE-LARSEN L.; *RJE* 2011/4, 36, p. 563-584, chron. NADAUD S., MARGUÉNAUD J.-P.

31 Opinions dissidentes des juges ROZAKIS, BRATZA, BONELLO, CABRAL BARRETO, DAVÍD THÓR BJÖRGVINSSON, NICOLAOU et BIANKU, § 5.

faire, c'est au final une condamnation implicite et indirecte de la profession pétrolière qui s'est faite.

En droit interne, la participation des associations et autres collectifs environnementaux est envisagée au sein de *l'Environmental Protection Act* (EPA) de 2002. La loi instaure de nombreux comités et commissions : la Commission Nationale de l'Environnement (composée Ministres), le *Multilateral Environmental Agreements Coordinating Committee* (chargée du suivi de la mise en œuvre de la législation environnementale, composée d'autorités publiques), *l'Environment Coordination Committee*, *l'Integrated Coastal Zone Management Committee* (composé de personnes publiques, mais qui ne fait principalement que des recommandations[32]). Il est dommage que les associations et les ONG ne prennent pas part à ces comités. Leur intégration n'est prévue qu'à la marge, pour la *National Network for Sustainable Development*, qui a notamment pour mission d'harmoniser les intérêts des différentes parties prenants et des promoteurs et ceux des usagers et de la société dans le secteur de l'environnement urbain et la pollution visuelle[33]. Cependant, rien n'est dit sur ses modalités de fonctionnement. D'autre part, l'annexe 2 de l'EPA révèle la composition exacte de ce réseau. Au titre de la représentation des intérêts environnementaux, on décompte : le *Mauritius Oceanographic Institute* et le Ministre de l'environnement, sur trente-quatre participants. Le ratio démontre ici l'importance accordée aux acteurs civils de protection de l'environnement. Ceci étant, certaines autorités sont habilitées à prendre en considération l'avis des associations ou des ONG dans leur prise de décision. C'est le cas du Ministre de l'environnement, qui doit préparer la planification environnementale et réaliser des rapports sur l'état de l'environnement en coopération avec d'autre département public, avec le *National Network for Sustainable Development* et les organisations non gouvernementales et les associations[34]. Par ailleurs, dans la procédure du *Preliminary environmental report* (PER), le directeur du département de l'environnement peut demander à tout organisme public, ONG ou toute autre personne ses observations écrites sur le PER dans un délai de 14 jours[35], délai certes court mais ayant le mérite d'exister. Il est enfin à noter de manière générale que les ONG comme toute personne peuvent faire des recommandations au Ministre sur les standards de pollution.

32 *C.f.* Part VII, section 50.

33 Section 10 (e).

34 Section 7.e.

35 Section 16. 4. b.

Liberté d'association et d'expression sont ainsi, dans la jurisprudence de la CEDH, les deux piliers assurant juridiquement la participation des acteurs de protection de l'environnement. Ces deux libertés bénéficient également d'une protection constitutionnelle au titre du Chapitre II de la Constitution mauricienne. L'ordre juridique interne contient donc des éléments prometteurs sur lesquels juges et législateur pourraient s'appuyer pour élargir le champ de la protection juridique accordée à la participation en matière environnementale. De la sorte, une dynamique positive pourrait s'enclencher et ainsi constituer un tremplin vers une démocratie environnementale locale. Toutefois, si ces deux libertés sont déterminantes dans l'accroissement de l'effectivité du droit à la participation, il est certain qu'elles ne peuvent à elles seules en constituer les uniques piliers. L'ossature juridique du droit à la participation doit donc être consolidée par d'autres droits et libertés.

II) L'indispensable consolidation du droit à la participation par le développement d'autres droits procéduraux

Le droit à la participation est un droit phare, qui a pour vocation d'illuminer tout le processus décisionnel en matière d'environnement. Toutefois, ce droit serait affaibli s'il n'était pas garanti par d'autres droits fondamentaux en amont (A) comme en aval (B).

A) Un renforcement de la participation en amont : le rôle clé du droit à l'information

La participation décisionnelle en matière environnementale est un élément déterminant de la prise en considération de l'intérêt de protection de l'environnement dans les décisions publiques. Mais si le citoyen a un droit de participer, cela suppose qu'il doive effectivement être à même de le faire : il doit premièrement être actif et se renseigner sur les éléments qui l'intéressent[36]. Toutefois, qui peut participer réellement[37] et efficacement s'il

36 NELKIN D., « Participation du public à la mise en œuvre d'un droit à l'environnement », *in* KROMAREK P. (dir.), *Environnement et droits de l'homme*, éd. UNESCO, 1987, p. 39-50.

37 MALJEAN DUBOIS S., « Le rôle des citoyens et des ONG », *in* MALJEAN-DUBOIS S. (dir.), *L'effectivité du droit européen de l'environnement : contrôle de la*

n'est pas informé[38] ? L'information est donc capitale pour que les citoyens puissent réellement intervenir en matière d'environnement. Pour ce faire, il est nécessaire de l'entendre dans un sens large, incluant à la fois le droit à la formation et à l'éducation.

Le droit à l'éducation[39] n'est pas l'apanage du droit de l'environnement. Il a une réalité historique et son poids dans le jeu démocratique est reconnu au moins depuis La Révolution française, où il est perçu comme « le moyen de libérer et d'accomplir l'Humanité »[40]. Il est admis aujourd'hui que le fonctionnement de la démocratie dépend du droit à l'éducation. Il faut en effet que les citoyens et les gouvernants soient formés, éduqués, *i.e.* qu'ils acquièrent les capacités intellectuelles nécessaires à l'exercice de leur compétence juridique et politique[41]. Par ailleurs, il faut également souligner que le droit à l'éducation n'est pas en lui-même un droit procédural comme le droit à l'information ou le droit à la participation : il concourt à leur réalisation, il en est le préalable nécessaire[42]. Grâce à lui l'intelligence humaine à l'opportunité de se former au plus tôt aux enjeux environnementaux. Dans sa définition, l'éducation à l'environnement peut être définie comme « le processus d'acquisition de connaissances suffisantes pour contribuer à l'action préventive et à la solution des problèmes de l'environnement. Elle englobe les études et la formation, la recherche et la diffusion de l'information »[43]. Le droit à l'éducation est donc incontournable en ce qu'il suscite l'intérêt environnemental (*i.e.* l'intérêt pour la protection de l'environnement) dans l'esprit humain. Il est vrai que les véritables contours et le contenu du droit à l'éducation et à la formation n'ont pas encore été très clairement définis, mais les instruments internationaux y faisant référence donnent des pistes d'actions. Ainsi, la Convention euro-

---

mise en oeuvre et sanction du non-respect, Paris : la Documentation française, 2000, p. 25.

38 CHEVASSUS-AU-LOUIS B., « Quelle éducation du public à l'environnement et à la science ? », *in La Charte de l'environnement : enjeux scientifiques et juridiques*, AFAS 2003, p. 49.

39 Entendue au sens large, i.e. englobant instruction et formation également.

40 LE GALL Y., « L'éducation et l'émancipation des hommes, de la commune à l'humanité, Le début du XIXème siècle », *in* LAMBLIN A.-S., MONDIELLI É. (dir.), *Un droit pour des hommes libres*, Études en l'honneur d'Alain Fenet, p. 454.

41 MALLIN E., « Compétence, capacité, pouvoir », *in* AFDA (dir.), *La compétence : actes du colloque organisé les 12 et 13 juin 2008*, Paris, Litec, p. 44-47.

42 FONBAUSTIER L., « L'éducation et la formation : une contribution à l'« écocitoyenneté» », *Environnement* n° 4, Avril 2005, comm. 36.

43 TOLENTINO A.S., « Environnement et information », *in* KROMAREK P. (dir.), *Environnements et droits de l'homme*, éd. UNESCO, 1987, p. 32-33.

péenne du paysage impose aux États de prendre des mesures pour la sensibilisation, à la formation et à l'éducation au paysage et à ses transformations. L'article 13 de la Convention sur la diversité biologique met l'accent pour sa part sur les médias et l'enseignement, et préconise la mise en place commune de programmes d'éducation et de sensibilisation du public. D'autres outils vont l'envisager comme mesure complémentaire : la Convention des Nations Unies sur la lutte contre la désertification dans les pays gravement touchés par la sécheresse et/ou la désertification, en particulier en Afrique prévoit comme mesures d'appui le renforcement des capacités, de l'éducation et de la sensibilisation du public[44] et fait le lien entre la participation, la formation et l'éducation, en envisageant la nécessité de vulgarisation des informations[45]. L'éducation est également prévue comme mesure complémentaire à la protection des espèces et des sites Natura 2000 par la Directive européenne 92/43 du 21 mai 1992, concernant la conservation des habitats naturels, de la faune et de la flore sauvages[46]. L'éducation est donc un élément fondamental pour l'avènement d'une pleine démocratie environnementale, tendant à se tourner vers une éco-citoyenneté. L'esprit de la Convention d'Aarhus y voyait très clair en énonçant que « chaque partie favorise l'éducation écologique du public et sensibilise celui-ci aux problèmes environnementaux, afin notamment qu'il sache comment procéder pour avoir accès à l'information, participer au processus décisionnel et saisir la justice en matière d'environnement »[47]. L'éducation à l'environnement est d'autant plus capitale en la matière que les données sur le réel écologique sont souvent complexes et demandent une compréhension scientifique. Cela implique que l'éducation à l'environnement demande à la fois une pédagogie « du quotidien et du vécu »[48] ainsi qu'une ouverture à la pluridisciplinarité. Le droit à la formation et à l'éducation environnementales est ainsi un préalable nécessaire au droit à l'information.

La Convention d'Aarhus pose les bases du droit à l'information en matière d'environnement en son article 6, rappelant l'importance pour le public d'être informé tout au long du processus décisionnel. L'information doit ainsi en premier lieu porter sur l'existence d'une procédure ainsi que sur ces modalités de réalisation, incluant des délais raisonnables afin que le

44 Article 19.
45 Article 19. c.
46 Article 22.
47 Article 3.3 de la Convention d'Aarhus.
48 CARLOT Y., « Pour une pédagogie de l'environnement », *Revue de géographie de Lyon*, Vol. 56 n°3, 1981, p. 307-310.

public puisse effectivement participer au processus décisionnel[49]. Pour sa part, la CEDH a également apporté sa pierre à l'édifice européen en imposant aux États une obligation positive d'information en matière environnementale. Ainsi, depuis l'arrêt *Anna Maria Guerra c. Italie*[50], les jurisprudences n'ont cessé de contribuer à l'enrichissement du contenu de cette obligation. Se basant sur le fondement de l'article 10 de la Convention, Mme Guerra et les autres requérants de Manfredonia demandait à la Cour de reconnaitre la défaillance de l'État italien face à son obligation d'informer le public des risques accidentels et des procédures à suivre lors de la survenance de tels incidents. Rejetant le fondement de l'article 10, la Cour se fondera sur l'article 8 pour reconnaitre l'obligation procédurale d'information en matière environnementale déclarant solennellement que « l'information du public représente désormais l'un des instruments essentiels de protection du bien-être et de la santé de la population dans les situations de danger pour l'environnement »[51].

L'analyse de la jurisprudence européenne laisse à croire que l'obligation d'information sous entend que le public doive premièrement avoir accès aux décisions et aux conclusions des études réalisées en matière environnementale[52]. L'accès à l'information doit permettre l'évaluation des dangers auxquels les citoyens sont exposés[53]. Autrement dit, l'information se doit d'être pertinente[54]. Ainsi, les mesures mises en place doivent être plus concrètes qu'une simple affirmation du droit à l'information[55] et im-

49 Articles 6.2 et 6.3.

50 CEDH, 19 février 1998, *Anna Maria Guerrra et autres c. Italie*, n°116/1996/735/932, Recueil 1998-I ; *JCP* 1999.I. 105, n° 43, obs. SUDRE F., *RTD civ*. 1998.515, obs. MARGUÉNAUD J.-P.

51 § 52 de l'arrêt Anna Maria Guerrra et autres c. Italie, précité.

52 CEDH, 9 juin 1998, *Mc Ginley et Egan c. Royaume Uni*, Recueil des arrêts et décisions 1998-III, § 97.

53 CEDH, Guerra et autres c. Italie, [GC], n° 14967/89, Recueil des arrêts et décisions, 1998-I, § 60 ; CEDH, 2 novembre 2006, *Giacomelli c/ Italie*, n°59909/00, § 83.

54 CEDH, *Mc Gingley et Egan c. Royaume-Uni*, 9 juin 1998, Recueil des arrêts et décisions 1998-III, § 101.

55 CEDH, Gde Ch., 30 novembre 2004, *Oneryildiz c. Turquie*, req. n°48939/99, § 108, disponible en ligne ; *JDI* 2003/2, note DECAUX E., TAVERNIER P., p. 541-544 ; *JDE* 2005/116, note LAMBERT P. p. 39-45 ; *Dr. env*. 2003, comm. LAURENT C., p. 71-74 ; *AJDA* 2005. 550, obs. FLAUSS J.-F. ; BILLET Ph., NAIM-GESBERT É. (dir.), *Les grands arrêts du droit de l'environnement*, 1ère éd., 2017, Paris, Dalloz, n° 11, obs. MICHALLET I. ; TORRE- SCHAUB M., *L'essentiel des grands arrêts du droit de l'environnement*, 1ère éd., 2017, Paris, Gualino, Coll. Les Carrés, p. 203.

pliquent la mise en place de procédures propres à lui assurer une effectivité[56]. Cette nécessité est de plus étendue dans le temps : le citoyen a droit à l'information *avant et après* la réalisation d'un incident, l'autorité compétente devant par ailleurs informer le citoyen « *dans l'éventualité d'un nouvel incident* »[57]. Celui-ci dispose donc d'un droit d'accéder à l'information afin qu'il puisse être rassuré, et qu'il puisse évaluer le danger qui le menace[58]. La portée de l'obligation d'information demeure toutefois une obligation principalement liée à la diffusion de l'information, bien que l'obligation puisse être étendue si son acception en droit interne le permet[59]. La Cour analyse *in fine* la prise en considération des intérêts de l'individu dans l'ensemble du processus décisionnel.

En droit mauricien, il n'y a pas de droit à l'information au sens européen. Il y a tout de même des dispositions auxquelles il est possible de se rattacher. Ainsi, on constate dans *l'Environnemental Protection Act* que c'est premièrement sur le Ministre de l'environnement que retombe la charge de l'information environnementale. Il lui revient de publier et diffuser les informations concernant la protection de l'environnement[60]. Le Comité de Coordination Environnementale (*Environment Coordination Committee*) joue un rôle au niveau des autorités publiques. Au titre de ses missions, il doit s'assurer que l'information est partagée entre les différentes agences, le Département de l'environnement et les autres départements publics. Le but est de développer une meilleure compréhension des problèmes environnementaux et des problèmes d'application du droit de l'environnement[61]. Il joue aussi un rôle indirect dans la formation des agents publics[62].

En ce qui concerne les processus décisionnels, les procédures prévoient une consultation publique. Pour les projets soumis à EIA (étude d'impact environnementale), une procédure de consultation publique est prévue. Le Directeur publie, dans les 14 jours de la réception de l'EIA, les avis de consultation publique, dans laquelle il fixe notamment la durée de la

56 CEDH, 9 juin 1998, *L.C.B c. Royaume Uni*, Recueil des arrêts et décisions, 1998-III, § 101.
57 CEDH, 27 janvier 2009, *Tatar c. Roumanie*, n° 67021/01, § 101.
58 CEDH, *Mc Gingley et Egan c. Royaume-Uni*, 9 juin 1998, Recueil des arrêts et décisions 1998-III, § 97.
59 *V. en ce sens* : CEDH, 4e sect., 14 févr. 2012, *Hardy and Maile*, n° 31965/07, § 248.
60 Section 7. i.
61 Section 14.c.
62 Section 14.d.

consultation, qui ne peut être inférieure à 10 jours ni supérieure à 21[63]. Le Directeur peut faire en sorte que l'étude d'impact ou une partie de cette étude soit publiée sur Internet. L'information est assurée mais rien n'est dit sur le retour d'information du public (a-t-il des réponses ? Par qui ?). Lors de la procédure d'examen de l'EIA, qui intervient juste après la consultation, le Directeur peut demander l'avis d'une autorité publique, d'une ONG ou de toute personne sur l'EIA. Il peut mettre en place un comité technique. Si la demande est faite au travers du *Board Of Investment*, la procédure est accélérée après la consultation du public. La procédure est ensuite suivie par *l'EIA Comittee*, qui est composé majoritairement de personnes publiques, mais qui peut appeler à participation toute personne de son choix[64] (qui n'a pas toutefois pas de droit de vote). Après l'avis du Comité, le Ministre prend sa décision[65], qui est publiée dans la Gazette par le Directeur. Un recours peut être formé selon les conditions des sections 56 et 57 mais il n'est pas suspensif[66]. En cas de pollution accidentelle, une procédure est menée par le Directeur. Aucune information du public n'est prévue[67]. Mais si un risque majeur existe, le Premier ministre peut, sur consultation du Ministre de l'environnement, déclarer l'état d'urgence environnementale. La législation demeure silencieuse sur l'information du public et il semble là encore que ce soit les autorités publiques, plus particulièrement le Ministre de l'Environnement, qui doivent prendre en charge l'affaire. En cas d'urgence environnementale ou de risque majeur, il initie et coordonne les actions requises[68]. L'existence de dispositions législatives en faveur de l'information du public masque mal les zones d'ombre sur l'effectivité de la participation. C'est la raison pour laquelle il est indispensable de consolider l'édifice juridique existant, non seulement en amont mais aussi en aval, considérant le droit pour toute personne d'exercer un recours contre les décisions prises en matière d'environnement.

63 Section 20.5.
64 Section 22.5. a.
65 Section 23.
66 Part 3 section 23, 6.
67 Part. IV, Section 29 à 33.
68 Section 7. g.

B) Un renforcement de la participation en aval : l'importance du droit au recours en matière environnementale

Si le citoyen a le droit de participer aux processus décisionnels, il doit également pouvoir exprimer son désaccord avec la décision prise. Il doit donc tout naturellement disposer de garanties juridictionnelles solides, avant la phase juridictionnelle, pendant cette dernière et après que la décision ait été rendue. Benoît JADOT avait déjà souligné l'importance du droit au recours pour chacun afin d'obtenir la réparation des atteintes à l'environnement, et ce indépendamment d'une atteinte à un intérêt particulier, ainsi que l'importance d'ouvrir largement les portes du prétoire aux associations de protection de l'environnement[69]. Devant la CEDH, le droit à un recours effectif s'applique en matière environnementale et il revient aux États de les mettre en place[70]. Cette obligation est d'ailleurs modulée par l'enjeu du litige : lorsque le droit à la vie est engagé, l'État doit mettre en place des procédures propres à permettre une indemnisation du dommage moral et matériel[71]. De manière assez classique, le droit à un recours effectif doit s'entendre d'un droit d'accès à un Tribunal en matière d'environnement, d'un droit à un délai raisonnable de jugement, et d'un droit à l'exécution des décisions de justice.

Premièrement vouée au rejet[72], le droit d'accès à un tribunal en matière d'environnement a été reconnu par l'arrêt *Zander c. Suède* du 25 mars 1993[73]. Il pose le principe que le droit de saisir un tribunal est applicable dans un litige mettant en jeu un intérêt personnel environnemental. En 2005, avec l'affaire *Okyay c. Turquie*[74], la Cour de Strasbourg affirmait que

---

69 JADOT B., « Les procédures garantissant le droit à l'environnement », *in* KROMAREK P. (dir.), *Environnement et droits de l'homme*, éd. UNESCO, 1987, p. 58-61.

70 CEDH, 24 septembre 2002, *Posti et Rahko c. Finlande*, req. n°27824/95, §§ 59-66, disponible en ligne.

71 CEDH, Gde Ch., 30 novembre 2004, *Oneryildiz c. Turquie*, *préc.*, § 145 -147.

72 CEDH, *Geouffre de la Pradelle c/ France*, 16 décembre 1992, *D.* 1993, note ROHMER F., p. 562 : violation du droit d'accès à un tribunal de l'État français à l'encontre d'un propriétaire d'un site classé pittoresque voulant y construire une centrale électrique, le système de deux mois pour contester le décret de classement étant considéré comme opaque.

73 CEDH, 25 novembre 1993, *Zander c. Suède*, n° 14282/88, Série A 279 B : le litige était relatif à l'autorisation de recommencer à exploiter un décharge à l'origine d'une contamination de l'eau utilisée par les voisin.

74 CEDH, 2ème sect., 12 juillet 2005, *Okyay et autres c. Turquie*, req. n° 36220/97, disponible en ligne, § 66, *RJE* 2011/4, 36, p. 563-584, chron. NADAUD S., MARGUÉNAUD J.-P. ; *REDE* 2008/4, chron. KABOGLU I., p. 421-440.

le droit à un environnement sain en droit interne accordait « le droit d'être protégé contre les dommages causés à l'environnement par les activités à risque des centrales ». Partant, elle tranche la question de l'applicabilité de l'article 6§ 1 en considérant la contestation des requérant comme réelle et sérieuse. Elle affirme le droit à un environnement sain non comme un « simple intérêt » mais bien comme un droit à caractère civil car garanti en droit interne et des mesures juridictionnelles existantes pour le faire appliquer. La procédure juridictionnelle se doit également d'être réalisée dans un délai raisonnable. La Cour a ainsi condamné un État pour une prise de décision ayant dépassée six ans[75]. Elle prend parfois le parti de mentionner que cette procédure doit être menée de manière « expéditive »[76]. Mais les procédures n'ont pas uniquement à respecter un délai raisonnable, elles doivent en plus produire des mesures efficaces, c'est-à-dire ne pas hésiter à utiliser les mesures coercitives adaptées[77] : une fois la décision prononcée, encore faut-il qu'elle soit appliquée. L'affaire *Hornsby c. Grèce*[78], relative à une décision de fermeture de centrale thermique, avait rappelé aux États qu'ils pouvaient être sujets à condamnation pour non respect des décisions de justice en matière environnementale. La Cour rappelle cette position dans l'affaire *Kyrtatos c. Grèce*[79], considérant que le non-respect d'une décision de justice (en l'espèce de non-démolition) correspond à une violation de l'article 6§ 1. Il revient donc à l'État de faire preuve d'intégrité et de se conformer aux décisions prises, sans tenter de les détourner par diverses procédures[80]. La jurisprudence de la Cour est pour le moins constante sur ce point[81].

---

75 CEDH, 9 nov. 2010, Dées c. Hongrie, n° 2345/06, AJDA 2010. 2137, § 26 : « In view of such lengthy proceedings, this complaint must be declared admissible ».

76 CEDH, 1er juillet 2008, *Borysiewicz c. Pologne*, req. n° 71146/01, n° 110, § 68, disponible en ligne.

77 CEDH, 3 mai 2011, *Apanasewicz c. Pologne*, n° 6854/07, §§ 81-82.

78 CEDH, *Hornsby c. Grèce*, *no* 18357/91, 19 mars 1997, *GACEDH*, n° 33, comm. ANDRIANTSIMBAZOVINA J.

79 CEDH, 1ère sect., 22 mai 2003, *Kyrtatos c. Grèce*, n° 41666/98, Recueil des arrêts et décisions, 2003-VI, § 52, *RJE* 2004, n° 2, note. WINISDOEFFER C., p. 171- 175.

80 CEDH, 10 novembre 2004, *Taskin et autres c. Turquie*, req. n°46117/99, CEDH 2004- X., refus de se conformer aux décisions de justice et décision ministérielle pour contourner les décisions de justice.

81 CEDH, 17 février 2015, *Guseva c. Bulgarie*, n° 698907 : une requérante présidente d'association de protection des animaux n'a pas reçu les informations demandées au maire sur l'errance animale, et ce même après trois jugements l'y contraignant ; CEDH, 1er juin 2017, *Tonyuk c. Ukraine*, no. 6948/07. Quelques arrêts rappellent toutefois les limites de cette obligation des États : *V.* CEDH, 4e sect., 3 juill. 2012, *Tashev c/ Bulgarie*, n° 41816/04 ; CEDH, 3e sect., 3 juill. 2012, *Martínez*

S'agissant de droits fondamentaux, la tentation est de se tourner en droit interne mauricien vers la *National Human Rights Commission*, établie par le *Human Right Act* de 1998. Elle est notamment chargée de promouvoir et de protéger les droits de l'homme, d'examiner les garanties procurées par toute disposition pour la protection des droits de l'homme, et également d'examiner les facteurs ou difficultés qui freinent la jouissance des droits de l'homme[82]. Toutefois, cette piste est infructueuse car son rôle demeure limité. La Commission ne traite pas des plaintes relatives aux droits économiques, sociaux et culturels. Sont exclus de son champ d'action le droit à une qualité de vie par exemple. Autant dire qu'un droit à l'environnement ne sera pas examiné. La voie semble bien mal engagée sur ce point. Somme toute, rien de surprenant, la Commission n'étant pas un organe juridictionnel. Par ailleurs, et en vertu de l'article 17 de la Constitution, c'est à la Cour Suprême qu'il revient de veiller à la protection des droits fondamentaux. Toutefois, l'article 17.3 de la loi fondamentale prévoit également que la Cour Suprême ne peut exercer ses pouvoirs si d'autres voies de recours plus adéquates existent. Et en matière environnementale, il existe désormais une juridiction speciale établie depuis 2012 : *l'Environment and Land Use Appeal Tribunal* (ELUAT).

En vertu de la section 54 de *l'Environmental Act*, l'ELUAT est compétent pour les décisions du Ministre relatives au PER[83], pour les décisions du Ministre de soumettre une activité à PER ou EIA alors même qu'elle ne fait pas partie de la liste officielle des activités soumises à ces procédures[84], pour les décisions d'approbation ou de rejet de la demande de licence EIA[85], pour les décisions d'approbation ou désapprobation de l'EIA après l'avis d'un comité technique[86], pour les décisions de révocation de la licence EIA licence ou d'ajout de mesures complémentaires[87] ou enfin pour les demandes de fournir une nouvelle EIA, compte tenu de circonstances nouvelles (modifications substantielles de l'activité)[88]. Dans le même sens, l'ELUAT est compétent pour les avis signifiés par le Directeur de l'environnement relatifs à la mise en place d'un programme de mesures pour les

---

Martínez et Pino Manzano c/ Espagne, n° 61654/08, faute des requérants en situation d'irrégularité.

82 Section 3. A.a) à c).

83 Sections 16 (6).

84 Section 17 (1).

85 Section 23 (2).

86 Section 23 (4).

87 Sections 24 (3) (a), 24 (3) (b).

88 Section 25 (1).

personnes qui semble contrevenir à la législation environnementale[89]. En vertu de l'*Environment and Land use Apeal Tribunal Act*, il est de plus compétent pour les décisions d'un Conseil Municipal[90], les décisions relatives à section 7B du *Morcellement Act* et toute autre affaire qui lui serait confiée par une autre législation.

En ce qui concerne les EIA, toute personne ayant été lésée par la décision du Ministre ou toute personne capable de démontrer qu'une telle décision lui cause un préjudice indu peut porter sa cause devant le Tribunal. De même, toute personne ayant souffert d'un dommage ou d'un préjudice résultant d'un manquement à la législation environnementale par une autre personne peut adresser sa réclamation au Tribunal, pourvu que celle –ci de demande pas une indemnisation supérieure à 50 000 Rs (1 300 euros). La possibilité laissé à la juridiction de prendre les mesures estimées nécessaires ne contrebalance pas ici le puissant verrou imposé par la nécessité d'un préjudice personnel. En effet, en matière environnementale, les préjudices écologiques causés sont le plus souvent collectifs et diffus. Il s'en suit que l'exigence du préjudice personnel limite grandement sa réparation. Sur ce point, une meilleure prise en considération juridictionnelle de l'environnement et de ses représentants impliquerait une évolution du droit mauricien de la responsabilité. L'affaire n'est pas chose impossible, certaines juridictions et législations reconnaissant la spécificité du préjudice écologique, à l'instar de la France[91]. Le dispositif interne est d'autant plus limité que le requérant doit avoir au préalable renoncé à d'autres recours de nature civile devant une autre Cour mauricienne concernant les

---

89 Section 70 (1), pour les *enforcement notice* : section 71 (1) ; pour les *prohibition notice* : section 72 (1), pour les *Stop order* concernant les personnes en activité sans licence : section 73 (1), les notices modificatrices : section 76 (2) ou pour la révocation d'une notice, remplacée par une autre (section 78 (2)), ainsi que les décisions relatives à la révocation d'un *programme approval* (section 70 (4)).

90 En vertu de la section 117 (14) of the Local Government Act : décisions du Conseil municipal sur les permis de construire faisant grief, concernant les sous-section 7 (b) 8 (b) 12 (dans les 21 jours de la notification).

91 Particulièrement depuis la retentissante affaire de l'Érika (Cass. crim., 25 sept. 2012, n° 10-82.938, *D.* 2012, pan. 2557, obs. TRÉBULLE F.G. ; *D.* 2012, p. 2673, obs. NEYRET L. ; *RTD* civ. 2013, p. 119, obs. JOURDAIN P. ; *Environnement et dév. durable* 2013, étude 2, M. BOUTONNET ; *Environnement et dév. durable 2013*, étude 9, TREBULLE F. –G.; *Environnement et dév. durable* 2013, étude 10, BACACHE M.; PARANCE B., « Quand la Cour de cassation vient donner ses lettres de noblesse au préjudice écologique », *Gaz. Pal.* 25 oct. 2012, p. 275) suivie par d'une reconnaissance législative par la loi sur la biodiversité (*V. entre autres* MEMLOUK M., « La loi n° 2016-1087 du 8 août 2016 et la réparation du préjudice écologique », *BDEI*, nov. 2016, n° 2130).

faits objets du litige. La renonciation constitue ainsi un obstacle à toute procédure civile ultérieure. Bien que limité, l'ELUAT ne démérite pas dans sa tâche, puisqu'il demeure très réactif et n'hésite pas à prendre des mesures nécessaires pour faire cesser certaines atteintes environnementales ou empêcher la réalisation d'un risque d'atteinte. Ainsi, en 2016, il a ordonné l'arrêt des travaux du *Chaland Resort Hotel* à la Cambuse, et il n'a pas hésité à sanctionner l'autorisation d'extension d'un hôtel jusque dans le barachois de Rivière-Noire suite à une procédure irrégulière.

Si toutefois le requérant n'était pas satisfait de la décision de l'ELUAT, il pourrait interjeter appel devant la Cour Suprême. En dernier recours, si les parties estiment qu'aucune solution satisfaisante n'a été donnée par les juridictions internes, elles peuvent, en vertu de l'article 81 de la Constitution, faire appel au Comité Judiciaire du Conseil Privé de la Reine (CJCPR). Il s'agit d'un recours spécial, qui intervient en dernier ressort (*i. e.* après un passage devant la Cour Suprême). Héritage de la période coloniale, le recours au CJCPR est prévu par le *Mauritius Appeals to Privy Council Order* de 1968. Il est par la suite maintenu par le *Mauritius Republic Act* 1992. Le recours à ce comité revêt un intérêt particulier car depuis 1998 la jurisprudence du Comité est sous influence de la CEDH[92]. Cela signifie donc que des possibilités de synergie positive sont ouvertes entre les différents ordres juridiques. Cela est d'autant plus vrai que le recours au CJCPR peut se faire pour différentes raisons. En effet, il peut d'une part intervenir dans une instance en cours pour interpréter une question de droit relative à la Constitution. L'article 84-1 de la Constitution dispose que lorsqu'une question d'interprétation de la Constitution est soulevée devant un tribunal inférieur à la Cour, il doit surseoir à statuer et renvoyer la question devant lui. Par ailleurs, l'article 81 de la Constitution dispose qu'un citoyen peut effectuer un pourvoi contre les décisions de la cour d'appel ou de la Cour suprême devant le CJCPr. Le recours au CJCPR est encadré par des conditions de formes[93]. Le recours est autorisé notamment s'il porte sur des « *matters of dominant public interest* ». La doctrine a pu relever sur ce

---

92 P. DOOKHY, « Le Comité judiciaire du Conseil privé: juridiction constitutionnelle suprême de l'Ile Maurice », Bibliothèque électronique de droit africain, p. 5, en ligne.

93 Ainsi, une personne peut faire appel d'une décision de la Cour suprême après avoir obtenu l'autorisation de celle-ci, en vertu de l'article 81 (2) de la Constitution, si le litige relève d'une grande importance générale ou publique. En cas de refus de la Cour Suprême, le CJCP accorde généralement une autorisation spéciale (*Special Leave*) si le litige soulève une question d'intérêt général mais à condition que celui-ci relève un point de droit, voire plusieurs.

point que « cette notion d'intérêt n'est pas appliquée rigoureusement dans les litiges d'intérêt public. Le juge exige un intérêt à agir d'autant plus réduit que la violation de la Loi fondamentale apparaît importante. En ce sens, les citoyens et groupes politiques peuvent faire contrôler la constitutionnalité des Lois et l'action gouvernementale »[94]. Pourtant, et malgré le recours à la notion de *public interest*, le mécanisme ne correspond pas à celui d'un *public interest litigation* existant dans d'autres systèmes juridiques et qui permet à toute personne de porter une affaire d'intérêt public devant une juridiction[95]. Par ailleurs, le grand désavantage de cette procédure est son coût exorbitant. Un appel complexe peut coûter environ Rs 1,5 à 2 millions et les débours du perdant peuvent s'étendre à Rs 2,5 millions. La possibilité d'une défaite et du paiement d'un lourd tribut freine donc les acteurs les plus téméraires. Au final, seuls les plus équipés financièrement peuvent accéder à la justice, ce qui constitue un frein au droit d'accès à un tribunal.

Il serait possible de conclure en indiquant que la montée des droits procéduraux semble marquer les prémisses d'un renouvellement de la démocratie mauricienne. Cependant à l'analyse, un paradoxe surprend : la consultation du public est prévue mais rien n'est dit sur la prise en compte des différents avis formulés. Il faut encore mentionner que la participation de la société civile reste fortement soumise à la discrétion des autorités publiques, et il ne semble pas que des mesures spéciales soient prévues pour que leur voix ait du poids dans la décision publique. L'affirmation de Jean REYNAUD selon laquelle « tous les acteurs sociaux n'ont pas le même accès à la discussion et à l'énoncé des règles »[96] prend ici tout son sens. Or, une intégration en amont des différents acteurs est le meilleur moyen de désamorcer le conflit en aval. Comme le relève Pierre LASCOUMES, en matière d'environnement, le bien commun est un construit territorial. Le droit existant a donc encore une marge d'amélioration. La question qui se pose alors est la suivante : qui peut intervenir pour améliorer la situation ? Au regard des droits fondamentaux et de la législation en vigueur, il apparait que cette mission revient à la Commission Nationale des droits de

94 DOOKHY P., « Le Comité judiciaire du Conseil privé: juridiction constitutionnelle suprême de l'Ile Maurice », *Bibliothèque électronique de droit africain*, p. 5, en ligne.

95 *V.* SCHALL C., « Public Interest Litigation Concerning Environmental Matters before Human Rights Courts: A Promising Future Concept? », *Journal of Environmental Law* 20:3, Oxford University Press 2008, p. 420 s.

96 REYNAUD J., « Pour une sociologie de la régulation sociale », *Sociologie et sociétés*, Vol. 23, n°2, 1991, p. 25.

l'homme susmentionnée. Elle a d'une part un rôle d'initiative, et en vertu de la section 3.A du *Protection of Human Rights Act* de 1998 elle peut préparer les rapports nationaux sur la situation au regard des droits de l'homme en général[97], promouvoir et assurer l'harmonisation de la législation nationale et des pratiques avec les instruments de droit international des droits de l'homme[98]. Elle a également pour rôle d'assister à la préparation de programmes d'enseignements et de recherches dans le domaine des droits de l'homme et peut prendre part à ces programmes dans les écoles, les universités et les cercles professionnels[99]. De même, elle a une fonction éducative et informative, puisqu'elle veille à rendre accessible les droits de l'homme et fait des efforts pour combattre les discriminations en accroissant la conscience publique, spécialement par l'information et l'éducation et les organes de presse[100]. C'est donc bien sous l'angle des droits fondamentaux que la protection juridique des acteurs de protection de l'environnement doit prendre son envol… en espérant que rien ne vienne leur ajouter du plomb dans l'aile.

97 Section 3A.e.
98 Section 3A.g.
99 Section 3A.k.
100 Section 3A.l.

PART III

Independence of the Constitutional Court and the Judiciary

L'indépendance du juge constitutionnel et du pouvoir judiciaire

Le statut du juge constitutionnel

Dominique Lottin

Je vous remercie de me donner l'occasion d'aborder la question du statut du juge constitutionnel dans le cadre plus large de ce module consacré à l'indépendance du juge constitutionnel et du pouvoir judiciaire. En effet, pour moi qui a exercé les fonctions de juge judiciaire pendant plus de 35 ans, principalement au siège, la question de l'indépendance du juge et des dispositions permettant dans un Etat démocratique de la préserver sont primordiales. Certes, les fonctions du juge judiciaire et celles de juge constitutionnel divergent à bien des égards et les fondements des droits applicables rendent les exercices très différents. Pour autant, la question du statut et d'indépendance par rapport à tous pouvoirs extérieurs à la juridiction ou au Conseil est identique. Mon arrivée récente au Conseil, j'ai été nommé courant octobre 2017, me permet d'avoir encore un regard neuf sur cette institution et de pouvoir comparer le statut qui a été le mien comme juge judiciaire à celui que j'ai aujourd'hui comme juge constitutionnel.

Naturellement, je vous parlerai principalement du statut du juge constitutionnel français, mais une étude, même succincte de droit comparé, s'impose pour s'interroger sur les dispositions les plus favorables à garantir cette indépendance et à favoriser un travail qui soit de la meilleure qualité possible. Cette étude rapide de droit comparé permet de constater que les statuts des juges ou membres des cours constitutionnelles sont finalement assez proches en tous les cas pour ce qui concerne les pays européens et qu'ils sont naturellement la résultante de l'histoire constitutionnelle du pays, de l'étendue des compétences dévolues au Conseil et qu'ils ont une conséquence sur les modes de fonctionnement interne.

Aussi si aborder les questions du statut du juge constitutionnel c'est traiter des modalités de nomination, de durée du mandat et de renouvellement mais aussi des incompatibilités et des garanties d'impartialité, il nous faudra également nous interroger sur les modalités de travail du juge et l'aide qui lui est apportée par des équipes pluridisciplinaires.

Mais avant cela arrêtons nous sur le titre que vous avez souhaitez donner à mon intervention : le statut du juge constitutionnel. En effet, comme cela a déjà été abordé au cours de ce colloque, la notion de juridiction constitutionnelle et donc de juge constitutionnel n'allait pas de soit il y a encore quelques années. On parlait et on parle encore en France de Conseil constitutionnel et notre titre officiel est celui de conseiller et non de juge. Force est, en effet, de constater que créer en 1958 pour « contrôler » le travail parlementaire et faire en sorte de mettre en place un parlementarisme raisonné, le Conseil a peu à peu pris son indépendance et avec le développement de la QPC, question prioritaire de constitutionnalité, depuis 2010, le Conseil tend à devenir une juridiction, voir une Cour constitutionnelle suprême de plus en plus ancrée dans le système judiciaire national et européen. Le dialogue avec ces autres juges est essentiel pour donner cohérence et efficacité au système tout entier et permettre une effectivité des décisions de justice. Un haut magistrat français donnait cette image de la partition jouée par tous les membres d'un orchestre qui nécessite cohésion, compréhension et écoute des uns et des autres.

Et pour cela, il est essentiel que les membres du Conseil soient reconnus par les juges des institutions judiciaires comme un juge à part entière avec pour cela des garanties. C'est tout le débat actuel en France dans le cadre de la révision constitutionnelle annoncée par le Président de la République qui entend apporter quelques modifications au statut du juge constitutionnel français.

Si l'indépendance des membres du Conseil constitutionnel français est affirmée expressément par l'article 1er du décret du 13 novembre 1959, cette indépendance est effectivement assurée par le statut qui est le sien.

Abordons en premier lieu la question de la nomination des membres du Conseil constitutionnel français :

En vertu de l'article 56 de la Constitution, le Conseil constitutionnel français se compose de 9 membres nommés auxquels s'ajoutent des membres de droit (les anciens Présidents de la République). Aujourd'hui très discutée parce que donnant une coloration trop politique au Conseil et ne lui permettant pas de revendiquer le statut plein et entier de juridiction, la participation des anciens Présidents de la République devrait être supprimée à l'occasion de la prochaine révision constitutionnelle. De fait, seul le Président Giscard d'Estaing siège encore au Conseil et uniquement pour les contrôles a priori des lois, pas pour les QPC. Il s'agit d'ailleurs d'une spécificité française qui s'explique par l'histoire….

La France ne compte donc que 9 membres désignés et ce depuis l'origine alors que depuis l'instauration de la QPC en 2010, le travail a été considérablement accru puisque le Conseil est saisi de 80 dossiers en moyenne par an soit environ 2 à 3 QPC par semaine auquel s'ajoutent les saisines a priori.

Ce nombre de 9 membres est identique en Espagne, en Italie, en Pologne ainsi qu'au Portugal alors qu'il est de 16 en Allemagne, 13 au Portugal,

14 en Autriche, 15 en Italie et en Pologne, Pour ma part, je pense que 9 membres permettent de garantir la cohésion du Conseil et des délibérés fructueux qu'un nombre plus élevé rendrait plus difficile en outre il permet un équilibre parfait entre les 3 autorités de nomination.

Le mode de nomination des membres du Conseil est évidemment un élément majeur et très discuté. En France 3 sont nommés par le Président de la République, 3 par le Président de l'Assemblée nationale et 3 par le Président du Sénat. Dans la quasi-totalité des pays européens les juges constitutionnels sont également désignés par des instances politiques qu'il s'agisse du représentant de l'exécutif ou des assemblées (je dis bien assemblée et non président des assemblées comme en France). Aux Etats Unis, mais le rôle de la Cour constitutionnelle est quelque peu différent, c'est le président qui nomme les 9 juges de la Cour suprême mais l'accord du Sénat est nécessaire.

Pour atténuer le risque de « politisation » des membres des cours constitutionnelles la plupart des pays européens ont prévu soit une participation du pouvoir judiciaire à certaine nominations par cooptation soit d'instaurer la règle de majorité pour les élections par les membres des assemblées. Pour autant on le voir bien le principe de l'élection ne résout rien…. Bien au contraire me semble-t-il.

En France, depuis la révision constitutionnelle de juillet 2008, les projets de nomination sont soumis aux commissions des lois qui peuvent, après audition des candidats, les refuser par trois cinquièmes des suffrages exprimés…. C'est peu mais c'est tout de même un premier pas et il semblerait que les commissions entendent de plus en plus jouer un rôle effectif dans la sélection des candidats.

Pour atténuer le risque de nominations trop « politiques, d'autres solutions consistent à exiger des candidats des compétences ou une formation juridique minimale. Tel n'est pas le cas ni en France, ni aux Etats Unis. Mais est-ce vraiment exclusivement des compétences juridiques qui sont nécessaires. Le sens de la chose publique et même de la politique au sens du débat parlementaire sont aussi essentiels me semble-t-il lorsqu'il s'agit de prendre des décisions qui préservent les équilibres institutionnels voulus par nos constituants. Je rejoins en cela l'analyse du professeur Drago et d'autres avec lui qui soulignent que la « bonne réponse doit prendre en considération la nécessité de conserver à l'institution ce qui a fait son succès : l'équilibre entre le politique et le juridique ». Et d'ajouter que « la seule exigence qui ait un sens est d'indiquer que les personnalités nommées doivent avoir exercé des fonctions dans les domaines politiques, juridiques, juridictionnels ou administratifs, laissant entendre que la connaissance de la chose publique est un élément nécessaire pour exercer l'une des fonctions de régulation de la puissance publique et du droit ».

En France, actuellement, 4 membres ont eu des parcours essentiellement politique et 5 sont des juristes dont 2 judiciaires, 1 membre de la Cour des comptes, 1 membre du Conseil d'Etat, et 1 ancien administrateur de l'Assemblée nationale et secrétaire général de cette assemblée.

Alors pour garantir l'indépendance et l'impartialité des juges constitutionnels *d'autres conditions doivent être recherchées qui tiennent à la durée du mandat, à la possibilité ou non de reconduction et à l'âge des juges.*

En France, le mandat est de 9 ans non renouvelable. C'est essentiel pour garantir l'indépendance vis-à-vis de l'autorité de nomination. Mais notre mandat peut être plus court ou plus long si vous reprenez un mandat en cours. Je m'explique : afin de garantir un renouvellement par tiers tous les 3 ans, ce qui est essentiel pour assurer une certaine continuité de jurisprudence, si un membre ne termine pas son mandat il est remplacé par un nouveau membre qui ne sera désigné que pour la fin du mandat. Ainsi, j'ai remplacé Nicole Belloubet nommée comme GDS en juin 2017 et mon mandat expirera donc dans 4 ans en 2022 comme cela aurait le cas pour elle si elle était demeurée en fonction. A l'inverse si le mandat restant à courir est inférieur ou égal à 3 ans, le membre peut exceptionnellement être renouvelé. A défaut, on imagine qu'il pourrait être difficile de trouver des candidats….

Le mandat de 9 ans a, en outre, l'avantage de dépasser le temps de tous les mandats électifs, à l'exception de celui des sénateurs, ce qui laisse le Conseil en dehors de tout calcul d'échéances électorales.

Par ailleurs, si en France il n'y a pas de limite d'âge, ni d'ailleurs d'âge minimum, et ce contrairement à d'autres conseils, la pratique veut que les autorités de nomination choisissent des personnalités qui ont déjà fait l'essentiel, voir la totalité de leurs parcours professionnel et n'ont donc pas à envisager leur avenir professionnel à la sortie du Conseil, ce qui confère naturellement une plus grande indépendance ! (NB aux Etats Unis les juges constitutionnels sont nommés à vie et sans limite d'âge, contrairement à beaucoup de pays européens qui fixent soit une durée du mandat soit un âge maximal).

En outre, les membres du Conseil sont inamovibles sauf démission d'office votée à la majorité des autres membres du Conseil en cas de manquement ou d'invalidité du membre défaillant.

Par ailleurs, en France, la rémunération des membres du Conseil, est déterminée en référence à la rémunération la plus haute de la fonction publique et est exclusive de toute indemnité ou gratification. Ce qui contribue à assurer leur indépendance.

Dernier point, s'agissant de la désignation des membres est celui de la nomination ou de l'élection du Président du Conseil et de son rôle.

En France ce rôle est important puisque c'est lui qui choisi le secrétaire général du Conseil qui a un rôle essentiel au sein du Conseil notamment à l'égard de l'équipe des juristes, j'y reviendrai dans un instant, et c'est aussi le président qui fixe le calendrier de travail mais surtout c'est lui qui désigne le ou les rapporteurs et il a voix prépondérante en cas de partage des voix.

Pour autant et même si cela est toujours très discuté le Président du Conseil est choisi par le Président de la République parmi ses membres. Il n'est pas, contrairement à d'autres pays élu par ses pairs. Par ailleurs, la question se pose de la durée de son mandat. Si la pratique veut qu'il soit président pendant toute la durée de son mandat et donc éventuellement pendant 9 ans, certains juristes s'interrogent, en l'absence de disposition précise sur ce point, sur le fait que ce mandat devrait être limité à 3 ans, durée qui correspond au renouvellement par tiers du Conseil.

Il est important de souligner qu'il n'existe aucune hiérarchie au sein du Conseil constitutionnel français et que le président n'exerce donc aucune autorité sur les membres.

Abordons maintenant la question des incompatibilités, de l'impartialité, de l'obligation de réserve et de secret des délibérés.

Avant d'entrer en fonction, les membres du Conseil constitutionnel français jurent de bien et fidèlement remplir leurs fonctions, de les exercer en toute impartialité, dans le respect de la Constitution, de garder le secret des délibérations et des votes et de ne prendre aucune position publique, de ne donner aucune consultation sur les questions relevant de la compétence du Conseil. Le serment est prêté devant le Président de la République.

S'agissons du secret des délibérés mentionnons rapidement que le débat sur les opinions dissidentes est fréquemment relancé comme tout récemment encore par le Président de la République lui-même.

Conformément à l'article 57 de la Constitution et de l'article 4 de l'ordonnance du 7 novembre 1958 portant loi organique sur le Conseil constitutionnel, les fonctions de membre du Conseil sont incompatibles avec celles de :

- Ministre ou de membre du Parlement,
- Membre du gouvernement
- Membre du Conseil économique et social et environnemental
- Défenseur des droits

- Tout mandat électoral (un membre peut se présenter à une élection mais il devra démissionner en cas d'élection)

Par ailleurs, et en application des dispositions figurant dans le décret du 13 novembre 1959 sur les obligations des membres du Conseil, ces derniers doivent « s'abstenir de tout ce qui pourrait compromettre l'indépendance et la dignité de leurs fonctions. » En particulier, ils doivent s'interdire « de prendre aucune position publique ou de consulter sur des questions ayant fait ou étant susceptibles de faire l'objet de décisions de la part du Conseil ». Ils ne doivent pas non plus occuper au sein d'un parti ou un groupement politique tout poste de responsabilité ou de direction et de façon plus générale, d'y exercer une activité inconciliable avec sa qualité de membre. Enfin, ils ne doivent pas laisser mentionner leur qualité de membre du Conseil constitutionnel dans un document susceptible d'être publié et relatif à toute activité publique ou privée.

Et en application de l'article 5 du décret précité c'est aux autres membres du Conseil qu'il appartient d'apprécier si l'un des membres a manqué à ses obligations et de prononcer, s'il y a lieu sa démission d'office à la majorité simple après un vote à bulletin secrêt.

Enfin, soulignons que comme tout juge, les membres du Conseil doivent s'abstenir de siéger si son impartialité objective peut être mise en doute. Au regard du règlement intérieur du Conseil, toute partie peut récuser un membre par le dépôt d'une note écrite motivée. L'abstention spontanée d'un membre est fréquente, les demandes de récusation très rares (2 ou 3 depuis 2010).

Avant de conclure, je me dois, de traiter la question des modalités de travail du juge parce que naturellement l'indépendance du juge mais aussi son efficacité peuvent aussi se mesurer aux conditions qui lui sont données pour assurer un travail de qualité et approfondi.

Contrairement à beaucoup d'autres Conseils, le Conseil constitutionnel français a des délais pour rendre ses décisions qui sont très contraints mais c'est aussi sa force et ce qui lui donne une légitimité accrue. En matière de contrôle a priori le délai est de 1 mois à compter de sa saisine voir 8 jours en cas d'urgence et pour la loi de finances, la décision doit impérativement être rendue avant la fin de l'année civile. S'agissant des QPC le délai est de 3 mois, délai extrêmement bref pour que l'affaire soit en l'état c'est-à-dire que les parties et le Premier Ministre échangent leurs observations.

Compte tenu de ces brefs délais et du nombre de saisine, le rapport désigné doit donc être aidé dans son travail préparatoire et pour l'élaboration du projet de décision qui sera soumis à ses pairs lors du délibéré.

Actuellement cette aide lui est exclusivement apportée par le secrétariat général composé d'une équipe de juristes de très grande qualité et d'une équipe de documentaliste qui assurent toutes les recherches nécessaires.

Et comme je l'ai déjà mentionné le secrétariat général est lui-même placé sous la direction du secrétaire général désigné par le Président.

Même si le travail réalisé est d'une excellente qualité et que le rapporteur reste maître de proposer la décision qui lui parait la plus justifiée, il serait très souhaitable, qu'il puisse bénéficier de l'assistance d'un juriste qu'il choisirait, qui lui serait entièrement dédié et qui travaillerait sous son autorité. C'est un débat qui se fait de plus en plus jour au sein du Conseil français au regard des solutions déjà adoptées par de nombreux Conseils européens.

Toutefois, et même si mon expérience est encore toute récente au sein du Conseil, je peux affirmer que je n'ai jamais eu le sentiment de ne pas bénéficier de mon entière indépendance pour toutes les raisons déjà évoquées et qui ressortissent de notre statut. Les délibérés ont toujours été francs, directs et pour certains très animés mais toujours guidés par le respect des opinions divergentes et des propositions présentées.

Aussi, je crois pouvoir conclure que même si notre statut mérite peut-être quelques ajustements, il assure un juste équilibre et l'indépendance du juge constitutionnel que je suis.

Role and independence of the Federal Constitutional Court of Germany

Michael Eichberger

Introduction

The end of my term at the Federal Constitutional Court is approaching and I am looking back on a professional life in which I have been a judge right from the start. I spent more than 20 years in all instances of the administrative courts, the last eight of them at the Federal Administrative Court in Leipzig; and now I have been a Justice at the Federal Constitutional Court for almost twelve years.

Based on my long professional experience, I am absolutely convinced that judicial independence, objectivity and neutrality are the highest qualities a judge is provided with. Acceptance of judicial decisions crucially depends on these virtues. We all know that in the context of most judicial decisions one party will not be satisfied with the outcome of proceedings, and may be convinced that the court reached the wrong decision. This party will not like to acknowledge it, but if the party is convinced that the court was biased or did not decide independently, it will be really unhappy and unwilling to accept the decision.

Of course, judicial independence primarily originates from the individual judge's attitude. Yet this independence also needs to be protected and supported by institutional safeguards and corresponding procedural rules. The protection is intended to effectively guarantee independence on the one hand; on the other, it is also and above all intended to uphold the external perception of an independent judiciary. This insight is not new. For far more than a hundred years, democracies under the rule of law in particular have sought effective legal safeguards to protect the independence of their courts. The rules the countries have established in this process take different forms and are shaped by the respective national traditions and experiences. This is not surprising, nor is it worrying from the outset. Of course, there is not just one ideal way to guarantee judicial independence. However, most states will agree in principle on the objective of guaranteeing neutrality of the courts and of protecting them against improper influence and corruption.

Professor Schulze will tell you more about the German legal system of guaranteeing judicial independence later today. I now want to focus exclusively on the German Federal Constitutional Court. Its status and competences differ considerably from all the other German courts. This specifically raises the question of the independence of its Justices. So let me first introduce you to the jurisdiction and significance of the Federal Constitutional Court (1), before I address the normative guarantees of its independence (2). Admittedly, even the finest legal rules are often of little use if they are out of touch with reality. Therefore, I will thirdly try to describe the independence of the Federal Constitutional Court in practice (3).

1. Status and significance of the Federal Constitutional Court

In German state structures, the Federal Constitutional Court has the status of a constitutional organ. In principle, it is thus accorded the same status as the Federal President, the Federal Government, the *Bundestag* (the elected German Parliament) and the *Bundesrat* (a sort of second legislative chamber in which the federal states are represented). Above all, that means that the Federal Constitutional Court is not subject to supervision by a ministry, in particular not by the Ministry of Justice, and does not depend on that ministry's budget. Rather, the Federal Constitutional Court has the right to decide on its own budget it proposes in the Parliament – which is also an important element of independence.

Concerning its jurisdiction, the Federal Constitutional Court is one of the constitutional courts with the most extensive powers worldwide. It has far-reaching competences to review the acts of all other state authorities. In particular, it is competent to review whether acts of Parliament are compatible with the Constitution and to declare them void if they violate the Constitution. The Federal Constitutional Court has the exclusive power to repeal acts of Parliament. If another court is convinced that a law relevant to a specific case is unconstitutional, it has to refer it to the Federal Constitutional Court for review and decision (so-called specific judicial review of statutes). In principle, the Federal Constitutional Court then comprehensively reviews whether procedural rules were complied with when the law was developed and whether its substance is compatible with the constitutional provisions, in particular with fundamental rights.

However, its review competences are not limited to legal provisions; it may also review the compatibility of all other acts of state authorities with the Basic Law, if they are challenged in admissible proceedings. In practice, the acts are often judicial decisions by regular courts. While the Federal

Constitutional Court does not review whether they are correct in terms of statutory law, it does review whether they are constitutional; that means, in particular whether the regular courts took account of the fundamental rights to the necessary degree. In addition, the Federal Constitutional Court has an array of competences pertaining to state matters, in particular to disputes between the Federation and the federal states or between individual constitutional organs, political parties, parliamentary groups or individual members of Parliament.

These far-reaching substantive review competences are complemented by extensive access to the Court. One option I have already mentioned is the specific judicial review arising from pending court proceedings. In addition the Federal Government, a *Land* government or a quarter of the members of the *Bundestag* may lodge an application for an abstract judicial review of statutes – without being required to claim a violation of their own rights under the Constitution. Yet the most common type of proceedings before the Federal Constitutional Court by quantity is the constitutional complaint. Any person may lodge a constitutional complaint claiming that one of his or her fundamental rights has been violated by an act of public authority (§ 93 of the Federal Constitutional Court Act). On average, 6,000 to 6,500 constitutional complaints are lodged every year – constituting far more than 95% of all the incoming proceedings of the Federal Constitutional Court – but only 2 to 3% are successful.

2. *Institutional and procedural protection of the independence of the Constitutional Court Justices*

The independence of the Federal Constitutional Court Justices is secured, given that the Federal Constitutional Court itself is guaranteed by the Constitution and has the status of a constitutional organ, and amendments to the Constitution require a two-thirds majority in the *Bundestag* and the *Bundesrat*. In addition, § 1 of the Federal Constitutional Court Act provides that the Court is a federal court of justice which is autonomous and independent of all other constitutional organs.

At the level pertaining to individual Justices, several provisions are also very significant for the normative protection of their independence. The Federal Constitutional Court Act determines that the *Bundestag* and the *Bundesrat* each elect half of the Justices of the Federal Constitutional Court; a two-thirds majority is required for their election. The large majority required strengthens the position of the individual Justices. The law further provides that Justices are elected for twelve years – but retire once they reach the age of 68 – without possibility of re-election. Clearly, this also furthers the Justices' independence. As re-election is not possible, Justices are not tempted to favour electoral organs in their decision-making. Further the Justices of the Federal Constitutional Court may not be members of the *Bundestag*, the *Bundesrat*, the Federal Government or any of the corresponding organs of a federal state (§ 3 section 3 first sentence of the Federal Constitutional Court Act). Besides, their office is incompatible with any other professional occupation. These incompatibilities protect the Justices from conflicts of interest. Only professors of law are allowed to keep their professorship during their term as Constitutional Court Justices (§ 3 section 4 of the Federal Constitutional Court Act). Ultimately, the status of Constitutional Court Justices is protected by the fact that they can only be removed from office due to permanent incapacity for office or serious misconduct under strict requirements. The decision to initiate proceedings to this end has to be taken by the Plenary of the Federal Constitutional Court (§ 105 of the Federal Constitutional Court Act). In more than 60 years of its existence, such proceedings have not been initiated once.

3. *Independence in practice*

The normative and institutional structures described here are the right, and even indispensable, instrument for effectively safeguarding an independent constitutional jurisprudence. However, taken by themselves, they are not sufficient to characterise the requirements for genuine and guaranteed independence of the Court and its members. Especially a constitutional court with such extensive powers as the ones afforded to the Federal Constitutional Court is frequently subject to pressures by politicians and public opinion to a significant degree. For decades, there has hardly been any politically or socially controversial issue that has not been brought before the Federal Constitutional Court in one way or another. In particular, if a court is neutral and independent, it may be inevitable that some of its decisions dissatisfy or even considerably irritate governments and the parties supporting them. The genuine independence of a court is primarily reflected in the standing the court actually enjoys in the institutional structures of the state and in society as a whole. The existence and independence of a constitutional court can only be deemed relatively secure if a considerable majority of state actors and broad sections of society are convinced that a constitutional court upholding freedom, values based on the rule of law and the protection of minorities is of considerable value and benefit to the state, the people and their successful co-existence in the community. Without such standing, even very sophisticated normative systems that protect the existence and independence of a constitutional court are fragile and vulnerable. In particular, the developments of the last few years in the European Union's neighbouring states and in the European Union itself – as my colleague Professor Masing just pointed out yesterday –have been an alarming demonstration of how quickly institutions such as constitutional courts can be deprived of their powers, in ways that formally seem to comply with the rule of law. Therefore, a court's standing in public is an indispensable asset for its independence. The respect a constitutional court may earn over the years through wise and balanced decisions is essential for its standing and its ability to guard against attacks and attempts to weaken it by politicians, political parties and other state actors.

The Federal Constitutional Court has clearly succeeded in building such trust within society, but also within state institutions, over the decades. In surveys, the Federal Constitutional Court has consistently been rated one of the top state institutions in terms of citizens' trust for decades. This may be related to specifically German sensitivities, but it is certainly also based on the Court's generally balanced decisions, which are committed to freedom and to the protection of minorities.

The causes underlying these largely balanced and mostly well-justified decisions bring me to my last point: the actual practices of selecting a new Justice and the related style of reaching decisions at the Court that is influenced by the way its members are recruited. As already mentioned, the right to elect the members of the Federal Constitutional Court is held by the *Bundesrat* and the *Bundestag* for half of the Justices each. A two-thirds majority is required for both. No further legal requirements for pre-selecting and identifying candidates are in place. Thus, both the search for and pre-selection of possible candidates and their final election is incumbent on the political parties and their representatives in the *Bundestag* and the *Bundesrat*. As none of the political parties, not even the big established parties, have ever held a two-thirds majority in the *Bundestag* or the *Bundesrat* since the foundation of the Federal Republic of Germany, the big parties, the Conservative Party and the Social Democratic Party, have been compelled to agree on certain candidates for decades. For almost 50 years, this procedure has been based on an agreement among the parties, according to which the Conservatives and the Social Democrats each have the right to propose a candidate for four Justice posts in each of the two Senates. When the term of office of a Justice who had been proposed by a certain party ends, that party also has the right to select a new candidate for this post. When smaller parties were part of the governing coalition, the bigger coalition partners frequently ceded their right to propose a candidate to the smaller coalition partners. Therefore, the Federal Constitutional Court has also had Justices who were proposed by the Liberal Party or the Green Party. Due to the two-thirds majority required, Justices can only be elected if other political parties consent. Therefore, candidates who are at the centre of the political spectrum and are often not party members are usually selected. So far, no prominent party representative with extreme conceptions has ever been elected. While political parties play an important role for the election of Justices to the Federal Constitutional Court in the *Bundestag* and the *Bundesrat*, in most cases Court members' proximity to or affiliation with a political party completely lose their importance in the Court's day-to-day work subsequently. This brings me to the second and last aspect I want to address in this context: the style of deliberations and decision-making cultivated at the Federal Constitutional Court for decades. Traditionally, this style has evolved from the endeavour to secure the biggest possible majority in the Senate for each decision. That is why the Justices frequently strive for compromises relating to the overall outcome, individual questions of fact, and even wording. All in all, this generally leads to balanced decisions which are not polarising if possible and which can also be supported or at least accepted by the unsuccessful parties and by their adherents. This is also an essential element for the Federal Constitutional Court's standing and acceptance and thus for its independence.

Le Juge Constitutionnel et le Statut du Parquet : Le Cas du DPP Mauricien

Satyajit Boolell

Introduction

« Le devoir de déplaire ». C'est ainsi qu'avait intitulé un de ses livres l'ancien Procureur de la République, Éric de Montgolfier, connu pour avoir vu passer de nombreuses affaires sensibles, dont l'affaire *Olympique de Marseille-Valenciennes*, qui parlera aux amateurs de ballon rond dans la salle.

On pourrait dire la même chose de la fonction de Directeur des Poursuites Publiques [DPP]. Il déplait parce que, tout d'abord, bien entendu, il poursuit des gens au pénal, ce qui n'est pas fait pour forcément attirer la sympathie. Il déplait ensuite parce que ses pouvoirs lui sont conférés par la Constitution, et que le poste est donc indissociablement lié au système judiciaire mauricien. Et il déplait, enfin, et surtout, parce qu'il est indépendant, ce qui fait grincer les dents à plus d'un.

Aperçu historique

Commençons par un brin d'histoire, afin de situer le statut du Directeur des Poursuites Publiques. Nous sommes en 1964. Cette année-là, le Royaume- Uni, puissance coloniale, donnait à l'île Maurice une nouvelle Constitution qui devait la préparer à l'autonomie, en vue de l'indépendance.

Il fallait donc pourvoir au remplacement de certaines fonctions. Parmi celles-là se trouvait le "Procureur and Advocate General". Il avait trois fonctions principales : Conseiller juridique du Gouvernement, Responsable de l'élaboration des Lois (qui étaient en ces temps-là sujettes à l'approbation de la Colonial Office de Londres) et Responsable des poursuites pénales. En tant que tel il dirigeait ce qu'on avait beaucoup de difficultés à rebaptiser le « Crown Law Office », qui deviendra l'« Attorney General's Office ».

L'un des buts de la Constitution de 1964 était de faire du Procureur and Advocate General mauricien un Attorney General qui, comme son homologue britannique, serait membre de l'Assemblée législative mauricienne. L'Attorney General jouirait de toutes les attributions de l'ancien « Procureur and Advocate General ». Ce transfert de pouvoir devait cependant souffrir une exception : un consensus, en effet, s'était formé autour de l'idée de laisser à un fonctionnaire d'expérience la responsabilité de la poursuite pénale. Ainsi naquit le « Director of Public Prosecutions », le DPP, qui, d'après ce qui avait été convenu, serait indépendant du pouvoir politique. Cela a été précisé dans la Constitution qui stipule expressément à la Section 72 (6) que, dans l'exercice de ses pouvoirs, le Directeur des Poursuites Publiques ne serait soumis à la direction ou au contrôle d'aucune autre personne ou autorité. L'importance attribuée au nouveau poste est mise en évidence par les qualifications requises pour postuler. Les candidats devront avoir les qualifications requises pour occuper les fonctions d'un juge de la Cour Suprême. Maurice Latour Adrien, plus tard Sir Maurice et Chef-Juge de la Cour Suprême, en fut le premier titulaire.

D'ailleurs, cette même année, le Professeur Stanley de Smith écrivit dans le rapport du Commissaire constitutionnel : « Je considère que le Directeur des Poursuites Publiques devrait pouvoir se prévaloir de la sécurité judiciaire de sa charge dont il bénéficie sous bien d'autres Constitutions ».

Un an plus tard, en septembre 1965, à la Conférence constitutionnelle, il fut convenu la chose suivante : « La Constitution établira le poste de Directeur des Poursuites Publiques, qui aura des pouvoirs indépendants en ce qui concerne les poursuites pénales correspondant à celles qui sont dévolues au directeur par la Constitution en vigueur. »

Pour nos amis Français ici présents, disons que le Directeur des Poursuites Publiques à Maurice est un peu le pendant du Ministère public en France, qui représente l'ensemble des magistrats chargés de représenter les intérêts de la société et de veiller au respect de l'ordre public et à l'application de la loi.

La fonction de Directeur des Poursuites Publiques à Maurice est établie sous la Constitution. Ainsi, selon la Section 72 (1) de celle-ci, il y aura un Directeur des Poursuites Publiques dont la fonction sera une fonction publique et qui sera nommé par la *Judicial and Legal Service Commission*.

La sous-section (2) prévoit quant à elle que nul ne doit être qualifié pour occuper le poste de Directeur des Poursuites Publiques à moins qu'il ne soit qualifié pour être nommé juge de la Cour suprême.

Cette fonction, avec cette dénomination, existe dans plusieurs juridictions pénales du monde entier. Le titre est principalement utilisé dans les juridictions qui sont ou ont été membres du Commonwealth.

Ainsi, l'Australie a-t-elle un Directeur des poursuites publiques du Commonwealth, qui a été mis en place par le *Director of Public Prosecutions Act 1983* et a commencé ses opérations en 1984. Les huit États et territoires d'Australie ont également leurs propres DPP. *Idem* pour Hong Kong, dont le DPP est chargé de poursuivre les procès et les appels au nom de la Région administrative spéciale de Hong Kong, de fournir des conseils juridiques aux services répressifs sur les enquêtes, d'agir au nom du Secrétaire à la Justice dans les procédures pénales et de conseiller les bureaux et les départements sur les mesures de réforme du droit pénal.

Enfin, en Grande-Bretagne, le DPP est à la tête du *Crown Prosecution Service* (CPS), et ayant sous sa responsabilité 7,000 membres du personnel et avec environ 800,000 poursuites engagées chaque année. Le titulaire du poste est nommé par l'*Attoney-General* sur la recommandation d'un comité composé du premier commissaire de la fonction publique.

Pour commencer, voyons en quoi consistent les différentes fonctions du DPP. Après cela, nous verrons la discrétion dont bénéficie le Directeur des Poursuites Publiques avant de terminer par son autonomie.

Rôle et fonctions du DPP

Comme l'a élégamment résumé Cyrille de Labauve D'Arifat, QC, dans un article, le rôle du DPP « consiste principalement à vérifier d'abord si les éléments d'une infraction sont réunis, et à apprécier en conséquence, s'il faut mettre en branle la machine judiciaire, ou si au contraire il faut l'arrêter. »

La Section 72 (3) de la Constitution dispose que :

Le directeur des poursuites public a le pouvoir dans tous les cas où il le juge souhaitable :

a) d'engager des poursuites pénales devant un tribunal (n'étant pas un tribunal établi par une loi disciplinaire) ;
b) de prendre en charge et de poursuivre toute procédure pénale qui aurait pu être intentée par une autre personne ou autorité ; et
c) d'interrompre, à tout moment avant que le jugement ne soit rendu, toute poursuite pénale intentée ou entreprise par lui-même ou toute autre personne ou autorité.

La sous-section (4) dispose pour sa part que les pouvoirs du directeur des poursuites publiques en vertu de la sous-section (3) peuvent être exercés par lui en personne ou par l'intermédiaire d'autres personnes agissant conformément à ses instructions générales ou particulières.

La sous-section (5) précise quant à elle que les pouvoirs conférés au Directeur des Poursuites Publiques par les sous-sections (3) (b) et (c) lui sont dévolus à l'exclusion de toute autre personne ou autorité : à condition que, lorsqu'une autre personne ou autorité a engagé une procédure pénale, aucune disposition de la présente sous-section n'empêche le retrait de ces procédures par ou à la demande de cette personne ou autorité à tout moment avant que la personne contre laquelle la procédure a été engagée a été inculpée devant le tribunal.

La sous-section (6) prévoit une chose importante : dans l'exercice des pouvoirs qui lui sont conférés par le présente Section, le directeur des poursuites publiques ne peut être soumis à la direction ou au contrôle d'aucune autre personne ou autorité.

Enfin, selon la sous-section (7), pour l'application de la présente Section, tout appel d'une décision rendue dans une procédure criminelle devant un tribunal, ou toute cause déclarée ou question de droit réservée aux fins d'une telle procédure à un autre tribunal, est réputée faire partie de ces procédures : toutefois, la sous-section (3) (c) ne confère pas au Directeur des Poursuites Publiques le pouvoir d'interjeter appel d'une personne déclarée coupable dans une procédure criminelle, d'une affaire déclarée ou d'une question de droit réservée, sauf à l'instance d'une telle personne.

Voilà pour les dispositions constitutionnelles relatives au poste du DPP. Cependant, ce que dit la Constitution est une chose. Comment on l'interprète en est une autre. Ce que nous allons maintenant voir.

Pouvoir discrétionnaire du DPP

L'exercice du pouvoir discrétionnaire de poursuivre les contrevenants est au cœur de la fonction du DPP. Selon les lignes directrices actuelles, les officiers procèdent à l'exercice de ce pouvoir discrétionnaire en s'interrogeant d'abord s'il existe suffisamment de preuves pour donner une perspective réaliste de réussite dans chaque cas, et ensuite décider si la poursuite est dans l'intérêt public. La seconde partie du test permet aux officiers de trancher des affaires pour des raisons d'intérêt public. Par exemple, il ne serait pas opportun de poursuivre une personne âgée accusée de vol à l'étalage lorsque le plaignant a exprimé le souhait de ne pas poursuivre l'affaire.

Dans *Sookna v R* (1976), la Cour suprême a rappelé que la poursuite est libre de choisir l'accusation qui devrait être préférée indépendamment du fait que la preuve produite peut révéler une infraction de nature plus grave, à condition que l'accusation relève de la compétence du tribunal.

Cette même idée fut défendue dans l'arrêt *Auchraje v State* (1992), selon lequel la Section 72 de la Constitution accorde au DPP le pouvoir discrétionnaire le plus large de poursuivre un contrevenant devant n'importe quel tribunal.

Cependant, comme les Law Lords l'ont rappelé dans *Mohit v DPP* (PC) [2006] 1 WLR 3343, le DPP mauricien ne peut jouir de la même immunité que l'Attorney General de l'Angleterre et le pouvoir expressément conféré au Procureur général d'entrer un *nolle prosequi* n'a jamais été conféré au DPP. Les Law Lords ont en effet considéré que le DPP n'est pas (comme l'est l'Attorney General) responsable devant le Parlement, il n'a aucun pouvoir de prérogative, son pouvoir dérive de la Constitution et la Constitution n'utilise pas le langage de *nolle prosequi.*

Dans ce jugement, un rappel historique est également fait à bon escient. Les juges britanniques procèdent en effet à une piqure de rappel en précisant qu'avant 1964, il y avait à Maurice un bureau du Procureur Général qui n'a pas d'analogue précis dans le système juridique britannique. En vertu de l'article XXXVII de l'ordonnance n ° 29 (1853) et de l'article 48 du chapitre 169 des lois de Maurice, en vigueur en 1945, le Procureur général avait expressément le pouvoir d'introduire un *nolle prosequi.* Avec l'avènement de la Constitution de 1964, ce bureau a pris fin et, à sa place, deux nouveaux bureaux ont été créés, celui de Procureur général et celui du DPP. Cet arrangement a été conservé dans la Constitution de 1968, qui reste en vigueur. Aucune de ces Constitutions ne conférait un pouvoir exprès d'entrer dans un *nolle prosequi* et le pouvoir du Procureur général était caduc à la fin de son mandat. Et qu'en l'espèce, la décision du DPP était susceptible d'une révision judiciaire.

Ce jugement du *Privy Council* a cependant permis de prendre conscience que le Bureau du DPP devait être distinct de celui de l'Attorney-General. C'est ainsi que Lord Mackay a, dans son rapport actualisé soumis au gouvernement de Maurice en septembre 2006, révisé sa recommandation initiale et a estimé qu'à la lumière du jugement de *Mohit c. DPP*, le bureau du DPP devrait être établi en tant que bureau distinct de celui du bureau de l'Attorney-General.

La *Law Reform Commission* dans son document intitulé « *Office of the DPP and the Constitutional Requirement for its Operational Autonomy* » est allée plus loin et a vu cette cohabitation comme une violation de la Constitution quand elle a écrit que la pratique actuelle depuis l'indépendance des officiers travaillant pour le bureau de l'Attorney-General comparaissant ou conseillant le DPP ne respecte pas les principes qui sous-tendent l'établissement dans la Constitution de bureaux distincts de l'Attorney-General et du DPP. L'arrangement est inconstitutionnel et devrait être terminé.

Ce que nous allons maintenant examiner plus en détails.

Autonomie du Bureau du DPP

« La justice et la liberté sont faites pour s'entendre. La liberté est juste, et la justice est libre », disait Victor Hugo, avec toute la verve qu'on lui connait. Et l'autonomie du Bureau du DPP est le reflet de cette recherche de liberté dans la justice.

Dans son Guide de 2014 sur le statut et le rôle des procureurs, les Nations Unies ont noté que « l'indépendance des procureurs devrait également soutenir le cadre institutionnel et opérationnel que l'Etat doit établir pour permettre aux procureurs d'exercer leurs responsabilités correctement et impartialement. Cela signifie que la protection de la poursuite d'une affaire contre l'influence politique ou d'autres interférences doit être assurée par l'autorité et l'indépendance de la poursuite auquel le procureur appartient et doit être garanti par le gouvernement. »

De plus, le Conseil de l'Europe, en 2012 (Avis 2012 n ° 7, Strasbourg, 11 décembre 2012) a recommandé que le budget de tout ministère public soit intégré dans le budget de l'Etat en tant que ligne distincte. Il a noté que « malgré le fait que l'allocation des fonds au ministère public soit considérée comme une décision politique, les autorités législatives et exécutives concernées ne devraient pas être en mesure d'influencer indûment le ministère public lorsqu'il prend une décision dans son budget. La décision sur la répartition des moyens au Ministère Public devrait être prise en stricte conformité avec le principe de son indépendance, et devrait assurer la condition préalable nécessaire à l'accomplissement de sa mission ».

Au vu de tout cela, il semble aller de soi que le Bureau du DPP devrait fonctionner indépendamment de celui de l'Attorney-General, l'équivalent du Garde des Sceaux en France. Toutefois, certains détracteurs de l'autonomie du Bureau du Directeur des Poursuites Publiques pourraient être enclins à convoquer la décision du *Privy Council* de 1983, *Attorney General of Fiji v Director of Public Prosecutions*, pour prétexter qu'il peut y avoir télescopage entre les deux bureaux. Prenons-leur donc de court et coupons l'herbe sous les pieds des détracteurs de l'indépendance du Bureau du DPP et parlons-en tout de suite.

Oui, en effet, les Law Lords, dans cette affaire, ont considéré que le fait que le Gouverneur Général des Fiji avait confié à l'Attorney General la responsabilité de l'administration du Bureau du Directeur des Poursuites Publiques était constitutionnel. Oui, en effet, le *Privy Council* a jugé que la constitutionnalité reposait sur le fait que cela n'empiétait pas sur les pouvoirs exclusivement dévolus au DPP et ne violait pas ainsi l'indépendance de celui-ci garantie par la Constitution. Oui, en effet, la plupart des dispositions de la Constitution des Fiji relatives au Directeur des Poursuites Publiques sont identiques à celles qui se trouvent dans la Constitution de Maurice.

TOUTEFOIS, le *Privy Council* précise que la constitutionnalité de la dévolution à l'Attorney General de l'administration du Bureau du DPP avait été faite sujette à la Section 85 de la Constitution des Fiji (l'équivalent de notre Section 72), réservant ainsi au DPP les matières sur lesquelles il devait exercer son propre jugement indépendant. De plus, ont noté les Law Lords, cette dévolution fut faite de bonne foi. Et enfin, que cela s'est fait sans aucune tentative d'exercer une pression financière excessive ou injuste sur le Bureau du Directeur des Poursuites publiques.

Pour toutes ces raisons, on ne peut légitiment considérer que les faits dans *Attorney General of Fiji v Director of Public Prosecutions* puisse justifier la volonté de faire revenir le Bureau du DPP dans un état dans celui duquel il se trouvait antérieurement à 2009, et ce d'autant plus que les changements apportés en 2009 pour séparer les bureaux de l'Attorney General et celui du Directeur des Poursuites Publiques ont réussi à rétablir la confiance dans l'indépendance du processus décisionnel en matière de poursuites et ont atteint l'un des objectifs visés, à savoir fournir une brochette d'avocats avec une expertise dans le traitement des poursuites pénales.

De plus, comme dit plus tôt, la L*aw Reform Commission* a fait ressortir, dans un *Issue Paper* de 2009 que l'autonomie opérationnelle du Bureau du DPP est une exigence constitutionnelle.

La LRC rappelle égalcment ce qu'avait dit le Professeur de Smith, à savoir que « le statut constitutionnel indépendant du DPP découlait de la nécessité de protéger le courant de la justice pénale d'être pollué par l'afflux de contamination politique délétère [...] de séparer complètement le processus de poursuites des considérations politiques générales ».

Qui plus est, la Commission présidentielle chargée d'examiner et de faire un rapport sur la structure et le fonctionnement du système judiciaire et des professions juridiques de Maurice a reconnu dans son rapport de 1998 (connu sous le nom de rapport Mackay), avec une mise à jour en 2006, qu'il est nécessaire que le bureau du DPP soit géré par un personnel qui ne travaillerait pas en même temps pour le Bureau de l'Attorney General. Avant d'ajouter que « Nous recommandons par conséquent que ceux qui appuient le Directeur des Poursuites Publiques au sein du State Law Office constituent un département distinct relevant du DPP et géré par lui, et n'assumant aucune responsabilité sauf en matière de poursuites. Nous ne jugeons pas satisfaisant que la fonction de poursuite soit exercée par des personnes qui, en même temps, ont d'autres fonctions à remplir, comme conseiller d'autres départements ou rédiger des projets de loi, et ne relèvent pas du directeur des Poursuites Publiques. »

Conclusion

Le Bureau du DPP a été établi pour la première fois dans la Constitution de 1964. En prévoyant que le poste d'Attorney General soit pourvu par un ministre, il a été jugé nécessaire de créer un nouveau poste de Directeur des Poursuites Publiques qui serait responsable de la conduite des poursuites et exercerait un contrôle sur ces poursuites et serait, à cet égard indépendant du Bureau de l'Attorney General.

En 2009, est finalement consacré le principe de séparation entre les deux Bureaux. Le Bureau a maintenant son propre budget et son propre établissement. Il est servi par une équipe de personnel dévoué, professionnel et travailleur. Il est responsable au niveau national des poursuites. Son objectif principal est de traduire les contrevenants en justice tout en garantissant la sauvegarde de leurs droits. Il s'engage à fournir un service public de haute qualité et à s'assurer d'un impact positif sur la vie des gens.

Cependant, depuis quelque temps, certaines voix s'élèvent pour remettre en cause le mode opératoire du Bureau du DPP. Nous avons vu que les raisons qui militent en faveur d'une autonomie l'emportent largement et cela est en droite ligne avec la lettre comme l'esprit de notre Constitution.

Enfin, nonobstant les pouvoirs discrétionnaires qui lui sont conférées, le Bureau du DPP croit fermement à la nécessité de la transparence. Des communiqués sont ainsi diffusés et publiés lorsque l'on estime que certaines décisions (le plus souvent des décisions de ne pas poursuivre) exigent de fournir des raisons dans l'intérêt public.

Dans l'intérêt du pays, des justiciables et de la justice, il est impératif que l'autonomie du Bureau du DPP soit préservé. Il est également primordial, avec les nouveaux défis en matière de crimes et l'augmentation de la complexité de certaines formes de criminalité, d'être au fait des nouvelles technologies, de se tenir au courant de ce qui se fait dans d'autres juridictions, et d'être conscient de la nécessité d'une coopération internationale avec d'autres agences, afin de combattre plus efficacement le crime, sous toutes ses formes.

The protection of judicial independence under German Constitution and EU Law

Götz Schulze

I. Introduction

It would make no sense to address judicial independence before experienced judges, lawyers and legal scholars such as yourselves if only to focus on the indisputable notion that courts, and thus judges, must make their decisions independently and without regard to political affiliation. No one is challenging that assumption, and no one is failing to recognize the critical importance of judicial independence in the justice system, in arbitration proceedings, and in the very functioning of states under the rule of law.[1] Nevertheless there are weak points. Here I would like to address in particular the position including the weaknesses in German judicial independence. To this end, I will explain the legal basis. Thereafter I will explain some essential deficits in the German justice system that affect the independence of the judiciary. I will consider the European question of judicial independence and in conclusion I will present the results of a comparison under which, the German legal system should indeed fail to meet the requirements of its acceptance into the European Union. This is a situation that is rarely discussed, but demonstrates how criticism of others often leads to a clear reflection of one's own position.

II. The German law (Art. 97 German Constitutional Code – Grundgesetz)

We have already heard about the role and competence of a Constitutional Judge in the German Law system, by my esteemed colleague, the honored Constitutional Judge Eichberger. The topic I have selected to speak on focusses on the a ordinary judge and the Court administration system below. It is the protection of judicial independence under Article 97 of the German Constitutional Law [Grundgesetz] and its concretization by federal state law, namely the German Judge Code [Deutsches Richtergesetz].

1. The objective independence of the judge

The starting point will be the provision in Article 97 sec. 1 of the German Constitution, which has remained unchanged since the German Constitution came into force in 1949 and is repeated in the same wording in Art. 25 German Judge Code. That provision relates to the objective independence of the judge presiding over a case. I quote:

> "Judges shall be independent and subject only to the law."

Thus each individual judge should be protected from attempts of other state authorities to exert influence directly or indirectly. Independence means freedom from instruction or direction, freedom of action and freedom of juridical cognition for each individual judge. If forbidden instructions do indeed successfully influence the result of a particular case, a pro-

1 See *Schulze-Fielitz*, in: Dreier (Ed.), Grundgesetz Kommentar, Vol. III, 3. Ed. 2018, Art. 97 GG n. 14 (the central component of the architecture of the rule of law).

fessional duty in disobedience arises[2] to protect against the appearance of partiality or the perversion of justice. Practically significant are rather the attempts of a covert influence in the informal area, such as the distribution of business and official assessments and promotions. The inner independence of a judge eludes a direct legal regulation and remains a matter of professional attitude as well as to a personal moral conviction. The factual independence of the judge against social influence, especially against public criticism by media will not be affected if a decision has already been taken. But a limit can be reached if a media campaign or other targeted manipulation attempts occurs.[3]

2. *The personal independence of full-time professional judges*

Section 2 of this provision relates to the personal independence of full-time professional judges, which in Germany are categorized as "Judges appointed for life". Quote:

Judges appointed permanently to full-time positions may be involuntarily dismissed, suspended or transferred of office only by virtue of judicial decision and only for the reasons and in the manner specified by the laws. Legislation may set age limits at which life-time judges retire. If the establishment of the courts or their districts changes, judges may be transferred to another court or removed from office, but only with full pay.

Personal judicial independence does not require that a judge be appointed for lifetime. However, temporary judges may only be used to a limited extent. The Federal Constitutional Court clarified with its decision of 22.3.2018[4] that a temporary appointment of a judge is only permitted in exceptional cases and only for one fixed period (for two years in accordance to Art. 18 ph. 1 VwGO [Verwaltungsgerichtsordnung]). Furthermore, the principle of immovability guarantees professional practice with a ban on dismissal and transfer of a judge.

---

2 *Schulze-Fielitz*, in: Dreier (Ed.), Grundgesetz Kommentar, Vol. III, 3. Ed. 2018, Art. 97 GG n. 20.

3 *Wolff*, in: Hömig (Ed.), Grundgesetz für die Bundesrepublik Deutschland, 12. Ed. 2018, Art. 97 GG n. 7.

4 Federal Constitutional Court of Justice, decision of 22.3.2018, Case Nr. 2 BvR 780/16, NJW 2018, 1923 = ECLI:DE:BVERFG:2018:RS20180322.2BVR078016.

III. Weaknesses in the system and criticism

That all sounds great and in fact functions well. However, there are weaknesses and points of contention.

1. Workload standards?

A recent decision in 7.9.2017 by the German Federal Court of Justice[5] demonstrates the dilemma. The plaintiff is a judge of the Higher Court of Appeals of Karlsruhe, addressing disciplinary measures by the President of that Court. After the President has transferred the judge to another senate of the Court, she ordered a special examination of proceedings remaining in his previous office that were left incomplete. After this inspection, the president charged the judge with a violation of his duties and warned him to complete the remaining tasks promptly and in line with applicable regulations.[6] For many years, the judge had completed far below the average workload. He allegedly resolved only about 68% of the number of cases that other judges on the Court had. The judge asserted before the Federal Disciplinary Tribunal that the President's warning to complete the tasks in a proper and timely manner was inadmissible because the President was thereby attempting to interfere with his independence as a judge. The Federal Disciplinary Tribunal agreed with the plaintiff. The judge's independence would compromised when he or she is required to complete a certain amount of work that objectively could not be completed by other judges. The amount of work that may be expected of a particular judge cannot be determined by actual productivity averages alone. The critical factor is rather the establishment of a meaningful workload standard. A comparison of the numbers of decisions of other judges of the same court is not enough.

As such, the plaintiff was only partially successful. His goal was to establish that a given amount of work would be an inappropriate criterion for evaluating judges in general. The core point of judicial independency on that issue is: How much time the judge will spent to handle an individual case is a decision which legally answers the judge himself instead of the Court administration. In other words, that justice should not be econo-

5 Federal Court of Justice, decision of 7.9.2017, Case Nr. RiZ (R) 1/15, 2/15 and 3/15, NJW 2018, 158 = ECLI:DE:BGH:2017:070917URIZ.R.2.15.0.

6 In accordance to Article 26 sec. 2 German Judge Code [DRiG].

mized by means of control over productive output. Decision making under the rule of law in accordance to Art. 97 of the German Constitutional Law is a protected competence and only a personal responsibility of each judge. It is not easy to bring theory and practice into line here.

2. *Influence of the Executive over judicial elections*

a) *Political party patronage*

The election of judges in Germany presents an additional problem. Under Article 95, paragraph 2 of the Constitutional Law, federal judges are elected by means of a "committee for the selection of judges". The committee is comprised of all the Ministers of Justice of each of Germany's 16 federal states and 16 elected Members of the German Parliament. The Federal Minister of Justice acts as its leader. Votes are secret and do not require a statement of reason. As such, this is a completely political committee. There are no judges in the electoral committee and there is no possibility of influence by the judiciary.[7] Comparable rules exist in the individual federal states as well. In the state of Brandenburg, where I come from, the judicial selection committee is comprised of 8 members of the state legislative assembly and five additional persons (including 3 judges, 1 state attorney, and 1 attorney in private practice)[8]. Here as well, the majority of participants are political. This has led to the justified criticism that the selection of judges isn't transparent, and that, in addition to professional qualifications, the candidates' party-related political leanings play a very significant role in the process.[9] Keywords of the discussions are "party patronage", but indeed the election has to consider the principle of selection of the best qualified candidate set out in Art. 33 sec. 2 German Constitutional Code and the final appointment can be challenged by the action for annulment. Even if candidates for judicial office are selected according to objective criteria based on merit, that selection are not be undertaken by an independent body.

---

7 See the reform discussion, *Jachmann*, in: Maunz/Dürig (Ed.), Grundgesetz-Kommentar, EL 4/2018, Art. 95 GG n. 135.

8 In accordance to Article 109 sec. 1 ph. 2 Constitutional Code of Brandenburg [BbgVerf] and Article 12 Judge Code of Brandenburg [Brandenburgisches Richtergesetz].

9 *Schulze-Fielitz*, in: Dreier (Ed.), Grundgesetz Kommentar, Vol. III, 3. Ed. 2018, Art. 95 GG n. 30.

b) *No institutional independence by self-administration*

In general, institutional independence from the executive is necessary. Here I refer to the recommendation of the Council of Europe on the judges and the European Union criteria for the acceptance of new Member States. The Council recommends (N. 46)[10], quote:

> "The authority taking decisions on the selection and career of judges should be independent of the executive and legislative powers. With a view to guaranteeing its independence, at least half of the members of the authority should be judges chosen by their peers."

Institutional independence is guaranteed by means of self-administration in the justice system in France, Spain, Italy, Norway, Denmark and the Netherlands – but not in Germany. Thus, were it not already a key EU Member State, Germany would be a "*problematic candidate country*"[11].

3. *Can arbitration courts be equated with state courts?*

a) *The Court of Arbitration for Sport (CAS)*

The question of whether the Court of Arbitration for Sport (CAS), seated in Lausanne / Switzerland, can be classified as equal to a state court has surfaced in Germany most recently in the context of sport-related arbitration. The recognition of an arbitral award from the CAS on the basis of Article 1025 German Civil Procedure Code (ZPO) was held to have equal footing with a state court. One of the problems was the independence of the CAS and of its arbitrators. Points of criticism under that included the following: The appointment of arbitral judges is limited to persons who are on a closed list. A list to which athletes had no right to contribute recommendations. The decision who will be placed on the list is an exclusive right of the Board of association representatives (so called ICAS). 12 to 16 ICAS-members are representatives of the associations and they has to elect four additional members "with a view to safeguarding the interests of the

---

10 Recommendation CM/Rec(2010)12 of the Committee of Ministers to member states on judges: independence, efficiency and responsibilities (Adopted by the Committee of Ministers on 17 November 2010
at the 1098th meeting of the Ministers' Deputies).

11 Joschka Fischer.

athletes". A further reason for the lack of independence is the appointment of the Chairperson up to the General Secretary of CAS. Finally, the arbitrators has the duty to submit judgments in draft form to the General Secretary before the judgment may be issued.

The German Federal Court of Justice on the matter of Claudia Pechstein, a well-known German speed skater, nevertheless regarded the CAS procedure acceptable.[12] The order of procedure of the CAS does not lack sufficient guarantees for the safeguarding of the athletes' rights, even if the arbitrators are chosen by the parties to the dispute from a closed list which is compiled by a board made up for the most part of representatives of the International Olympic Committee, the National Olympic Committee and the international sporting federations. Sporting federations and athletes do not per se constitute opposing "camps" driven by conflicting interests when it comes to combating doping. They represent equitable interests in doping cases for a doping-free sport.[13] This is an abstract viewing without mentioning the structural imbalance of each party. Also the argument of the court, that the arbitrators have to sign a declaration after their appointment that they will exercise their function objectively and independently,[14] is not really convincing. The recognition of the CAS as an independent arbitration court received massive criticism.[15] Indeed, when the opting-out of state court jurisdiction is unilaterally dictated by one party that enjoys a monopoly position, the question of equal footing demands in particular a weighing the affected interests and violated Ms. Pechstein's constitutional rights.[16] The German Constitutional Court has not yet issued an answer to this question, which has impact to fundamental constitutional issues, such as her right to recourse to the regular courts, her right to the lawful judge (Art. 101 sec. 1 ph. 2 German Constitution) and her right to occupational

---

12 Federal Court of Justice, decision of 7.6.2016, Case Nr. KZR 6/15, NJW 2016, 2266.

13 Federal Court of Justice, decision of 7.6.2016, Case Nr. KZR 6/15, NJW 2016, 2266, n. 32.

14 Federal Court of Justice, decision of 7.6.2016, Case Nr. KZR 6/15, NJW 2016, 2266, n. 34.

15 See the case comments by *Annett Rombach*, Game, Set and Match for Sports Arbitration? SchiedsVZ 2016, 268, 276 ("BGH's reasoning is in important parts unconvincing and pre-determined by the desired result"); *Thorn/Lasthaus*, Das Pechstein-Urteil des BGH – ein Freibrief für die Sportschiedsgerichtsbarkeit? IPRax 2016, 426, 430 (Argumentation geht ... fehl.);.

16 *Annett Rombach*, Game, Set and Match for Sports Arbitration? SchiedsVZ 2016, 268, 279.

freedom.[17] Nevertheless a decision of ECHR condemned the CAS to an payment but with regard to the imbalance between the federations and athletes in the mechanism for selecting arbitrators, the Court pointed out that Ms Pechstein's possibility to name the arbitrator of her choice was thus restricted by the obligation to select someone from that list. At the time, however, the list had had almost 300 names on it. Ms Pechstein had not submitted factual elements capable of casting doubt in general on the independence and impartiality of the arbitrators on the list. Even with regard to the composition of the arbitration panel that had ruled on her case, she had challenged only one arbitrator, the president of the panel, without substantiating her allegations. The Court acknowledged that the organizations likely to challenge athletes in the context of disputes before the CAS exerted a genuine influence in the selection mechanism in force at the relevant time. However, it could not conclude, on the sole basis of this influence, that the list had been composed of arbitrators who could not be regarded as independent and impartial in respect of those organizations. It therefore considered that the system of using a list of arbitrators had met the requirements of independence and impartiality applicable to arbitration courts. The powers of the Secretary General of CAS to draw the panel's attention to issues of principle and to make formal changes to a decision did not prove that the contested decision had been changed in a way that would have been unfavorable to Ms Pechstein.[18]

b) *Bilateral investment treaty proceedings, ECJ on 6 March 2018, C-284/16 – Achmea*

The German constitutional judges will probably be influenced by the recently issued ICJ-Case on bilateral investment treaty proceedings on 6 March 2018, C-284/16 – *Achmea*. The Court held that an award made by an arbitral tribunal on the basis of an Agreement for reciprocal protection of investments between member states of the EU (BIT, in case between the United Kingdom, the Netherlands and the Czech and Slovak Federative Republic) infringes EU Law. It will have an adverse effect on the autonomy

17 *Annett Rombach*, Game, Set and Match for Sports Arbitration? SchiedsVZ 2016, 268, 279 ("it does not seem unlikely that the Constitutional Court will decide to hear the case").

18 Press release Judgment ECHR on 2.10.2018, Case no. 40575/10 and no. 67474/10 – Mutu and Pechstein v. Switzerland (http://hudoc.echr.coe.int/eng-press?i=003-6207200-8059022).

of EU law. The full effectiveness of EU law is not ensured. The possibility of submitting those disputes to a body which is not part of the judicial system of the EU consequently do not fit with the principle of mutual trust between the Member States. It is not compatible with the principle of sincere cooperation. Thus, Articles 267 and 344 TFEU precludes a provision in an international agreement concluded between Member States under which an investor from one of those Member States may, in the event of a dispute concerning investments in the other Member State, bring proceedings against the latter Member State before an arbitral tribunal.

IV. Judicial independence in the EU

Article 47 (sec. 2) of the Charter of Fundamental Rights of the European Union ('the Charter') set out

> "Everyone is entitled to a fair and public hearing within a reasonable time by an independent and impartial tribunal previously established by law. "

In addition Article 19(1) ph. 2 TEU provides:

> "Member States shall provide remedies sufficient to ensure effective legal protection in the fields covered by Union law."

1. Salary reduction under Art. 47 EU-Charter and Art. 19 TEU, ECJ C-64/16, on 27 February 2018 – Juizes Portugueses

A recent decision in 27. February 2018 by the European Court of Justice points out that the principle of judicial independence allows also boundaries (ECJ Case Nr. C-64/16):

That principle does not preclude general salary-reduction measures linked to requirements to eliminate an excessive budget deficit and to an EU financial assistance program. The members of the Tribunal de Contas (Portugal) have to accept for a two years period a 10 %-reduction in the amount of their remuneration which are based on mandatory requirements for reducing the Portuguese State's excessive budget deficit during the year 2011.

The main argument of ECJ (note 49 ss) is: A certain level of remuneration constitutes a guarantee essential to judicial independence. But if that reduction is only temporarily, with a limited mean percentage and will be applied to every public office holders in all public sectors it cannot be considered to impair the independence of the Portuguese judges.

2. *Key problems – ENCJ Report from 9 June 2017*

For future prospects:

In order to strengthen the EU justice system, the European Network of Councils for the Judiciary (ENCJ) investigated the actual independence of the judiciary and public trust in the judicial process in Member States. For its report from 9 June 2017, a number of 11,712 judges in 26 countries participated in the study. Following are the key results:

(1) The three most often-cited sources of pressure are:
- court management including the court president,
- political parties and their lawyers and
- the media.

(2) In some judiciaries, 20% to up to 55% of judges are uncertain whether or not bribes are accepted.
(3) 22% of judges (the average across countries) believe that appointment decisions are not based on merit and experience.
(4) The impact of the media on the decisions of judges is large and increasing.
(5) 22% of all participating judges felt that the government and parliament do not respect the judiciary.
(6) On average, 33% of the judges do not believe that Councils for the Judiciary have the appropriate mechanisms and procedures in order to defend judicial independence effectively.
(7) Judges' stated needs: better working conditions regarding workload, pay including pensions and retirement age and appointment, and in third place, promotion based on ability and experience.

V. *Conclusions:*

The doubtless important independence of each individual judge as well as the institution of justice itself must be continually reexamined and adjusted according to existing circumstances. That will be a key issue for each modern state in processing the rule of law!

L'accès à la justice constitutionnelle à Maurice dans la Constitution de l'indépendance (1968-2018)

Olivier Desaulnay

Le 12 mars 2018, la justice constitutionnelle à Maurice n'a pas fêté à proprement parler son cinquantième anniversaire, contrairement à la Constitution de l'indépendance. Auparavant, alors que l'Ile n'était encore qu'une colonie sous la domination de la couronne britannique, le *Judicial Committee of Privy Council* (Comité judiciaire), en tant que juridiction suprême de l'Empire dotée d'une immense compétence territoriale, officiait déjà comme une sorte de juge constitutionnel, compétent pour contrôler la conformité des « lois » des colonies avec les principes fondamentaux du droit anglais. Par la suite, à mesure qu'évoluent les institutions judiciaires et politiques mauriciennes sous l'impulsion britannique, la Cour suprême, dotée d'une compétence exceptionnellement étendue, s'essayera épisodiquement au contrôle de constitutionnalité jusqu'en 1968.

De ce point de vue, la Constitution de 1968[1] a plus exactement offert à cette justice constitutionnelle encore embryonnaire les moyens procéduraux supplémentaires de s'épanouir dans le nouvel ordre juridique mauricien, en établissant devant la Cour suprême deux modes de contrôle privilégiés de la constitutionnalité des actes juridiques : le contrôle par voie d'action (sections 17 et 83) et un renvoi en interprétation de la Constitution (section 84). Dès lors, à partir de 1968, ce ne sont pas moins de cinq voies de droit qui se présentent ainsi aux justiciables, selon un dispositif général constitué de quatre alternatives, manifestant trois dimensions dans le contrôle de constitutionnalité mauricien.

L'épine dorsale du dispositif de résolution des litiges constitutionnels est d'abord constituée par la distinction entre, d'une part, la voie de l'exception d'inconstitutionnalité propre à la tradition anglo-saxonne attachée à une dimension diffuse du contrôle de constitutionnalité, et, d'autre part, la voie d'action direct devant la Cour suprême (sections 17 et 83), manifestati-

1 Voir notamment L. Favoreu, L'Ile Maurice, éd. Berger-Levrault, Paris, 1970 ; J. Colom, « Ile Maurice », chron., AIJC, Vol II, 1986, p. 557 et s. ; J. Colom, La justice constitutionnelle dans les Etats du nouveau Commonwealth, le cas de l'Ile Maurice, éd. Economica, coll. Droit public positif, 1994.

on d'une dimension concentrée volontiers plus originale dans un tel contexte juridictionnel. Puis, chaque terme de cette alternative principale contient une alternative secondaire. Dans le cadre du procès ordinaire, l'exception d'inconstitutionnalité pourra tantôt être poursuivie jusqu'à son terme par le juge saisi au principal, tantôt se muer en une question de constitutionnalité renvoyée par ce dernier à la Cour suprême au titre de la section 84. Dans le cadre du contrôle par voie d'action directe, la Constitution distingue deux recours constitutionnels d'effets équivalents mais au champ d'action matériel distinct : l'un, réservé par la section 17 à la garantie des droits et libertés (sections 3 à 16) et, l'autre, consacré à la protection du reste de la Constitution par la section 83.

Enfin, pour parachever l'originalité de ce dispositif, se superpose à cet ensemble déjà bien accompli une justice constitutionnelle à la dimension transnationale, héritée de l'Empire britannique et propre encore à certains rares Etats du nouveau Commonwealth[2]. Elle s'incarne dans l'appel ouvert au Comité judiciaire, maintenu à la section 81, lors de l'indépendance par *The Mauritius (Appeals to Privy Council) Order* de 1968, puis lors du passage à la République par *The Mauritius (Appeals to Judicial Committee) Order* de 1992, faute de solution alternative véritablement viable[3]. Le recours hors du commun à cette haute juridiction de dernier ressort située à Londres, sans pour autant être considérer dans ce cas juridiquement britannique, est à la fois de plein droit (« *as of right* »), lorsqu'est en jeu l'interprétation de la Constitution dans une décision de justice définitive émanant nécessairement de la Cour d'Appel ou de la Cour suprême[4] en matière civile ou pénale, et subsidiaire dans la mesure où il ne saurait être ouvert sans que soient épuisées toutes les voies de recours internes[5]. Ainsi, les justiciables bénéficient en pratique, sous certaines conditions, d'un contrôle de constitutionnalité à double détente lorsque le Comité judiciaire intervient après

2 Voir notamment : P. A. C. Dookhy, Le Comité Judiciaire du Conseil Privé de la Reine Elisabeth II d'Angleterre et le Droit Mauricien, thèse de doctorat, 1997 ; R. P. Gunputh, « Le Comité judiciaire du Conseil Privé dans les anciennes colonies anglaises », University Of Mauritius Researsh Journal, vol. 16, 2010.

3 Un projet d'amendement constitutionnel prévoyant la suppression du recours au Comité judiciaire a été finalement retiré en 1983. En 1991-1992, lors de l'accession à la République, il a été pris soin de séparer la question du maintien de la compétence du Comité judiciaire afin qu'elle ne parasite pas les débats et devant l'impossibilité à trouver ou s'entendre sur une réorganisation du contrôle de constitutionnalité. Voir sur ce point, P. A. C. Dookhy, thèse précit.

4 Selon Gaytree Textiles Ltd v. Ghoolet [1993] MR 140, une décision d'un tribunal inférieur ne peut pas faire l'objet d'un appel devant le Comité judiciaire.

5 Se reporter au Supreme Court (Constitutional Relief) Rule de 2000.

que la Cour suprême ou la Cour d'Appel se soit prononcée définitivement au titre, soit d'une exception d'inconstitutionnalité, soit de l'un des deux recours directs. Encore faut-il qu'ils puissent assumer le coût prohibitif d'un tel parcours juridictionnel une fois passés le filtre sévère de la Cour suprême. De sorte qu'un tel recours demeure relativement rare.

Cette apparente accumulation de voies de droit témoigne, une fois encore, de la propension du système juridique mauricien au métissage. En effet, cette organisation n'adhère pas nettement à l'un des deux grands modèles explicatifs de justice constitutionnelle, à savoir, d'une part, le modèle américain dit de cour suprême, dans lequel le contrôle de constitutionnalité est largement diffus et concret, et, d'autre part, le modèle européen dit de cour constitutionnelle, qui repose essentiellement sur une concentration partielle du contrôle de constitutionnalité et un jeu de compétences exclusives entre la juridiction constitutionnelle, située hors de l'appareil judiciaire, et les juridictions ordinaires.

Toutefois, l'exercice qui consisterait à retrouver dans l'organisation des voies de recours en matière constitutionnelle la marque d'une quelconque influence de ces modèles, ô combien imparfaits et réducteurs, pourrait conduire à un échec sinon à perdre de vue l'essentiel. A Maurice, comme ailleurs, la justice constitutionnelle garde l'empreinte originelle, presque indélébile, du contexte juridique et politique de sa naissance : celui d'une colonisation anglaise et d'une accession à l'indépendance qui s'est réalisée « en douceur », c'est-à-dire sans rupture brutale. Ainsi, les choix en matière de justice constitutionnelle sur la période d'élaboration de la Constitution ont été dictés moins par la volonté de recevoir ou repousser des modèles abstraits préétablis que par une série de facteurs juridiques, politiques, intellectuels et sociaux qui ont contribué à lui donner ses caractères *sui generis* : l'empreinte de la tradition anglaise de *common law*, l'anglicisation aboutie des institutions judiciaires et politiques bien avant l'indépendance, la nécessité symbolique et pratique d'assoir la stabilité et la légitimité des nouvelles institutions politiques sur un pouvoir judiciaire fort et indépendant apte à garantir les principes fondateurs du nouvel Etat mauricien et les droits et libertés, la pluralité ethnique et communautaire faisant craindre des discriminations voire une domination politique d'une communauté ou encore la faiblesse structurelle des tribunaux locaux et leur manque d'expérience et de formation. Ainsi, il en résulte un équilibre subtil et singulier entre la préservation en 1968 de la voie judiciaire du contrôle de constitutionnalité, véritable fondation historique de la justice constitutionnelle à Maurice d'inspiration fortement anglo-saxonne (I), et une tendance affirmée dans la Constitution de 1968 et sa pratique à la centralisation du contentieux constitutionnel devant la Cour suprême (II).

I La préservation en 1968 de la voie historique du contrôle judicaire de constitutionnalité

Le terrain mauricien était propice au développement d'un contrôle de constitutionnalité diffus. A la faveur de l'influence de la tradition anglaise, la voie judiciaire avait pu émerger timidement avant l'indépendance devant la Cour suprême et sous l'impulsion décisive du Comité judiciaire. La Constitution de 1968 n'a pas entendu infirmer cette évolution du système juridique vers le contrôle diffus, sans pour autant l'ériger explicitement en mode privilégié de garantie de la Constitution. La voie judiciaire se lit ainsi en creux dans les dispositions constitutionnelles : d'une part, dans l'absence de consécration textuelle d'une compétence juridictionnelle exclusive en matière constitutionnelle (A) et, d'autre part, dans le caractère subsidiaire que présentent les recours constitutionnels directs ouverts devant la Cour suprême (B).

A L'absence de compétence juridictionnelle exclusive en matière constitutionnelle

Un premier constat s'impose : aucun organe juridictionnel n'est investi par la Constitution d'une véritable compétence exclusive pour exercer un contrôle de constitutionnalité, soit relativement à une matière constitutionnelle donnée, soit relativement à un acte juridique déterminé. Ni la section 17, ni la section 83, ne permettent d'affirmer que le constituant ait entendu confier à la Cour suprême la mission exclusive de contrôler la constitutionnalité d'un acte juridique spécifique (principalement la loi) ou d'établir seule la garantie de certaines dispositions constitutionnelles (chapitre II sur les droits et libertés), exception faite de la matière électorale[6] qui lui échoie exclusivement.

Une telle lecture déformante contenait le risque de se situer à rebours de la tradition juridique et politique anglaise de la séparation des pouvoirs, attachée à l'unicité et au prestige du pouvoir judiciaire, laquelle demeure la conception dominante mauricienne. Celle-ci suggère davantage que le juge mauricien jouit d'une plénitude de juridiction ou, du moins, que son aptitude à juger et à interpréter le droit se trouve faiblement entravée. Dans un système juridique largement acculturé à la *common law*, les juges sont en effet parfaitement accoutumés à l'idée qu'ils exercent un pouvoir nor-

6 Section 37 de la Constitution.

matif distinct de celui du législateur, et relativement autonome par rapport à lui. Forts de cette conception de la séparation des pouvoirs, ils éprouvent moins de scrupules à empiéter sur la fonction des représentants élus, au point, parfois, d'invalider les normes que ceux-ci ont produits au motif qu'elles violent la Constitution. En outre, le respect du principe *stare decisis*, hérité également du droit anglais, assure que les juridictions inférieures sont liées par les décisions de la juridiction supérieure, de sorte que la multiplicité des organes d'application du droit ne conduise pas à une multiplicité des solutions retenues et à une insécurité juridique démesurée. Les éventuels désaccords entre juridictions inférieures quant à la constitutionnalité de tel ou tel dispositif juridique sont tôt ou tard résolus de manière uniforme par la juridiction suprême, au terme de l'exercice des voies de recours.

Il n'est donc pas surprenant de voir se développer dans ce contexte favorable une exception d'inconstitutionnalité devant l'appareil judiciaire mauricien.

Tel est le cas de la Cour suprême qui peut être saisie d'une affaire impliquant la Constitution en première instance ou devant l'une de ses formations d'appel lorsque l'exception n'a pas été soulevée devant le juge inférieur de première instance ou lorsque celui-ci a débouté le demandeur. L'exception constitue en appel et en cassation un moyen de droit nouveau accueilli sans grande réticence par les juges locaux[7]. La Cour suprême se permet aussi parfois d'invoquer d'office l'irrégularité d'un texte lorsqu'elle est saisie à propos d'un litige de droit commun et invite alors les parties à s'expliquer sur le point de droit qu'elle soulève[8].

Plus singulier est le développement du contrôle diffus à des niveaux inférieurs de la hiérarchie judiciaire sans renvoi devant la Cour suprême en vertu de la section 84.

L'hypothèse peut justement s'appuyer sur l'interprétation *a contrario* de la section 84, laquelle prévoit la possibilité pour une cour de justice (autre que la Cour d'appel, la Cour suprême et le Comité judiciaire) de renvoyer à la Cour suprême les questions constitutionnelles les plus importantes. Les premiers juges ne sont donc pas, d'après la lettre du texte, contraints par une obligation de renvoi systématique de toutes les questions constitutionnelles qui se révèlent à eux. Leur refus ne peut d'ailleurs pas faire l'objet d'un recours devant la Cour suprême, ce qui aurait pu suggérer qu'elle puisse protéger sa compétence. Enfin, et surtout, le renvoi repose sur l'ap-

7 Director of Public Prosecutions c/ Masson [1972] MR 204.

8 Ng Yelim c/ Chinese Chamber of Commerce [1970] MR 125.

préciation souveraine que portera le juge sur l'importance du point de droit constitutionnel ainsi posé. Sa nouveauté, sa difficulté sérieuse, la gravité de l'atteinte au droit fondamental invoqué ou à un principe fondamental de la Constitution ou l'inconstitutionnalité de la loi sont autant de paramètres révélant l'importance du point de droit. Ce qui suppose que ces mêmes juges peuvent ne pas renvoyer toutes les questions constitutionnelles lorsqu'ils jugent que celles-ci ne posent pas de difficultés particulières ou qu'elles ont déjà été tranchées par la Cour[9], délivrant ainsi un brevet de constitutionnalité à l'acte et se prononçant sur le contenu et la portée du texte constitutionnel[10].

Cette formule rappelle celles utilisées dans le cadre de procédures incidentes en Europe (question prioritaire de constitutionnalité en France, question préjudicielle en Italie, Allemagne ou Espagne, *etc.*) Il ne faut pas perdre de vue, et l'expérience européenne en atteste, qu'il est une stratégie commune à tous les juges de limiter le renvoi des questions préjudicielles au juge constitutionnel car ils veulent assurer eux-mêmes leur mission de dire le droit. Pour l'heure, aucune résistance de ce genre ne s'observe à Maurice.

Toutefois, la persistance de l'usage des moyens d'action judiciaire classiques à côté de ceux créés par la Constitution peut être préoccupante. Elle remet en cause l'effet utile du renvoi à la Cour suprême à savoir l'obtention rapide d'une décision sur la constitutionnalité dès l'instance de premier degré, ce qui évite les appels inutiles et couteux ainsi qu'un allongement des procédures. L'emploi de l'article 84 parait donc la solution la plus opportune à privilégier.

Ainsi, en première analyse, il apparaît que la Constitution de 1968, par fidélité à la tradition anglo-saxonne, n'a pas entendu contrarier l'épanouissement judiciaire du contrôle de constitutionnalité. Cette volonté de continuité est d'autant plus manifeste qu'il s'agit, dans le texte de 1968, de la voie de droit principale en matière constitutionnelle. Autrement dit, Les voies d'action devant la Cour suprême se révèlent être subsidiaires par rapport aux autres voies de droit d'effet équivalent.

9 Accountant General v. Baie du Cap Estates [1988] MR 1.

10 Duval v. District Magistrate of Flacq [1989] LRC 1990, vol. constitutional, pp. 570 à 577.

B Le caractère subsidiaire des recours constitutionnels directs devant la Cour suprême

Cette subsidiarité est révélée autant à la section 17[11] qu'à la section 83[12], lesquelles réservent explicitement l'hypothèse de voies de droit parallèles, légalement ouvertes, capables d'offrir satisfaction au saisissant. Si les formulations choisies manquent de précision, elles peuvent s'analyser en une sorte d'exception de recours parallèle au service de l'articulation des voies de droit ouvertes aux justiciables en contentieux constitutionnel. Cette exception consiste en ce qu'un recours soit irrecevable (fin de non-recevoir) dès lors que le requérant dispose d'un autre recours contentieux, le recours parallèle, lui permettant d'obtenir un résultat équivalent à celui procuré par le recours intenté.

La jurisprudence de la Cour suprême confirme cette lecture en considérant que les « *recours disponibles en vertu d'une autre loi* » s'entendent, notamment, d'un contrôle judiciaire[13] ou encore que « *ce n'est que lorsque le procès ou le processus d'appel n'offre pas une protection adéquate à une partie accusée qu'elle peut demander réparation en vertu de la section 17* »[14]. La Cour suprême veille dans d'autres cas[15] à ce que la voie de la section 17 ne vienne pas « court-circuiter » la voie juridictionnelle normale des tribunaux. Dans le cas *Vert v. District Magistrate of Plaines Wilhems*, la Cour suprême justifie cette réserve en indiquant que « *les restrictions qui régissent l'octroi d'un recours prévu à la section 17 ont pour but de prévenir les abus qui pourraient court-circuiter la compétence des tribunaux subalternes, d'abolir d'autres formes d'action disponibles devant la Cour suprême ou d'obtenir une injustice par rapport aux affaires portées par d'autres parties qui auraient elles-mêmes pu utiliser d'autres formes d'action prévues par la loi pour revendiquer un droit au titre du chapitre II* ».

---

11 Section 17 (2) : « Étant entendu que la Cour suprême n'exercera pas les pouvoirs qui lui sont conférés par le présent alinéa, si elle est d'avis que la personne alléguant la violation dispose ou disposait de moyens adéquats prévus par une loi pour mettre fin à la violation » (nous soulignons).

12 Section 83 (1) : toute personne « (…) peut, sans préjudice de toute autre action légalement disponible à propos de la même question, saisir la Cour suprême » (nous soulignons).

13 Norton v. PSC [1983] MR 11 ; Contract Bus Owners Association & Others v The National Transport Authority & Anor [2014] SCJ 292.

14 Jugnauth PK v the Secretary to the Cabinet and Head of the Civil Service Affairs & ors [2013] SCJ 132.

15 Poongavanam v. DPP [1993] MR 298 ; Jugnauth PK v the Secretary to the cabinet and head of the civil service affairs & ors [2013] SCJ 132.

Le Comité judiciaire exprime à rebours cette même réserve dans l'affaire *Hurnam v. State*[16] lorsqu'il rappelle qu'en cas de violation supposée d'un droit, le requérant ne peut plus actionner la Cour suprême en vertu de la section 17 de la Constitution dès lors qu'il a intenté d'autres voies de droit afin de revendiquer la protection de celui-ci, en l'occurrence ici l'appel devant le Comité.

Cette règle de bonne répartition des tâches entre les juges impacte directement les requérants et nécessite donc d'être correctement délimitée.

Premièrement, elle favorise le traitement des litiges constitutionnels selon la voie judiciaire diffuse. Le requérant devra donc être vigilant sur ce point car l'exception de recours parallèle est conçue de manière large. Il n'est pas question, par exemple, que la voie de la section 17 permette de compenser les insuffisances du justiciable qui n'aurait pas formé son recours dans les temps ou devant la juridiction compétente. Dès lors que le requérant était en mesure d'intenter un autre recours équivalent dans ses effets ou d'obtenir une protection légale équivalente, il n'est plus recevable à former un recours direct devant la Cour suprême et ce en dépit de la violation de ses droits fondamentaux. La solution paraît stricte et protège la plénitude de compétence des juridictions mauriciennes.

Deuxièmement, l'exception de recours parallèle ne doit pas être comprise comme réservant la compétence de la Cour suprême au titre des sections 17 et 83 lorsque le requérant aura épuisé toutes les voies de recours ordinaires. La voie d'action n'est donc pas le moyen pour un justiciable de déférer devant la Cour suprême une décision de justice devenue définitive et lésant ses droits ou un acte juridique (une loi par exemple) dont il aurait excipé en vain l'inconstitutionnalité dans le cadre du contrôle judiciaire. De ce point de vue, les sections 17 et 83 ne s'analysent pas en une version mauricienne du *recours d'amparo* espagnol ou mexicain ou du recours individuel ouvert devant la Cour constitutionnelle Allemande une fois épuisé toutes les voies de recours. La voie d'action directe n'est ni une seconde chance, ni un appel en matière constitutionnelle devant la Cour suprême, le requérant devant se contenter des voies de recours ouvertes par la loi dans le cadre du processus judiciaire normal.

Cette dernière précision est importante car le libellé particulièrement ouvert des sections 17 et 83 n'interdisait nullement une lecture plus centralisatrice du contentieux constitutionnel devant la Cour suprême. En outre, les expériences ibériques et ibérico-américaine ont pu démonter que la procédure d'*Habeas corpus* anglo-saxonne pouvait se muer en recours direct

16 Hurnam v State [2000], SCJ 220.

pour la protection des droits fondamentaux. Les causes n'emportant pas toujours les mêmes effets, cette évolution vers un droit d'*amparo* n'a pas touché l'Ile Maurice malgré son attachement aux procédures du droit anglais.

En dépit de ces aménagements procéduraux qui tendent à ménager une place au contrôle diffus de constitutionnalité, on ne peut que se résoudre à conclure que paradoxalement le système mauricien de justice constitutionnelle est tendanciellement centralisé.

II Une tendance affirmée à la centralisation du contentieux constitutionnel devant la Cour suprême

Il est indéniable que la Constitution de 1968 fait de la Cour suprême le centre primordial du système nerveux de la justice, y compris de la justice constitutionnelle. L'évolution historique du rôle de la Cour suprême durant la période coloniale a rencontré la volonté des constituants d'assoir la protection de la Constitution et des droits et libertés sur un organe judiciaire fort et indépendant susceptible de compenser les insuffisances des tribunaux mauriciens. Ainsi, une centralisation du contentieux constitutionnel au profit de la Cour suprême est à l'œuvre tant sur le plan strictement procédural (A) que sur le plan de ses compétences spécifiques en matière constitutionnelle (B).

A Une centralisation renforcée sur le plan procédural

Quatre sources de centralisation du contentieux constitutionnel au profit de la Cour suprême s'observent en pratique dans le fonctionnement procédural de la justice à Maurice.

En premier lieu, l'organisation judiciaire mauricienne, fondée sur un modèle concentrique, tend en pratique à regrouper au sein du prétoire de la Cour suprême l'essentiel des litiges faisant intervenir de près ou de loin la Constitution. La Cour est, en effet, placée au centre de l'organisation judiciaire en tant que juge de première instance, juge d'appel ou juge de cassation, selon les cas, conférant à celle-ci un office de cour régulatrice du droit. A cette place centrale, il est vraisemblablement impossible que les litiges ordinaires révélant des questions constitutionnelles lui échappent.

En deuxième lieu, cela est d'autant plus vrai que l'institution d'un renvoi en interprétation de la Constitution des juges inférieurs vers la Cour suprême (section 84) participe évidemment à ce phénomène de centralisation du débat constitutionnel. Il s'agit d'une procédure de juge à juge conditionnée par une demande de l'une des parties portant sur « *un point de droit important* ». Si la lettre de la section 84 réduit l'objet du renvoi à l'interprétation de la Constitution, en pratique il s'agit davantage de transmettre à la Cour l'exception d'inconstitutionnalité soulevée devant les premiers juges ; la Cour étant alors chargée de résoudre elle-même la difficulté au regard de la situation juridique et factuelle, tout en délivrant l'interprétation authentique de la Constitution.

Ce renvoi ne semble pas s'analyser en une authentique question préjudicielle de constitutionnalité.

En effet, dans un cadre juridictionnel, la mise en place d'une question préjudicielle vise à préserver la compétence exclusive d'une juridiction sur une question particulière posée à l'occasion d'un litige que les juges doivent résoudre sans que cette question l'ait été au préalable. Ainsi, deux critères sont mis en évidence : la compétence exclusive du juge *a quem* (juge de renvoi) et le lien de dépendance strict entre le procès principal et le procès incident.

Si le second critère reste à déterminer avec certitude, l'existence du premier, demeure douteuse en l'état de l'organisation judiciaire mauricienne. Il ne paraît pas évident que le constituant ait entendu vouloir préserver la compétence de la Cour suprême en instituant un tel renvoi. D'une part, il a été dit que la Constitution ne consacre aucune réserve de compétence en matière constitutionnelle en faveur de la Cour. D'autre part, le renvoi n'est pas systématique, le juge *a quo*, juge du principal, n'étant pas clairement en situation de compétence liée pour renvoyer toutes les questions de constitutionnalité qui se posent à lui.

Quoiqu'il en soit, la version mauricienne du renvoi des questions les plus importantes, sérieuses ou délicates tend nécessairement à recentraliser le débat constitutionnel sous l'égide de la Cour suprême. Il est apparu sans doute utile de renforcer par ce biais l'unité dans l'interprétation de la Constitution pourtant déjà garantie pour une grande part par le respect du principe *stare decisis* par les tribunaux mauriciens. Le renvoi réduit en outre des inconvénients d'ordre conjoncturel : d'une part, une formation et une expérience de l'appareil judicaire à l'égard du contrôle de constitutionnalité jugées probablement insuffisantes en 1968 et, d'autre part, le risque d'allongement inutile des procédures juridictionnelles dans une société pauvre et peu encline aux processus judiciaires.

En troisième lieu, il convient de noter que l'exception d'inconstitutionnalité n'a des chances de prospérer devant le Comité judiciaire qu'à la double condition d'avoir été soulevée préalablement devant l'une des formations judiciaires supérieures mauriciennes (Cour suprême ou Cour d'Appel) et traitée définitivement par elle. L'exigence, tirée de la section 81, de l'existence d'une décision définitive sur l'interprétation de la Constitution étant appliquée strictement[17], la Cour suprême refusera en principe d'accorder à l'appelant le droit d'appel au Comité judiciaire. Autrement dit, le recours devant le juge londonien ne peut pas être un moyen opérant pour les appelants de soulever pour la première fois une exception d'inconstitutionnalité. Cette exigence contribue à la protection de la compétence de droit commun de la Cour suprême en matière constitutionnelle, sauf à ce que la Comité judiciaire accorde une autorisation spéciale (« *special leave* ») pour l'exercice du pourvoi conformément aux prescriptions de la section 81 (5) et fasse preuve d'une exceptionnelle indulgence[18] à l'égard d'un moyen nouveau de droit constitutionnel jugé par elle particulièrement important.

Enfin, en quatrième et dernier lieu, l'organisation judiciaire concentrique conjuguée à la procédure de renvoi ont pour effet d'atténuer la rigueur de la règle de l'exception de recours parallèle. La Cour suprême, à la compétence exceptionnellement étendue, aura vraisemblablement été saisie de l'atteinte à la Constitution, soit en premier ressort, soit par la voie de l'appel ou de la cassation, selon les cas, soit par la voie d'un renvoi au titre de la section 84. Ce n'est pas autre chose que dit la Cour lorsqu'elle précise dans l'affaire *Vert v. District Magistrate of Plaines Wilhems*[19] qu'il n'est pas question « *d'abolir d'autres formes d'action disponibles devant la Cour suprême* » par l'introduction d'une requête sur le fondement de la section 17. En sauvegardant la compétence judiciaire, la Cour suprême entend donc également sauvegarder la sienne en tant que Cour régulatrice du droit, *a fortiori* du droit constitutionnel. On peut toutefois regretter qu'elle perde de vue l'exigence précédente d'efficacité dans l'exercice du contrôle et la défense des droits que la voie d'action directe permet de respecter.

Au surplus, il convient de remarquer que la voie de la section 17 (ou de la section 83) recouvre toute sa vigueur afin de poursuivre directement devant la Cour suprême l'inconstitutionnalité de la loi si la voie de droit parallèle prévue par ladite loi constitue, en elle-même, la violation d'un droit fondamental alléguée par le saisissant[20].

---

17 Mukhtar Ali and Gulam Rassol v. R. [1989] MR 222 ; Kadar v. The State [2001] SCJ 188 ; Mosafeer v. The State [2003] SCJ 237 ; Anne v. The State [2003] SCJ 163 ; Hurloll D. K. v. The State [2016] SCJ 190.

18 Gilbert Ahnee, Sydney Selvon and, Le Mauricien Ltd v. DPP [1999] UKPC 11.

19 Vert v. District Magistrate of Plaines Wilhems [1993] MR 28.

20 Madhewoo v The State of Mauritius & ors [2015] SCJ 177.

De même, la réserve n'est pas toujours appliquée dans toute sa rigueur par la Cour suprême, laquelle fait preuve d'un certain réalisme dans son maniement. Il ne faudrait pas, en effet, que l'effet utile de la garantie des droits fondamentaux susceptible d'être offerte par le biais de la section 17 pâtisse d'une application trop stricte de l'exception de recours parallèle. Le cas *Maigrot B v The District Magistrate of rivière du rempart & ors*[21] fournit sur ce point une illustration éclairante du pragmatisme avec lequel la Cour peut parfois concevoir sa compétence. Dans cette affaire, la question posée à la Cour suprême au titre de la section 17 soulevait une difficulté sérieuse quant à la détermination précise du champ matériel et temporel à conférer au droit à un procès équitable tel qu'inscrit à la section 10 de la Constitution. Elle aurait pourtant dû être écartée par la Cour, *in limine litis*, dès lors qu'il existait, en l'espèce, une voie de droit légale ouverte devant le juge criminel pour protéger le droit du prévenu poursuivi. Au contraire, la Cour a préféré tempérer l'application de l'exception de recours parallèle. Elle a été sensible au risque réel et sérieux de violation du droit du demandeur dans l'hypothèse où elle rejetterait la requête ainsi qu'à la nécessité de lui apporter une réponse claire et rapide afin d'éviter un ralentissement excessif de la justice pénale et de la protection du droit. C'est dire que les juges présument implicitement que la demande constituera devant le juge pénal une exception d'inconstitutionnalité qui appellera un renvoi certain à la Cour suprême au titre de la section 84. En somme, mieux vaut prévenir la violation imminente du droit fondamental par le recours spécial de la section 17 que guérir plus tard l'atteinte constituée au droit fondamental par le biais de la voie judiciaire ou, le cas échéant, un renvoi préjudiciel.

Ainsi, sans avoir le statut de cour constitutionnelle, la Cour suprême tend, d'une manière ou d'une autre, à attirer à elle la part essentielle du contentieux constitutionnel. L'introduction en 1968 de deux recours constitutionnels directs devant la Cour achève de s'en convaincre.

B Une concentration renforcée par l'introduction de recours constitutionnels directs devant la Cour suprême

La source principale de concentration du contentieux constitutionnel se trouve indéniablement aux sections 17 et 83 de la Constitution, lesquelles instituent deux voies d'accès direct à la Cour suprême : la première au titre

---

21 Maigrot B v The District Magistrate of rivière du rempart & ors [2004]MRI-2004-D-029.

de la protection des droits et libertés constitutionnels établis au chapitre II de la Constitution (sections 3 à 16) et la seconde au titre du reste de la Constitution à quelques exceptions près. Sans placer la Cour en situation de parfait monopole, ces deux voies de droit la confortent dans son rôle de juge constitutionnel de droit commun bénéficiant d'une compétence élargie et de prérogatives quasi-illimitées pour faire cesser les atteintes à la norme fondamentale, y compris aux droits fondamentaux.

La texture ouverte des termes employés par les deux dispositions pour délimiter leur champ d'action a permis au juge d'embrasser pratiquement tout le spectre des actes de l'ordre juridique, allant jusqu'à admettre d'étendre son contrôle sur le respect de la procédure d'amendement[22] à la Constitution. Seule ombre au tableau, le refus persistant de la Cour de se saisir du contrôle de la loi non encore promulguée, neutralisant les pouvoirs que lui confèrent les sections 17 et 83 au nom du sacro-saint principe de séparation des pouvoirs. Ainsi, notamment, dans les affaires *Lincoln v. Governor-General of Mauritius*[23] et *Keetarut v. Prime Minister*[24], il est dit en substance que la Cour n'usurpera pas les pouvoirs de l'Assemblée en l'empêchant d'examiner ses projets de loi. Il n'est cependant pas déraisonnable de penser qu'un contrôle préventif de constitutionnalité de la loi puisse un jour s'épanouir en droit mauricien. La particularité du contexte dans lequel le refus du juge s'est pour l'instant exprimé ainsi que la position volontiers plus libérale du Comité judiciaire[25] sur cette question suggèrent une possible inclinaison de la position de la Cour. Une saisine parlementaire de la Cour suprême portant sur la loi votée mais non encore promulguée constituerait une avancée dans la protection préventive des droits et libertés ainsi que pour les droits de la minorité/opposition politique. Et ce d'autant plus que les sections 17 et 83 ne l'interdisent pas formellement.

Ensuite, en suivant certains développements opérés au sein de la justice administrative britannique (*judicial review*) ainsi que la jurisprudence libérale du Comité Judiciaire, la politique de la Cour suprême s'est claire-

---

22 Voir : Lincoln v. Gouvernor-General [1974] MR 112 ; Noordally v. Attorney-General [1986] MR 204 ; Police v. Khoyratty [2004] MR 137.

23 Lincoln v. Governor-General of Mauritius [1973] MR 290.

24 Keetarut v. Prime Minister [1992] SCJ 223. Voir également : Ramgoolam v. Speaker of National Assembly [1993] MR 269 ; Madhewoo M v The State of Mauritius [2013] SCJ 401.

25 Rediffusion (Hong Kong) Ltd v. Attorney-General of Hong Kong [1970] AC 1136, [1970] UKPC 12.

ment orientée vers une simplification de l'exercice des recours[26] et une ouverture généreuse de son prétoire. Ainsi, la Constitution ne réservant pas explicitement la saisine à des personnes ou autorités identifiées, la Cour admet volontiers qu'il puisse s'agir d'un simple individu, d'un groupe d'individus ou de n'importe quel groupement ou personne morale de droit privé ou de droit public (association, parti politique, entreprise, syndicat, *etc.*). Profitant de l'imprécision du texte constitutionnel et d'une relative ouverture sur ce point de la jurisprudence du Comité judiciaire[27], la Cour adopte, en outre, une conception relativement libérale de l'intérêt à agir (*locus standi*) du demandeur[28]. Elle admet même, en de rares occasions comme dans *Vallet*[29], de distendre le lien entre la situation du requérant et la lésion du droit invoqué au nom du « *grand intérêt public* » de l'affaire et de l'importance de la violation de la charte suprême.

Toutefois, il n'est pas question pour la Cour de transformer cette action en une *actio popularis* et de conduire les plaideurs à abuser du contrôle par voie d'action au détriment du contrôle judiciaire. La Cour rappelle à ce titre dans l'affaire *Tengur* que « *pour avoir un locus standi en vertu de la section 17, le plaignant doit avoir un intérêt pertinent suffisant* »[30]. Le Comité judiciaire insiste à son tour : « *Le paragraphe 1 de la section 17 (…) fournit un remède personnel pour un préjudice personnel* », précisant que « *ce n'est pas un moyen approprié pour contester de façon générale une disposition législative ou un acte administratif, dans l'intérêt public. Cela est précisé par l'expression "par rapport à lui" ("in relation to him") au paragraphe 17 (1).* »[31]

C'est dire que le simple intérêt au respect de la Constitution ne suffit pas à constituer le *locus standi*. Position que la Cour avait déjà admise dans

26 Les deux voies d'action directe des sections 17 et 83 font désormais l'objet d'un même traitement procédural au sein du Supreme Court (Constitutional Relief) Rules 2000 à savoir une requête en assignation (plaint with summons) formée dans un délai de trois mois à compter de la survenance de l'atteinte et précisant les dispositions constitutionnelles qui ont ou qui sont susceptibles d'avoir été enfreintes.

27 Mohamed Samsudeen Kariapper v. S. S. Wijensinha, Weekly Law Reports [1967], vol. 3, pp. 1460 à 1476 (affaire de Ceylan).

28 Noordally v. Attorney-General, Law Reports of the Commonwealth [1986] MR 204 (qualité d'électeur) ; Mathoorasing [1973] MR 156 (qualité de contribuable).

29 Vallet v. Ramgoolam [1973] MR 29.

30 Tengur v. Ministery of Education [2002] SCJ 48, [2002] MR 166.

31 Marie Jean Nelson Mirbel and Others v. The State of Mauritius & Others, [2011] SCJ 269.

les affaires *Lincoln*[32] et *Jaulim*[33]où elle s'attachait davantage à retenir un intérêt spécifique distinct de celui du public intéressé au respect du droit et de la justice (notion d'*aggrieved person*). Au fond, la solution mauricienne demeure proche de celle appliquée en Angleterre où un intérêt suffisant (*sufficient interest*) du requérant est néanmoins exigé[34].

Cette rapide présentation du régime contentieux des voies d'action directes achève de nous convaincre une fois encore du caractère mixte ou hybride du fonctionnement de la justice constitutionnelle à Maurice. Il est, en définitive, tendanciellement concentré entre les mains de l'organe judiciaire suprême faisant alors office de chambre constitutionnelle sans en avoir le titre. Or, l'institution d'un « *Constitutional Council* »[35] avait été explicitement rejetée par le Professeur de Smith au cours des travaux d'élaboration de la Constitution, et les prémices juridiques et politiques, héritées de la tradition anglaise, se situaient aux antipodes d'une organisation concentrée de la justice constitutionnelle. Curieuse ironie du sort et nouvelle illustration de la faible pertinence de la distinction des modèles de justice constitutionnelle dans les systèmes juridiques issus de la décolonisation.

32 Lincoln v. The Governor of Mauritius [1973] MR 290.

33 Jaulim v. DPP [1976] MR 96.

34 Order 53 of the Supreme Court Act 1981.

35 Stanley De Smith, « Report of the Constitutional commissioner », MLA, sessional paper, n° 2, 1965, p.15.

Les droits de la défense: analyse de droit comparé franco-mauricien[1]

Romain Ollard

Différences de traditions juridiques et de modèles procéduraux. Si, contrairement à la France, l'île Maurice a intégré les droits de la défense dans sa Constitution, c'est sans nul doute en raison de la différence de tradition juridique qui anime chacun des deux pays. Tandis que, dans la pure tradition juridique anglo-saxonne, la Constitution mauricienne a intégré la protection des droits fondamentaux, notamment les droits de la défense, la Constitution française de 1958, d'essence institutionnelle et politique, n'a envisagé pour sa part que les seuls droits politiques. Dans ce prolongement, on sait que l'île Maurice a historiquement subi une double influence juridique – anglaise et française –, ce dont il est résulté l'émergence d'un droit mixte, teinté tout à la fois de *common law* et de tradition civiliste[2]. En matière spécifiquement pénale, ce caractère mixte s'est opéré de façon distributive puisque si le droit pénal de fond est baigné de tradition française[3], la procédure pénale, calquée sur le modèle britannique, est d'essence accusatoire, qui fait la part belle au principe du contradictoire et aux droits de la défense. Au contraire, c'est le modèle inquisitoire qui, longtemps, domina le droit français, sa procédure pénale s'étant construite dans le culte du secret et de l'efficacité policière, au détriment des droits de la défense qui

---

1 Des remerciements tout particuliers doivent ici être adressés à Monsieur Sabir Kadel, *Senior Law reform officer* à la *Law Reform Commission*, pour l'aide précieuse apportée tant dans la collecte des sources documentaires que dans la compréhension du droit mauricien.

2 En vertu de la Convention de Capitulation signée le 3 décembre 1810, les habitants d'île de France furent en effet d'abord autorisés à conserver « leur religion, lois et coutumes », puis, à la suite du Traité de Paris de 1814, qui consacra définitivement la souveraineté britannique sur l'île de France, une proclamation en date du 29 avril 1815 par le premier gouverneur anglais énonça que les habitants de l'île de France continueraient à être régis par les lois, décrets et règlements alors en vigueur, c'est-à-dire principalement par les lois françaises.

3 Hormis quelques rares infractions empruntées au droit anglais, le Code pénal mauricien aujourd'hui en vigueur est une reproduction quasi identique du Code pénal français de 1810.

restèrent longtemps à l'état embryonnaire, jusqu'au milieu des années 1990 où ils prirent véritablement leur essor.

Prévision minutieuse des droits de la défense dans la Constitution mauricienne. Résolument moderne sur ce point, la Constitution mauricienne de 1968 a ainsi élaboré un régime juridique, particulièrement détaillé et protecteur, applicable aux droits de la défense. Outre une section 5 relative à la protection contre les détentions arbitraires ou illégales – l'*habeas corpus* –, on peut notamment y lire une très belle Section 10 sur le droit à un procès équitable, qui ressemble à s'y méprendre l'article 6 de la Convention EDH, à ceci près que le texte mauricien se veut spécifique à la matière pénale[4]. Se trouvent ainsi garantis le droit à un tribunal indépendant et impartial établi par la loi, le droit d'être jugé équitablement dans un délai raisonnable[5], la présomption d'innocence, le droit à l'assistance d'un avocat, le principe du contradictoire ainsi que le droit pour le suspect d'être informé de l'accusation portée contre lui[6]. Amplifiant ces garanties formelles, la Cour suprême a ajouté à cette liste, par exemple en décidant dès 1985, dans l'affaire *Ramdeen*, que le droit de garder le silence était un principe fondamental du droit pénal, reconnu tout au long de la procédure, dès l'arrestation du suspect au stade de l'enquête[7].

Promotion tardive des droits de la défense en droit français. Par contraste, ce n'est que tardivement – et poussivement – que le droit français s'est attaché à promouvoir les droits de la défense, souvent contraint et forcé, il faut bien l'admettre, sous la double influence du Conseil constitutionnel et de la Cour européenne des droits de l'homme. Si le Conseil a conféré une valeur constitutionnelle aux droits de la défense, leur source principale se trouve aujourd'hui dans l'article préliminaire du Code de procédure pénale qui recense les principes directeurs applicables à la procédure ainsi que les garanties accordées aux suspects. Mais si ce texte brille tant par sa rédaction que par la complétude de son contenu, son caractère opératoire et sa valeur normative interrogent en ce sens qu'il n'est pas certain qu'il puisse paraly-

---

4 Les garanties énumérées par le texte ne trouvent en effet à s'appliquer que lorsqu'une personne est « accusée d'une infraction pénale » (Section 10 (1) et (2)).

5 Section 10 (1).

6 Section 10 (2).

7 *Ramdeen v. R* (1985) MR 125. *Adde*, *R. v. Boyjoo* (1991) MR 284, où il fut décidé que la police devait informer le suspect de son droit à garder le silence, droit découlant de la Section 10 (7) de la Constitution.
Par contraste, en droit français, il fallut attendre la réforme de la garde à vue de 2011 pour que le suspect soit informé de son droit de garder le silence (CP, art. 63-1).

ser une disposition technique du code qui lui serait contraire, de sorte que c'est en définitive la Convention européenne des droits de l'homme, directement applicable dans l'ordre interne, qui pourrait apparaître comme la source essentielle des droits de la défense en droit français[8].

Effectivité des droits de la défense en droits français et mauricien ? Mais au-delà des apparences et des déclarations contenues dans la loi ou la Constitution – souvent grandiloquentes en matière de protection des droits fondamentaux –, la seule question pertinente qui mérite d'être posée est celle de savoir si les droits de la défense sont effectivement garantis au cours de la procédure pénale. Il s'agit alors d'envisager concrètement, dans les faits, l'effectivité réelle des droits de la défense, aussi bien en France qu'à Maurice, selon une méthode chère à la Cour européenne des droits de l'homme.

Etendue et intensité de la protection des droits de la défense. Certes, du point de vue de leur domaine, les droits de la défense, ayant progressivement conquis de nouveaux territoires, ont gagné en étendue pour s'appliquer à tous les stades de la procédure, de l'enquête jusqu'au jugement. Mais, ce qu'ils ont conquis en étendue, les droits de la défense l'ont-ils corrélativement gagné en intensité ? La réponse mérite d'être nuancée dès lors que les droits de la défense ne s'appliquent pas avec la même intensité selon la phase de la procédure envisagée : graduellement, ils augmentent à mesure que la procédure avance dans le temps, prenant progressivement corps et consistance pour s'appliquer finalement à « plein régime », dans leur perfection pourrait-on dire, au stade du jugement, tant en droit français que droit mauricien[9].

Intensité moindre des droits de la défense au cours des enquêtes. En revanche, dans les phases antérieures au jugement, les droits de la défense s'appliquent avec une intensité moindre, spécialement pendant l'enquête policière, au cours de laquelle l'objectif d'efficacité policière prend le pas, dans une logique inquisitoire, sur les droits de la défense. Or, la question – qui demeure controversée – est désormais lancée de savoir si les droits de la défense ne devraient pas pénétrer plus complètement l'ensemble des phases de la procédure, spécialement l'enquête. Parce qu'au fond, on le sait, de l'aveu même du Conseil constitutionnel, l'enquête policière constitue la phase principale de la procédure pénale, celle au cours de laquelle se con-

8 Conv. EDH, art. 6, § 3.

9 Ainsi par exemple, en vertu de la section 10 (2) e) de la Constitution mauricienne, l'accusé pourra obtenir la comparution et l'interrogatoire non seulement de tous les témoins qu'il jugerait utile à sa cause mais encore de tous ceux cités par le ministère public devant tout tribunal.

struit le dossier de la procédure qui servira de support au futur procès[10]. Dès lors, si le suspect ne peut pas se défendre utilement à ce stade, il est permis de se demander quand il pourra le faire. Au stade du jugement, répondront certains. Mais il n'est-ce pas trop tard dès lors qu'à cet instant les dés sont jetés puisque le dossier de la procédure est déjà constitué ?

Nécessité de se défendre au cours de l'enquête. Or, que ce soit en droit français ou mauricien, il semble que le suspect ne soit pas concrètement mis en mesure de se défendre utilement contre l'accusation qui est portée contre lui au stade de l'enquête. Sans doute lui offre-t-on la possibilité de contester la légalité de sa détention au cours de l'enquête, de sorte qu'il peut se défendre – efficacement – en ce qui concerne sa privation de liberté. En revanche, l'œuvre est encore perfectible pour ce qui est de l'accusation portée contre le suspect dès lors, d'une part, que son avocat se trouve réduit à un rôle purement passif (I) et que l'enquête, d'autre part, ne consacre pas pleinement le principe du contradictoire (II).

I. Le rôle passif de l'avocat pendant l'enquête

Qu'il s'agisse d'envisager le droit français (A) ou mauricien (B), l'avocat du suspect est cantonné, au cours de l'enquête policière, dans un rôle passif de garant de la légalité de la détention de son client, non dans celui d'un défenseur de l'accusation portée contre lui.

A. Le rôle passif de l'avocat en droit français

Progression suffisante de la place de l'avocat au cours des enquêtes ? Si la place de l'avocat a sensiblement augmenté ces dernières années au cours des enquêtes policières, spécialement au cours de la garde à vue, le rôle qu'il a acquis est-il suffisant dans l'optique d'une défense utile de son client ? Son rôle au cours des interrogatoires (1) ainsi que son accès restreint au dossier de la procédure (2) pourraient inciter à poursuivre l'œuvre de progression dès l'instant, du moins, qu'il est admis que l'avocat doit participer activement à la défense de son client, déjà à ce stade.

10 CC, 30 juillet 2010, n° 2010-14/22, QPC, consid. 16, *RSC* 2011, 139, obs. B. de Lamy, décrivant l'enquête comme « *la phase principale de constitution du dossier de la procédure* ».

1. *Le rôle de l'avocat au cours des interrogatoires*

Progression de la place de l'avocat au cours des interrogatoires. En France, la place de l'avocat au cours de la garde à vue[11] a nettement progressé au cours de ces dernières années. Pendant longtemps en effet, son rôle fut limité à un entretien confidentiel de 30 minutes avec son client avant le début de la mesure[12] afin qu'il l'informe de ses droits et qu'ils puissent construire, ensemble, un embryon de défense. Ce rôle s'est élargi avec la réforme intervenue en 2011, sous la double influence du Conseil constitutionnel et de la Cour européenne des droits de l'homme qui ont exigé, de concert, que le suspect puisse bénéficier de l'assistance effective d'un avocat pendant toute la durée de la garde à vue[13] : l'avocat peut donc désormais être présent pendant toute la durée de la mesure, spécialement pendant les interrogatoires.

De l'avocat annihilé à l'avocat éliminé. Le Code de procédure pénale vient toutefois préciser à cet égard que l'avocat peut prendre des notes et poser des questions durant l'interrogatoire, mais seulement à l'issue de l'audition de son client[14]. Il apparaît ainsi que si l'avocat peut bien être présent, l'interrogatoire n'est nullement contradictoire en ce sens qu'il n'y joue aucun rôle actif dans la défense de son client. Deux dispositions complémentaires sont encore symboliques de ce rôle passif dans lequel reste cantonné l'avocat. D'une part, les policiers peuvent s'opposer aux questions de l'avocat qui seraient « de nature à nuire au bon déroulement de l'enquête »[15], de sorte que si sa présence est tolérée, c'est à la condition que l'efficacité de l'enquête n'en pâtisse pas. « En cas de difficulté » d'autre part, les policiers peuvent mettre fin à l'audition afin que soit organisé le remplacement de l'avocat « gênant » : les officiers de police judiciaire avertissent alors le procureur de la République qui peut décider de saisir le bâtonnier aux fins de désignation d'un autre avocat[16]. La loi pénale a ainsi créé une procédure permettant d'éliminer l'avocat perturbateur, ce qui témoigne d'une certaine méfiance – défiance ? – à son égard. Mais alors, si l'avocat n'a pas pour rôle défendre son client contre l'accusation portée contre lui, pourquoi

11 Laquelle peut être définie comme une mesure privative de liberté aux fins d'audition d'un suspect (C. proc. pén., art. 62-2).

12 V., encore aujourd'hui, C. proc. pén., art. 63-4.

13 CC, 30 juillet 2010, n° 2010-14/22, QPC ; CEDH 14 octobre 2010, *Brusco c/ France*, n° 1466/07.

14 C. proc. pén., art. 63-4-3, al. 2.

15 *Ibid.*

16 C. proc. pén., art. 63-4-3, al. 1.

peut-il assister aux interrogatoires ? Sans doute, précisément, en raison de sa présence dissuasive, afin de garantir la légalité du déroulement de la procédure, ainsi que vient le confirmer la question – elle aussi controversée – de l'accès au dossier de la procédure.

2. *L'accès restreint au dossier de la procédure*

Exclusion de la consultation des pièces utiles à la défense. En France[17], l'avocat et son client n'ont qu'un accès limité au dossier de la procédure au stade de l'enquête policière, restreint à la consultation de certaines pièces seulement, limitativement énumérées : seuls pourront ainsi être consultés l'examen médical ainsi que les procès-verbaux de placement en garde à vue, de notification des droits et d'audition de la personne retenue[18]. Toutes les autres pièces se trouvent exclues du droit de consultation, qu'il s'agisse notamment des procès-verbaux d'audition des témoins et des victimes ou des preuves matérielles qui auraient pu être recueillies au cours de l'enquête, alors pourtant qu'elles pourraient constituer des éléments incriminants à l'encontre du suspect. Or, un tel accès limité au dossier montre bien que l'avocat n'a pas pour rôle de défendre son client au cours de la garde à vue car comment construire une défense efficace sans connaître les éléments à charge recueillis par les enquêteurs ?

Fondement de l'accès restreint au dossier : contestation de la légalité de la procédure. En réalité, l'examen de cette liste montre que l'avocat n'a accès qu'aux seules pièces utiles pour contester la légalité de la procédure en ce qu'elles lui permettront de vérifier que son client a bien été informé de ses

---

17 En droit mauricien, il résulte de la section 10 (3) de la constitution que, lorsqu'une personne est jugée pour une infraction pénale, l'accusé doit, s'il en fait la demande, se voir remettre, dans un délai raisonnable après le jugement une copie de tout dossier de l'instance (transcription des procès-verbaux, notes de preuve du juge président, résumé et copies de documents ou de pièces). Toutefois la disposition ne vise en réalité que le seul accès au dossier du jugement, communiqué après son prononcé, afin que l'accusé puisse exercer utilement son droit d'appel (*Ramdin N. & Anor v. State (2010)*), non le dossier de l'enquête.
S'agissant spécifiquement d dossier de l'enquête, le droit de consultation pourrait être déduit de la section10 (2) (c) de la Constitution, qui prévoit que l'accusé doit disposer du temps et des facilités nécessaires à la préparation de sa défense, ce qui impliquerait que la partie poursuivante ait l'obligation de mettre à la disposition de la défense les éléments de preuve sur lesquels se fonde l'accusation. Toutefois, à notre connaissance, aucune décision en ce sens ne peut être relevée.

18 C. proc. pén., art. 63-4-2.

droits, de la nature de l'infraction reprochée et qu'il a effectivement bénéficié de son droit à un examen médical. La jurisprudence ne dit d'ailleurs pas autre chose puisque, pour justifier cet accès restreint au dossier, les juges internes ont pu décider, d'une seule voix, que les pièces communiquées à l'avocat étaient suffisantes pour contester la légalité de la garde à vue[19]. Il n'est toutefois pas certain que cette vision du rôle de l'avocat soit conforme à la position de la Cour européenne des droits de l'homme qui estime qu'au cours de la garde à vue, le suspect doit pouvoir bénéficier de « l'assistance effective d'un avocat » dans toutes les facettes de ses fonctions, qu'il s'agisse non seulement du « *contrôle des conditions de détention* » mais encore de « *l'organisation de la défense* »[20]. C'est là exiger, semble-t-il, que l'avocat puisse disposer, dès les premiers stades de l'enquête, des éléments recueillis par l'accusation afin de construire une défense efficace, ce qui semble impliquer un accès utile au dossier, à rebours des solutions du droit interne.

Fondement de l'accès restreint au dossier : appréciation globale du droit à un procès équitable. Afin de valider le système de l'accès restreint au dossier, les juridictions internes ont encore développé un autre argument, selon lequel il importe peu que l'avocat et son client n'aient pas accès à l'entier dossier au stade de l'enquête dès lors qu'ils pourront le consulter dans sa globalité à un stade ultérieur, au moment de l'instruction ou du jugement. Cette analyse est fondée sur une appréciation dite globale du droit à un procès équitable qui veut que les droits de la défense soient envisagés non pas isolément, au sein de chacune des phases de la procédure, mais globalement, au regard de la procédure dans son ensemble. En définitive, il est bien possible de tolérer quelques entorses aux droits de la défense au stade de l'enquête, dès lors qu'elles seront corrigées, rattrapées en quelque sorte, plus tard au cours de la procédure, comme si la nécessité de se défendre n'apparaissait pas dès les premiers pas de l'enquête, avec l'apparition de soupçons. La logique pourrait être tenue pour inébranlable si ce n'est que, de l'aveu même du Conseil constitutionnel, l'enquête policière est devenue, bien plus que l'hypothétique et rarissime instruction, « *la phase principale de constitution du dossier de la procédure* »[21], de sorte que c'est en défini-

19 CC, 18 novembre 2011, précité ; Crim. 19 septembre 2012, n° 12-83.997 ; CE 11 juillet 2012, n° 349752.

20 CEDH, 13 oct. 2009, *Dayanan c/ Turquie*, n° 7377/03,§ 32, *D.* 2009, p. 2897, note J.-F. Renucci ; *Dr. pén.* 2010, Chr. 3, E. Dreyer.

21 CC, 30 juillet 2010, n° 2010-14/22, QPC, consid. 16, RSC 2011, 139, obs. B. de Lamy ; CC QPC, 18 novembre 2011, consid. 28, D. 2011, 3034, note H. Matsopoulou.

tive au cours de l'enquête que la nécessité de se défendre se fait la plus impérieuse.

Accès étendu au dossier ? Sans doute ne s'agit-il pas encore d'engager, à ce stade, une discussion sur le « *bien-fondé des éléments de preuve rassemblés par les enquêteurs qui ont vocation à être discutés devant les juridictions d'instruction ou de jugement* »[22]. Il n'en demeure pas moins qu'il apparaît dès à présent impérieux pour le suspect d'être en mesure de se défendre contre les accusations précises et concrètes qui seront portées contre lui au cours de son interrogatoire : car il ne s'agit plus seulement alors de se défendre contre une accusation générale dont il est d'ailleurs informé[23], mais bien de se défendre *in specie*, contre des éléments de preuve concrets invoqués par les autorités policières lors de l'interrogatoire. Dans ces conditions, peut-être serait-il possible d'adhérer à une vision médiane qui consisterait à permettre la consultation par la défense, non pas de toutes les pièces du dossier « *sur la base desquels la garde à vue a été décidée* »[24] – pièces fondant la garde à vue –, mais seulement de celles sur la base desquelles l'interrogatoire sera mené[25] – pièces fondant l'accusation au cours de l'interrogatoire –. Une telle vison permettrait de ménager tous les intérêts en présence, non seulement ceux de l'accusation en permettant aux policiers de ne pas dévoiler tous les éléments dont ils disposent, mais encore ceux de la défense en exigeant des enquêteurs qu'ils produisent à tout le moins les pièces dont ils font état au cours de l'interrogatoire, afin d'éviter qu'ils ne « prêchent le faux pour avoir le vrai », ce qui rejoint ici les considérations relatives à la loyauté des autorités publiques dans la recherche des preuves.

Rôle de l'avocat : présence passive et dissuasive. Purement passive, la présence de l'avocat durant la garde à vue se veut donc essentiellement dissuasive. Son rôle est alors sans doute moins celui d'un défenseur de son client que celui d'un garant de la légalité de la procédure, ce qui rapproche le droit français du droit mauricien sur ce point.

B. Le rôle passif de l'avocat en droit mauricien

Certes, comme en droit français, l'avocat mauricien se voit offrir la possibilité de contester la légalité de la privation de liberté dont son client est l'ob-

---

22 CC, 18 novembre 2011, précit.

23 CPP, art. 63-1, 2°.

24 Amendement n° 63, lors de la discussion relative la réforme de la garde à vue.

25 V. les propositions de la mission Beaume relative à la rénovation de la procédure d'enquête pénale (10 juillet 2014).

jet (1) ; mais, pas davantage que le droit français, le droit mauricien ne lui offre véritablement la possibilité de construire une défense utile dès le stade de l'enquête (2).

1. L'avocat défenseur de la légalité

Habeas corpus *: protection contre les détentions arbitraires et illégales.* « Nul ne peut être privé de sa liberté, sauf autorisation légale », énonce fièrement la Section 5 de la constitution mauricienne. En vertu de cet *habeas corpus* d'inspiration anglo-saxonne – ou droit à la sûreté selon l'appellation française –, le suspect se trouve protégé contre toutes les formes de détentions illégales ou arbitraires, ce dont il résulte que le suspect objet d'une arrestation et son avocat se voient reconnaître le pouvoir de contester toute mesure de privation de liberté au cours de l'enquête. En vertu de la Section 5 (3) (c) de la Constitution en effet, dès lors qu'une personne est arrêtée ou privée de liberté, notamment dans le cadre d'un « *provisional charge* »[26], elle doit être présentée devant un tribunal sans retard excessif afin qu'elle soit mise en mesure de contester la légalité ou le caractère arbitraire de la détention dont elle est l'objet.

Effectivité de la protection contre les détentions arbitraires et illégales. Or, la Cour suprême vient offrir une protection particulièrement énergique à cette disposition non seulement en affirmant le caractère obligatoire du droit de présentation à un tribunal[27] mais, encore et surtout, en exerçant un contrôle effectif sur les motifs et les raisons de la détention. Ainsi par exemple, dans la célèbre affaire *Sheriff*[28], la Cour suprême affirme certes que la police a « un droit indéniable d'arrêter et de détenir des personnes soupçonnées ». Mais c'est pour ajouter aussitôt, selon une formule fameuse, que « notre loi relative à la liberté de l'individu ne doit pas être interprétée de telle manière que l'arrestation et la détention deviennent la règle

26 Equivalent de la garde à vue française, le « provisional charge » est une mesure privative de liberté au cours de l'enquête, constitutive d'une pratique policière dès lors qu'elle n'est pas légiférée (v. *infra*).

27 *DPP v. Virasawmy (1971).* V. également *Moorbanoo v. State (1989)* où la Cour suprême affirme que ce droit de présentation n'est pas une simple formalité de procédure.

28 *Sheriff v. District Magistrate of Port Louis* (1989) MR 260. V. également *Dahoo v. State & Commissioner of Police* (2007) SCJ 156, où la Cour suprême décide du caractère illégal d'une arrestation en présence d'un abus de pouvoir dès lors que les auteurs de l'arrestation doivent invoquer une loi précise autorisant l'arrestation.

et la liberté l'exception ». Il en résulte que, sous peine d'enfreindre la Section 5 (1) (e) de la Constitution, les soupçons justifiant une arrestation doivent être raisonnables et fondés sur une juste cause – exigence d'un soupçon objectif fondé sur des éléments concrets – et ne sauraient en conséquence résulter d'une « simple intuition de la part de la police » – rejet du soupçon subjectif fondé sur un pur jugement d'appréciation des policiers[29]. Or, le contrôle de la légalité des détentions semble fonctionner efficacement à Maurice puisque, à en croire une réponse de l'ancien premier ministre à une question parlementaire en 2016, près d'un tiers des « *provisional charges* » seraient annulés par les tribunaux mauriciens. Mais si le droit de contester la légalité de la détention est ainsi garanti de façon effective, le suspect peut-il exercer utilement ses droits de la défense au cours de l'enquête ?

2. *L'avocat défenseur de son client ?*

Droit à l'information et droit à un avocat pendant la privation de liberté. Sans doute, dans la rigueur des textes, les droits de la défense du suspect sont-ils garantis au cours de l'enquête dès lors qu'il bénéficiera d'un double droit en cas d'arrestation. D'une part, en vertu de la Section 5 (2) de la Constitution, toute personne arrêtée ou détenue doit être informée dans les meilleurs délais des raisons de son arrestation ou de sa détention. Or, ce droit à l'information constitue la condition préalable, nécessaire à toute défense utile car – *Le procès* de Kafka en témoigne – comment un suspect pourrait-il construire une défense efficace s'il ne connaît pas précisément la nature de l'accusation portée contre lui ? Ensuite, toute personne arrêtée ou détenue doit, aux termes de la Section 5 (3) de la Constitution, avoir les facilités raisonnables pour consulter un représentant légal de son choix. L'assemblée plénière de la Cour suprême est d'ailleurs venue renforcer l'effectivité du droit à un avocat en décidant, dans l'affaire *State v. Coowar*[30],que les policiers ont l'obligation d'informer un suspect de son droit à l'assistance d'un avocat de son choix et ce, dès son arrestation[31].

---

29 V. également, pour une solution similaire en matière d'enquête de flagrance en droit français, où les soupçons justifiant l'exercice des pouvoirs coercitifs inhérents à la flagrance doivent traditionnellement résulter « d'indices apparents d'un comportement délictueux » (Cass. crim. 2 février 1988, n°**87-81147**).

30 *State v. Coowar* (1997) MR 123 [SCJ 193].

31 V. également, pour une jurisprudence anglaise en ce sens, *Alderson v. Bath (1969) 2 Q.B 220*, qui exige par ailleurs, dans une décision citée à Maurice (*Hussein v.*

L'effectivité du droit à un avocat. Pour autant, dans certaines circonstances, l'effectivité du droit à l'assistance d'un avocat peut en pratique être mise à mal au cours de l'enquête policière. D'abord, l'assemblée plénière de la Cour suprême a pu décider, dans sa décision *Wadud v. State*[32], que l'obligation pour les policiers d'informer la personne privée de liberté de son droit à un avocat n'était pas absolue. En se fondant sur une décision du Conseil privé de la Reine[33], elle admet, en effet, que, pour certains crimes graves[34], une personne arrêtée puisse être privée de son droit à un avocat pour les nécessités de l'enquête. C'est là admettre que les droits de la défense puissent parfois céder face à l'objectif de découverte de la vérité, dans une logique qui confère d'importants pouvoirs d'appréciation tant aux policiers qu'aux juges s'agissant des circonstances justifiant le report de la présence de l'avocat[35]. Ensuite et peut-être surtout, il est difficile de se faire une idée précise du rôle exact de l'avocat au cours de la mesure privative de liberté car le droit mauricien n'a pas véritablement légiféré sur ce point, du moins pas dans le détail. Sans doute la Section 5 (3) de la Constitution prévoit-elle que le suspect peut « consulter » un avocat. Mais quelle est la teneur exacte de ce droit de consultation ? Si cette exigence semble renvoyer au droit à un entretien confidentiel du suspect avec son avocat, au-delà, ce dernier peut-il assister aux interrogatoires et, dans l'affirmative, peut-il poser des questions ? Peut-il accéder à l'entier dossier de la procédure ? La réponse est loin d'être évidente dès lors le « *provisional charge* » – l'équivalent mauricien de la garde à vue française est une pure pratique policière n'ayant pas de fondement textuel[36]. Dans ces conditions, le « *provisional*

Chong Fook Kam (1970) AC 492), que la police énonce en des termes clairs qu'elle exerce son droit d'arrestation.

32 *Wadud v. State* (1999) MR 270 [SCJ 187].

33 *Mohammed (Allie) v The State (The Times, Dec 10, 1998)*, qui énonce que tous les droits, quand bien même auraient-ils une nature constitutionnelle, doivent être confrontés à « l'intérêt de la communauté à obtenir des preuves pertinentes concernant la commission de crimes graves ».

34 L'affaire concernait en l'occurrence un ressortissant tanzanien, suspecté d'importation de produits stupéfiants.

35 V., en droit français, pour des dispositions légales admettant le report de la présence de l'avocat, en droit commun (C. proc. pén., art. 63-4-2) ou dans le cadre de la criminalité organisée (C. proc. pén., art. 706-88, al. 6).

36 Si les règles relatives à l'enquête sont prévues dans les « *Standing orders* » de la police, c'est-à-dire dans les règlements internes à la police, ceux-ci ne sont pas, semble-t-il, accessibles au public.

charge » pourrait constituer le terreau d'arrestations arbitraires[37], d'autant que, contrairement au « *formal charge* », c'est-à-dire à l'acte d'accusation (« *Information* ») qui doit contenir la qualification juridique précise fondant les poursuites sous peine de leur abandon, le « *provisional charge* » est très peu exigeant en la matière, ce qui laisse une grande latitude aux autorités policières pour procéder à une arrestation. L'île Maurice pourrait ainsi trouver intérêt à légiférer sur ces questions qui, au-delà de leur aspect purement technique, constituent la condition de l'exercice effectif des droits de la défense pendant l'enquête.

II. Le défaut de contradictoire au cours de l'enquête

Introduction du contradictoire au cours de l'enquête ? L'introduction du contradictoire au cours de l'enquête pourrait être une façon de ne pas cantonner le suspect et son avocat dans un rôle passif de simple contestation de la légalité de la privation de liberté. Il s'agirait au fond d'exiger une certaine égalité des armes au cours de l'enquête, en permettant au suspect non seulement de consulter le dossier de la procédure mais, encore et surtout, de saisir une autorité judiciaire pour que certains actes d'enquête soient réalisés en sa faveur afin que l'enquête soit menée, au fond, à charge et à décharge. Alors qu'aujourd'hui, le suspect est cantonné dans un rôle passif en ce sens qu'il subit l'enquête et les actes d'investigations qui y sont diligentés, il deviendrait ainsi un acteur de la procédure participant activement à la recherche des preuves.

Le contradictoire en droit mauricien. Certes, à l'île Maurice, le principe du contradictoire se trouve pleinement garanti au stade du jugement dès lors qu'en vertu de la section 10, 2, e) de la Constitution, l'accusé pourra, au cours de l'audience, interroger tous les témoins qu'il jugerait utile à sa cause et aura la possibilité d'interroger, en personne ou par l'intermédiaire de son représentant légal, les témoins cités par le ministère public. En revanche, aucune prévision similaire n'envisage formellement le principe de contradictoire au cours de l'enquête. Tout au plus est-il possible de trouver des traces de cette exigence dans la jurisprudence de la Cour suprême, indirectement envisagée sous l'angle du principe d'impartialité des enquêtes poli-

37 En ce sens, v. également S. Boolel, « Provisional charge conundrum », *E. Newsletter, Office of the DPP*, Issue 54, Décembre 2015, p. 2 : « *provisional charges are being used as a cover for arbitrary arrests and detentions* ». *Adde*, S. Boolel, *L'express*, 4 janvier 2016 (https://www.lexpress.mu/idee/273600/provisional-charge-conundrum).

cières. Ainsi, dans sa décision *Mamode*[38], dans une affaire où un suspect avait porté des accusations à l'encontre d'un policier, la Cour suprême vient énoncer que le concept de procès équitable, garanti par la Section 10 de la Constitution, implique que la police mène des enquêtes impartiales et équitables en ce qui concerne les allégations des accusés dès lors qu'il est du devoir de la police de prendre toutes les mesures utiles pour prévenir et rechercher les infractions. C'est là affirmer, en définitive, que les enquêtes policières doivent être menées aussi bien à charge qu'à décharge.

L'introduction récente du contradictoire en droit français. De façon comparable, pendant longtemps, en droit français, aucun contradictoire ou presque ne fut exigé au stade de l'enquête policière, au cours de laquelle le suspect en était réduit à subir des actes d'investigation, potentiellement intrusifs ou coercitifs. Le principe du contradictoire n'apparaissait en réalité qu'au cours de l'instruction dès lors qu'acquérant la qualité de partie au procès pénal, le suspect pouvait – et peut toujours – consulter l'entier dossier de la procédure et solliciter le juge d'instruction afin que des actes d'enquête soient réalisés en sa faveur (auditions de témoins, perquisitions, *etc.*). Mais voici que la récente loi du 3 juin 2016 – annoncée comme une grande loi de promotion des droits de la défense avant de se transformer en une loi sécuritaire de réaction à la vague d'attentats qu'a connu la France – est venue introduire du contradictoire au cours de l'enquête policière, comme si le législateur français voulait créer une identité de régime entre l'enquête et l'instruction[39]. Toutefois, en dépit des apparences, la prétendue introduction du contradictoire au cours de l'enquête pourrait n'être qu'un leurre tant les limites tant matérielles que temporelles qui y sont apportées sont nombreuses.

Les limites temporelles au contradictoire. Trois traits de temps méritent être distingués au sein du nouvel article 77-2 du Code de procédure pénale. D'abord, il est prévu que le suspect qui a été auditionné librement ou sous contrainte – et seulement lui – pourra, à l'issue d'un délai d'une année à compter de la première audition, saisir le procureur de la République afin de consulter le dossier de la procédure et solliciter des actes d'investigation[40]. Si cette prévision constitue assurément un progrès, qu'il soit toutefois permis de se demander si l'introduction du contradictoire n'intervient pas trop tardivement dès lors qu'à l'issue de ce délai – qui exclue de fait l'en-

38 *Mamode v. R* (1991) MR 223.

39 V. C. proc. pén., art. 39-3, al. 2, qui énonce que le procureur de la République veille à ce que les investigations « soient accomplies à charge et à décharge », sur le modèle de l'instruction (C. proc. pén., art. 81).

40 C. proc. pén., art. 77-2, I, al. 2.

quête de flagrance[41] –, le dossier de la procédure est déjà, sinon finalisé, du moins largement constitué. Ensuite, à l'instar des solutions prévalant en matière d'instruction, le texte vient décider que le procureur de la République « doit », « lorsque l'enquête lui paraît terminée » et qu'il envisage de poursuivre le suspect, informer celui-ci de la mise à disposition du dossier et de la possibilité de formuler des demandes d'actes d'enquête dans un délai d'un mois[42]. Si la communication du dossier devient ici obligatoire (« doit »), il apparaît que le contradictoire n'est en réalité effectivement introduit qu'à l'issue de l'enquête policière, à un stade où le dossier de la procédure est donc déjà finalisé. Or, l'instauration du contradictoire à ce stade, qui existait déjà au demeurant avant la loi de 2016[43], est une nécessité logique dans la mesure où, un jugement se profilant, la communication du dossier apparaît comme une exigence incontournable, afin que le prévenu dispose du temps et des facilités nécessaires pour préparer sa défense devant les juridictions de jugement, conformément aux exigences de l'article 6 § 3, b de la Conv. EDH. Enfin, l'article 77-2, II du code vient préciser que, « à tout moment de la procédure », le Procureur de la République « peut » communiquer le dossier pénal et recueillir les observations des personnes mises en cause, notamment leurs demandes d'actes d'investigation. Mais il s'agit là d'une simple faculté – non contraignante – pour le procureur (« peut »), qui n'est dès lors pas tenu de faire droit aux demandes qui lui sont adressés, ce qui revient à envisager l'effectivité réelle du contradictoire au cours de l'enquête.

Les limites tenant à l'effectivité du contradictoire. Outre que l'introduction du contradictoire n'est obligatoire qu'à l'issue de l'enquête préliminaire, en aucun cas pendant son cours, il est prévu qu'en toutes hypothèses, « le procureur de la République apprécie les suites devant être apportées aux observations et demandes » d'actes qui lui sont formulées. Il en résulte que seule la communication du dossier est obligatoire à l'issue de l'enquête, non les demandes d'actes qui sont quant à elles laissées à l'appréciation discrétionnaire du procureur. Sans doute rétorquera-t-on que, de la même façon, le ju-

---

41 Dès lors que celle-ci ne peut se dérouler que sur une période de huit jours, renouvelable une fois (C. proc. pén., art. 53), de sorte que l'introduction du contradictoire ne concerne en réalité que l'enquête préliminaire.

42 C. proc. pén., art. 77-2, I, al. 1er. De ce point de vue, l'article 77-2 du code de procédure pénale applicable à l'enquête n'apparaît que comme une reprise – quasiment à l'identique – de l'article 175, applicable à l'instruction.

43 C. proc. pén., art. 393, al. 3 (personnes poursuivies par citation directe ou convocation par procès-verbal) ; art. 388-5 (personnes poursuivies par citation directe ou par convocation par officier de police judiciaire).

ge d'instruction n'est jamais tenu de faire droit aux demandes d'actes d'investigation émanant des suspects. Mais la décision du juge d'instruction pourra être frappée d'appel devant la chambre de l'instruction, là où la décision du procureur de la République, elle, sera insusceptible de recours dès lors que s'il est un magistrat, il n'est pas un juge exerçant une fonction juridictionnelle. En définitive, l'article 77-2 du Code de procédure pénale qui prétend introduire du contradictoire dans l'enquête n'apparaît que comme un trompe-l'œil... qui ne dupe toutefois personne dès lors que l'exigence, n'intervenant qu'à l'issue de l'enquête, est subordonné à une décision discrétionnaire du procureur, définitive et insusceptible de recours[44]. La route paraît encore longue pour que le principe du contradictoire soit effectivement garanti au stade de l'enquête qui demeure, aujourd'hui encore, construite dans le moule de l'inquisitoire.

Rapprochement des droits français et mauricien ? Quoi qu'il en soit, il apparaît ainsi que, de proche en proche, le législateur français contemporain en vient – lentement mais sûrement – à calquer le régime de l'enquête sur celui de l'instruction, d'abord en conférant au procureur de la République des pouvoirs d'investigation identiques à ceux du juge d'instruction, ensuite en introduisant du contradictoire au cours de l'enquête, sur le modèle de l'instruction. Dès lors, on ne peut s'empêcher d'être animé par cette impression diffuse que tout semble prêt pour la suppression du juge d'instruction, annoncée de longue date, avec cette idée qu'au fond, la répression ne se trouverait pas désarmée s'il venait à disparaître. Une telle suppression rapprocherait encore un peu plus le droit français du droit mauricien, à cette double différence près, toutefoisqu'à Maurice, d'une part, le directeur des poursuites publiques n'est pas le directeur de l'enquête ayant pour mission de diriger et contrôler les investigations réalisés par les policiers et qu'il jouit, d'autre part, d'une indépendance statutaire et fonctionnelle à l'égard du pouvoir exécutif[45], ce qui n'est pas le cas du procureur de la République en France, quoi qu'en dise le Conseil constitutionnel[46].

---

44 V. également, dans le même sens, J.-B. Perrier, « Les garanties de la procédure pénale dans la loi du 3 juin 2016 : entre illusion(s) et désillusion(s) », *D.* 2016, 2134.

45 Voir S. Boolel, « Le juge constitutionnel et le statut du parquet : le cas du DPP mauricien (autorité constitutionnelle indépendante », *in* cet ouvrage.

46 Cons. const., 8 déc. 2017, déc. QPC n° 2017-680.

La République de Maurice, du formel au substantiel : d'un modèle à l'autre

Didier Blanc

« L'île Maurice sera la démocratie parlementaire de l'océan Indien si elle parvient à survivre »[1].

La Constitution promulguée le 12 mars 1968 par le *Mauritius Independence Order 1968*[2], précédé du *Mauritius Independence Act*[3] est muette quant à la forme du nouveau régime. Ce silence a pu être vu comme la manifestation d'une résurgence coloniale, contaminant au-delà l'ensemble du nouveau texte[4]. Quoi qu'il en soit, la République n'est pas contemporaine de l'indépendance, la Constitution mauricienne est un legs du régime britannique, « octroyée par l'ancienne puissance coloniale »[5], si bien qu'il est permis de parler de seconde naissance à propos de l'instauration de la République. À l'instar de plusieurs territoires ayant quitté le giron de la Couronne Britannique, l'île Maurice a finalement choisi la forme républicaine du gouvernement comme vecteur de son indépendance, c'est-à-dire *a minima* un régime politique et constitutionnel dans lequel la dévolution du pouvoir ne relève pas de l'hérédité et ne saurait être « viagère »[6].

1 L. Favoreu, *L'île Maurice*, Encyclopédie politique et constitutionnelle, Institut international d'administration publique, Paris, Berger Levrault, 1970, p. 49.

2 Pt. 1. (1). « *This Order may be cited as the Mauritius Independence Order 1968* ». Daté du 4 mars, v. *Revised law*, 1981, vol. 1; p. 63 et s. V. également en annexe l'*Order-in-Council'* de sa Majesté Elizabeth II : GN 54 de 1968, 6 mars 1968.

3 Adopté par le Parlement britannique le 29 février 1968; v. *Revised law*, 1981, vol. 1, p. 59.

4 En ce sens, J. Colom, « L'écriture dirigée par le Colonial Officiel de la Constitution mauricienne de 1968 », in J. Colom (dir.), *Le développement constitutionnel dans les États du sud-ouest de l'océan Indien*, Aix-en-Provence, PUAM, 2013, p. 24 et s.

5 M. J. N. Meetarbhan, « L'évolution de la Constitution mauricienne depuis 1968 », *Annuaire des Pays de l'océan Indien*, vol. XIV, 1995-1996, p. 25.

6 J.-L. Quermonne, « République », in O. Duhamel et Y. Mény (dir.), *Dictionnaire constitutionnel*, Paris, PUF, 1992, p. 921.

Il ne s'agit pas ici de retracer le passage d'un état à l'État[7] mais de souligner la puissance du modèle républicain dans le constitutionnalisme contemporain. Depuis plus de deux siècles, la République – qu'elle soit rêvée ou mythifiée importe peu –, quels qu'en soient les contours et atours, opère une attraction à la fois à la faveur de changements politiques et juridiques internes à l'État et comme c'est le cas s'agissant de Maurice dans un processus de décolonisation sur le temps long. De là à considérer que la République est la forme parfaite dans un sens premier et achevée du gouvernement des Hommes... En tout état de cause, est donné corps au point de vue des constitutions « républicaines », se considérant comme le stade de l'évolution des régimes politiques.

La Constitution mauricienne s'inscrit tardivement, en 1992, mais pleinement dans son temps en affirmant ainsi dès l'entame son appartenance au « camp républicain », elle rejoint ainsi une vaste et dominante catégorie, au moins sur un plan formel, de constitutions. Cette référence s'entend initialement par opposition à une forme monarchique[8], entendue comme le gouvernement d'un seul tandis que dans la République, selon Aristote la souveraineté est entre les mains du peuple[9]. Dans ces conditions, l'accession à l'indépendance nationale vaut naturellement rétablissement du peuple dans ses droits et fondation républicaine. Bien qu'elle ne soit pas à l'origine synonyme de démocratie, la République tend au fil des siècles à s'y confondre dans la mesure où le peuple est à la source de tous pouvoirs, à telle enseigne que de nos jours « il n'y a qu'une seule et unique maison : la République démocratique »[10]. Tel est de prime abord le sens à donner à la double assertion d'un « État souverain et démocratique dénommé République » comme le fait l'article 1er de la Constitution mauricienne.

Près d'un quart de siècle de germination semble être un laps de temps suffisant pour que s'ancre un régime républicain chassant l'ombrelle de la

7 Sur le processus politique et constitutionnel conduisant à l'indépendance : M. Akung, « Vie politique et évolution constitutionnelle de Maurice – 1958-1968 », in *Le développement constitutionnel dans les États du sud-ouest de l'océan Indien*, *op. cit.*, p. 43 et s.

8 « A sa naissance la république était l'absence d'un roi ». M.-P. Deswarte, *Essai sur la nature juridique de la République*, Paris, L'Harmattan, 2003, p. 71.

9 Aristote, *La politique*, Livre III, Chapitre V.

10 G. Zagrebelsky, Cinquante d'activités de la Cour constitutionnelle italienne, *RDP*, 2007, n°1, p. 138.

monarchie couvrant l'indépendance tant le modèle de Westminster[11] fut prégnant. Ce modèle du parlementarisme britannique (I), donnant corps au mimétisme constitutionnel souvent à l'oeuvre et observé dans les États nouvellement indépendants se vérifie ici. Le système constitutionnel mauricien ayant apporté la preuve de sa solidité et de sa stabilité s'est progressivement émancipé du giron juridique britannique en optant pour un régime républicain, preuve cette fois d'un modèle français (II).

I – Le modèle du parlementarisme britannique

Il est sans doute vain ici « d'émettre (après coup) des critiques faciles quoique fondées sur ce "néocolonialisme constitutionnel", il serait intellectuellement plus honnête d'admettre que ce "mimétisme constitutionnel" était à l'époque, et dans un premier mouvement d'émancipation, inévitable… »[12]. Il s'agit seulement de constater la forte proximité entre la Constitution d'un État nouvellement souverain et l'ancienne métropole, d'autant plus qu'elle subit l'influence de la monarchie constitutionnelle (A). Toutefois, et c'est un trait dominant du système juridique mauricien, un syncrétisme constitutionnel agit en profondeur résultant d'une influence continentale (B).

A) L'influence de la monarchie constitutionnelle

« *By way of introduction, the State and the Constitution have been defined in chapter one. Mauritius has been described as a sovereign democratic State and the Constitution as the supreme law of Mauritius* »[13]. Il est vrai que le chapitre I, L'État et la Constitution, comporte deux articles inauguraux affirmant respectivement : « L'île Maurice est un État souverain et démocratique »; « La Constitution est la loi suprême ». Cette affirmation d'une sou-

---

11 V. B. de Smith, « Exporting the Westminster Model and the Constitution of Mauritius », in *Mutations constitutionnelles dans l'océan Indien, Colloque international*, Université de La Réunion, Faculté de droit et des sciences économiques et politiques, 6, 7et 8 avril, 1994; *Annuaire des pays de l'océan Indien*, vol. XIV, 1995-1996, p. 41 et s.

12 C. Cadoux, « Panorama des situations constitutionnelles dans la zone océan Indien », *Annuaire des pays de l'océan Indien*, vol XIII, 1993-1994, p. 263.

13 S. Bhuckory, *Our constitution*, Port Louis, The Mauritius Printing Company, 1971, p. 10.

veraineté, non qualifiée de nationale ou populaire à rebours de la tradition constitutionnelle française est le siège de la reconnaissance de l'indépendance du nouvel État. À l'évidence la stratification sociale de l'île Maurice en est à l'origine. En outre, compte davantage le statut de l'État que la forme du régime, tant son essence souveraine a la priorité sur ses conditions d'existence. Comment ne pas y voir la manifestation imparfaite du tropisme indien? Dans son Préambule, la Constitution de l'Union indienne du 26 janvier 1950 ne retient-elle pas que l'Inde est constituée d'une : « *Sovereign Democratic Republic* »? Ainsi le voisinage entre les caractères souverains et démocratiques d'un État accédant à l'indépendance pour évident qu'il soit ne se recommande pas d'une même évidence s'agissant de son caractère républicain[14]. Pour le dire autrement, une révolution manque en l'occurrence à la fondation républicaine, les épisodes sanglants de janvier 1968 n'en relevant pas; l'Indépendance fruit d'une évolution se déploie à l'ombre de la Monarchie quand la Révolution est souvent encline à enfanter la République! Par ailleurs et formellement, la structure sociale de l'Inde dominée par une hiérarchie fondée sur l'appartenance communautaire n'est pas incompatible avec un régime républicain réduit à son sens le plus étroit et historique : la non-dévolution héréditaire du pouvoir. La parenté en la matière avec la société mauricienne laisse entrevoir un horizon républicain aux implications limitées s'agissant du statut individuel. Pour l'heure cet horizon est bouché par la plume du constituant, J. Colom soulignant que cet article 1er a été « écrit par les juristes anglais selon le style des règlements coloniaux »[15] comme le démontre l'absence de Préambule.

En attendant qu'une éventuelle réforme constitutionnelle ne se dessine, la Cour Suprême a insufflé, certes tardivement, une vitalité toute juridique au caractère démocratique du jeune État. La Cour Suprême a commencé par donner une substance à l'affirmation de la démocratie en la reliant d'une part au principe de l'état de droit et d'autre part à celui de la séparation des pouvoirs entre le législatif, l'exécutif et le judiciaire durant les

14 Sur cette question : K. R. Narayanan, « India : the first Republic within the Commonwealth », in *Reflections on the Republic*, University of Mauritius, 1992, p. 29 et s.

15 J. Colom, « L'écriture dirigée par le Colonial Office de la Constitution mauricienne de 1964 », *op. cit.*, p. 37.

années 1980[16]. Quelques années plus tard, le Conseil Privé considère à sa suite :

> « *The idea of democracy involves a number of differents concepts. The first is the people must decide who should govern them. Secondly, there is the principle that fundamental rights should be protected by an impartial and independent judiciary. Thirdly, in order to achieve a reconciliation between the inevitable tensions between these ideas, a separation of powers between the legislature, the executive and the judiciary is necessary* »[17].

Alors que pendant de longues années le terme « démocratique » ne possédait qu'une valeur purement déclaratoire, injusticiable, la jurisprudence a rendu possible cette observation : « *the provision that Mauritius 'shall be … a democratic State' is an operative and binding provision* »[18]. En somme, la lecture que fait le juge du terme « démocratie » recouvre parfaitement le sens étymologique et traditionnel d'un « gouvernement par le peuple ».

Le substrat démocratique de la Constitution mauricienne se concilie sans mal avec la nature de son régime. Comme si sa chrysalide était insuffisamment achevée, le jeune État mauricien emprunte au colonisateur son système institutionnel, classiquement organisé en un régime parlementaire[19]. La Constitution de 1968 prévoit alors que le « pouvoir exécutif à l'île Maurice s'incarne dans Sa Majesté », laquelle est Chef de l'État, représentée par un gouverneur général, nommant à son tour le Premier ministre (article 59). En réalité, ce dernier, comme les membres de son cabinet, sont issus du parti majoritaire, dont le leader aspire précisément à diriger le cabinet. L'article 59-3 de la Constitution précise que le Gouverneur général nomme comme « Premier ministre le député qui lui paraît susceptible d'obtenir le soutien de la majorité des membres de l'Assemblée ». Dans ces conditions, le profil du régime se précise : « *our system of gouvernment is the system of cabinet government* »[20].

---

16 V. B. Domah, La Cour Suprême et la construction de la démocratie à l'île Maurice, in *Le développement constitutionnel dans les États du sud-ouest de l'océan Indien, op. cit.*, p. 83 et s.

17 The State v. Khoyratty (Mauritius) Rev 1 [2006] UKPC 13 (22 March 2006), pt. 12.

18 M. J.N. Meetarbhan, « The Constitution at 50 », in R. Ramtohul and T. H. Eriksen, *The Mauritian Paradox: Fifty years of Development, Diversity and Democracy*, Réduit, University of Mauritius Press, 2018, p. 17.

19 L. Favoreu, *op. cit.*, p. 36.

20 S. Bhuckory, *op. cit.*, p. 37.

Du côté législatif, le Parlement est « composé de Sa Majesté et d'une assemblée législative »[21]. Ce jardin à l'anglaise heurte le cartésianisme continental : dans un État nouvellement proclamé souverain le représentant d'une monarchie étrangère est à la fois une incarnation exécutive et détenteur d'une fonction législative. À ce titre, le gouverneur général détient une faculté d'empêcher, chère à Montesquieu, dans la mesure où les projets de loi votés par l'Assemblée législative doivent être approuvés par lui. Il reste que ce n'est point le gouverneur qui gouverne, mais le cabinet et que ce dernier tire sa force autant que sa légitimité de la majorité de l'Assemblée législative. À nouveau, les particularismes de la société mauricienne sont à l'origine d'un système électoral spécifique[22]. Sont en revanche communs les rapports entretenus entre le cabinet et l'Assemblée, il est « collectivement responsable » devant celle-ci, tandis que le « gouverneur général, agissant conformément à l'avis du Premier ministre, peut à tout moment proroger ou dissoudre l'Assemblée »[23]. Comme l'analyse alors Louis Favoreu : « le système britannique a été fidèlement transposé »[24]. Le constituant de 1968 pousse la fidélité jusqu'à expurger de toute référence républicaine le texte fondateur, laquelle aurait pu emporter des conséquences sur les structures de la société mauricienne.

Il serait vain à 50 ans de distance de souligner plus en avant la filiation de la Constitution mauricienne avec le parlementarisme britannique; le propos vise davantage à en souligner le syncrétisme. À cet égard, il importe de déceler les éléments d'une influence continentale irriguant la norme suprême.

B) L'influence continentale

Bien qu'il ne faille pas exagérer la distinction entre constitution écrite et coutumière pour ranger toute entière la Constitution britannique dans la seconde, il est certain que la Constitution mauricienne appartenant à la première catégorie, par ce seul élément penche du côté du modèle continental. Si le défaut d'un procédé de démocratie semi-directe prenant la forme d'un référendum – ne faisant toujours pas partie de la culture poli-

---

21 Article 31-1 de la Constitution.

22 V. P. G. Rajendra, « Droit électoral. Projet de réforme électorale prospective en droit constitutionnel ou la pratique du Best Loser System et du système proportionnel », *RFDC*, 2009, n° 2, p. 431 et s.

23 Article 51-1 de la Constitution.

24 *Op. cit.*, p. 40.

tique du pays[25] – est patent, l'enjeu des élections générales de 1967 découle du lien entre leur résultat et la proclamation le cas échéant de l'indépendance assortie de la mise en oeuvre d'une nouvelle constitution. Toutefois, et à nouveau, la prégnance coloniale est ici marquée dans la mesure où le texte constitutionnel n'est pas le fruit de la délégation du pouvoir constituant à l'assemblée élue, mais celui d'une écriture experte par Stanley Alexander de Smith, professeur britannique de droit public, qui a joué un rôle central au sein de la conférence constitutionnelle formée en particulier de représentants des partis politiques mauriciens. En d'autres termes, la chaine des événements illustre « le procédé d'élaboration non démocratique de cette écriture constitutionnelle soumise à une autorité coloniale »[26].

L'influence continentale se fait plus sensible[27] dans le chapitre II de la Constitution consacré à la « Protection des droits fondamentaux et des libertés individuelles ». Tant sur le fond que sur la forme l'inspiration de la Convention européenne de sauvegarde des droits de l'Homme[28] et des libertés fondamentales de 1950 – et dans une moindre mesure de la Déclaration Universelle des droits de l'Homme[29] – est manifeste : protection du droit à la vie (art. 4), protection contre l'esclavage et le travail forcé (art. 6), garantie des droits de la défense (art. 10), liberté de conscience (art. 11), liberté d'expression (art. 12), liberté de réunion et d'association (art. 12) protection contre toutes formes de discrimination (art. 16). Cependant, elle témoigne de l'empreinte coloniale en ce sens qu'à la suite de sa ratification en 1953, le Royaume-Uni a décidé d'étendre son application à l'ensemble des territoires sous sa domination, dont l'Île Maurice. Au demeurant, d'autres influences européennes se font sentir, ainsi la « liberté de fonder

25 J. Chan Low, « L'actualité du débat constitutionnel dans la vie politique à l'île Maurice », in *Le développement constitutionnel dans les États du sud-ouest de l'océan Indien, op. cit.*, p. 72.

26 J. Colom, « L'écriture dirigée par le Colonial Office de la Constitution mauricienne de 1964 », *op. cit.*, p. 24.

27 « *In so far as basic rights and freedoms are concerned, the present Constitution draws inspiration from both English law and the European Convention for the Protection of Human Rights and Fundamental Freedoms* ». D. Ramsewak, *The Constitution, its legal aspect and political philosophy*, Port Louis, Proag printing limited, 1991, p. 15. Sur cette question de l'écriture du chapitre II : v. J. Colom, « L'écriture dirigée par le Colonial Office de la Constitution mauricienne de 1964 », *op. cit.*, p. 28 et s.

28 V. V. Boolell, «The Influence of the European Convention on the Constitutional Law of Mauritius», *European Human Rights Law Review*, 1996, n°1, p. 159 et s.

29 V. tableau réalisé par R. P. Gunputh et L. Sermet, « Ile Maurice et Seychelles », *RFDC*, 2013, n°4, p. 1028.

des établissements scolaires »[30], relayé par l'article 14[31], évoque inévitablement l'article 7 de la loi fondamentale retenant : « Le droit de fonder des écoles privées est garanti ». Il ne s'agit pas ici de tisser systématiquement les liens unissant la constitution mauricienne avec tel ou tel texte ou constitution européenne, en l'occurrence allemande, pour en souligner une parenté niée ou occultée, mais d'en éclairer la substance que l'on peut qualifier de républicaine, avant même que celle-ci ne fasse l'objet d'une reconnaissance formelle ou, pour céder aux travers langagiers du temps, d'en extraire l'adn républicain.

Au demeurant, ce chapitre II est très fourni, formé des articles 3 à 19, plusieurs fois amendé, son écriture l'éloigne des standards habituels par le degré de précision de ses dispositions et par leur teneur. Certains passages abordent ainsi la question du « paiement des allocations de retraite à tout membre ou ancien membre de l'Assemblée nationale »[32]. Quoi qu'il en soit, cet ensemble de droits et libertés bénéficie d'une protection juridictionnelle assurée par la Cour Suprême[33]. Si le « système de justice constitutionnelle en vigueur dans la Constitution de la République de Maurice peut être essentiellement rattaché au modèle américain »[34], cette juridiction assure un contrôle de constitutionnalité des lois suivant les contours d'un système présent de longue date dans les États du Commonwealth[35]. Plus largement et à ses débuts la Cour Suprême participe d'une conception toute britannique du pouvoir judiciaire, comme en témoigne spécifiquement le maintien de l'institution du Comité Judiciaire du Conseil Privé[36]. Il s'agit depuis que la Constitution mauricienne a fait le choix de la République du plus visible des reliquats de sujétion juridique à l'endroit de la Couronne.

---

30 Article 3 b) de la Constitution.

31 « De la liberté de fonder des écoles ».

32 Article 17 1 a) de la Constitution.

33 V. J. Colom,: *La justice constitutionnelle dans les États du nouveau Commonwealth : le cas de l'île Maurice*, Aix-en-Provence, PUAM, Paris, Economica, 1994, p. 162 et s.

34 X. Philippe, « Les mutations constitutionnelles dans l'océan Indien. Les modèles de justice constitutionnelle », *Annuaire des Pays de l'océan Indien*, vol. XIII, 1992-1994, p. 304.

35 V. J. Colom, *La justice constitutionnelle dans les États du nouveau Commonwealth : le cas de l'île Maurice op. cit.*, pp. 24-28.

36 L'article 81 de la Constitution traite du pourvoi devant le Comité judiciaire (*Judicial Committee*).V. R. P. Gunputh, « Le Comité judiciaire du Conseil Privé : atouts, enjeux et conséquences », in *Le développement constitutionnel dans les États du sud-ouest de l'océan Indien, op. cit.*, p. 101 et s.

La Constitution mauricienne fait suivre la Protection des droits fondamentaux et des libertés individuelles d'un chapitre 3 « Citoyenneté », illustratif des spécificités historiques et géographiques de Maurice quant à son peuplement et son appartenance à la Couronne britannique; la citoyenneté mauricienne emportant appartenance au statut de citoyen du Commonwealth. Le régime électoral mauricien, et au-delà la vie politique, « repose largement sur l'institutionnalisation du pluralisme culturel » et sur la prise en compte de communautés ethniques, ce qu'on désigne « sous le terme de *communalisme* »[37]. Ce pluralisme ethnique qui est la marque de la société mauricienne ne va pas sans heurts[38]. L'originalité des dispositions relatives à la citoyenneté mauricienne est également à la fois le témoin constitutionnel de l'accession à l'indépendance dans la mesure où elles opèrent une césure à la date de sa proclamation quant à l'acquisition de cette citoyenneté et le reflet du développement d'une population, l'éligibilité étant suspendue au terme de l'article 33 à une relative maitrise de la langue anglaise qu'il faut être capable de parler et de lire « suffisamment bien » pour prétendre être membre de l'Assemblée législative[39].

Les chapitres suivants sont respectivement consacrés au Gouverneur général (Chapitre IV), au Parlement (Chapitre V), à l'exécutif (Chapitre VI), à l'Assemblée régionale de Rodrigues (Chapitre VI A), au pouvoir judiciaire (Chapitre VII), aux Commissions judiciaire et légale et de la fonction publique ainsi qu'à cette dernière (Chapitre VIII), à l'Ombudsman (Chapitre IX), aux finances (Chapitre X) et enfin, assez classiquement le dernier chapitre (XI) traite de questions diverses et hétérogènes. En dépit ou grâce à son extraction teintée de colonialisme, la Constitution entrée en vigueur en 1968 a fait preuve se stabilité et de solidité. Mieux serait-on tenté d'ajouter, elle va devenir une République dans l'océan Indien.

II – Le modèle du régime républicain français

Dans son avant-propos au recueil contenant la Constitution de la République de Maurice, objet d'une nouvelle traduction justifiée par une série de révisions au cours des années 1980 et au début des années 1990, Louis Favoreu mesure le chemin parcouru par les institutions politiques

37 C. Boudet, « L'émergence de la démocratie consociative à Maurice », in *Annuaire des Pays de l'océan Indien*, XVII (2001-2002), p. 325.

38 V. C. Boudet, « Émeutes et élections à Maurice. La mort de Kaya, aléa ou échec de la construction nationale? », *Politique africaine*, 2000, n°3, p. 153 et s.

39 Cette disposition est demeurée inchangée depuis 1968.

mauriciennes un quart de siècle plus tard et se félicitant de leur continuité, gage d'une réussite aux yeux du constitutionnaliste d'autant qu'elles ont su épouser les contours de leur temps au gré des révisions[40], il ne manque pas de relever que la plus récente à ce moment là « a changé même la nature de l'État en faisant passer Maurice du statut de monarchie à celui de République »[41] par sa proclamation (A). Toutefois, pour éviter de céder à un nominalisme trompeur, masquant un républicanisme *fuzzy*, la République doit s'incarner (B).

A) *La proclamation de la République mauricienne*

La première tentative avortée en décembre 1983 de révision constitutionnelle visant à inscrire le caractère républicain de l'État mauricien dans la Constitution s'inscrit dans le prolongement d'une aspiration émergeant au milieu des années 1970 dans les partis de gauche ou récemment créés comme le Mouvement Militant Mauricien (M.M.M.). La période suivante est également marquée par des dissensions quant au régime politique adossé à la République. Faut-il qu'elle s'acclimate au modèle de Westminster ou bien doit-elle aller chercher l'inspiration dans un contre-modèle forgé à partir de l'exemple français? Ces interrogations augmentées de divisions internes au camp républicain sont à l'origine du « parcours difficile »[42] conduisant à l'avènement de la République, comme l'atteste le retrait d'un amendement en ce sens en août 1990, quand « avant le vote (…) on s'est rendu compte qu'il manquerait probablement une voix pour qu'il soit adopté »[43]. En définitive, il faut une courte attente d'un an pour que soit promulgué l'Acte n°48, « *Republic Constitutional amendments* », ajoutant au caractère démocratique de l'État mauricien un caractère républicain.

Dans l'histoire politique française, la République est le costume institutionnel et juridique de la profonde aspiration du peuple français à l'égalité, sans qu'il besoin ici de renvoyer à sa devise. Or, pour paraphraser Jaurès,

---

40 Pour celles intervenues entre 1968 et 1993, v. J. Colom, *La justice constitutionnelle dans les États du nouveau Commonwealth : le cas de l'île Maurice op. cit.*, p. 206 et s.

41 *La Constitution de la République de Maurice en versions anglaise et française*, Port Louis, Best Graphic Ltd, 1993, p. vi.

42 J. Colom, *La justice constitutionnelle dans les États du nouveau Commonwealth : le cas de l'île Maurice op. cit.*, p. 217.

43 M. J. N. Meetarbhan, « L'évolution de la Constitution mauricienne depuis 1968 », *op. cit.*, p. 30.

elle porte en elle l'égalité comme la nuée l'orage, si bien que cette dimension a largement contribué à la plus large adhésion possible quant à son adoption au début des années 1990. L'appel à la République a prospéré sur l'application limitée du principe d'égalité[44]. Ainsi, alors que dix ans plus tôt la revendication républicaine « apparaissait comme révolutionnaire ou à tout le moins provocatrice. En 1992, elle fait l'objet d'un consensus général »[45], après que les élections générales de 1991 aient permis l'émergence d'une majorité politique favorable à cette transformation[46].

Cette transformation de l'État mauricien en République permet de tester un certain nombre d'idées reçues ou de tendances observées s'agissant de l'influence exercée par l'environnement juridique de l'ancien colonisateur sur l'État nouvellement indépendant. En premier lieu, « l'influence du droit diminue nécessairement et fatalement avec le temps »[47]. L'assertion se vérifie ici, la monarchie constitutionnelle étant chassée par la République, avec ce contrepoint, « qu'on ne peut non plus négliger qu'au fur et à mesure que s'éloigne le souvenir de l'ancienne domination coloniale et des luttes nécessaires pour s'en délivrer, les vieilles rancunes s'évanouissent et, avec elles, le souci de rompre avec les codes légués »[48]. D'évidence, la colonisation par le Royaume-Uni ayant succédé à celle exercée par la France, le recul de celui-là bénéficie à celle-ci. Le droit mauricien n'est pas ainsi exclusivement le fruit d'un alliage entre le droit britannique et français en matière privée[49], mais également s'agissant du droit public.

D'autres idées reçues peuvent être confrontées à l'expérience mauricienne[50], et parmi celles-ci l'une mérite que l'on s'y attarde, dans le pro-

44 V. J. Colom, *La justice constitutionnelle dans les États du nouveau Commonwealth : le cas de l'île Maurice*, *op. cit.*, p. 165 et s.

45 C. Cadoux, *op. cit.*, 283.

46 V. J. Chan Low, « Vie politique et élections générales de 1948 à 1965 », in J.-M. Jauze (dir.), *L'île Maurice face à ses nouveaux défis*, Paris, L'Harmattan, 2008, pp. 71-72.

47 A. et D. Cabanis, « L'influence du droit français liée au processus de colonisation-décolonisation », *RJOI*, 2005, n°5, p. 11.

48 *Idem*.

49 V. P. R. Domingue The Historical Development of the Mixed Legal System of Mauritius since Independence », *Law, Managment and Social Sciences – Research Journal*, 2002, vol. 4, p. 95 et s.; S. Rohlfing-Dijoux, « Droits français et anglais réconciliés dans une synthèse originale du droit des affaires mauricien », in numéro spécial, Le rayonnement du droit français dans le monde, *RJOI*, 2005, n °5, p. 65 et s.

50 Comme celles touchant au caractère linéaire des évolutions ou au faible rôle jouée par des influences personnelles, A. et D. Cabanis, *op. cit.*, p. 11.

longement de la précédente : elle « consiste à imaginer que *l'influence du droit français* dans les pays anciennement colonisés, *tiendrait* en quelque sorte *à l'impulsion reçue à l'époque de la colonisation et serait donc nécessairement condamnée à s'atténuer avec le temps* »[51]. Bien entendu, il convient de se garder de tout anachronisme, le constituant mauricien ne puise pas dans la République agonisante sous les coups de butoir du Consulat et dévoyée par l'Empire, les sources de son inspiration au temps où l'île était française (de 1715 à 1814). De sorte qu'à proprement parlé, l'ancien colonisé ne reprend pas, à la différence de 1968, le modèle du colonisateur du temps de son emprise, il s'agit davantage de s'inscrire dans une tradition constitutionnelle à laquelle est assimilée un lointain colonisateur.

Il reste, qu'à l'instar de nombreux États africains, on assiste « au retour des forces des mécanismes caractéristiques de l'ancienne métropole, marqués par la domination d'un président élu au suffrage universel, par un Premier ministre qui joue le plus souvent de rôle de fusible, par deux assemblées fortement contrôlées grâce aux procédures caractéristiques du parlementarisme rationalisé… »[52]. Certes, la Constitution mauricienne est loin de reprendre fidèlement ces divers traits distinctifs du système politique et constitutionnel français, il n'en demeure pas moins qu'elle participe à sa manière à ce surgeon juridique français dans l'océan Indien. Faut-il pour autant en relativiser la portée à la manière de Charles Cadoux jugeant que « le passage de la monarchie constitutionnelle (britannique) à la République Mauricienne (…) ne change rien au fonctionnement du régime »[53]? En réalité, si le constituant a pu céder au nominalisme, les vertus performatives du droit constitutionnel ne sont plus à démontrer en sorte que l'adjonction du caractère républicain au caractère démocratique de l'État est susceptible de donner corps à une République démocratique.

B) L'incarnation de la République

Au regard des particularités de la Constitution originale, tenant en particulier dans l'existence d'un Gouverneur général, l'affirmation d'une République mauricienne s'accompagne de changements constitutionnels y

---

51 *Idem*, p. 25.

52 *Idem*, pp. 23-24.

53 *Op.* cit., p. 283. X. Philippe estime pareillement : la « physionomie de île Maurice ne s'en est pas trouvée bouleversée », Mutations et révisions constitutionnelles dans les pays de l'océan Indien », *Annuaire international de justice constitutionnelle*, 1994, vol. X, p. 158.

afférents. C'est ainsi que cette figure de l'ancien monde, est remplacée presque à la symétrie de notre temps par le Président de la République, de la manière la plus simple qu'il soit, le chapitre IV de la Constitution consacré au Gouverneur général abrite à partir du 12 mars 1992 les dispositions relatives au Président de la République. D'une certaine manière, l'exécutif devient autocéphale en ce sens qu'il ne s'ancre pas sur la Couronne par l'intermédiaire du Gouverneur général. L'article 58-1 pose ainsi : « Le Président est investi du pouvoir exécutif de Maurice ». Cette rupture (cette coupure du cordon ombilical monarchique serait-on tenté d'écrire) est, avec l'affirmation fondamentale de l'article 1er, la manifestation la plus sensible de la transformation du régime; l'Exécutif n'a plus son siège dans l'ancienne métropole[54], mais dans la fonction présidentielle. Sur un registre identique, l'article 28 prévoit qu'il « est le Chef de l'Etat et le Commandant en Chef de la République de Maurice ».

Un corps politique et institutionnel est donné au régime républicain mauricien, encore faut-il que cette incarnation nouvelle ait une certaine épaisseur. Suivant les principes classiques des régimes parlementaires, le Président tire sa légitimité de l'Assemblée qui l'élit à la majorité de ses membres sur proposition du Premier ministre. La durée de son mandat, renouvelable sans limitation, épouse la législature puisqu'elle est de 5 ans, durée qui le rapproche du Président de la République de l'Inde, pays associant au modèle de Westminster cette figure institutionnelle. Ce processus de légitimation offre le profil d'une pyramide inversée, le Président procède de l'Assemblée – tout comme le Premier ministre et le gouvernement –, laquelle procède à son tour des citoyens[55]. De manière originale, un Vice-Président, désigné de la même manière que le Président « exerce les fonctions que le Président lui attribue »[56], ce qui en fait au fond un acteur institutionnel aux contours assez flous, dont la netteté dépend du Chef de l'Etat[57]. Sa présence comme l'expression plus haut de « Commandant en Chef » dit l'influence du régime présidentiel états-unien, mais elle

54 L'article 58-1 dans sa version de 1968 retenait : « Le pouvoir exécutif à l'île Maurice s'incarne dans sa Majesté ».

55 Cette formulation emprunte au célèbre discours de Bayeux du 16 juin 1946 : « C'est donc du chef de l'État, placé au-dessus des partis, élu par un collège qui englobe le Parlement mais beaucoup plus large et composé de manière à faire de lui le Président de l'Union française en même temps que celui de la République, que doit procéder le pouvoir exécutif ».

56 Article 27-2 b) de la Constitution.

57 En ce sens K. P. Matadeen : « *What is less clear is the nature and extent of the functions that may be assigned to the Vice-President* ». « Introduction », in *Reflections on the Republic, op. cit.*, p. 3.

n'est pas ici déterminante. Une même expression approchante se trouve dans la Constitution indienne[58], socle du premier modèle républicain indien : « *Our choice of Indien Model reflects our profound attachment of the values of a Parliamentary Democracy based ont the Westminster model* »[59]. En somme, ce régime parlementaire est coiffé d'un exécutif emblématique du régime présidentiel; la créature du constituant est faite d'une tête présidentielle greffée sur un corps parlementaire. Le parallèle s'impose d'autant plus qu'une procédure de révocation à l'emprise élargie peut être engagée aussi bien à l'encontre du Président que du Vice Président sans préjudice d'un régime d'immunité protecteur[60]; l'immunité n'est pas comme sait l'impunité.

Ainsi, la présence originale de l'attelage Président/Vice-Président ne trompe pas, la réalité du pouvoir exécutif relève du Premier Ministre, chef de la majorité parlementaire, nommé par le Président toujours en sa qualité de « député qui lui semble le plus susceptible d'obtenir le soutien de la majorité des membres de l'Assemblée »[61]. S'agissant de la formation du gouvernement, le pouvoir de nomination revient formellement au Président « sur avis conforme du Premier ministre »[62]. Ce parlementarisme classiquement moniste reste le trait dominant de ce syncrétisme constitutionnel ou plus que la figure d'un Président de la République « à la française » s'impose à la tête de l'État celle d'un équivalent monarchique, le Président préside, mais ne gouverne pas. L'observation ressort du devoir d'information qui pèse sur le Premier Ministre pour « tout ce qui a trait à la conduite générale du Gouvernement de Maurice »[63]. Au fond sa plus importante prérogative tient, comme le monarque constitutionnel, dans une dissolution de l'Assemblée qu'il peut à tout moment prononcer « sur avis conforme du Premier ministre ».

Au final, il ressort d'une lecture comparée entre la Constitution de 1968 et celle de 1992 que le constituant a procédé à un changement (que l'on qualifierait en langage sportif de poste pour poste) entre le Gouverneur

---

58 Article 53-2 : « *Without prejudice to the generality of the foregoing provision, the supreme command of the Defence Forces of the Union shall be vested in the President and the exercise thereof shall be regulated by law* ».

59 R. Mathur, « The Republican Model of Mauritius : A comparative study », in *Reflections on the Republic, op. cit.*, p. 21.

60 Article 30 et 30 A de la Constitution. V. M. J.N. Meetarbhan, *Mauritian Constitutional Law…, op. cit.*, pp. 153-157.

61 Article 59-3 de la Constitution.

62 *Idem*.

63 Article 65 de la Constitution.

général et le Président de la République. Au point que l'article consacré à la suppléance du premier (art. 29 de la Constitution) ouvre la voie à la fonction de Vice-Président. Cette faible densité constitutionnelle de la fonction présidentielle nourrit des propositions de réforme. Loin d'être l'alpha et l'oméga de la vie politique et institutionnelle, à tout le moins peut-il prétendre incarner un point fixe dans le ciel constitutionnel mauricien. Pour ce faire, comme l'analyse Milan JN Meetarbhan : « *One major area of reforme that should be considered is the mode of election of cher President* ». Une réflexion sur sa désignation s'est ainsi engagée, « *the mode of election of the President must be reviewed if an allocation of power leading to a healthier democracry is to be sustained* »[64]. Alors qu'en France les propositions de révision visant à rééquilibrer les pouvoirs au sein de l'exécutif au bénéfice du Premier ministre, en raison de sa responsabilité politique et de son défaut s'agissant du chef de l'État, se fanent aussi rapidement qu'elle fleurissent depuis près de 30 ans, à Maurice une perspective inverse prévaut. L'objectif vise ici à assurer un transfert de pouvoir au sein du pôle exécutif favorable au Président de la République, consécutif à un accroissement de sa légitimité. En d'autres termes, la réforme du mode de désignation du Chef de l'État est un moyen, non une fin. Difficile à envisager en présence du représentant de la Couronne, elle tend à faire de la fonction présidentielle un pôle de stabilité, dominant de sa hauteur le gouvernement et l'Assemblée. De sorte que cet alizé de réforme soufflant sur Maurice renvoie à la Vème République des débuts, celle du Président arbitre au-dessus des partis et en tout état de cause détaché de la majorité parlementaire pour mieux échapper à son emprise.

Toutefois, il est à craindre qu'à l'instar de la République française, l'élection du Président de la République au suffrage universel direct ne vienne substituer un déséquilibre à l'autre. Cette éventualité n'a pas dissuadé le Parti travailliste, alors dans l'opposition, de proposer en décembre 1991 un tel procédé. À nouveau et à la faveur des élections générales de 2014, « *an alliance of two of the main political parties campaigned on a proposal to amend the Constitution to provide for election of the President by universel suffrage and confer additional powers of the President* »[65]. Pour autant, une élection au suffrage universel direct est susceptible d'attiser des fractures interethniques. Aussi, les constitutionnalistes mauriciens voient-ils dans la Constitution de Singapour prévoyant l'élection du Président dans un environnement cul-

64 M. J.N. Meetarbhan, « The Constitution at 50 », *op. cit.*, p. 26.
65 V., M. J.N. Meetarbhan, *Mauritian Constitutional Law…*, op. cit., p. 150.

turel et ethnique comparable un modèle opérationnel[66]. Il reste que la voie est étroite entre l'actuel mode de nomination du Président de la République et l'onction populaire. Un suffrage indirect forgé sur un corps électoral formé de grands électeurs dépassant le cadre législatif est une option médiane et comme telle raisonnable sous réserve précisément de la timidité sur laquelle elle prospère. Quoi qu'il en soit, il s'agit bien dans un cas comme dans l'autre d'éviter une concentration du pouvoir exécutif. Point ici l'ancienne et persistance méfiance des moeurs républicaines à l'endroit d'un exécutif trop puissant. A cet égard, l'acclimatation républicaine est réussie à Maurice au point désormais de prospérer sous des formes nouvelles et originales.

Saint-Denis, le 4 juillet 2018

***

66 *Idem*, pp. 151-152.

The contribution of the Constitutional Judge to the Development of Mauritian Law

Arvin Halkhoree

There is no constitutional court in Mauritius but it is the Supreme Court itself which is vested with constitutional powers under our written constitution which is also the supreme law of the country. The Supreme Court of Mauritius, which was set up by way of Ordinance No. 2 of 1850 was vested with the powers of a constitutional court by our written constitution of 1968. Whilst Article 17 titled "*Enforcement of Protective Provisions*", vests the Supreme Court to rule on violations of the Bill of Rights set out in Chapter 2 of the Constitution, Section 83 confers on the Supreme Court an original jurisdiction in constitutional matters.

When we refer to "Mauritian Law", we do bear in mind that parliament is vested with law making powers but Mauritian Law would include case law as well. In the oft-quoted case of DPP v Mootoocarpen [1988] MR 195, the Supreme Court opined that "*if a treatise were to be written on Mauritian law, the sources of our law would not be limited to statute but would have to include case-law*" and this dictum still holds good in the context of Mauritian Law even after thirty years.

Over the past five decades, the Supreme Court has been called upon to rule on a number of constitutional cases and has thus contributed enormously to the development and improvement of our constitutional law, sometimes by laying down the fundamental principles and sometimes by asserting that the disputes did not fall under an interpretation or application of the constitution.

It is apposite to note that applications for constitutional relief before the Supreme Court are various ; from the challenge, among other things, of the extension of the term of office of parliament beyond 5 years to a request to declare the seat of a member of the legislative assembly vacant, from the challenge of an amendment to the constitution to prevent the release of drug traffickers to challenge laws with retroactive effect.

The Supreme Court opined that "*Unlike the Courts in England, this Court is, by virtue of a written Constitution which is the supreme law of the land, endowed with original jurisdiction not only to interpret, but also to enforce obedience to, its provisions, and for so doing is provided with a wide range of re-*

medies from which to choose (including an order of mandamus). It is the Court's duty to determine the validity of any statute which is alleged to be unconstitutional, because no law that contravenes the Constitution can be suffered to survive, and the authority to determine whether the legislature has acted within the powers conferred upon it by the Constitution is vested in the Court. The Court's primary concern, therefore, in any case where a contravention of the Constitution is invoked, is to ensure that it be redressed as conveniently and speedily as possible."

Unlike many democracies where their constitution emanate from their people, our constitution was given to us by our colonial master 50 years ago and since then we have kept it preciously, with some minor amendments. And soon after the coming into force of our constitution, our Supreme Court in the year 1973 was called upon to decide whether a particular enactment violated the letter and spirit of the Constitution. This was the case of Vallet v Ramgoolam.

A landmark case is **Mahboob v Government of Mauritius 1982 MR 135**] where the Supreme Court invalidated a sale of property to a foreign organisation as it was considered as a sale to alien under sale of immoveable property restriction legislations. Parliament passed the Rabita-Al-Alam-Al-Islami (Mauritius Branch) [Act No. 15 of 1981]), which gave legal personality to the Mauritius branch of the League, and further provided in its s. 12:

Notwithstanding any other enactment, the property purchased by the Rabita- al-Alam-al-Islami of Mecca, also referred to as the Rabita-al-Alallam-al-Islami, on the 17th February 1967 and registered on Register C 253 No. 2134, shall be deemed to have been validly purchased, and the Rabita-al-Alam-al-Islami of Mecca, also referred to as the Rabita-al-Alallam-al-Islami shall be deemed to have and to have always had a valid title.

The Supreme Court opined that this alteration in the law was not intended for the generality of the citizens; it was not designed as any improvement of the general law. Once it had affected its object of divesting a particular person of a particular piece of property, and of transferring that property to a particular body, its effect was spent. It was not even enough to say that it amounted to a "grave and deliberate incursion into the judicial sphere", there was in addition a frontal aggression on the highest Court in the land. Parliament did not merely usurp a purely judicial function in order to determine a private dispute between two parties. It set itself up as a Court of Appeal in order to reverse a judgment of the Supreme Court, and it did so long after the delays for an appeal were gone and the judgment had become final. The Supreme Court went on to say that "*If such Acts as these were valid the judicial power could be wholly absorbed by the legislature and taken out of the hands of the judges".* The end result would be that no person who had obtained a judgment in his favour could place any reliance upon it, as Parliament could intervene, even years afterwards, to reverse the judgment. If the Courts were to accept laws of that character, that will be the end of a coherent and reliable legal system in Mauritius. Juridical situations will become as arbitrary and bewildering as the croquet game in Alice in Wonderland where the rules are changing all the time to suit the caprice of an unpredictable umpire. No one doubts that Parliament may pass laws with a retroactive effect - although the results of such legislation are often deplorable. But what the Constitution does not permit Parliament to do is to use a legal fiction as a Time Machine enabling it to travel back into the past in order to upset stable juridical situations which it finds existing in the present. The concluding remarks of the Chief Justice were as follows: *"I hope that Parliament will never again resort to such an ill-advised piece of legislation. In our country, which has no army, the stability of the Government does not depend upon force, but upon the consensus of the people. And that consensus itself derives from confidence in the rule of law. The rule of law is the citadel which guards the people against despotism. It is equally the citadel which guards Government against anarchy. If any part of the wall crumbles, the enemy is free to widen the breach, and the citadel is lost. If Government itself, by usurping a judicial function to which it has no right, undermines the rule of law, it destroys the very foundation upon which it is built."*

The interpretation of our constitution has evolved over time. As we all know, a constitution is a living document. In **Matadeen v Pointu 1998**, the Judicial Committee of the Privy Council opined that *"constitutions are not construed like commercial documents. This is because every utterance must be construed in its proper context, taking into account the historical background and the purpose for which the utterance was made. The background of a constitution is an attempt, at a particular moment in history, to lay down an enduring scheme of government in accordance with certain moral and political values. Interpretation must take these purpose into account".* If the language used by the lawgiver is ignored in favour of a general resort to `values' the result is not interpretation but divination. In relation to constitutional interpretation itself, as far back as 1974, in the case of **Lincoln v Governor General 1974 MR 112**, the Supreme Court was of the opinion that *"if supported by the appropriate majority, Parliament could legally change much of the original structure of our Government and endow our democracy with a new face, be it prettier or less attractive".*

In the 1982 **Societe United Docks** case, the Judicial Committee of the Privy Council was of the opinion that a constitution concerned to protect the fundamental rights and freedoms of the individual should not be narrowly construed in a manner which produces anomalies and inexplicable inconsistencies. But in the last decade this perception has changed. In the 2006 landmark case of **Police v Khoyratty** the Judicial Committee was of the opinion that section 1 of the Constitution is not a mere preamble. It is not simply a guide to interpretation. In this respect it is to be distinguished from many other constitutional provisions. It is of the first importance that the provision that Mauritius "*shall be . . . a democratic State*" is an operative and binding provision; its very subject matter and place at the very beginning of the Constitution underlies its importance.

Khoyratty is an interesting case which deals with the right to bail. As far back as 1986, by ordinary legislation Parliament passed the Dangerous Drugs Act (Act No 32 of 1986) which contained a prohibition on the grant of bail in respect of specific offences. In **Nordally v Attorney General [1986] MR 204** the Supreme Court held that this statute was inconsistent with the Constitution. The court observed that the trial of persons charged with criminal offences and all incidental or preliminary matters pertaining thereto are to be dealt with by an independent judiciary. Addressing the matter of bail, the court concluded that it was not in accord with the letter or spirit of the Constitution, as it then stood, to legislate so as to enable the executive to overstep or bypass the judiciary in its essential roles. This judgement left open the possibility of removing from the courts the jurisdiction to withhold bail by constitutional amendment in specific classes of cases. It is a possibility which was not overlooked. In 1994, the Constitution was amended to provide that bail be denied to persons having committed certain named offenders. A priori, the constitution was validly amended. A bail motion was made before the district magistrate who referred the matter to the Supreme Court as it raised questions of constitutional interpretation. The question which the Supreme Court had to answer was whether Parliament had "*not altered the fundamental tenet of the Constitution; the Separation of Powers, to wit: the check and balance aspect*" by amending the Constitution as it did. The supreme court was of the view that "*In the particular context of our Constitution, more specially in the light of our notion of democracy as is contained in section 1, we are of the opinion that section 5(3A), although it is compliant with section 47(2), [having admittedly been voted with three-quarters majority] is in breach of section 1 since the imperative prohibition imposed on the judiciary to refuse bail in the circumstances outlined therein amounts to interference by the legislature into functions which are intrinsically within the domain of the judiciary. What is of importance is that the grant or refusal of bail is under judicial control, and judicial officers have the ultimate decision as to whether or not, in the circumstances of a particular case, bail should be granted.*" This view was endorsed by the Judicial

Committee of the Privy Council which went on to say that the amendment to the constitution did indeed purport to make a fundamental, albeit limited, change to this component of the democratic state envisaged by section 1 of the Constitution, inasmuch as it completely removes any power of the judges to consider the question of bail, however compelling the circumstances of any particular case might be.

In **Bérenger v. Governor-General 1974** the validity of an act of parliament amending section 57 of the Constitution for the purpose of extending the duration of Parliament was challenged on the ground, that it offended against section 1 of the Constitution. The Court said "*When the Constitution itself permits the alteration of section 57 which deals with the prorogation and dissolution of Parliament, and lays down the procedure for such alteration, we do not understand how it can be said that the alteration, when made, is contrary to the declaration contained in section 1 of the Constitution*".

It is befitting to quote the Ag CJ Lallah for his pronouncement in**The Union of Campement Sites Owners and Lessees v. The Government of Mauritius** [**1984**] **M.R. 100**, "*... Constitutions are formulated in different terms and must each be read within its own particular context and framework. The American and Indian Constitutions were drafted in a different age and have tended, particularly with regard to fundamental freedoms of the individual and to a greater extent than more modern Constitutions, to make broad and wide-ranging formulations which have necessitated a number of amendments and specific derogations or else have required recourse to implied concepts of eminent domain or police powers in order to keep literal interpretations of individual rights within manageable limits. We should be very cautious, therefore, in importing wholesale into the structure and framework of our Constitution a complete article.*"

In **Société United Docks v. Government of Mauritius** [**1985**] **A.C. 585**, where Lord Templeman, giving the advice of the Judicial Committee of the Privy Council, said that section 3 was not a mere preamble but a freestanding enacting section which had to be given effect in accordance with its terms. In this case, the Bulk Sugar Terminal was set up to modernize the storage and loading of sugar on marine vessels and this had put all the dock companies and stevedore companies out of business. The dock companies and the stevedore companies have undoubtedly sustained a loss. Although the Sugar Terminal Act provided for compensation to be paid to the redundant workers of the dock companies and the stevedore companies, no provision was made for compensation to be paid to those companies themselves. Their Lordships consider that the business of the appellants was not compulsorily taken possession of, or compulsorily acquired by the Government, the Corporation or anyone else. Once the bulk terminal was constructed the business of the dock companies in providing warehouses for the storage of sugar for export from Mauritius and the business of the stevedore company in providing stevedores to load sugar manually simply became irrelevant and ceased to exist. The Constitution offers redress where, in the words of section 8, property is compulsorily taken possession of or compulsorily acquired but not otherwise. The Constitution however does not afford protection against progress or provide compensation for a business which is lost as a result of technological advance.

Similarly in **Compagnie Sucriere de Bel Ombre v Government of Mauritius 1994**, an amendment to the Sugar Industry Efficiency Act was being challenged by several sugar factories as being unconstitutional inasmuch as it deprived those sugar factories of their properties. The law was amended to provide for sugar factories owners who had plots of land under sugarcane cultivation leased to planters had to renew those leases at the term thereof if the lessee so wished. If the lessee opted otherwise, the said plot had to be leased to other planters and should no one is willing to lease the plot of land, the owner had to cultivate sugarcane thereon. Here the property itself is not being compulsorily acquired by the government but some aspect of the exercise of the right over that property may be thought to be compulsorily acquired. The Supreme Court resorted to an analysis of the right to protection of property under our constitution and the evolving concept of "constructive expropriation". The court was however of the view that the restrictions and controls imposed under the amended law do not amount to a deprivation of property, although they certainly amount to restrictions and controls on the landlord's otherwise unfettered freedom of contract in respect of his property.

From the wide array of cases seeking constitutional redress over the last 50 years, we note that judicial pronouncements are not limited only to breaches of human rights but is wide ranging.

A landmark decision is in the case of **Attorney General v Ramgoolam 1993**, where the supreme court was asked to decide whether the seat of the respondent who was a member of parliament and Leader of the Opposition had become vacant because he absented himself from Parliamentary sittings for a continuous period of 3 months without leave of the speaker. The court stated that "*We must observe that, while it is understandable that the sense of responsibility or otherwise displayed by the respondent as a member of the National Assembly and as a Leader of the Opposition may lend itself to adverse public comment and condemnation, as a Court we are not concerned with that aspect of his conduct. We need say no more than that, where Parliament exercises sovereign powers under the Constitution and the Courts are empowered to exercise a particular jurisdiction which itself requires an enquiry into the exercise* *of those powers by Parliament, then the jurisdiction of the Courts must be exercised to the appropriate extent in order to enable it to determine the particular question that is before it. It would be misleading, in those circumstances, to invoke the sovereignty of the National Assembly which would have the effect of paralysing -the effective exercise of the constitutional jurisdiction of the Court."* It is undoubtedly for the Court to decide whether the circumstances in which the National Assembly was so recalled to sit, though possibly valid for other purposes, was valid for the purposes of section 35, bearing in mind that a mandate entrusted to a member cannot be taken away arbitrarily or unreasonably. The court came to the conclusion that *"the device used was a colourable one and, even failing that, was so unreasonable, in the light of the very short notice given, as to disqualify the sitting as one for the purposes of section 35(l)(e) of the Constitution."*

Our courts have evolved the doctrine of 'colourable legislation' to impugn the validity of an enactment. That term designates 'legislation which, while transgressing constitutional limitations in actuality, is made to appear as if it were quite constitutional". This doctrine was examined as far back as 1984 in *Union of Campement Sites Owners and Lessees v Government of Mauritius* [1984 MR 100] where this Court declined to consider an ordinary taxing Act as colourable since it fell within the constitutional legislative competence of Parliament.

In the case of **Paul v Registrar-General** [**1989 MR 209**] the Court held that the statutory creation of a Crown right of pre-emption was a legal fiction which amounted to a colourable device designed to circumvent the constitutional guarantees attaching to property rights under sections 3 and 8 of the Constitution.

Conclusion

To conclude, we can say that the corpus of case law on constitutional matters by our Supreme Court and the Judicial Committee of the Privy Council has, over the years, helped to consolidate and define the parameters of constitutional law in Mauritius. Whilst bearing in mind that there is a fine dividing line between judicial activism and the judiciary usurping the powers of Parliament, our judiciary has been cautious enough not to erode into the realm of law making. There have been instances where the Supreme Court has refused to intervene stating that it is not there to give badges of reasonableness or otherwise to laws passed by Parliament. The Supreme Court has also refrained from intervening into the internal conduct of the business of the National Assembly. It is common knowledge that a constitution is a living document which is constantly interpreted or sometimes re-interpreted as, with the passage of time, there are changes in values or societal expectations and new expansive concepts of democracy or the rule of law.

L'interprétation constitutionnelle évolutive en contexte de décolonisation: le cas de la dépénalisation des relations sexuelles entre hommes

Yves Goguen[1]

Trouver l'équilibre entre la prévisibilité et la flexibilité de la Constitution – assurer sa contemporanéité – est un exercice juridique des plus complexes. Il en va de même pour l'équilibre délicat à atteindre dans le partage des pouvoirs des branches législative et judiciaire du gouvernement dans un pays libre et démocratique. Or, de la perspective des personnes en situation minoritaire, dont la sécurité physique est parfois menacée et pour qui les droits fondamentaux peuvent être chancelants, voire instrumentalisés à des fins électoralistes, les dynamiques de pouvoir entourant l'interprétation judiciaire de la Constitution prennent une dimension tout autre que théorique.

« Notre Constitution est un arbre vivant » : une interprétation pour s'adapter aux réalités de la vie moderne

Pour éviter que les concepts d'ordre constitutionnel restent figés dans le paradigme de l'intention historique du législateur, le pouvoir judiciaire s'est muni d'une approche dite « progressive » pour lire et interpréter la loi suprême du pays. La Constitution est un arbre vivant capable de croissance et

1 Professeur à la Faculté de droit de l'Université de Moncton (Canada). Je tiens à exprimer mes remerciements chaleureux au professeur Hambyrajen Narsinghen (Université de Maurice) de m'avoir invité à contribuer au colloque sur le développement constitutionnel de Maurice en honneur du cinquantenaire de l'indépendance. Je voudrais aussi remercier les professeurs Jacques Colom (Université de la Réunion) et Stephanie Rohlfing-Dijoux (Université Paris Nanterre) pour la perspicacité et la diligence dont ils ont fait preuve dans la préparation de cet ouvrage. À Yannick, merci pour ton amitié et ta visite guidée passionnante du Jardin de Pamplemousse, mais aussi pour les réflexions que tu m'as partagées pendant mon séjour, dont celle qui me trotte encore dans la tête à l'heure actuelle: la décolonisation est une idée qui est sur toutes les lèvres cette année, mais de quoi parle-t-on au juste ?

d'expansion : c'est la commande d'une règle interprétative selon laquelle le document constitutif d'un État est capable de s'adapter à l'évolution de la société et de répondre aux réalités de la vie moderne.

La théorie imagée de l'arbre vivant fut mobilisée en 1929 dans une décision du Conseil privé portant sur la question pour le moins étonnante qui cherchait à savoir si les femmes sont des « personnes », au même titre que les hommes, capables de remplir les conditions requises pour siéger au Sénat du Canada[2]. Dans l'arrêt *Edwards c. Canada*[3], le gouvernement canadien argumentait que le terme « personne », qui apparaît dans le texte de la *Loi constitutionnelle de 1867*[4], n'avait dès lors fait référence qu'aux hommes et que, de toute façon, selon l'opinion dominante au moment de la création de la Confédération canadienne, les femmes n'étaient pas des « personnes » capables de voter ou d'occuper une charge publique. Le lord Chancelier Sankey illustra l'avis contraire au moyen d'une métaphore désormais notoire : « La Constitution a aussi planté au Canada un arbre vivant capable de croître et de s'étendre dans ses limites naturelles. [...] Leurs Seigneuries croient non pas que cette chambre a le devoir de restreindre la portée des dispositions constitutionnelles par une interprétation étroite et littérale, mais plutôt qu'il lui incombe de lui donner une interprétation large et libérale »[5].

L'art de la métaphore ira en s'affirmant à la Cour suprême du Canada, qui en soulèvera une autre, celle de la pétrification des concepts. Dans le *Renvoi relatif au mariage de personnes du même sexe*[6], en réponse aux intervenants qui ont plaidé que le sens à donner au mot « mariage »[7] devait refléter celui qu'on lui attribuait en 1867, la juge en chef McLachlin a écrit: « Le raisonnement fondé sur l'existence des concepts figés va à l'encontre de l'un des principes les plus fondamentaux de l'interprétation constitutionnelle canadienne. Notre Constitution est un arbre vivant qui, par interprétation progressive, s'adapte aux réalités de la vie moderne. »[8] Au

---

2 Le Conseil privé est l'institution britannique qui a servi de tribunal de dernière instance au Canada jusqu'en 1949.

3 *Edwards c Canada (PG)*, [1930] AC 124 (CP) (l'affaire « personne ») [*Edwards*].

4 Loi constitutionnelle de 1867 (R-U), 30 & 31 Victoria, c 3, reproduit dans LRC 1985, annexe II, no 5 [*Loi constitutionnelle de 1867*].

5 *Edwards*, *supra* note 3 à la p 136, comme traduit dans le Renvoi relatif au mariage de personnes du même sexe, infra note 6.

6 Renvoi relatif au mariage de personnes du même sexe, 2004 CSC 79 [*Renvoi relatif au mariage de personnes du même sexe*].

7 Le terme « mariage » apparaît au para 91(26) de la *Loi constitutionnelle de 1867*, *supra* note 4.

8 *Renvoi relatif au mariage de personnes du même sexe*, *supra* note 6 au para 22.

dire de la Cour suprême du Canada, l'interprétation libérale ou progressive de la Constitution sert à « garantir sa pertinence » et sa « légitimité perpétuelle » et « permet d'atteindre l'objectif ambitieux [...] de structurer l'exercice du pouvoir par les divers organes de l'État à des époques très différentes de celle à laquelle elle a été rédigée »[9].

Le droit constitutionnel d'ici et d'ailleurs : regards croisés entre l'île Maurice et le Canada

Depuis son arrivée dans le paysage constitutionnel canadien, notamment après l'entrée en vigueur de la *Charte canadienne des droits et libertés* en 1982, la métaphore de l'arbre vivant a été invoquée à maintes reprises par les instances judiciaires canadiennes et internationales[10]. En effet, la jurisprudence canadienne en matière d'interprétation constitutionnelle est abondamment citée dans d'autres juridictions, dont l'Inde[11], la Nouvelle-Zélande, l'Espagne, l'Afrique du Sud et l'État d'Israël[12].

Le débat sur le rôle persuasif de la jurisprudence venue d'ailleurs dans le règlement des litiges constitutionnels dépasse la portée de ce propos. Mais une mise en garde quant à la « migration » des idées constitutionnelles s'impose d'entrée de jeu. À la lumière des innombrables considérations sociales et politiques, les raisonnements précédents et doctrines juridiques ne sont pas aisément adaptables d'un contexte culturel à l'autre[13].

Cela dit, réfléchir ensemble au développement constitutionnel d'un pays, c'est aussi réfléchir aux projets collectifs en devenir ou à abandonner de nos sociétés respectives, à la (non)reconnaissance des droits des personnes en situation minoritaire, à nos aspirations individuelles de liberté et de

---

9 *Ibid* au para 23.

10 La théorie de l'arbre vivant a été invoquée dans 28 arrêts de la Cour suprême du Canada de 1979 à 2018 (mars). Voir
Asher Honickman, « Has the Supreme Court Moved Beyond the "Living Tree"? », (30 mars 2018), en ligne : *Advocates for the Rule of Law* <www.ruleoflaw.ca/has-the-supreme-court-moved-beyond-the-living-tree >.

11 Voir par ex *Navtej Singh Johar et al v Union of India*, 2018(10) SCALE 386 (Inde) [*Navtej Singh Johar*].

12 Leonardo Pierdominici, « The Canadian Living Tree Doctrine as a Comparative Model of Evolutionary Constitutional Interpretation » (2017) 9:3 Perspectives on Federalism E-85, en ligne : DOI : <10.1515/pof-2017-0021>.

13 Pour une critique des méthodologies dominantes du droit constitutionnel comparé, voir par ex Robert Leckey, « Thick Instrumentalism and Comparative Constitutionalism: The Case of Gay Rights » (2009) 40 Colum HRLR 425.

bonheur, bref, autant d'enjeux communs qui donnent au regard extérieur toute sa pertinence.

La compréhension mutuelle des sociétés est l'ambition des regards croisés sur le droit, une approche ou posture épistémologique dont les visées ne sont pas les mêmes que le droit comparé[14]. Entre sociétés qui n'ont pas l'habitude de se côtoyer, le croisement des regards cherche à faire dialoguer non seulement les thèmes et enjeux communs, mais aussi, en allant à la rencontre des communautés réelles, les personnes qui portent ces « regards ». Les sujets de délibérations et d'échanges n'ont certainement pas manqué entre les personnes réunies à ce colloque pour souligner un jalon singulier dans l'histoire de Maurice – étudiantes et étudiants, chercheuses et chercheurs, représentantes et représentants institutionnels, juristes d'ici et d'ailleurs – dont le regard que chacun peut porter sur l'autre ouvre la voie à la découverte de convergences. C'est du moins le pari que propose cette façon de produire et de faire circuler des savoirs.

Soit, en l'occurrence, l'altérité des regards est forte. L'archipel volcanique des Mascareignes est un point dans l'océan Indien, tandis que le Canada est un « pays de neige » dont l'immense territoire s'étend d'un océan à l'autre, le long de tout un continent. Les sociétés qui peuplent l'île Maurice et le Canada sont très éloignées, contrastées, différentes, distinctes les unes des autres sur de nombreux aspects, sauf peut-être à y regarder de plus près...

La République de Maurice et le Canada sont des États souverains jeunes. Leur histoire « postcoloniale » respective est un chapitre dont la rédaction demeure inachevée.

Il suffit de rappeler que le Canada soulignait en 2017 le 150e anniversaire de son premier document constitutif, la *Loi constitutionnelle de 1867*[15],

---

14 Les approches sont multiples et diverses, mais il n'en demeure pas moins que l'objet du droit comparé est surtout de constater et d'expliquer les similitudes et les différences entre ordres juridiques à une époque donnée. Voir Horatia Muir Watt, « DROIT - Droit comparé », *Encyclopædia Universalis* en ligne : <www.universalis-edu.com/encyclopedie/droit-droit-compare/> (dernière consultation le 15 août 2018).

15 *Loi constitutionnelle de 1867*, *supra* note 4. Or ce premier texte fondateur n'a pas fait du Canada un État complètement souverain, mais plutôt un Dominion sur lequel l'Angleterre gardait un pouvoir décisionnel important. Il existe désormais deux lois fondamentales de la Constitution du Canada. En effet, le Canada s'est doté en 1982 d'une seconde loi constitutionnelle importante qui est venue s'ajouter à celle de 1867 : la *Loi constitutionnelle de 1982*, *infra* note 25. Cette dernière comprend notamment la *Charte canadienne des droits et libertés* ainsi qu'une démarche permettant de modifier la Constitution canadienne sans l'intervention des autorités britanniques.

aussi appelé l'*Acte de l'Amérique du Nord britannique*. Les démocraties parlementaires que sont devenues l'île Maurice et le Canada portent, chacune à sa manière, l'héritage du projet impérialiste anglais. Contrairement à la République de Maurice, qui s'est récemment dotée d'un système présidentiel plutôt calqué sur le modèle français, le régime gouvernemental du Canada est toujours celui d'une monarchie constitutionnelle et Sa Majesté la reine Elisabeth II est reine du Canada[16]. L'île Maurice et le Canada sont par ailleurs des États membres à la fois de l'Organisation internationale de la Francophonie (OIF) et du Commonwealth[17]. Comme l'île Maurice (anciennement dénommée « Île de France »), certaines régions du Canada, dont l'Acadie et le Québec (appelé « Nouvelle-France » à l'époque coloniale) ont d'abord été des colonies de la France avant d'être définitivement cédées à l'Angleterre.

Puisque le Canada et l'île Maurice ont été gouvernés et administrés par les autorités anglaises pendant plus d'un siècle et demi, l'influence de la common law sur le régime des droits constitutionnels des deux pays est peu surprenante[18]. Le Canada et l'île Maurice sont parmi ces rares juridictions où les cultures juridiques française et anglaise coexistent, mais où le droit constitutionnel est d'inspiration britannique[19]. Le préambule de la Constitution canadienne mentionne d'ailleurs expressément l'intention d'établir une constitution « reposant sur les mêmes principes que celle du Royaume-Uni »[20]. Au Québec, province occupant une place distincte au sein de la fédération canadienne en raison de sa population majoritairement francophone, le droit est « mixte » : le droit public est d'inspiration britannique tandis que le droit privé s'inscrit dans la tradition « civilis-

---

16 Voir *Loi constitutionnelle de 1867*, *supra* note 4, art 9 : « À la Reine continueront d'être et sont par la présente attribués le gouvernement et le pouvoir exécutifs du Canada. ».

17 Outre l'île Maurice et le Canada, il y a seulement quelques autres pays – le Cameroun, le Ghana, le Mozambique, le Rwanda, les Seychelles et le Vanuatu – qui sont des États membres à la fois de l'OIF et du Commonwealth.

18 Michael Bogdan, *The Law of Mauritius and Seychelles: A Study of Two Small Mixed Legal Systems*, Lund, Juristförlaget i Lund, 1989, à la p 34 : « The public (Constitutional, fiscal, and administrative) law of Mauritius is preponderantly of English origin which is hardly surprising considering that the island was far more than the 150 years governed and administered by the British. The English roots of Mauritian public law are demonstrated not only by such obvious examples as the fact that vehicles drive on the left-hand side of the road, but also by the "spirit" permeating the work of Mauritian civil servants in general. ».

19 D'autres exemples sont l'Afrique du Sud, la Grenade et la Louisiane (États-Unis).

20 *Loi constitutionnelle de 1867*, *supra* note 4.

te » française[21]. Pour ce qui est des neuf autres provinces canadiennes, la common law a une présence ressentie dans tous les domaines du droit[22].

Enfin, la Constitution de Maurice est relativement facile à modifier – une simple majorité parlementaire est nécessaire pour procéder[23] – alors que la situation au Canada est tout autre. La procédure de modification de la Constitution du Canada prévue à la Partie V de la *Loi constitutionnelle de 1982*[24] est considérée comme « rigide »[25] puisque l'assentiment quasi unanime des gouvernements provinciaux de tout le pays, plutôt que l'adoption d'une loi ordinaire, est nécessaire pour modifier les dispositions constitutionnelles parmi les plus importantes[26]. Vu la rigidité de la formule d'amendement, sans même faire mention de l'aménagement particulier des pluralités sociales, la fragilité des compromis politiques et la division des pouvoirs parfois tendue entre l'État fédéral et les provinces, il en résulte le peu de modifications effectuées à la Constitution canadienne depuis 1982[27]. N'étant pas facilement modifiable, la Constitution du Canada est

---

21 Voir Marie-Eve Arbour, *Fragments de droit québécois et canadien*, Cowansville (Québec), Yvon Blais, 2012.

22 C'est le cas au Nouveau-Brunswick, seule province canadienne où l'anglais et le français sont les langues officielles reconnues par la Constitution et où la common law s'enseigne et se pratique en anglais et en français.

23 Voir Milan JN Meetarbhan, *Constitutional Law of Mauritius : Constitution of Mauritius with Commentaries*, Milan Meetarbhan, 2017.

24 *Loi constitutionnelle de 1982*, arts 38-47, constituant l'annexe B de la *Loi de 1982 sur le Canada* (R-U), 1982, c 11 [*Loi constitutionnelle de 1982*]. Il existe cinq procédures distinctes de modification de la Constitution et chacune s'applique à un domaine qui lui est propre : (i) la formule générale, (ii) la formule de l'unanimité, (iii) la formule bilatérale ou multilatérale, (iv) la formule unilatérale fédérale et (v) la formule unilatérale provinciale. C'est le caractère de la modification envisagée qui permet de déterminer laquelle de ces procédures doit être suivie en vue de son adoption.

25 Henri Brun, Guy Tremblay et Eugénie Brouillet, *Droit constitutionnel*, 6e éd, Cowansville (Québec), Yvon Blais, 2014 à la p 250.

26 L'unanimité du fédéral et des 10 provinces pour certaines questions spécifiques, et l'accord du fédéral et des 7 provinces représentant 50 p. 100 de la population de toutes les provinces comme formule résiduaire générale. Voir la *Loi constitutionnelle de 1982*, *supra* note 25, arts 40-41.

27 Depuis l'adoption des formules de modification dans la *Loi constitutionnelle de 1982*, une dizaine de modifications ont été apportées à la Constitution canadienne. L'une des plus importantes a été l'ajout de l'article 16.1 de la *Charte canadienne des droits et libertés*, qui proclame l'égalité des communautés linguistiques francophone et anglophone. Les francophones en situation minoritaire de cette province peuvent désormais faire valoir le droit à des établissements d'enseignements et des institutions distinctes.

en ce sens destinée à régir la société durant une longue période[28]. C'est ce qui explique, du moins en partie, la place légitime occupée par l'interprétation constitutionnelle évolutive dans le droit canadien. Elle donne au pouvoir judiciaire une façon de veiller à ce que la Constitution s'adapte, à l'intérieur de ses limites naturelles, aux situations nouvelles.

L'arbre vivant à l'épreuve : la dépénalisation des rapports sexuels consensuels entre hommes

La dépénalisation des relations sexuelles consensuelles entre hommes constitue l'une de ces situations nouvelles qui éprouvèrent la plus haute instance judiciaire de l'Inde d'adapter la Constitution. En 2018, dans l'arrêt *Navtej Singh Johar et al v Union of India*[29], la Cour suprême de l'Inde a conclu que l'interdiction des relations charnelles entre hommes, érigée en infraction pénale il y a plus d'un siècle et demi, est discriminatoire, irrationnelle, arbitraire et, somme toute, manifestement inconstitutionnelle.

L'article 377 du *Code pénal de l'Inde, 1860*[30] était rédigé ainsi :

Section 377. Unnatural offences. Whoever voluntarily has carnal intercourse against the order of nature with any man, woman or animal, shall be punished with imprisonment for life, or with imprisonment of either description for a term which may extend to ten years, and shall also be liable to fine.

Explanation. Penetration is sufficient to constitute the carnal intercourse necessary to the offence described in this section.[31]

Au dire de la Cour suprême de l'Inde, cette disposition est « oppressive » et constitue une violation du droit à l'égalité sans distinction, à la vie privée, à l'autonomie sexuelle et à la liberté d'expression. En adoptant la perspective selon laquelle l'égalité et la liberté sont des concepts « intemporels » et « dynamiques »[32], il n'est pas justifié de contrôler la vie privée des

28 Brun, *supra* note 25 aux pp 200-201.

29 *Navtej Singh Johar, supra* note 11.

30 *Indian Penal Code, 1860*.

31 Comme cité dans *Navtej Singh Johar, supra* note 11 au para 211. Bien que l'art. 377 s'appliquait à quiconque ayant des relations sexuelles anales ou orales avec une autre personne, peu importe son sexe, inutile de dire que se sont surtout les rapports intimes entre hommes qui étaient ciblées par cette interdiction.

32 *Ibid* au para 85 : « The rights that are guaranteed as Fundamental Rights under our Constitution are the dynamic and timeless rights of 'liberty' and 'equality' and it would be against the principles of our Constitution to give them a static interpretation without recognizing their transformative and evolving nature. ».

personnes LGBTQ+ en se basant sur une interdiction codifiée qui tire son origine des mœurs imposées par les autorités coloniales anglaises de l'époque victorienne, dans le temps où seules les fins procréatives des activités sexuelles étaient valorisées[33].

Les prétendues « lois contre la sodomie », comme l'article 377 du *Code pénal de l'Inde, 1860,* sont des « vestiges » de l'époque coloniale[34]. Pour le juge Chandradul, il est utile de tracer les origines coloniales de l'article 377, une disposition législative « imposée par un ancien gouvernement colonial » [notre traduction][35], en vue d'évaluer sa pertinence à l'époque contemporaine[36]. Avant d'en arriver à la conclusion qu'il s'agit d'une « loi obsolète et anachronique de l'ère coloniale » [notre traduction][37], il écrit :

> A hundred and fifty eight years ago, a colonial legislature made it criminal, even for consenting adults of the same gender, to find fulfillment in love [...] Eighty seven years after the law was made, India gained her liberation from a colonial past. But the offence under Section 377 of the Penal Code has continued to exist for nearly sixty eight years after we gave ourselves a liberal Constitution. [...] Section 377 has managed to survive for over 158 years, impervious to both the anticolonial struggle as well as the formation of a democratic India, which guarantees fundamental rights to all its citizens[38].

Soulignons tout particulièrement, par ailleurs, le chemin parcouru par les racines de l'arbre vivant « planté au Canada », lesquelles se sont tracé une voie jusqu'à la plus haute instance judiciaire de l'Inde. Le juge en chef Misra évoque l'exemple du Canada, là où, selon lui, les tribunaux souscrivent à l'opinion voulant que la Constitution soit en constante évolution et qu'une approche progressive soit privilégiée[39]. Il ne manque pas de rappeler ce passage de la Cour suprême du Canada extrait du *Renvoi relatif au mariage de*

---

33 *Ibid* au para 17.

34 *Ibid* au para 98. Voir aussi le para 22, où le juge Chandradul précise que la GrandeBretagne a adopté des dispositions similaires à l'article 377 du *Indian Penal Code, 1860* dans d'autres anciennes colonies, notamment : le Zanzibar (Tanzanie), Singapour, la Malaisie, Brunei, Ceylan (Sri Lanka), la Birmanie (Myanmar), le Kenya, le Soudan, l'Ouganda, le Tanganyika (Tanzanie)...

35 *Ibid* au para 19.

36 *Ibid* au para 14 : « An inquiry into the colonial origins of Section 377 and its postulations about sexuality is useful in assessing the relevance of the provision in contemporary times. ».

37 *Ibid* au para 24.

38 *Ibid* aux para 2, 3 et 14.

39 *Ibid* au para 90.

personnes du même sexe : « Le raisonnement fondé sur l'existence des concepts figés va à l'encontre de l'un des principes les plus fondamentaux de l'interprétation constitutionnelle canadienne. Notre Constitution est un arbre vivant qui, par interprétation progressive, s'adapte aux réalités de la vie moderne »[40]. Outre le *Renvoi sur le mariage de personnes du même sexe*, d'autres arrêts de la haute cour canadienne, dont les arrêts *Law*[41], *Vriend*[42] et *Egan*[43], sont également cités par la Cour suprême de l'Inde.

L'approche interprétative dynamique et téléologique, comme l'entend le juge en chef Misra, à l'instar de la théorie de l'arbre vivant telle qu'elle est développée par la Cour suprême du Canada, permet au pouvoir judiciaire

40 *Ibid* au para 91, citant *Renvoi relatif au mariage de personnes du même sexe*, *supra* note 6 au para 22.

41 *Ibid* au para 133, citant *Law c Canada (Ministre de l'Emploi et de l'Immigration*, [1999] 1 RCS 497, 170 DLR (4e) 1 : "In *Law v. Canada*, capturing the essence of dignity, the Supreme Court of Canada has made the following observations: "Human dignity means that an individual or group feels self-respect and self-worth. It is concerned with physical and psychological integrity and empowerment. Human dignity is harmed by unfair treatment premised upon personal traits or circumstances which do not relate to individual needs, capacities, or merits. It is enhanced by laws which are sensitive to the needs, capacities, and merits of different individuals, taking into account the context underlying their differences. Human dignity is harmed when individuals and groups are marginalized, ignored, or devalued, and is enhanced when laws recognise the full place of all individuals and groups within Canadian society.".

42 *Navtej Singh Johar*, *supra* note 11 aux para 197-199 : « The Supreme Court of Canada, in [*Vriend c. Alberta*, [1998] 1 RCS 493, 156 DLR (4e) 385], while interpreting a breach of Section 15(1) of the Canadian Charter of Rights and Freedoms, arrived at the conclusion that 'sex' includes sexual orientation. Section 15(1) of the Charter reads thus: "Every individual is equal before and under the law and has the right to the equal protection and equal benefit of the law without discrimination and, in particular, without discrimination based on race, national or ethnic origin, colour, religion, sex, age or physical disability." Relying on the reasoning adopted by it in *Egan v. Canada*, the Supreme Court of Canada applied its well-known test of grounds analogous to those specified textually. Thereafter, the Court observed that perhaps the most important outcome is the psychological harm which may ensue from the state of affairs as the fear of discrimination (by LGBT) would logically lead them to concealment of true identity and this is harmful to their personal confidence and self-esteem. The Court held that this is a clear example of a distinction which demeans the individual and strengthens and perpetrates the view that gays and lesbians are less worthy of protection as individuals in Canada's society and the potential harm to the dignity and perceived worth of gay and lesbian individuals constitutes a particularly cruel form of discrimination. ».

43 *Navtej Singh Johar*, *supra* note 11 au para 147, citant *Egan c Canada*, [1995] 2 RCS 513, 124 DLR (4e) 609 : « The Supreme Court of Canada in [*Egan*], while holding

de « donner vie » à la Constitution indienne, « un instrument dynamique qui a été conçu de manière à reconnaître que le changement est inévitable » [notre traduction][44]. Cette façon de lire la Constitution donne aux tribunaux un rôle significatif dans la réalisation de la « nature évolutive de l'instrument vivant qui est la Constitution » [notre traduction][45], celui « de faire preuve d'expansionnisme et de véritablement s'adapter aux circonstances en constante évolution » [notre traduction][46]. « Dans une société en pleine mutation économique et sociale », une interprétation judiciaire statique « nuirait à l'esprit de la Constitution » [notre traduction][47] et ferait d'elle « un simple recueil de lettres mortes » [notre traduction][48]. Bref, il saute aux yeux que l'interprétation évolutive de la Constitution et de ses concepts, dont l'égalité et la liberté, trouve un appui dans les mots du juge en chef Misra :

---

that sexual orientation is one of the grounds for claiming the benefit under Section 15(1) as it is analogous to the grounds already set out in the list in Section 15(1) and the said list not being finite and exhaustive can be extended to LGBTs on account of the historical, social, political and economic disadvantage suffered by LGBTs, has observed: "Sexual orientation is a deeply personal characteristic that is either unchangeable or changeable only at unacceptable personal costs, and so falls within the ambit of s. 15 protection as being analogous to the enumerated grounds. ».

44 *Navtej Singh Johar*, *supra* note 11 au para 86. Il ne faut pas nécessairement voir en cela une invitation à négliger le texte écrit de la Constitution. Ainsi se précise le raisonnement du juge en chef Misra au para 84 : « The argument does not lie in the fact that the concepts underlying these rights change with the changing times but the changing times illustrate and illuminate the concepts underlying the said rights. ».

45 *Ibid* au para 84.

46 *Ibid* : "Thus, we are required to keep in view the dynamic concepts inherent in the Constitution that have the potential to enable and urge the constitutional courts to beam with expansionism that really grows to adapt to the ever-changing circumstances without losing the identity of the Constitution. The idea of identity of the individual and the constitutional legitimacy behind the same is of immense significance. Therefore, in this context, the duty of the constitutional courts gets accentuated. We emphasize on the role of the constitutional courts in realizing the evolving nature of this living instrument.".

47 *Ibid* au para 98 : "In a society undergoing fast social and economic change, static judicial interpretation of the Constitution would stultify the spirit of the Constitution. Accordingly, the constitutional courts, while viewing the Constitution as a transformative document, have ardently fulfilled their obligation to act as the sentinel on qui vive for guarding the rights of all individuals irrespective of their sex, choice and sexual orientation".

48 *Ibid* au para 84.

> It is the duty of the courts to realize the constitutional vision of equal rights in consonance with the current demands and situations and not to read and interpret the same as per the standards of equality that existed decades ago. The judiciary cannot remain oblivious to the fact that the society is constantly evolving and many a variation may emerge with the changing times. There is a constant need to transform the constitutional idealism into reality by fostering respect for human rights, promoting inclusion of pluralism, bringing harmony, that is, unity amongst diversity, abandoning the idea of alienation or some unacceptable social notions built on medieval egos […][49].

Certes, la métaphore de l'arbre vivant exprime bien le caractère organique de la Constitution et sa capacité à se transformer en fonction de l'évolution de la société à une époque différente de celle à laquelle elle a été rédigée. Le juge en chef Misra va cependant plus loin que l'idée d'un document vivant capable de s'adapter aux réalités de la vie moderne lorsqu'il se réfère au constitutionnalisme transformateur[50], une conception interprétative selon laquelle la Constitution est aussi un « document de transformation sociétale » [notre traduction][51] dont l'objectif est de transformer la société « pour le meilleur » [notre traduction][52]. L'un des piliers fondamentaux du constitutionnalisme transformateur semble être que « l'idée même d'une Constitution est de guider la nation vers un avenir resplendissant » [notre traduction][53]. L'ambition et les visées du constitutionnalisme transformateur se présentent comme prolégomènes d'une réflexion plus longue autour de la « créativité judiciaire »[54] qui mériterait, à une autre occasion, un examen approfondi de son rôle à moduler le droit dans un contexte de décolonisation.

---

49 *Ibid* au para 86.

50 *Ibid* au para 96 : « The expression "transformative constitutionalism" can be best understood by embracing a pragmatic lens which will help in recognizing the realities of the current day. Transformation as a singular term is diametrically opposed to something which is static and stagnant, rather it signifies change, alteration and the ability to metamorphose. Thus, the concept of transformative constitutionalism, which is an actuality with regard to all Constitutions and particularly so with regard to the Indian Constitution, is, as a matter of fact, the ability of the Constitution to adapt and transform with the changing needs of the times. ».

51 *Ibid* au para 98.

52 *Ibid* au para 95.

53 *Ibid.*

54 Nous empruntons l'expression « créativité judiciaire » à Brun, *supra* note 25 à la p 202 : « La créativité judiciaire ne peut tout de même pas briser les "limites naturelles" du texte à interpréter ».

Une conclusion qui n'en est pas une

« *Seule l'histoire n'a pas de fin.* » Charles Baudelaire

« Le sort des minorités n'est pas un dossier parmi d'autres », a écrit Amin Maalouf. « Il est, avec le sort des femmes, l'un des révélateurs les plus sûrs de l'avancement moral ou de la régression »[55]. L'exemple des minorités sexuelles pour illustrer notre propos n'est pas anodin. Dans trop de pays – on peut en compter environ 70 – certains rapports sexuels qui ne sont pas péno-vaginaux constituent une infraction pénale passible d'emprisonnement pour les personnes d'âge majeur qui les pratiquent[56].

Dans les annales de son histoire, l'année du cinquantenaire de l'indépendance de Maurice sera aussi l'année où sa Marche des Fiertés – une marche dans les rues de Port-Louis organisée annuellement par le Collectif Arc-en-Ciel pour faire la promotion des droits de la personne – a dû être annulée afin d'assurer la sécurité des personnes qui voulaient y participer[57]. Les parlementaires mauriciens n'ont d'ailleurs toujours pas abrogé l'article 250 du *Code pénal de 1838*[58], une disposition datant de l'ère coloniale britannique qui interdit « la sodomie » et qui en fait un motif d'emprisonnement[59]. Malgré la rareté des poursuites judiciaires engagées à la suite d'une infraction visée par cet article de loi, la menace d'incarcération est évidemment un moyen de pression exercé contre les personnes mar-

55 Amin Maalouf, *Le dérèglement du monde*, Paris, Livre de Poche, 2010 à la p 68.

56 Association internationale des personnes lesbiennes, gays, bisexuelles, trans et intersexes (ILGA), Aengus Carroll et Lucas Ramón Mendos, *Homophobie d'État 2017 — Une enquête mondiale sur le droit à l'orientation sexuelle : criminalisation, protection et reconnaissance*, Genève, ILGA, mai 2017, en ligne : <ILGA.org>.

57 « Le monde s'intéresse à l'annulation de la Marche des Fiertés », *Le Mauricien* (5 juin 2018), en ligne : <www.lemauricien.com/article/le-monde-sinteresse-a-lannulation-de-la-marche-des-fiertes> : « Plusieurs titres de presse internationaux relatent l'annulation de la Marche des Fiertés à Maurice, le samedi 3 juin, après que des opposants se sont illégalement massés à la Place d'Armes pour entraver cette manifestation. Organisée par le Collectif Arc-en-Ciel (CAEC), la marche pacifique avait comme but de promouvoir les droits de la personne, notamment ceux des LGBTI. Mais face à la menace que représentaient les opposants virulents de la Place d'Armes, les organisateurs de la marche ont préféré annuler la manifestation par mesure de sécurité. ».

58 *Criminal Code*, Revised Laws of Mauritius, c 195.

59 *Ibid*, art 250 : « Sodomy and bestiality. Any person who is guilty of the crime of sodomy or bestiality shall be liable to penal servitude for a term not exceeding 5 years. ».

ginalisées dont il est question. Elle représente, dans les mots du juge en chef Misra, « a weapon in the hands of the majority to seclude, exploit and harass the LGBT community »[60].

À Maurice, la disposition législative en vertu de laquelle certains types d'activités sexuelles entre personnes du même sexe sont punis sera-t-elle bientôt radiée du *Code pénal de 1838* ? La dépénalisation des rapports intimes entre hommes est-elle une question située dans l'angle mort de la volonté politique ? Comme en Inde, la plus haute instance judiciaire de Maurice aura-t-elle recours à une approche d'interprétation constitutionnelle évolutive ou même transformatrice pour justifier l'inconstitutionnalité de cette interdiction oppressive d'origine coloniale anglaise ?

Bibliographie

Législation

Constitution de la République de Maurice

Criminal Code, Revised Laws of Mauritius, c 195.

Indian Penal Code, 1860.

Loi constitutionnelle de 1867 (R-U), 30 & 31 Victoria, c 3, reproduit dans LRC 1985, annexe II, nº 5.

Loi constitutionnelle de 1982, arts 38-47, constituant l'annexe B de la *Loi de 1982 sur le Canada* (R-U), 1982, c 11.

Jurisprudence

Edwards c Canada (PG), [1930] AC 124 (CP).

Egan c Canada, [1995] 2 RCS 513, 124 DLR (4e) 609.

Law c Canada (Ministre de l'Emploi et de l'Immigration, [1999] 1 RCS 497, 170 DLR (4e) 1.

Navtej Singh Johar et al v Union of India, 2018(10) SCALE 386 (Inde).

Renvoi relatif au mariage de personnes du même sexe, 2004 CSC 79.

Vriend c. Alberta, [1998] 1 RCS 493, 156 DLR (4e) 385.

60 *Navtej Singh Johar*, *supra* note 11 au para 247.

Périodiques

Honickman, Asher. « Has the Supreme Court Moved Beyond the “Living Tree”? », (30 mars 2018), en ligne : *Advocates for the Rule of Law* <www.ruleoflaw.ca/has-the-supreme-court-moved-beyond-the-living-tree >.

Leckey, Robert. « Thick Instrumentalism and Comparative Constitutionalism: The Case of Gay Rights » (2009) 40 Colum HRLR 425.

Pierdominici, Leonardo. « The Canadian Living Tree Doctrine as a Comparative Model of Evolutionary Constitutional Interpretation » (2017) 9:3 Perspectives on Federalism 85.

Monographies

Arbour, Marie-Eve. *Fragments de droit québécois et canadien*, Cowansville (QC), Yvon Blais, 2012.

Bogdan, Michael. *The Law of Mauritius and Seychelles: A Study of Two Small Mixed Legal Systems*, Lund, Juristförlaget i Lund, 1989.

Brun, Henri, Guy Tremblay et Eugénie Brouillet. *Droit constitutionnel*, 6e éd, Cowansville (QC), Yvon Blais, 2014.

Favoreu, Louis. *L'île Maurice*, Paris, Berger-Levrault, 1970.

Maalouf, Amin. *Le dérèglement du monde*, Paris, Livre de Poche, 2010.

Meetarbhan, Milan. *Constitutional Law of Mauritius : Constitution of Mauritius with Commentaries*, Milan Meetarbhan, 2017.

Autres

Association internationale des personnes lesbiennes, gays, bisexuelles, trans et intersexes (ILGA), Aengus Carroll et Lucas Ramón Mendos, *Homophobie d'État 2017 — Une enquête mondiale sur le droit à l'orientation sexuelle : criminalisation, protection et reconnaissance*, Genève, ILGA, mai 2017.

« Le monde s'intéresse à l'annulation de la Marche des Fiertés », *Le Mauricien* (5 juin 2018), en ligne : <www.lemauricien.com/article/le-monde-sinteresse-a-lannulation-de-la-marche-des-fiertes>

Muir Watt, Horatia. « DROIT - Droit comparé », *Encyclopædia Universalis* en ligne : <www.universalis-edu.com/encyclopedie/droit-droit-compare/> (dernière consultation le 15 août 2018).

PART IV

Comparative Constitutional Justice in the Indian Ocean Area

La justice constitutionnelle comparée dans la région de l'océan Indien

Seychelles' Constitutionalism

Mathilda Twomey[1] and Joelle Barnes[2]

'Through a glass darkly': Reflections on 25 years of Constitutional litigation in Seychelles*

Introduction

In 1993, the Constitution of the Republic of Seychelles was birthed out of a regime change after 18 years of one-party socialism. It saw a long awaited move to multi-party democracy. However, in the first elections the same ruling party won the presidential position and the majority in the National Assembly, which meant that the major actors in the political landscape were unaltered by the constitutional watershed. The legal and political changes did not flood, but crept in. Politically, in 2016 a coalition of opposition parties won a majority in the National Assembly heralding in a period of awkward co-habitation between a President from one party and the Assembly dominated by the representatives of another. Similarly, the legal change effected by the Constitution has taken time to root in.

The Constitution adopted is the supreme constitution to a mixed legal system containing English common law and French civil law elements, yet the language of the constitution and its structure is drawn from the international constitutional jurisprudence of the early 90's.

The imposition of this modern constitutional form on top of the existing common law and civil law attributes presents challenges as well as opportunities for the development of legal notions such as the rule of law, the separation of powers, democracy and the importance of constitutional ju-

1 BA (English and French) Law (UKC), Barrister-at-law (Middle Temple), LLM (NUIG), PhD (NUIG), Chief Justice, Supreme Court of Seychelles.

2 BA LLB (UCT), LLM (UMich). Executive Legal Adviser to the Chief Justice, Supreme Court of Seychelles. This paper is an adaption of a paper presented by the authors at 'Le Developement Constitutionnel de Maurice en l'honneur du Cinquantenaire de l'Independance de Maurice en 2018 on 15 March 2018 and at the 25th Anniversary of Seychelles' Constitution Day Seminar held on Monday 11 June 2018 in Seychelles.

* 1 Corinthians 13:12

dicial review. This paper seeks to reflect on the first 25 years of Constitutionalism, drawing lessons and evaluating the future for the constitutionalism in Seychelles.

Constitutionalism

The constitutionalism in Seychelles is founded on the principle that government should be legally limited in its powers, and that its authority or legitimacy depends on its observing these limitations. We believe that it is undisputed that constitutionalism is more than the wording of a constitutional text, but also the permeation of the legal system with the principles of constitutionalism[3], including the existence of a supreme and entrenched structure for governance, rule of law, separation of powers with checks and balances, the protection of fundamental rights, democracy.

David Fellman explains the theory and practice of constitutionalism as standing for the principle "[t]hat there are standards of rightness which transcend and control public officials, even current popular majorities, [representing] a critically significant element of man's endless quest for the good life."[4]

In continental Europe constitutionalism is seen not only as an instrument to limit governmental power, but also "as the tool[s] to set up, organize and empower the governmental branches."[5]

In Seychelles, the written constitution is both a tool and an instrument and it entrenches (in blackletter, at least) the essential norms of constitutionalism. As the supreme law, it is the original source of public power. It organizes the governmental structure and the distribution of roles between the traditional three branches of government and other key actors. It also provides the tools for the accountability of the actors and challenges to abuse of powers. Yet, the wording of the constitutional document on its

3 Walter F. Murphey, *Constitutional Democracy: Creating and Maintaining a Just Political Order* (JHU Press 2007) 15.

4 David Fellman 'Constitutionalism' in 1 Dictionary Of The History Of Ideas: Studies Of
Selected Pivotal Ideas 485, 491-92 Philip P. Wiener (ed) (Charles Scribner Sons 1974).

5 Thomas Fleiner, 'Common Law and Continental Law: Two Legal Systems-Some Elements of Comparative Constitutional and Administrative Law with Regard to those Two Legal Systems,' in Beniamino Caravita di Toritto, Jutta Kramer, Hans-Peter Schneider (eds) *Federalism Seite* 226—257.

own is not enough to prove its permeation of the society, or the ambit of its success in its ambitious goals. The jurisprudence around the Constitution and the adherence to its norms, equally make up the constitutionalism of Seychelles and so it is important to understand the written text in its socio-political context.

Historical background

If I may begin with the historical background to the Seychellois legal system, Seychelles' history is closely associated with that of Mauritius, of which it was initially a protectorate. Seychelles and Mauritius were French colonies before colonial rule was assumed by the British. Seychelles became a dependency of Mauritius and was administered locally by appointed administrators. News of the French Revolution temporarily changed this arrangement. The settlers, in the spirit of the Revolution, set up their own Colonial Assembly, drafted a Constitution without reference to Mauritius or France, invested the Assembly with both criminal and civil judicial powers, and declared Seychelles a separate colony from Mauritius. Two attempts to reject this self-assertion, to modify the self-imposed Constitution, and to bring Seychelles back under the control of Mauritius failed.[6] It was only the arrival in Seychelles in 1793 of Commandant Quéau de Quinssy which re-established formal control by Mauritius and marked the beginning of the governorship of Isidore Decaen, the then Captain- General of the French settlements beyond the Cape of Good Hope, and put an end to the Seychelles Colonial Assembly.[7]

In 1810, the British retained control of Seychelles and Mauritius. Seychelles continued to be administered by Civil Agents and Commissioners under the direct orders of the Governor of Mauritius, and under Mauritian law, which was applicable by implication. However, the ultimate control of Seychelles lay with the Colonial Office in London. Pressure was brought to bear on the Colonial Office until it finally accepted the proposals for a Seychellois local legislature, with the Board of

6 Guy Lionnet, 'Les Effets de la Revolution Française aux Seychelles' in Claude Wanquet and Benôit Julien (eds), *Révolution Francaise et Océan Indien: Prémices, paroxysmes, héritages et déviances* (L'Harmattan, 1996) 191.

7 Albert Auguste Fauvel, *Unpublished documents on the history of the Seychelles Islands anterior to 1810* (Government Stationery Office, 1909) 189.

Civil Commissioners sitting for the first time in 1872. This was, in effect, the first Seychellois Constitution.[8]

Seychelles became fully independent from Mauritius and a colony of Great Britain in 1903. The laws in force were preserved except where they were incompatible with legislation passed by the Seychelles Legislative Assembly. The white minority, who were descendants of the first white settlers and slave owners, would remain very much the ruling class until independence.

Two main political parties, the Seychelles Democratic Party (SDP) and the Seychelles People's United Party (SPUP), were to emerge and remain the two predominant parties for much of the 20th century. The legislative elections in April 1974, which were conducted on a 'first past the post' system, saw James Mancham of the SDP receive thirteen seats for 52.4 per cent of the vote and Albert René of the SPUP receive two seats for 47.6 per cent. The elections had been fought by the SDP on the issue of integration with Britain, against the SPUP's call for independence. René's party felt robbed not only of power but of control of the larger population's basic needs in terms of education and economy.[9] With regard to integration with Britain, however, the writing was on the wall. Two constitutional conferences took place in London in 1975 and 1976 to discuss the future of the very small colony. The constitutional discussions dramatically altered course midway to a republic with a president as head of state and a Prime Minister, instead of having the British monarch as head of state with a Governor General. This constitution passed on 29 June 1976, implementing a presidential democracy and saw a shift away from the Westminster model parliamentary democracy.

This ill-fated constitution only lasted a year before René overthrew the coalition government in a coup in 1977. The Constitution of 1979, decreed after the coup, turned Seychelles into a one-party state, with political activity conducted only under the auspices of the Seychelles People's Progressive Front. Seychelles was declared a Sovereign Socialist Republic. The Constitution was deemed the supreme law and any law inconsistent with it was invalid and ineffective. This Constitution of the Second Republic was to last for 18 years. During its term there were many human rights abuses, including disappearances and forcible expulsion of opposition acti-

8 Deryck Scarr, *Seychelles since 1770: History of a Slave and Post-Slavery Society* (Hurst and Company, 2000)
79.

9 Ibid at 190.

vists, the suppression of political activity by the opposition, and compulsory land acquisitions. Nevertheless, there was also a social equalisation programme which saw investment in and access to public housing, health, and education. It is undeniable, however, that those members of society who identified with the ruling party fared better than those who opposed it or refused to pay it lip service.

The third Constitution

René attended the Commonwealth Heads of State Conference in Harare in October 1991 and, bowing to international pressure and that of Seychellois exiles, he agreed to return to a multi- party political system. There followed a transition period which saw the drafting of a new Constitution, referenda, and elections. The first draft of the Constitution was defeated by referendum in November 1992. The second draft was approved by 73.9 per cent of the population in a referendum held on 18 June 1993.[10]

The constitution-making process was in many ways a transformational one, deriving from a period of deep division and distrust. The Constitutional Commission made sure that the major opposing sides were represented, and this did much to ensure that the deliberations were transparent, with wide public participation leading to public perception of legitimacy and ownership. The 1993 Constitution borrowing from two different traditions (the Continental and the Common law), is a genuine compromise and an ambitious text, intended to reflect the diverse aspirations of a sharply and politically divided nation.

Constitutionalism in Seychelles

The adopted text of the Constitution commits Seychelles to a form of constitutionalism that mirrors in structure the modern constitutions adopted widely across the world at the time.

The Preamble of the Constitution commits itself to the traditional principles of constitutionalism, such as the rule of law, the protection of human rights and the respect for equality and dignity. It seeks to create a rights-based democratic society where all powers are derived from the Con-

---

10 Available at https://greybook.seylii.org/w/se/CAP42 accessed 18 October 2018.

stitution[11] as a supreme reflection of the will of the people, who adopted the constitution by referendum[12]. The Constitution entrenches an enforceable Charter of human rights[13] which contains a progressive selection of rights, including civil and political rights, justiciable socio-economic rights and third generation rights to environment and culture. It also contains a distinct duty on individuals to uphold and defend the Constitution, protect the environment and make valuable contributions to furthering society.[14]

The separation of powers is intrinsic to the structure of the Constitution; executive power vests with a directly elected President as head of state and head of government[15], the legislative powers are vested with the National Assembly[16] and there is an independent judicial branch.[17]

In addition to the traditional branches of government, the Constitution introduces several entities designed to protect the structure of its constitutionalism, each deriving original constitutional powers and subject to constitutional review[18]. These include the Ombudsman, the Electoral Commission, the Auditor General, and the CAA. These entities each play a distinctive role in protecting the constitutional order, they are structurally extra-governmental and not subject to control by any branch of government.

The Constitution is instilled with concepts borrowed from other legal systems, such as the socio-economic rights (which were concurrently being trialed in the South African 1993 Interim Constitution) and the English law, including that of individual and collective ministerial responsibility in terms of Article 71.

The Constitutional Court is given a broad responsibility to determine matters concerning the application, interpretation, enforcement and contravention of the Constitution.[19] By assigning the Courts the important role as the arbiters of the human rights (including the extended range of socio-economic rights) in terms of Article 46 and the protectors of the Constitution, under Article 130, the Constitution has dramatically widened the

---

11 Preamble to the Constitution of the Republic of Seychelles (the "Constitution").
12 Article 5 of the Constitution.
13 Chapter 3 of the Constitution, see Article 46 which provides a specific ground for challenging that a right has been violated.
14 Article 40 of the Constitution.
15 Article 50 read with Article 66 of the Constitution.
16 Article 85 of the Constitution.
17 Article 120 of the Constitution.
18 Article 125(1) (a) of the Constitution.
19 Article 125(1) (a) of the Constitution.

jurisdiction of the Courts and legitimised its role as a watchdog of the Seychelles legal system. This sees a departure from the restricted ambit of the English doctrine of judicial review. [20]

Constitutionalism under the third Constitution

Despite the legal watershed of the adoption of the Constitution, Seychelles' legal system and democratic structure eased into multiparty democratic constitutionalism slowly. The SPUP, now renamed the Party Lepep, continued to hold the presidential post and dominate the National Assembly until as recently as 2016 when an opposition coalition with a narrow margin of overall percentage won the majority in the National Assembly.

Moreover, despite the broad powers of the Courts with regard to constitutional review, the court cases brought have remained unambitious and the judges reticent to change.

However, there have been some significant strides in the development of the jurisprudence surrounding the constitution.

For example, with regard to the principle of the rule of law, in *Servina v Speaker of the National Assembly*[21] the court pronounced that powers vested in the President had to be exercised in accordance with the Constitution and the laws of Seychelles. In *Bradburn v Superintendent of Prison & Anor*[22] the Constitutional Court was keen to distinguish between what it saw as confusion between the rule of law and the equality of protection before the law as contained in Article 27. With regard to the Separation of powers, the court in *Hackl v Financial Intelligence Unit & ano*[23] held that the separation of powers is implicit in the Constitution and in *Napoléon v Republic*[24] the court found that the legislature must operate within the framework of the Constitution and it could neither usurp the judicial powers of the judiciary nor the executive powers of the executive.

20 The doctrine of judicial review which remains reflected in Article 125(1) (c) of the Constitution is limited to "adjudicative decisions" but exists alongside a more probing power of constitutional review in terms of Article 125(1) (a).

21 SCA 4/2001.

22 2012 SLR 181.

23 (2012) SLR 225.

24 CC 1&2/1997.

Three cases of importance: Chow v Attorney General, Sullivan v Attorney General and Seychelles National Party v Government of Seychelles

Three cases bear specific mention for their contribution to developing the constitutionalism in Seychelles. The first case is *Chow v Attorney General and Others*[25]. The petitioner was the President and Leader of a political party and was challenging certain matters related to an election. The Constitutional Court found that the petitioner lacked the locus standi to bring an action under Article 130 of the Constitution. The Court of Appeal overturned the finding on locus standi, despite dismissing the petition on the merits. The court advocated a responsible approach to the question of standing in constitutional litigation.[26] The court urged that "the Constitutional Court is the repository of the content of the Constitution" and [w]here there is a reasonable apprehension that [the] people's mandate is being exceeded in one form or another, a citizen is given the right by that very Constitution to rush to the Constitutional Court to seek redress."[27] In defining a "responsible approach" as opposed to an "honourable approach" to the question (the latter being a quick, formalistic way to exit a case) the Court encouraged the Constitutional Court to look beyond the surface of the petition, and to consider whether a finding of lack of locus standi would be to the detriment of a point in the higher interest of the constitution.[28]

In the instant case, the Court distinguished the two ways that Constitutional petitions are ordinarily brought to the court: under article 46(1) (violations of a charter right); and article 130(1) (violations of any other provision of the constitution). The Court held that based on the wording of the provisions, a clear distinction is to be drawn between access afforded under article 46(1) and that afforded under article 130(1); that in this regard, the former case speaks of a contravention as well as the likelihood of contravention whereas the latter speaks of a contravention without more.[29] The difference basically is between the present and the imminent acts and omissions under article 46 (1) and the past ones under article 130 (1).[30] However, the Court was quick to point out that there may be difficulties in determining the distinction in practice.

25 (26 April 2007) [2007] SCCA 2.
26 At para 22.
27 At para 17.
28 At para 22.
29 At paragraph 13.
30 At para 16.

The Court warned about a formalistic approach to the rules of the Constitutional Court, and thus enabling procedure to swallow substance and prevent litigants from exercising their rights under the Constitution. A requirement of procedure contained in the rules of the Constitutional Court cannot be elevated to a constitutional provision to deny access to the citizen for whom the court exists.[31]

The Court issued a strong reminder that:

> "[A constitutional court] sits between the power of the people and the authority of the organized government to ensure that public affairs are conducted within the frame-work tacitly agreed upon and enshrined in the Charter. It is the temple and the throne to which the citizen – pecunious or impecunious – rushes to with a view to ensuring that the people power delegated to authority are properly used and not abused. Its prime purpose is to make the Constitution work."

This case was particularly important in laying down a relaxed approach to standing in the Constitutional Court in order to enable litigants who may have a legitimate case to bring it to the court. Despite this broad standing, which was enabled through the wording of Articles 46 and 130, and reiterated by the Court of Appeal, there has been no great flood of litigants to the Constitutional Court as may have been anticipated by sceptics of the Court's approach.

In 2012 case of *Michel v Dhanjee*[32] the Court of Appeal relied on the reasoning in *Chow* to grant an ordinary citizen the opportunity to challenge the appointment of a Judge of the Court of Appeal by adopting a "liberal and general approach" to the rules of standing given the "exceptional importance of the issues raised".

However, in 2018 in *Volcere v Felix & Ors*,[33] the Constitutional Court relied on the same reasoning (citing it as a two-part test, the "ordinary test for standing" and a test for "exceptional importance") to refuse to permit an ordinary citizen to challenge the appointment of the members of the Constitutional Appointments Authority. The Court held in that case that the individual litigant needs to still have a personal interest in the appointment of the individual members (such as being unconstitutionally denied this chance to be appointed for a position) in order to pass the ordinary

31 At para 28.

32 *Michel & Ors v Dhanjee & Ors* (SCA NO: 05 & 06 of 2012) [2012] SCCA 10 (31 August 2012).

33 CP04/2017 (30 January 2018).

test, or to illustrate exceptional circumstances. However, the Court adopted a narrow definition as to what was intended to be exceptional circumstances, holding that the appointment of constitutional appointees could not possibly be "exceptional" because "all constitutional appointments would allow a concerned citizen to petition this court". Therefore, the Court held that the facts of a case should "show exceptions so as to make it fall out of the ordinary" or "be instances where those prejudicially affected may not be in a position to assert their rights adequately, or in time; or if the impugned provisions of the law or an act or omission is directed against a group of individuals with whom the petitioner shares a common liability."

It is submitted that, by attempting to define "exceptional circumstances" the reasoning of the Court narrows the circumstances which may be "exceptional" and even blurs the test with the ordinary test for standing by including circumstances where the litigant shares liability with a class of affected persons. It is difficult to see how any unconstitutional appointment of a constitutional appointee could be brought except by other dissatisfied appointees despite the fact that this cause of action would be a clear violation of constitutional provisions over which the Court would have jurisdiction, and under which, in terms of Article 130 litigation is intended to be brought. Therefore, it would appear that the broad and liberal approach to locus standi adopted in *Chow* is circumscribed by this judgment despite there being no clear textual or practical reasoning for this.

Sullivan v Attorney General

The second case, *Sullivan v Attorney General,*[34] was fundamental in laying down the test to be adopted by Courts in assessing the constitutionality of a limitation of the human rights found in the constitution. The offence of criminal defamation has in most countries been repealed generally because of the chilling effect it has on the freedom of expression. The offence in Seychelles predated the 1993 Constitution, which for the first time since independence contained a right to the freedom of expression. Mr. Sullivan was to test the limitation of that right.

In 2010, a river was polluted by a building contractor, Ascon, engaged to construct the palatial residence of Sheikh Khalifabin Zayed Al Nahyan, the President of the United Arab Emirates and prince of Abu Dhabi on a

34 (2014) SLR 417.

mountain in the village of La Misère on Mahe. Over 350 households, unable to drink water from their taps due to the pollution, filed for compensation. Minister Joel Morgan, then of the Ministry of Home Affairs, Environment, Transport and Energy chaired a high-level committee responsible for the negotiations for compensation for the affected residents. During the course of these events, Mr. Sullivan, the appellant, a property owner at La Misère, dissatisfied with the role played by the Minister in those negotiations caused a photograph of the Minister to be enlarged, with a Hitler moustache pasted above his mouth and the word "Traitor" inserted at the bottom of the photograph. The photograph was displayed on the back windscreen of his vehicle as he travelled on the public road. He was arrested on 20 October 2010 at 13.38 hours and detained until 14.33 hours the following day. He was charged on the 23 December 2010 with the offence of criminal defamation and the trial set to commence on 26 September 2011 in the Magistrates Court. The trial did not proceed as the appellant filed a petition before the Constitutional Court for a declaration that the offence of criminal defamation was unconstitutional.

In its decision dated 31 July 2013, the Constitutional Court took the view that although Article 22 of the Charter of Fundamental Rights and Freedoms of the Constitution guaranteed the right to freedom of expression, the right was not absolute and is subject to restrictions as might be prescribed by law and necessary in a democratic society for protecting the reputation, rights and freedoms or private lives of persons. The Constitutional Court found that section 184 of the Penal Code providing for the offence of criminal defamation was within permissible restrictions to the fundamental rights accorded to citizens as provided for in Article 22 (2) of the Charter. It also found that the provisions of sections 184-191 of the Penal Code were formulated with sufficient clarity and precision to enable citizens to regulate their conduct and foresee their acts. By limiting the reach of the offence with clear defences, no threat was posed to the fundamental right. Finally, it stated that it was aware of the broader consensus against laws that criminalise defamation but that the matter of repealing the criminal law on defamation was not within the purview of the court but rather one that had to be decided by the legislature.

Sullivan appealed. The Court of Appeal in its decision stated that the offence of criminal defamation could only be used in the most flagrant, grave and deliberate cases of intentional injury to the reputation of another.

More importantly it imported into Seychellois constitutional law the three-part proportionality test for the determination of the constitutionality of legal provisions. That test emanates largely from the wording of Article 19 of the International Covenant on Civil and Political Rights which provides for permissible limitations to the right to freedom of expression and imports a proportionality assessment between the objective to be achieved and the measures being adopted.

The Court stated that in considering whether a provision of law was constitutional or not it had to determine:

1) whether the impugned provision as framed was formulated with sufficient precision to satisfy the "prescribed law" criterion.
2) whether the exception was necessary in a democratic society.
3) whether there is proportionality between the offence in terms of the restrictions it imposes on a fundamental right of the Charter and the objective of the legislation identified.

The first test provides a fundamental guarantee for the rule of law. A law may not confer unfettered discretion for the restriction of freedom of expression on those charged with executing it. Hence, for the test to be satisfied the impugned legal provision must be certain, clear and precise and framed so that its legal implications are foreseeable.

The second test involved a search for a definition of "democratic society" and the Court settled for the definition as provided in Article 49 the Constitution of Seychelles, which provides that it is:

> "a pluralistic society in which there is tolerance, proper regard for the fundamental human rights and freedoms and the rule of law and where there is a balance of power among the Executive, Legislature and Judiciary."

The Court found that although the offence of criminal libel had been abolished in many parts of the world, where it was still extant, it was seen as part of the laws tolerated within the limitations to freedom of expression. Most European and Commonwealth countries still had criminal defamation laws, which they see as necessary limitations to the freedom of expression. Insofar as Seychelles is concerned the court was not persuaded that the provisions of the law of defamation were any different. It added that while it may well be time for the legislature to abolish criminal defamation it regarded this as policy decision based on international norms coupled with the realities of local considerations. Hence, the law as currently framed might well fail to meet current recommendations of international bodies yet pass the second constitutionality test.

The third test, perhaps the most important of the three, is meant to see whether a limitation is arbitrary, excessive or not permissible within the context of the public interest. The restriction to a constitutional right must meet a proportionality test where the benefit of protecting a particular interest must be greater than the harm done to the right. Otherwise the limitation cannot be justified as being in the public interest.

The Court held that it was clear that one could only be prosecuted for the offence in very limited circumstances since it had been established that the offence of criminal defamation had extremely strict and narrow confines and the ingredients had been proved beyond reasonable doubt by the prosecution. This included the proof of an opinion not honestly held in good faith by an accused person. The third test was therefore passed.

This case remains important for analysing the extent of permissible restrictions to the rights in the Charter. The case also served to illustrate in practice the approach required by Article 47 of the Constitution which provides that "[w]here a right or freedom contained in this Charter is subject to any limitation, restriction or qualification, that limitation, restriction or qualification -

(a) shall have no wider effect than is strictly necessary in the circumstances; and
(b) shall not be applied for any purpose other than that for which it has been prescribed."

The *Sullivan* approach can be widely adopted by analogy to other situations where Charter rights are restricted, and the case was influential in the reasoning of the Constitutional Court in the third important case for the purpose of this study.

Seychelles National Party v Government of Seychelles & Another

The third case that bears mention was the first time the Constitutional Court was willing to strike down provisions of legislation as unconstitutional. The case of the *Seychelles National Party v Government of Seychelles & Ano*[35], delivered on 5 July 2015 gave the Constitutional Court an opportunity to consider the *Sullivan* test in detail and saw the Constitutional Court strike down provisions of an act as unconstitutional in terms of Article 46 and Article 130. The case as a whole greatly contributed to the constitutional jurisprudence of Seychelles due to the scope of the petition brought and the variety of orders made by the Court.

The case required the Constitutional Court to consider certain provisions of the Public Order Act (the "POA") which, *inter alia*, gave broad

35 CP No. 02/2014 & CP No. 03/2014; [2015] SCCC 2.

powers to the Minister of Home Affairs to direct the Commissioner of Police, the Commissioner of Police to control public gatherings, the President to declare curfews and policemen to seize and erase information captured by individuals. The Court sat with four Judges of the Supreme Court, and came to a unanimous determination that nineteen provisions of the Act were unconstitutional and therefore void.

This was the first time that the court undertook to declare any provisions of an Act unconstitutional, and these included violations of the Charter (in terms of Article 46) as well as violations of the Constitution in terms of Article 130. Thus, the decision granted the court the opportunity to address its approach to a limitation of Charter rights in terms of Article 46 as well as to a violation of non-Charter right provisions. With regard to the former, it applied the *Sullivan* approach consistently throughout relying heavily on the proportionality element of the *Sullivan* approach.

The Court, presided by Judge Karunakaran, refrained from declaring the entire POA unconstitutional even though it had been gutted of much of its substance by the findings of unconstitutionality. The Court held, however, that it would hold a whole statute unconstitutional only as a last resort where "the underlying purpose of the Act was unconstitutional to such an extent that it rendered the whole Act unconstitutional, or alternatively whether every operative provision of the Act was failed the test for constitutionality".[36]

In an important evaluation of the role of the Commissioner of Police and discussion on the separation of powers, the Court struck down a provision (section 3) of the POA which enabled the Minister of Home Affairs to give directions to the Commissioner of Police. The latter is a constitutional appointee with the sole power to direct the use and operations of the police force.[37] The Court held that the Commissioner of Police was intended to be independent in his or her role and derived power and authority directly from the constitution itself. Despite the fact that the Court would assume that the Minister would exercise his powers under the POA in a constitutional manner, the Court found that section 3 of the POA which enabled the Minister to influence the duties of a constitutionally appointed official outside of the ambit of the constitutional empowering Article would, on its face, be unconstitutional even without the Minister acting in any specific way.

---

36 *SNP v GOS* Note 35 above at paragraph 32.
37 Article 160 of the Constitution of Seychelles.

> "Section 3 grants such extra constitutional powers to the Minister by giving him the power to give directions to the Commissioner with regard to the powers and duties of the Commissioner under this Act. These directions enable the Minister to interfere with the use and control of the operations of the police force, which is the power exclusively given to the Commissioner under the Constitution."[38]

This provision was found to violate Article 160(1) and (2) of the Constitution and found to be unconstitutional in terms of the powers granted to the Court under Article 130.

Throughout the judgment, the Court was self-conscious of its constitutional role and its limitations. With regard to the limitation of rights analysis, the Court held that it was required to consider the constitutionality of the provisions "whilst remaining conscious of the fact that there may be differing reasonable policy options for addressing a particular legislative objective and the Court is ill-placed to advise the Legislature on its policy choices."[39] This shows an awareness of the balance of the separation of powers as well as the institutional skillset which the various branches of government bring to bear on matters of law and policy.

The Court was also deferential to the roles that officials such as the Commissioner of Police play in assessing threats to public safety and order and what responses are appropriate in the circumstances[40]. However, where that discretion was too broadly allocated, the Court showed a willingness to strike down the provisions that granted that discretion.

> "[146] We recognise that there are instances where it would become necessary to prohibit the gathering and assembling of the public, such as on a beach where endangered turtles are laying their eggs, a heritage site that is being preserved, or a place where the Minister has reason to believe could pose a threat to public safety. It was a legislative choice to grant this power to the responsible Minister. And we find that this is necessary in a democratic society.
> [147] As to the proportionality analysis, with regard to section 13(2)(a) we are of the opinion that the discretion granted to the Minister is too broad by limiting its exercise merely to the Minister's 'opinion'. Therefore, we consider that the restriction goes further than is strictly necessary in that :

38 *SNP v GOS* note 35 above at paragraph 41.
39 *SNP v GOS* note 35 above at paragraph 54.
40 See in this regard para 107.

a. the Minister's power is to grant a total prohibition with regard to that place, which could be an entire district ;
b. the governmental objective has not been clearly explained to the Minister, his discretion is only guided by the phrase "in the public interest" ;
c. there is no requirement that the prohibition be for a restricted period or subject to any review by another organ of state ; and
d. the 'public procession' of one person may be prohibited which is wider than is necessary.

[148] Therefore we are of the opinion that Section 13(2)(a) fails the *Sullivan* test and find it is an unjustified infringement of Article 23 of the Constitution."

The importance of laying down intelligible criteria for the use of Ministerial discretion was discussed and the Court struck down a provision which enabled the Commissioner of Police to distinguish between "specified classes" or "descriptions" of meetings or processions when banning them. This, the Court held, permitted discrimination and differentiation and violated the right to equal protection of the law. [41] This shows a nuanced development of the rule of law by the Court: The Court was willing to consider the nature of a discretion and demand that its boundaries are clearly defined if it is permitting an actor to limit rights through its use of that discretion.

With regard to several provisions of the POA, the Court was required to consider the constitutionality of impugned provisions against the various rights in the Charter, especially the rights of freedom of expression and the right to peaceful assembly and association. The Court placed heavy reliance on the proportionality test laid out in the *Sullivan* case.[42] With regard to section 5 which enabled the Commissioner of Police to 'direct and control' gatherings and the amplification of speech and broadcasts,' the Court held that the discretion was broader than is strictly necessary to achieve the purpose of maintaining law and order and struck down the provision. The Court's approach provides a prime illustration of the *Sullivan* proportionality test in action, with the Court enunciating that it was willing to accept the importance of the goal of this provision and its rational connection to the maintenance of public order. However, it found that the provision was not narrowly enough drafted so as to pass constitutional muster.

41 *SNP v GOS* note 36 above at para 141.
42 *Sullivan v AG & Ano* SCA 25/2012.

Similarly, with regard to several other provisions, the Court found that the provision would have been "constitutionally passable as necessary in a democratic society"[43] if these provisions were more carefully tailored to address the underlying reason for the restriction. Of particular concern were the definitions in section 2 of the POA of "public meeting" and "public procession". The court repeatedly stated that the provisions of the Act, based on these definitions were too broad a restriction on the rights of individuals. The Court was at pains to state that the provisions would pass the *Sullivan* test "[w]ere these definitions to be remedied such that the provision did not place such a broad restriction on the rights involved." These provisions would not be unconstitutional so long as the definitions were no wider than is strictly necessary to achieve the legislative purpose of these sections."[44]

The Court laid down strong statements with regard to broad executive powers granted by the Act, these included a blanket immunity on a police officer acting under the Act[45], a warrantless search and seizure of information[46] and a presidential power to declare a curfew under the Act (as opposed to under the State of Emergency powers granted in the Constitution).[47] The Court struck down these sections. This shows a strong response

---

43 *SNP v GOS* note 35 above at para 83.

44 *SNP v GOS* note 35 above at para 100.

45 "The only reasonable objective for this provision is that it is designed to enable policemen and women to be able to fulfil their duties without concern about being held responsible for damages caused in the course of fulfilling these duties. However, we cannot see how this is a necessary limitation of liability in a democratic country. The police are able to use their usual police powers, including the use of force, where reasonable and necessary, and the power to arrest. If they exceed these powers, and cause damage to private persons or their property, this should be able to be brought to a courtroom for a judge to decide on whether the individual is entitled to claim compensation. We therefore, find that this blanket immunity is not necessary in a democratic society." *SNP v GOS* note 35 above at para 186.

46 "As it stands now, section 29(2)(b) and (c) of the Act provide for the warrantless search of an individual, and the warrantless seizure of any film, picture or document or any equipment on which such pictures, documents or films may be made and stored which includes documents on mobile phones, computers or tablets. Therefore, section 29 is drafted in such a way as to allow warrantless searches and seizures in ways not contemplated by the exceptions under Article 20. In our view, the breadth of such provisions, goes further than is strictly necessary and therefore to that extent section 29 is unconstitutional under Article 47." *SNP v GOS* note 36 above at paras [231-232].

47 It was not clear in the arguments what nuisance this curfew power was necessary to prevent in times when there is no serious threat to public order or Article 41

from the Courts to policy choices laid down by the National Assembly with regard to executive powers.

The decision of the Court was not challenged on appeal and stands as an example of a Constitutional Court which was willing to look closely at the provisions of an Act and challenge legislative choices. This reinforces the strength of the constitutional democracy even if it took 20 years for the remedies in Articles 46 and 130 to find their meaning in action.

This case was no doubt influential and within 18 months, the Constitutional Court had again exercised its powers under Article 130 and struck down certain provisions of another act, this time the National Assembly Members Emoluments Act for providing emoluments which were not provided for in the Constitution.[48]

Slow progress, challenges and hope

These three cases specifically, and some of the others mentioned show the growing willingness of the Courts to develop constitutional jurisprudence in order to strengthen the constitutionalism in the country.

The reasons for the slow permeation of constitutionalism through the jurisprudence are multifarious. One of the reasons for this is perhaps that under the previous (one-party state) constitution, judicial review was not included in the Constitution as it had been rejected by the Constitutional Commission, headed by the West Indian, Philip Telford-Georges. It is possible that this is what gave rise to a post-constitutional reticence by the Judges, who had served under the previous regime, to implement a strong check and balance on executive power.

Secondly, the structure of the provisions on judicial power exclude general constitutional jurisdiction from a single judge of the Supreme Court, and cases which involve a constitutional determination are required to be

---

situation. The power to issue a curfew is an extreme power, it is a total restriction on Article 25 and is typically only used in extreme circumstances, such as during war or riots. This section is effectively enabling a typically emergency power to be used in non-emergency circumstances, without the many protections found in the Article 41 and 43 provisions. *SNP v GOS* note 35 above At para [202] and further at [206].

48 *Delorie v Government of Seychelles & Ano.* (CP 8/2014) [2017] SCCC 4 (04 April 2017).

stalled whilst that question is addressed by a constitutional bench[49]. This undoubtedly causes delay and additional expense for litigants and has a probable chilling effect on litigants who may raise constitutional questions as part of other proceedings.

Thirdly, the small size of the population makes it difficult for the appropriate test cases to be brought to Court to develop jurisprudence. In this regard the decision in *Volcere v Felix & Ors* may have a chilling effect on future litigation by interested parties who have standing under the exceptional circumstances test.

Fourthly, the Bench and the Bar lack training in modern constitutionalism, most having completed their vocational training under the influence of Westminster-style parliamentary supremacy, which approach can be at odds with the broader roles of the courts in a constitutional democracy.

Fifthly, it is undeniably relevant that the same party, dominated by the same political persons persisted to dominate positions of power for forty years until very recently and this has meant that the reminders of the systemic marginalization and persecution of persons who challenged the strength of the executive has remained an ever-present to persons who would challenge any excesses of power, even under the new order.

Whilst these may be justifications for the slow development of the law, there remain difficulties which hamper the further development. One of these factors is the fact that the rotating Constitutional Court bench results in conflicting and contradictory approaches to the law. The Constitutional Court and the Court of Appeal consist of jurists who sit as civil and criminal judges in addition to their constitutional mandate. They are by nature generalists, and this inhibits the development of specialist constitutional scholarship.

Furthermore, with legal practitioners who have training in the more deferential United Kingdom legal tradition, more cases are brought as judicial review cases to the Supreme Court challenging government excesses under legislative provisions rather than relying on the constitutional jurisdiction granted under Article 125(1)(a) read with Articles 46 and 130. As a result, a key mechanism under the Constitution, which provides is own form of judicial review of constitutional matters, is underutilised.

The lacking understanding of the nuances and strategies of constitutional litigation by the domestic Bar results in poorly brought petitions and underdeveloped arguments supported by foreign case law with little reaso-

49 Article 129(1) read with Article 125(1) (a), read with Article 46(7) and Article 130(6).

ning as to its applicability. This hamstrings the ability of the Courts to deliver judgments that appropriately address the constitution in the Seychellois context. It is a failure of our legal training, that young lawyers are instructed in the Seychellois constitution as only one eighth of their single year of instruction in Seychellois law during the Bar course.

We also invite the cross-jurisdictional input from conferences such as this one, during which we are able to share experiences from other countries with modern constitutions.

However, that is not to say that there are not great opportunities afoot. Recent cases show a positive depth to the jurisprudence of both the Constitutional Court and the Court of Appeal. More training, including partnerships such as the Judicial Institute for Africa[50] enable Judges to better understand their roles and to train in comparative constitutional law. Furthermore, greater interaction with foreign judicial officers can encourage our Judges to be brave in the making of their decisions and avoid quick and formalistic approaches to constitutional litigation.

50 http://www.jifa.uct.ac.za/.

La Haute Cour Constitutionnelle et l'Etat de Droit

Jean Eric Rakotoarisoa

Madagascar a été l'un des premiers Etats africains à avoir instauré une justice constitutionnelle. En effet, dès la Constitution de la Première République en 1959, le constituant a prévu la mise en place d'une juridiction constitutionnelle. Donc, dès le départ, il a choisi le modèle européen, c'est-à-dire une juridiction spéciale indépendante du système judiciaire classique. Initialement appelé Conseil supérieur des institutions, la juridiction constitutionnelle a changé de dénomination sous la Seconde République en 1975 où elle est devenue la Haute Cour Constitutionnelle, dénomination officielle qu'elle a gardée jusqu'à aujourd'hui.

Si la juridiction constitutionnelle malgache existe depuis 57 ans (puisque le Conseil supérieur des institutions n'a été officiellement mis en place que le 7 décembre 1960), son rôle en tant que garant de l'Etat de droit est encore à consolider jusqu'à aujourd'hui.

En effet, le Préambule de la Constitution de la Quatrième République reconnait parmi ses principes « *l'instauration d'un Etat de droit en vertu duquel les gouvernants et les gouvernés sont soumis aux mêmes normes juridiques, sous le contrôle d'une Justice indépendante* ». Comme il est question « d'instaurer un Etat de droit », Madagascar est encore loin des propos du doyen Favoreu qui avait déclaré lors de la création du Conseil constitutionnel français en 1958 que « *l'Etat de droit est désormais complet en France* ». Le rôle de défenseur de l'Etat de droit de la Haute Cour Constitutionnelle est reconnu par l'article 2 de son règlement intérieur[1]

C'est sur ce principe de l'instauration de l'Etat de droit et de la démocratie qu'est fondé l'existence de la Haute Cour Constitutionnelle. Robert Badinter n'avait-il pas noté « *qu'il n'est point de démocratie naissante qui ne soit dotée d'une cour constitutionnelle* ».

1 Délibération N°07-HCC/DB du 19 décembre 2016 portant révision du Règlement intérieur de la Haute Cour Constitutionnelle, article 2 : La Haute Cour Constitutionnelle [...] est le juge de la constitutionnalité de la loi, elle garantit les droits fondamentaux de la personne humaine et des libertés publiques, elle est le défenseur de l'Etat de droit et de la démocratie.

La juridiction constitutionnelle malgache a connu depuis des évolutions. Sous la Quatrième République, elle est notamment garante de l'instauration de l'Etat de droit et de la démocratie. Pour ce faire, l'une de ses principales attributions est le contrôle de constitutionnalité des normes.

Pour qu'elle puisse jouer pleinement son rôle, la Haute Cour Constitutionnelle doit être indépendante.

I. Le préalable de l'independance

L'indépendance de la Haute Cour Constitutionnelle dépend d'abord du mode de nomination de ses membres. Sous la Quatrième République, elle est composée de neuf membres dont trois sont nommés par le Président de la République, deux sont élus par l'Assemblée nationale, deux par le Sénat et deux par le Conseil supérieur de la magistrature. L'article premier de l'ordonnance N°2001-003 portant Loi organique relative à la Haute Cour Constitutionnelle précise que « *ils sont choisis en raison de leur compétence juridique et doivent avoir une pratique suffisante de la magistrature de l'ordre administratif ou judiciaire, du barreau, de l'enseignement supérieur de droit ou de l'administration* ». Je le dis et je l'ai toujours répété : ce ne sont que des autorités de désignation et non des supérieurs hiérarchiques. Une fois nommé ou élu, les juges constitutionnels ne sont en aucun cas redevables à l'endroit de ceux qui les ont nommés ou élu, selon le „ devoir d'ingratitude", fondement de l'indépendance des juges constitutionnels.

La Constitution de la Quatrième République a renforcé l'indépendance des juges constitutionnels sur deux points. D'une part, le mandat des membres de la Haute Cour Constitutionnelle est de sept ans non renouvelable[2]. D'autre part, le Président de la Haute Cour Constitutionnelle est élu par et parmi les membres de la Cour, le Président de la République se contentant de le constater par décret[3].

L'indépendance des juges constitutionnels est aussi régie par le régime des incompatibilités. Les fonctions de membre de la Haute Cour Constitutionnelle sont incompatibles avec celles de membres du Gouvernement, du Parlement, avec tout mandat public électif, toute autre activité professionnelle rémunérée, à l'exception des activités d'enseignement, ainsi que toute activité au sein d'un parti politique ou d'un syndicat.

---

2 Article 114 alinéa premier de la Constitution du 11 décembre 2011.

3 Article 114 alinéa 3 de la Constitution.

L'indépendance des juges constitutionnels figure également dans le serment qu'ils prononcent lors de leur prise de fonction. Ce serment précise notamment que le juge constitutionnel doit faire preuve d'impartialité dans sa prise de décision[4].

Pour garantir son indépendance, la Haute Cour Constitutionnelle est dotée d'un budget autonome. Dans la pratique, cela exige des négociations fermes avec le ministère des Finances. Si ce dernier octroie une enveloppe globale pour l'année, la répartition des dépenses relève souverainement de la Cour. Mais l'indépendance financière des juges constitutionnels est également primordiale. D'où la nécessité d'une rémunération correcte.

En matière d'indépendance, la Haute Cour Constitutionnelle bénéficie également de son appartenance aux associations internationales des juridictions constitutionnelles telles que la Conférence des Juridictions Constitutionnelles Africaines (CJCA), l'Association des Cours Constitutionnelles ayant en Partage l'Usage du Français (ACCPUF), la Conférence Mondiale sur la Justice constitutionnelle (WCJ). En cas de menaces contre une Cour constitutionnelle ou de ses membres, ces associations font part publiquement de leur solidarité.

Mais l'indépendance dépend surtout de la volonté des juges eux-mêmes.

II. Un contrôle effectif de constitutionnalite

La Haute Cour Constitutionnelle exerce essentiellement deux fonctions : celle de juge constitutionnel et celle de juge électoral. Notre propos aura essentiellement trait à la première, qui est la mise en œuvre effective de l'instauration de l'Etat de droit. Cette dernière n'est pas possible si la suprématie de la Constitution et la hiérarchie des normes ne sont pas respectées.

Pour exercer ses attributions, la Haute Cour Constitutionnelle a été aidée par le constituant. En effet, selon la Constitution malgache de la Quatrième République, elle statue obligatoirement sur la conformité à la Constitution des traités, des lois (lois organiques, lois de finances, lois ordinaires), des ordonnances, des règlements intérieurs des assemblées.

A quelles normes se réfère la Cour pour exercer son contrôle ? Elle se réfère bien sûr à la Constitution. Mais pas seulement. Elle fait sienne le concept de « bloc de constitutionnalité », qui comprend aujourd'hui le

4 Article 12 de l'ordonnance n°2001-003 portant loi organique relative à la Haute Cour Constitutionnelle.

Préambule de la Constitution, les grandes Conventions internationales relatives aux droits humains. La Constitution disposant que les traités internationaux sont supérieurs à la législation nationale, la Cour exerce dans les faits un contrôle de conventionnalité sur le respect de cette supériorité. Pour le cas particulier des lois des finances, la Cour exerce également son contrôle sur la base de la Loi organique sur les lois de finances.

Pour exercer le contrôle de constitutionnalité, la Haute Cour Constitutionnelle fait également référence aux principes posés par le Préambule de la Constitution. Dans ce cadre, elle donne sa propre interprétation de certaines notions comme la bonne gouvernance, la transparence, la souveraineté de l'Etat, etc.

La Haute Cour Constitutionnelle exerce-t-elle réellement un contrôle ? La réponse est oui. Elle exerce même un contrôle rigoureux des textes qui lui sont soumis. Elle sanctionne quand les dispositions constitutionnelles ne sont pas respectées.

Il convient de souligner qu'avant l'examen du texte au fond, le juge constitutionnel procède au respect de la procédure législative, en particulier en ce qui concerne les lois organiques qui font l'objet d'une procédure particulière prévue par la Constitution, et de la procédure d'adoption du règlement intérieur des assemblées. La Cour a ainsi censuré l'adoption de son règlement intérieur par la première Assemblée nationale de la Quatrième République.

Lors de l'examen au fond, la Cour a plusieurs options. La solution la plus simple est la constatation de la constitutionnalité de la loi. C'est quand même le cas le plus fréquent.

Il y a ensuite le cas extrême de l'annulation de l'ensemble de la loi. Ce fut le cas de la loi portant statut particulier d'Antananarivo, la capitale[5]. Le gouvernement et le parlement ont dû élaborer une nouvelle version de la loi, conforme à la loi fondamentale.

La Haute Cour peut également censurer certains articles de la loi. Dans ce cas, le Président de la République a le choix entre promulguer la loi en extirpant les articles censurés et renvoyer le texte devant le parlement. Mais lorsque la censure porte sur des articles fondamentaux de la loi ou lorsque trop d'articles sont censurés, le Président de la République évite de promulguer la loi et demande au gouvernement de remanier les articles censurés. Cela a été le cas actuellement de la loi sur les Zones économiques

---

5 Décision n°22-HCC/D3 du 1er avril 2015 relative à la loi n°2015-011 portant statut particulier de la Commune urbaine d'Antananarivo, Capitale de la République de Madagascar.

spéciales, sur le Code de l'électricité ou la loi relative à l'immatriculation foncière dont dix-huit articles ont été jugés non conformes à la Constitution.

Les motifs de censure sont multiples : non-respect de la séparation des pouvoirs, non-respect du domaine de la loi ou du règlement, non-respect du principe d'égalité (égalité devant la loi, égalité devant l'impôt, égalité des genres, etc.), non-respect du droit à la propriété privée, non-respect de la souveraineté de l'Etat, non-respect du principe de l'intelligibilité des lois, etc.

La Haute Cour Constitutionnelle utilise également le mécanisme de la réserve d'interprétation, qui lui permet de ne pas censurer une ou des dispositions de la loi mais soit de donner une interprétation de l'article de la loi pour qu'il soit conforme à la Constitution soit une recommandation pour son application afin de ne pas porter atteinte aux droits fondamentaux.

La Haute Cour Constitutionnelle peut être également consultée pour donner son avis par les Chefs d'institution (président de la République, Premier ministre, Président de l'Assemblée nationale, le Président du Sénat, le tiers des députés ou des sénateurs). La question s'est posée concernant la valeur juridique de l'avis de la Cour ? Sur ce point, elle s'est inspirée de la Cour Internationale de Justice en utilisant la notion de « haute valeur juridique ».

Les décisions et les avis de la Cour sont-elles respectées ? De manière générale, oui ! Ex : Code de l'électricité, loi ZES en cours d'examen au Parlement.

Pour imposer dans la pratique les décisions de la Haute Cour Constitutionnelle, un certain nombre de conditions doivent être remplies :

- La qualité de la décision ;
- La vertu pédagogique de la décision ;
- La transparence de la décision (avis et décisions sont disponibles sur le site web de la Cour quinze minutes après leur signature).

Conclusion

La Haute Cour Constitutionnelle de Madagascar, comme vous avez pu le constater, joue un rôle essentiel en matière d'instauration et de consolidation de l'Etat de droit. Pour ce faire, elle s'est donnée concrètement trois missions :

- Etre un efficace juge de la constitutionnalité des normes ;
- Etre un bon garant du respect des droits et des libertés ;
- Etre un grand artisan de la stabilité institutionnelle du régime post-crise.

Pour ce faire, force est de reconnaître que la Haute Cour Constitutionnelle a progressivement élargi ses pouvoirs notamment en termes de normes de référence mais également en matière d'interprétation. Ce renforcement des pouvoirs reste balisé par deux bornes : l'Etat de droit et la démocratie. En tout cas, la Haute Cour Constitutionnelle ne veut plus être relégué dans le simple décorum institutionnel sans effectivité véritable.

Le développement constitutionnel dans les Etats du sud-ouest de l'Océan indien

Jocelyn Chan Low

L'Indiaocéanie: c'est par ce néologisme construit dans les années soixante qu'on désigne désormais les îles du Sud-Ouest occidental de l'océan indien, comme pour bien souligner leur identité commune reposant sur une histoire et des valeurs partagées. Pourtant l'histoire politique et constitutionnelle de ces divers territoires, avec des niveaux de développement socio-économiques très divergents, dans la période de l'après-guerre révèle un cheminement politique et constitutionnel très différencié. Comme ce fut le cas dans un grand nombre des pays de l'Afrique subsaharienne auquel ces états sont rattachés, la vague de démocratisation ayant accompagné la décolonisation fut suivie très rapidement d'un 'reverse course'. Et ce ne fut qu'après un long détour, notamment à travers des expériences de régimes dits socialistes à parti unique, que certains de ces états entamèrent leur transition vers un modèle démocratique, souvent instable.

La République de Maurice en fut l'exception- La Réunion, étant un département français depuis 1946. A l'ile Maurice le Mouvement Militant Mauricien, parti qui incarnait à l'origine le socialisme révolutionnaire se mua très vite en parti social-démocrate, respectueux des normes constitutionnelles. Et le MMM et ses alliés au pouvoir consolidèrent la démocratie libérale à travers des amendements constitutionnels : en 1982- rendant le renvoi des élections générales quasiment impossible ; en 1991-instaurant une République à l'indienne mais qui garantissait le recours au Privy Council et en 2001-octroyant l'autonomie interne à Rodrigues, une île qui avait voté à 98% contre l'indépendance en 1968 mais qui, à la différence de Mayotte, n'avait pas fait sécession.

Après 50 ans d'existence la démocratie Mauricienne, en dépit de ses paradoxes, est perçue comme un modèle de réussite dans la région et ailleurs. Comment expliquer la résilience des institutions démocratiques façonnées dans le sillage de la décolonisation et l'enracinement du constitutionalisme dans un pays connu pour sa grande diversité ethnique et ses grandes inégalités sociales ?

Introduction

D'abord je tiens à remercier les organisateurs pour l'invitation à participer à cette conférence bien que je ne sois pas légiste. Ma communication d'ailleurs traitera de l'évolution constitutionnelle des États du Sud Ouest de l'Océan Indien dans une perspective historique, en nous focalisant sur le cheminement particulier de l'île Maurice et sa transformation en ce qu'on pourrait qualifier de *social-democratic developmental state*.[1]

L'Indiaocéanie: c'est par ce néologisme construit dans les années soixante qu'on désigne désormais les îles du Sud Ouest occidental de l'océan indien, comme pour bien souligner leur identité commune reposant sur une histoire et des valeurs partagées.[2] Pourtant, l'histoire politique et constitutionnelle de ces divers territoires, avec des niveaux de développement socio-économiques très divergents, dans la période de l'après guerre révèle un cheminement politique et constitutionnel très différencié. Comme ce fut le cas dans un grand nombre des pays de l'Afrique sub-saharienne auquel ces états sont rattachés, la vague de démocratisation ayant accompagné la décolonisation fut suivie très rapidement d'un '*reverse course*'.[3]Et ce ne fut qu'après un long détour, notamment à travers des expériences de régimes dits socialistes à parti unique, que certains de ces états entamèrent leur transition vers un modèle démocratique, souvent instable.

La République de Maurice en fut l'exception- la Réunion, étant un département français depuis 1946. Al'île Maurice le Mouvement Militant Mauricien, parti qui incarnait à l'origine le socialisme révolutionnaire se mua très vite en parti social démocrate, respectueux des normes constitutionnelles. Et ce fut le Mouvement Militant Mauricien et ses alliés au pouvoir qui consolidèrent la démocratie libérale à travers des amendements

1 Chan Low L.J(2016.): *A social democratic developmental state in an age of globalization'* in T. Kundo & T. Makanza(eds): Pro-poor inclusive development in Mauritius'. Published by Mauritius Trade Union Congress in collaboration with SATUCC/ ANSA(Alternatives to Neo-liberalism in Southern Africa) and Friedrich Ebert Stiftung(FES). Port Louis. Mauritius. Voir aussi Meisenhelder, T (1997): "*The Developmental State in Mauritius*", in Journal of Modern African Studies, vol. 5, no. 2, 1997 et Sandbrook R (2005): *Origins of the Democratic Developmental State: Interrogating Mauritius*. Journal of African Studies / Revue Canadienne des Études Africaines, Vol.39, No. 3 pp. 549-581

2 Chan Low L.J(2017): '*La naissance de la Commission de l'Océan Indien 1982 à 1986*' in Combeau Yvan (ed): Dire l'Océan Indien. Vol 2 L'OSOI. Université de la Réunion.

3 Huntington Samuel P. (1991): The *Third Wave*: *Democratization* in the Late. Twentieth Century.University of Oklahoma Press, *p 20-21.*

constitutionnels : en 1982- rendant le renvoi des élections générales quasiment impossible; en 1991-instaurant une République à l'indienne mais qui garantissait le recours au *Privy Council* et en 2001-octroyant l'autonomie interne à Rodrigues, une île qui avait voté à 98% contre l'indépendance en 1968 mais qui, à la différence de Mayotte, n'avait pas fait sécession.

Après 50 ans d'existence, la démocratie mauricienne, en dépit de ses paradoxes, est perçue comme un modèle de réussite dans la région et ailleurs. Comment expliquer la résilience des institutions démocratiques façonnées dans le sillage de la décolonisation et l'enracinement du constitutionalisme dans un pays connu pour sa grande diversité ethnique et ses grandes inégalités sociales ?

Profond pessimisme

Cette résilience est d'autant plus surprenante qu'à l'époque de l'indépendance il y régnait un profond pessimisme quant à l'avenir du pays nouvellement indépendant à la fois chez les observateurs et les chercheurs tel le Professeur Meade, prix Nobel. Le constat que fit le Colonial officedans un document confidentiel de la situation à l'ile Maurice à la veille de l'indépendance est accablant :crise économique avec une démographie galopante, un taux de chômage record et en perspective une chute drastique du niveau de vie comme quasi certitude- crise financière aigüe nécessitant le recours à une aide d'urgence de l'ordre de £4.3millions – crise sociale marquée par de vives tensions interethniques dans un pays où le sentiment national brillait surtout par sa faiblesse-'*Never has a British colonial terrritory gone forward to independence by such a slender margin*' faisait remarquer le gouverneur Sir John Shaw Rennie, au sujet du vote en faveur de l'indépendance [4] –tensions interethniques qui, en outre, finirent par déboucher sur une grave crise sécuritaire à la veille de l'indépendance avec des affrontements entre créoles et musulmans dans les faubourgs de Port Louis- affrontements qui étaient le fruit de la rivalité de gangs de voyous et de proxénètes organisés sur une base communale et malheureusement proches de certains politiciens de l'époque et qui avaient fait plus de 29 morts et des centaines de blessés et de maisons incendiées et avaient nécessité

4 CO FCO 32/280 Mauritius Independence Bill. House of Lords.General Political Background 29 Novembre 1967. Voir aussi Chan Low L.J (2002) : « *La Grande Bretagne et la décolonisation inachevée de l'île Maurice* » in Revue Historique des Mascareignes. Vol. 5, pp 269-292.

l'envoi d'un détachement de la *King's Shropshire Light Infantry* de Singapour pour rétablir l'ordre et la paix avec, comme conséquence l'annulation de la visite de la Princesse Alexandra, l'invitée de marque des célébrations d'indépendance, car l'ile Maurice étant officiellement un théâtre d'opérations militaires, aucun membre de la famille royale britannique, ne pouvait y faire le déplacement.[5]

Derrière ce constat pessimiste, il y a cette perception que l'indépendance de l'île Maurice était prématurée. Il est à souligner que pendant longtemps pour les anglais, l'indépendance de Maurice était inimaginable : Au temps de la guerre froide, ils ne pouvaient imaginer qu'un micro-état pouvait survivre par ses propres moyens. Surtout que la société mauricienne était d'une extrême complexité, tant elle était divisée à la fois verticalement et horizontalement en classes sociales et en groupes et sous-groupes ethniques, communautaristes et religieux.[6] Il y avait surtout une asymétrie fondamentale entre poids démographique et électoral et pouvoir et statut économique. Comme le soulignait VS Naipaul, l'industrie sucrière était essentiellement dans les mains d'une petite minorité de franco-mauriciens, bien qu'il y avait des gros planteurs indo-mauriciens, les ouvriers agricoles étaient essentiellement des indo-mauriciens, le service civil y compris les haut échelons de la force policière, était aux mains des mulâtres tandis les créoles- qu'on qualifierait aujourd'hui d'afro-mauriciens étaient constitués constitués d'artisans, de dockers et de pécheurs alors que la petite minorité d'origine chinoise contrôlait le commerce en détail.[7] Dans ce contexte, la démocratisation des structures politiques dans la période de l'après-guerre entraine une ethnicisation à outrance des enjeux politiques, surtout que l'oligarchie sucrière, assiégée, tenta de rallier les minorités ethniques vulnérabilisées contre la menace d'une soi disant hégémonie hindoue. Dans ce contexte, des dérapages étaient prévisibles. Et la crise structurelle liée au sous-développement va rendre la situation encore plus volatile. En effet, le fait marquant de la période de l'après guerre est l'accroissement rapide de la population de la colonie. C'est le leitmotiv de toute la littérature économique consacrée au pays. Le point de départ est l'éradication de la malaria qui avait été pendant des années et des années le *greatest killer*, grâce à l'utilisation du DTT pendant la deuxième guerre mondiale, entre autres. Cela va entrainer une chute drastique de la

5 Chan Low L.J(2007): '*Affrontements inter-ethniques, démocratisation et décolonisation dans l'ile Maurice de l'après-guerre*' in Combeau Y (ed) : La Reunion dans l'Ocean Indien. De la décolonisation au XXIe siècle. Les Indes Savantes. Paris.

6 CO 1036/22, Letter of Scott to Lennox-Boyd, 7.1.55.

7 Naipaul VS(1972): *The Overcrowded Baracoon and other articles*. London. Deutsch.

mortalité au moment où la natalité s'accroit. Car à partir de 1944, conséquence de la fin de l'immigration, on assiste à un rééquilibrage au niveau des sexes, ce qui favorise les mariages. Mais l'économie mauricienne est essentiellement une monoculture de la canne à sucre qui fournit 90% des exportations. Maurice Paturau l'a si bien écrit : Il fallait exporter une tonne de sucre par tête d'habitant pour maintenir le niveau de vie existant. Or avec la croissance de la population, ce n'était guère possible.[8] Et le rapport Luce de 1958 le fait clairement ressortir. Il fallait réorganiser l'économie mauricienne pour éviter une catastrophe sociale et économique.[9]

Les britanniques redoutaient ainsi que l'évolution constitutionnelle trop rapide n'entraine une répétition de ce qu'ils avaient vécu à Chypre- des affrontements interethniques généralisés qui aurait réduit la colonie à l'état d'un taudis tropical avec, en outre, des complications diplomatiques avec l'Inde et la France soutenant chacun l'un des protagonistes.[10]

D'oùune approche graduelle et consensuelle du très long processus d'évolution constitutionnelle, à travers diverses conférences et rapport d'experts et qui devrait aboutir à l'émergence d'une démocratie de type consociative, qui vise à promouvoir un partage de pouvoirs entre les différents groupes ethniques/communautés représentées par leurs élites respectives qui, selon les autorités de l'époque, constituent la société mauricienne.[11] Le point de départ était de concilier *majority rule with minority rights* . Il ne faut pas oublier l'asymétrie de la société, le pouvoir économique étant entre d'une petite minorité blanche alors que le groupe intermédiaire de mulâtres contrôlait le service civil dont la police, alors la majorité électorale était essentiellement indo-mauricienne. Donc la construction élaborée a comme objectif de prévenir la dictature d'une majorité ethnique et contient ainsi plusieurs mécanismes visant à garantir les droits de ceux qu'on considère comme des minorités.

Par exemple, la constitution est assez particulière parce qu'elle garantit le droit d'existence des écoles confessionnelles et on sait qu'à la conférence constitutionnelle de 1965 il avait été décidé que le *Muslim Personal Law* se-

---

8 Paturau, J. M (1988) : *Histoire économique de l'Ile Maurice*.Les Pailles, Mauritius P 223.

9 The Luce Report. *A time for decision. A statement by the government of Mauritius*. Sessional Paper 8 of1958.

10 CO 1036/331 Scott à Macpherson 8 février 1958.

11 Dubey A (1997): *Government and Politics in Mauritius*. Kalinga Publications. Delhi. P 4. Voir aussi Boudet C (2003) : '*L'émergence de la démocratie consociative à Maurice (1948-1968)*', Annuaire des Pays de l'Océan Indien. Volume 17. 2001. pp. 325-336.

rait intégré dans les lois de l'île Maurice indépendante.[12] Autre particularité, l'indépendance du commissaire de Police in *operational matters* et cela en conformité avec la demande faite au secrétaire d'état aux colonies par une délégation secrète représentant des gros sucriers, menés par Espitalier Noel et Edmond Piat à la conférence constitutionnelle de 1961.[13] Il faut ajouter que pour prévenir toute tentative de coup d'état, l'île Maurice ne fut pas dotée d'une armée, la *Special Mobile Force* restant une unité auxiliaire de la force policière. Il est vrai que le Ministère de la Défense britannique, dérogeant à une pratique clairement établie, donna son accord à la signature d'un traité de défense avec le nouvel état indépendant qui couvrirait non seulement la défense externe mais aussi la sécurité interne. [14] De même l'indépendance des *service commissions* responsables du recrutement et des promotions dans le service civil et la force policière ainsi que l'Ombudsman, étaient perçus, si l'on se réfère aux dossiers de l'évolution constitutionnelle maintenant disponibles au PRO, Kew Gardens, comme des instruments sécurisants pour les minorités.[15] A cela il faut ajouter la garantie du *rule of law* à travers la stricte indépendance du judiciaire, y compris du Directeur des Poursuites Publiques et la création du poste *d'Attorney General* au lieu d'un ministère de la justice, dont la finalisation fut d'ailleurs confiée à Jules Koenig, leader du Parti Mauricien Social Démocrate.

En outre, le système électoral fut façonné de manière à garantir la juste représentation des diverses communautés du pays, notamment à travers un découpage très particulier des circonscriptions avec un nombre inégal d'électeurs et le fameux *best loser system.* Mais le système électoral unique de *3 first past the post in 3 member constituencies* était censé encourager les partis politiques à placer des candidats de diverses communautés tout en donnant aux électeurs la possibilité de choisir les candidats issus de leurs communautés. Mais en même temps il devrait favoriser les partis à forger des alliances pré-électorales.[16]

Même le nombre de ministres, relativement élevé pour un si petit pays, avait été calculé afin d'accommoder les diverses communautés au sein de l'exécutif car la représentation symbolique est au cœur même du système.[17]

---

12 De Smith S.A (1968): '*Mauritius: Constitutionalism in a Plural Society*', Source: The Modern Law Review, Vol. 31, No. 6. Nov 1968, pp. 601-622.

13 C01036/642: Memo to secretary of state, 26.6.61.

14 PRO CAB 148/18 DOP, 37th Meeting, 30 August 1965.

15 CO1036/1146: Mauritius Constitutional Conference(1965).Briefs. Policy.

16 Mozzafar S.(2005): '*Negotiating Independence*' in Mauritius. International Negotiation, 2005 Vol 10 Issue2. Pp263-291.

17 De Smith S.A (1968) op cit.

Un autre dispositif de la constitution conçu comme un outil pour stabiliser le système, mais malheureusement trop souvent négligé, fut les *emergency powers.* [18]Il est vrai que dans la Constitution de 1964, ces restrictions étaient strictement en ligne avec les pratiques en vigueur en Europe mais suite aux affrontements interethniques de 1965, les britanniques vont durcir les dispositions relatives aux restrictions des libertés individuelles en cas d'état d'urgence. On verra que ces dispositions très anti-libérales furent extrêmement importantes au début des années 1970. Comme le dit si bien De Smith, les dérogations aux droits fondamentaux de l'individu sont permissibles, sauf si elles ne peuvent être raisonnablement justifiées dans une société démocratique, mais c'est au plaignant de prouver que tel était le cas. '*Derogation from basic freedoms (e.g., privacy, conscience, expression, assembly, association, movement) is permissible for prescribed purposes unless the restriction in question is shown " not to be reasonably justifiable in a democratic society." The onus of proving unreasonableness is thus cast upon the person complaining of unconstitutional restraint; the formulation of the permissible grounds for derogation departs from the convoluted wording of recent constitutions and reverts to the original Nigerian model.*[19]

Ces dispositions constitutionnelles vont créer un système très ethnicisé formellement ou informellement, et peuvent même être perçues comme découlant d'une mauvaise lecture de la situation ethnique ou politique du pays car les contours des 4 communautés établies constitutionnellement restaient extrêmement flous. Par exemple les Tamouls, à la différence des musulmans, ne furent pas reconnus comme un groupe séparé malgré les revendications du *Tamil United Party*. Car si c'était le cas, la fiction d'une dichotomie majorité/minorité ne tenait plus. De même, la population générale avait cette particularité de réunir à la fois les descendants de maitres, les gros sucriers et les *casual workers* descendants d'esclaves.

En dépit de cela, de nombreux chercheurs de Shahin Mozaffar [20]à Adam Aft et Daniel Sacks [21] ont attribué le miracle mauricien à cette constitution de 1968-qui est toujours grosso modo en vigueur malgré la trentaine d'amendements qui y ont été apportés depuis 1968- et des pratiques politiques qui en découleront.

---

18 Ibid.

19 Ibid.

20 Mozzafar S (2005): Negotiating Independence... op cit.

21 Adam Aft et Daniel Sacks (2010): Mauritius: An Example of the Role of Constitutions in Development. University of Miami International & Comparative Law Review, Vol. 18, No. 1, 2010.

Indépendance prématurée ?

Cette approche est assez réductrice car déjà les britanniques étaient pleinement conscients que pour stabiliser la situation il était primordial de résoudre la crise économique que connaissait la colonie. En effet, le rapport Luce de 1958 faisait ressortir l'urgence de la situation. C'est ainsi qu'en 1959 le gouverneur Colville Deverell fit appel à R.M. Titmuss et B. Abel Smith de la *London School of Economics* et ensuite à J.E. Meade de l'Université de Cambridge. Les rapports de ces experts vont grandement influencer les nouvelles stratégies économiques pour sortir de la crise.[22]Le rapport Meade non seulement mettait l'accent sur le contrôle des naissances maisforçait les mauriciens à réfléchir sur les alternatives au sucre, à la diversification de l'économie à travers la diversification agricole, le développement du secteur touristique mais surtout à l'industrialisation, mais qu'il concevait malheureusement selon le modèle de '*import substitution*'. Dans un climat empoisonné par les discours virulents et ethnicisants autour de l'indépendance et surtout en raison du marché local très restreint le bilan économique de ces efforts étaient très décevant au moment de l'indépendance.[23]

On comprend que jusqu'à la veille de la conférence constitutionnelle de 1965, les officiers du Colonial office n'étaient guère favorables à ce que la Grande Bretagne se décide en faveur de l'indépendance de Maurice à la conférence décisive tenue à Lancaster House en Septembre 1965.[24]

Pourtant le 24 septembre, le secrétaire aux colonies se prononçait en faveur d'une évolution très rapide de l'île Maurice vers l'indépendance. On songeait alors à 1966. La raison, nous l'avons démontré ailleurs, relevait de considérations géopolitiques.[25] Il faut souligner qu'à partir de 1959, Sir Seewoosagur Ramgoolam va demander l'indépendance au sein du Commonwealth. A partir de 1963, les britanniques vont considérer sérieusement l'octroi de l'indépendance à Maurice, surtout que les Nations Unies

---

22 Titmuss R.M. &Abel-Smith B., assisted by Lynes T. (1961,): *Social Policies and Population growth in Mauritius*. Methuen and Co: London, 1961; Meade J.E et al., « The Social and Economic Structure of Mauritius », Sessional Paper 7 of 1961.

23 Chan Low L.J(2002): '*Les années soixante à l'île Maurice : Un survol*' in Revue Historique des Mascareignes. AHIOI Vol 5, pp7-16.

24 CO 1036/1146: Mauritius Constitutional Conference: Brief for the Secretary of State.7 September 1965.

25 Chan Low L.J(2011): *The making of the Chagos Affair: Myth and Reality*' in Evers S JTM & Kooy M: Eviction from the Chagos Island. Displacement and Struggle for Identity against Two World Powers. Brill. Leiden. Boston 2011.

insistaient sur la décolonisation même des petits territoires, mais à certaines conditions : que l'île Maurice intègre le *East African Federation* qu'ils s'évertuaient àmettre en place à l'époque, qu'une grande majorité de Mauriciens soient acquis à l'idée d'indépendance et qu'après une période d'autonomie interne, ils se soient habitués à être dirigés par des mauriciens eux-mêmes. Mais on sait que le *East African Federation* ne décollera pas, qu'au contraire la résistance à l'indépendance va s'organiser davantage avec la percée de Gaëtan Duval dans l'électorat créole. Il est vrai que la victoire du Parti Travailliste britannique en 1964 donna de l'espoir à Sir Seewoosagur Ramgoolam . Mais la visite d'Anthony Greenwood à Maurice début 1965 tourna à son désavantage.[26] Le secrétaire d'état aux colonies fut impressionné par la manifestation anti-indépendance monstre de plus de 100, 000 personnes à Curepipe. En outre, après son départ de Maurice, il y eut des affrontements interethniques dans le sud du pays nécessitant l'envoi de soldats britanniques dans l'île. Comme l'attestent les sources britanniques, ces événements vont amener le Colonial Office à tirer un trait sur l'option de l'indépendance à court terme pour l'île Maurice. [27]

L'accélération du calendrier du processus menant à l'indépendance découle directement de l'affaire des Chagos. Au cours du conflit Sino-indien de 1962, les Américains firent le constat qu'ils manquaient de bases militaires entre la Méditerranée et l'Extrême Orient. D'où le début des pourparlers avec les britanniques pour l'utilisation des Chagos. Mais ils soumirent deux conditions au préalable : que ces îles devaient être vidées de leurs habitants et que le problème de souveraineté devait être réglé. Le Ministère de la Défense et le *Foreign Office* britannique étaient très enthousiastes à l'idée de coopérer avec les Américains parce que cela allégerait les dépenses britanniques pour la défense des intérêts occidentaux. En outre, le Ministère de la Défense projetait la construction d'une base de la Royal Air Force à Aldabra et comptait sur le soutien financier des américains. Le *deal* anglo-américain était censé être conclu en Septembre 1965. Mais les Nations Unies avaient voté une résolution contre tout démembrement d'un territoire avant son accession à l'indépendance. Et certains pays du Commonwealth y compris l'Inde et même le Canada pouvaient être très hostiles si les britanniques violaient cette résolution. C'est pour cela que, bien qu'ils aient réussi à détacher les Chagos unilatéralement par un *order in council*, les britanniques préféraient de loin avoir l'accord des dirigeants maurici-

---

26 CO 1036/1084, Note on Meeting on 15 April, Colonial Office.

27 CO 1036/1084, Cabinet Mauritius Constitutional Development. Note by the Secretary of State for the Colonies, April 1965.

ens. D'où cette fameuse rencontre entre Harold Wilson et Sir Seewoosagur Ramgoolam le 23 Septembre 1965 où le Premier Ministre britannique déclarait sans ambages à Sir Seewoosagur Ramgoolam que s'il acceptait le détachement des Chagos, il pourrait retourner à l'ile Maurice avec le soutien des britanniques en faveur de l'indépendance de Maurice.[28]Le détachement des Chagos avait balayé toutes les hésitations et réticences des officiers du Colonial Office qui pourtant travaillaient sur le dossier mauricien depuis des années.

Les clés du 'miracle' mauricien

Indépendance prématurée, crise économique, sociale, politique et budgétaire. Les officiers britanniques râlaient sur les dépenses à être encourues pour les célébrations de l'indépendance le 12 Mars 1968 pour un si petit territoire en faillite ...

Et pourtant... Nul aujourd'hui ne peut contester que l'île Maurice ait pleinement réussi son indépendance. Dans un article publié dans le *Guardian* le 7 Mars 2011, Joseph Stiglitz revient sur le 'miracle' à la fois économique , social et politique Mauricien : non seulement le maintien et la consolidationdes structures démocratiques façonnées au cours du processus de décolonisation- mais aussi le passage d'une économie de plantation axée sur la monoculture de la canne à sucre vers une économie des plus solides d'Afrique car la plus diversifiée –dépendant du tourisme, du secteur financier, de l'industrie du textile, du secteur des nouvelles technologies et des services- le maintien d'une croissance supérieure à 5% pendant près d'une trentaine d'années et surtout la consolidation de l'état providence avec un système de protection sociale qui n'a rien à envier au pays du nord : éducation- y compris universitaire- gratuite pour tous, transports scolaires et soins médicaux offerts aux citoyens, plus de 87% des habitants propriétaires de leurs maisons etc... Le prix Nobel citait le cas de Maurice comme un exemple à imiter par les Etats Unis. En effet, Maurice un des rares états social-démocratiques à la périphérie.[29]

Inévitablement plusieurs chercheurs ont tenté de décortiquer ce succès Mauricien. Et plusieurs hypothèses ont été émises pour l'expliquer. Mais à

---

28 CO1036/1253, Record of Conversation between Prime Minister as the Premier of Mauritius, Sir Seewoosagur Ramgoolam at 10, Downing Street at 10 a. M. on Thursday 23 September 1965.

29 Stiglitz J (2011): *'The Mauritius miracle, or how to make a big success of a small economy'.*guardian.co.uk, 7/3/ 2011.

voir de plus près, avec recul, on peut affirmer que les clés du 'miracle' mauricien étaient déjà présentes en 1968, car elles trouvent leurs origines dans la spécificité de l'histoire de l'ile Maurice- pays de peuplement issu de la rencontre entre l'Europe et l'Océan indien à l'ère des grands empires de commerce. De ce fait l'ile Maurice appartient au temps moderne. Cette modernité a fait que l'île n'a pas connu de paysannerie trop souvent très attachée aux traditions et qui peut être un frein à la modernité. De même, l'état colonial était très ancré dans la société mauricienne.[30]Les français et ensuite les britanniques ont crée une administration et une bureaucratie très efficiente. En outre, dans tout l'empire britannique, c'est à l'île Maurice qu'il y avait le plus grand pourcentage de fonctionnaires par habitants,[31] malgré les efforts de dégraissage pour des raisons financières. Et en raison de la spécificité linguistique du pays, ces officiers de l'Etat étaient recrutés pour la plupart localement. De même, l'Etat colonial était interventionniste- c'est-à-dire il jouait un rôle prépondérant dans l'économie du pays.[32] Et ainsi, à l'indépendance nous avons hérité d'une armature administrative solide. L'Etat n'était pas une coquille vide comme c'était le cas, malheureusement, dans certains pays nouvellement indépendants.

Elle avait les moyens de jouer à l'arbitre dans les conflits sociaux parce qu'à l'ile Maurice la société civile, les mouvements associatifs- fédération des employeurs, syndicats, mouvements coopératifs, corps religieux, groupements socio-culturels, etc- étaient relativement bien organisés depuis l'époque coloniale… Il faut ajouter que la liberté de la presse date de 1832 et que cette liberté de la presse avait été octroyée par le Bureau Colonial pour qu'il y ait un contre au pouvoir du gouverneur britannique lui-même.

En outre, une spécificité de Maurice a été que depuis la deuxième moitié du 19éme siècle, le développement économique reposait principalement sur le capital local et non sur les capitaux venus de la métropole.[33]Ici, nous sommes très loin d'une colonie et d'une société de plantation classi-

30 Lange, Matthew (2003).*Embedding the Colonial State. A Comparative-Historical Analysis of State Building and Broad-Based Development* in Mauritius Social Science History, Fall2003, Vol. 27 Issue 3, p397-423.

31 Ibid.

32 Sandbrook R (2005): '*Origins of the Democratic Developmental State: Interrogating Mauritius*'.Journal of African Studies / Revue Canadienne des Études Africaines, Vol.39, No. 3 pp. 549-581.

33 Allen R B (1988): '*The slender thread of sugar and dependency. Capital and dependency in Mauritius. 1860-1936*'. Journal of Imperial and Commonwealth History. Volume 16 #2.

que. Donc à l'indépendance il y avait une bourgeoisie historique solide et solidement implantée. Bien sur, avec la démocratisation et la décolonisation, le pouvoir politique va changer de main. Et il y avait beaucoup d'appréhensions et même à un certain moment un exode de capitaux vers l'Afrique du sud et ailleurs.

Mais les autorités britanniques vont forger une constitution très protectrice des droits de la propriété et des droits des minorités. Ces dispositions étaient '*entrenched*' car il faut une majorité de ¾ et non de 2/3 comme dans d'autres pays du Commonwealth pour les modifier. Mais il fallait encore rassurer cette bourgeoisie locale. Et cela se fit à travers ce que certains décrivent comme un concordat- un*new deal*- entre la bourgeoisie historique et les nouveaux maitres politiques- qui, selon certains constituaient une bourgeoisie d'Etat[34]- sur un strict partage de pouvoir économique et politique.

Sir Seewoosagur Ramgoolam et ses fidèles lieutenants à l'instar de Sir Veerasamy Ringadoo étaient essentiellement des *fabian socialists*. Ils voulaient primordialement créer un état providence, mais pour le faire il fallait développer les capacités productrices de l'économie. Ainsi ils vont favoriser les investisseurs et les sucriers mais exiger en retour une taxe de sortie de 15% sur le sucre pour financer les réformes sociales – d'où l'éducation gratuite, le système de pension de vieillesse universelle, les subsides sur le riz et la farine etc.…

L'état providence

L'Etat providence a été la pierre angulaire du dispositif mauricien et s'est davantage consolidé sous la pression de la rue, des militants du Mouvement Militant Mauricien. Mais en offrant un ***safety net*** aux plus démunis, il a aidé à préserver la stabilité sociale et réduire les possibilités de violence politique.

L'Etat providence fut tellement ancré à Maurice que même pendant la période de réajustement structurel de la FMI, il ne fut pas remis en question.[35] Les technocrates de la FMI et de la Banque Mondiale avaient compris, surtout après la défaite du SSR par 60-0 en 1982, que toute remise en

---

34 SeegobinRam &Collen Lindsay (1977): '*Mauritius: class forces and political power.*'Review of African Political Economy Volume 4, 1977 - Issue 8..

35 Phaahla L.E, 2010: '*Development with Social Justice? Social Democracy in Mauritius*'.MA Thesis Master of Arts (International Studies) Stellenbosch University p 3 and p 79.

question de l'Etat providence entrainerait la chute du gouvernement. De même il ne faut pas minimiser le rôle des tripartites. Les travailleurs à travers leurs syndicats, le patronat et l'Etat ont pu dégager une compensation salariale en fonction de la hausse du coût de la vie. Cela a grandement contribué à favoriser le dialogue et la paix sociale.

Mais à l'indépendance, le sucre représentait plus de 90% de nos exportations.[36]Et le taux de chômage ne cessait de grimper. Il fallait développer d'autres secteurs. Dans les années 60, l'industrialisation avait été lancée, mais selon le modèle de '*import substitution*', bien que le marché local fût restreint. C'est ainsi que des visionnaires tel le professeur Lim Fat et José Poncini vont imaginer la Zone Franche, un modèle d'industrialisation axé vers l'exportation. Car le capital y était de même que la main-d'œuvre. On connait l'importance de l'industrie du textile dans le succès économique de Maurice.[37]Mais la question du marché était d'une extrême importance. Et l'Etat, à travers ses bureaucrates, va servir de facilitateur.

Dans ce contexte, la géopolitique a pesé de tout son poids. Car il est maintenant établi que l'indépendance de Maurice a suscité une certaine inquiétude chez les dirigeants français, en particulier chez le Général De Gaulle et Michel Debré, député de la Réunion. Ils redoutaient l'effet de contagion sur l'île de la Réunion où, à l'époque, le Parti Communiste Réunionnais était très actif et très puissant. Paul Vergès avait même pris la parole dans un meeting du Parti Travailliste en faveur de l'indépendance. Et si Maurice sombrait dans la misère, les autorités françaises redoutaient la montée du communisme ou que Sir Seewoosagur Ramgoolam s'allie aux Soviétiques.[38] En outre, toute radicalisation du Parti Travailliste amènerait les franco-mauriciens à réclamer le passeport français, et cela aurait pu constituer un précédent et un embarras diplomatique. Il fallait faire quelque chose et au départ il était question de la création d'une structure régionale-Réunion, Maurice, Madagascar- qui recevrait l'aide économique française. Par la suite, sujet à la création d'une coalition Ptr-PMSD, De Gaulle va parrainer à travers le Président malgache Tsiranana, l'entrée de Maurice à l'OCAM.[39]Et à partir de là, la voie était libre pour que Maurice adhère à la

---

36 Mannick, A. R.(1979): "*Mauritius: The Development of a Plural Society* Nottingham: Spokesman, P79.

37 *Mauritius: An Economic Success Story. Ali Zafar.* January 2011.https://siteresources.worldbank.org/AFRICAEXT/Resources/Mauritius_success.pdf.

38 Tsang Man Kin Joseph (2010): *Sir S. Ramgoolam, the rare diplomat. Mauritius on the world stage.* Éditions de l'Océan Indien. Rose Hill. Mauritius.p 28.Voir aussi Lehembre B. (1984):*L'île Maurice*, Paris, Karthala, p158.

39 Tsang Man Kin Joseph(2010) p 33.

Convention de Yaoundé. Arvin Subramanian a estimé que Maurice a engrangé pendant des années plus de 10% de son GDP à travers ce cadre protectionniste que lui offrait l'Union Européenne.[40]

Les changements démographiques ont aussi pesé de tout leur poids dans le succès mauricien. Le développement aurait été un '*moving target*' si la population continuait de s'accroitre. Cependant, Maurice va réussir très vite sa transition démographique. Pour des raisons toujours sujet à débat, dans les années 60, on verra une baisse constante de la natalité à tel point qu'aujourd'hui nous sommes devenus une population vieillissante.

Selon David Lempert, ce sont les facteurs démographiques qui expliquent le succès ou l'échec de la démocratisation dans les pays nouvellement indépendants. [41]Car le '*morning after*' des cérémonies d'indépendance, les nouveaux dirigeants vont se retrouver avec une masse de jeunes, des *baby boomers,* frappant avec insistance à la porte du système réclamant leur part de soleil. Très souvent l'affrontement qui s'ensuit va entrainer le remplacement des structures démocratiques héritées à la décolonisation par des régimes plus autoritaires. Tel ne fut pas le cas à Maurice bien qu'on vive l'émergence du Mouvement Militant Mauricien, parti au discours radical et révolutionnaire, qui était l'expression de cette jeunesse impatiente, avide de changements.

A en croire le récit autobiographique de Sir Gaëtan Duval, en 1971 les conditions étaient réunies pour une tentative de révolution gauchisante. Suite à la crise sociale et aux grèves de 1971, à un certain moment, le gouvernement d'alors avait songé faire appel à des forces militaires des pays amis pour contrer toute tentative de renversement du régime à travers une grève générale et un soulèvement populaire.[42]

Finalement, le premier ministre, Sir Seewoosagur Ramgoolam, va proclamer l'état d'urgence, renvoyer les élections générales, jeter les dirigeants du Mouvement Militant Mauricien et des syndicalistes en prison, dissoudre les syndicats de la *General Workers Federation*, restreindre les libertés individuelles et la liberté d'expression, créer des tribunaux d'exception, mais tout en restant strictement dans les limites de la constitution.

Comme évoqué plus haut, la constitution de 1968 contenant des clauses relativement répressives, notamment en ce qu'il s'agit des *emergency powers*,

40 Subramanian A(2009): '*The Mauritian Success Story and its Lessons*', Research Paper No. 2009/36. UNUWIDER.

41 Lempert Lempert, David."*A Demographic-Economic Explanation of Political Stability: Mauritius as a Microcosm.*" Eastern Africa Economic Review. Volume 3 #1 June, 1987. pp. 77-90.

42 A Gordon Gentil : *Le droit à 1'excès,* Port Louis. 1987, p 73.

il n'était pas nécessaire de renverser la constitution et de proclamer un régime à parti unique pour juguler la crise politique et sociale.

Paradoxalement, ce respect du constitutionalisme on le retrouve même chez les dirigeants du Mouvement Militant Mauricien. Dans le cadre de l'écriture d'une biographie de Paul Bérenger, nous avons eu le privilège de rerevnir sur cette période au cours de plus d'une trentaine d'entretiens exclusifs principalement avec Paul Bérenger lui-même, mais aussi avec certains des principaux activistes du parti. Nous pouvons affirmer que, bien que certains militants rêvassent à l'époque d'un grand soir révolutionnaire, dès 1970, les dirigeants du parti, malgré un discours radical de lutte de classe et d'anti-impérialisme, avaient résolument opté pour la prise de pouvoir par les élections générales. C'était le début de la mutation du Mouvement Militant Mauricien en un parti traditionnel, jouant le jeu du système en place.

La crise de 1971, le moment où le modèle mauricien aurait pu basculer était en fait, la conséquence d'actions spontanées des travailleurs eux mêmes et bien souvent les dirigeants syndicaux se virent contraints de suivre des travailleurs. Et la grève de décembre 1971, loin d'être une tentative de renverser le gouvernement par un coup d'état, était une décision des travailleurs du port eux-mêmes pour des raisons strictement syndicales, alors que le Mouvement Militant Mauricien se préparait à aller aux élections générales, comme l'atteste l'entrée au parti à ce moment précis, de Sir Aneerood Jugnauth, ancien magistrat, connu pour son légalisme et son respect du cadre constitutionnel. D'ailleurs une ligne de communication avait été ouverte avec le Parti Travailliste avec comme but de diminuer le poids, voire écarter Duval du gouvernement.

On peut trouver d'autres exemples de ce respect du constitutionnalisme et de ce refus d'aller au delà des limites de l'action politique imposées par le cadre constitutionnel. En mai 1975, 20,000 étudiants vont braver l'état d'urgence et la répression à travers une manifestation monstre contre le système éducatif et le gouvernement. A l'époque, j'étais l'un des animateurs du mouvement estudiantin. Pendant cette grève estudiantine, des camarades avaient établi des contacts avec un important dirigeant du Mouvement Militant Mauricien très proche de la *General Workers Federation*, puissante centrale syndicale de gauche, pour une action concertée devant mener à une grève générale pour provoquer la démission du gouvernement. La réponse fut une fin de non recevoir, car le Mouvement Militant Mauricien se préparait pour les élections générales prévues pour 1976.

En fait, on pourrait même avancer qu'en canalisant les frustrations et les aspirations de la jeunesse mauricienne et en mobilisant son énergie derrière un projet de changement radical 'mauricianiste' tout en l'intégrant, au final, dans le jeu électoral, le Mouvement Militant Mauricien a grandement contribué à éviter le naufrage d'une société pluriethnique en proie à une crise aiguë de sous-développement.[43]

En outre, ayant subi eux mêmes la répression politique, une fois au pouvoir, le Mouvement Militant Mauricien et ses alliés consolidèrent la démocratie libérale à travers des amendements constitutionnels rendant le renvoi des élections générales quasi impossible, instaurant la République et ensuite octroyant l'autonomie à Rodrigues ; la consolidation démocratique avec l'unité nationale et la justice sociale étant les trois principaux axes du programme du parti.

Cela n'est guère étonnant, car l'histoire politique de Maurice depuis la fin du 18eme siècle s'est toujours déroulée dans le strict respect du cadre constitutionnel, avec pour unique exception le renvoi des commissaires en mission du Directoire en 1796, venus abolir l'esclavage et renverser les institutions républicaines d'un trait de plume.

Conclusion

Ainsi le cheminement constitutionnel de l'ile Maurice, sa transformation en l'un des rares *social democratic developmental state* de l'hémisphère sud, est le résultat de la spécificité de l'histoire du pays. Cela évidemment pose non seulement le problème de la possibilité de reproduire le modèle mauricien ailleurs, mais aussi de la construction idéologique de l'indiaocéanie comme un outil conceptuel pour décrire les iles du sud ouest de l'océan indien.

43 Chan Low L.J(2002) *Les années soixante à l'île Maurice : un survol* » in Revue Historique des Mascareignes. Vol 4, 2002.

The development paths favoured by the Mascarenes and the Seychelles, and its the constitutional consequences for the IOC and the European Union

Victoria Roux

Summary:

The constitutional changes that followed the independence of Mauritius and Seychelles, as well as the departmentalization of La Réunion, partly stem from the French assimilative vision and the English colonization favoring a separate development of communities. These different economic regimes and constructions, the spontaneous immigration, the industrialist era of enrollment and the common creole character, have shaped these territories which, despite their differences, are united in the will of the IOC to reach an Indianoceania. This paper analyses their historical and geographical development, followed by the European Union as a principal partner of the IOC, as well as the current relational development of these territories.

I. *Historical and geographical presentation of the Mascarene Islands and Seychelles*

1) Geography

The Mascarenes are an archipelago in the Indian Ocean formed of three main islands, La Réunion, Mauritius and Rodrigues, as well as several small islands nearby. This archipelago is shared between two countries: France with La Réunion and Mauritius with the rest of the archipelago. Agaléga and Cargados Carajos belong to Mauritius and are sometimes attached to the Mascarenes[1]. The common point of the Mascarenes is that these islands are of volcanic origin and thus born from the hot spot of La

1 https://earthobservatory.nasa.gov/images/85135/sediment-around-the-cargados-carajos-shoals..

Réunion, which feeds the Piton de la Fournaise, the only active volcano of these islands. As for the Seychelles, they represent a profusion of small islands made out of granite or coral[2].

2) Development and resources

A clear summary of the various routes taken by these islands since their decolonization and development was made by Mr. Bertile, geographer at the University of La Réunion and one of the secretaries generals of the IOC until 2004:

"*While Mauritius and the Seychelles reach independence, La Réunion becomes a French department. The Seychelles opt for a socialist development path inspired by Cuba, Mauritius for the liberal economy and La Réunion for a socio-economic convergence with France. This results in the constitution of well-differentiated entities. Seychelles, a creole and maritime micro-state, want to be the defenders of the environment, base of their economy relying on tourism and fishing. Mauritius has diversified its sugar economy through industry, tourism, services, especially offshore financial services. La Réunion belongs to the developed countries.*[3]" This last fact, emerges from the choice made by La Réunion, to converge socio-economically with France.

Indeed, after colonization by the French, the production of tropical commodities and the use of slaves for the labor or the use of hired populations of Malagasy, African and Indian origins among others, has shaped a very unequal multi-ethnic society dominated by the small "white plantocracy"[4]. The result was a Creole culture from the year 1815 onwards and

---

2 Wilfrid Bertile, « Mascareignes et Seychelles, archipels créoles de l'océan Indien », Études océan Indien [En ligne], 49-50 | 2013, mis en ligne le 23 septembre 2015, consulté le 30 septembre 2016. URL : http://oceanindien.revues.org/181 ; DOI : 10.4000/ocean indien.1811, p. 1-2.

3 « *Tandis que Maurice et les Seychelles accèdent à l'indépendance, La Réunion devient département français. Les Seychelles optent pour une voie de développement socialiste inspirée de Cuba, Maurice pour l'économie libérale et La Réunion pour une convergence socio-économique avec la France. Il en résulte la constitution d'entités bien différenciées. Les Seychelles, micro Etat créole et maritime, se veulent les défenseurs de l'environnement, base de leur économie fondée sur le tourisme et la pêche. Maurice a diversifié son économie sucrière par l'industrie, le tourisme, les services, notamment financiers off-shore. La Réunion fait partie des pays développés.* », Wilfrid Bertile, « Mascareignes et Seychelles, archipels créoles de l'océan Indien », Études océan Indien, p. 28-29.

4 Wilfrid Bertile, « Mascareignes et Seychelles, archipels créoles de l'océan Indien », Études océan Indien, p. 28.

the integration of Mauritius and Seychelles into the British colonial empire. La Réunion was formerly named "Bourbon" and Mauritius, thus named by the Dutch, before being then called "Ile de France" by the French, was renamed "Mauritius" by the English.

Gradually, the Mascarene fields have grown from various commercial and subsistence crops, to sugar plantations. Large estates were built on the Mascarenes, whose agriculture undertook a change from polyculture to monoculture.[5]

a. Mauritius and La Réunion

Large estates needing a greater labor force, the abolition of slavery in 1835 in Mauritius (Seychelles in 1835) and in 1848 in La Réunion, did not go in the direction wanted by the "white plantocracy". Therefore, and even though the two islands were already well populated, the owners use hired workers: "coolie trade"[6]. This movement is even prior to the abolition of slavery, since as early as the year 1826, a decree has authorized the recruitment of hired persons (employees on contract) from India[7]. The Indian immigration, important in La Réunion, became this way massive in Mauritius, giving it the nickname of "India from overseas" and contributed to abruptly disrupt the ethnic composition of the Mascarenes[8].

While the Mascarene society remained largely inegalitarian and stayed dominated by large white families with a new capitalist mentality, interested mainly by industrial and commercial diversity on the international market, many small farmers[9] were inadequately provided with land[10]. This

5 Wilfrid Bertile, « Mascareignes et Seychelles, archipels créoles de l'océan Indien », Études océan Indien, p. 5.
6 Wilfrid Bertile, « Mascareignes et Seychelles, archipels créoles de l'océan Indien », Études océan Indien, p. 5-6.
7 Wilfrid Bertile, « Mascareignes et Seychelles, archipels créoles de l'océan Indien », Études océan Indien, p. 5-6.
8 „Inde d'outre-mer", Wilfrid Bertile, « Mascareignes et Seychelles, archipels créoles de l'océan Indien », Études océan Indien, p. 5-6.
9 Or sharecroppers in La Réunion.
10 Wilfrid Bertile, « Mascareignes et Seychelles, archipels créoles de l'océan Indien », Études océan Indien, p. 6.

resulted in a large population living outside of the system, comprising white as well as colored and métis persons[11].

b. Seychelles and Rodrigues

The Seychelles and Rodrigues have to be separated from this economic evolution. Both were part of Mauritius; however, they did not switch to sugar plantations, nor did they undergo a massive Indian immigration[12]. Their population came predominantly from Africa through slavery and the production was mostly based on cotton and then on coconuts and vanilla when the shortage of labor through the abolition of slavery came to pass. Fishing and the making of small boats[13] did not held to lessen their miserable living conditions[14]. Seychelles was separated from Mauritius and become a colony of the crown with a governor in the year 1903[15].

c. Differentiation by choice

The development of La Réunion also needs to be separated from the development of Mauritius, Rodrigues and the Seychelles, the latter having more continuedly undergone the typical English separation of development of the communities.

Even though the Mascarenes and Seychelles have all developed by opting for different systems, based on socialism for the Seychelles, on capitalism for Mauritius and on the assimilative colonization for La Réunion, notably due to the differences in their history despite their geographical nearness, they do recognize the importance of regional cooperation through a further strengthening of their bonds.

11 „Petits blancs". On the eve of the abolition of slavery, tho thirds of the white population lived in misery. See Wilfrid Bertile, « Mascareignes et Seychelles, archipels créoles de l'océan Indien », Études océan Indien, p. 6.

12 Wilfrid Bertile, « Mascareignes et Seychelles, archipels créoles de l'océan Indien », Études océan Indien, p. 6.

13 Starting from the year 1835.

14 Wilfrid Bertile, « Mascareignes et Seychelles, archipels créoles de l'océan Indien », Études océan Indien, p. 6.

15 The Commonwealth, Mauritius: history, http://thecommonwealth.org/our-member-countries/mauritius/history..

This second part will therefore consider the example of the development of La Réunion in relation to the French Constitution, as well as the "Indianoceania" and the Indian Ocean Commission (IOC); The third part will briefly present the relations between the European Union and Mauritius and the Seychelles.

II. Development and cooperation on a regional and international level

1) "Indianoceania"

After having seen the different histories and ways of development favored by these islands, they however still remain today more in competition than they complement each other. The North-South relations taking precedence over the South-South ones. However, the Mascarenes and Seychelles do take part in the insular ensemble "Indianoceania" with the Comoros and Madagascar.

2) La Réunion

As the Professor Laurent Sermet of the University of La Réunion has given to understand, the "*French constitutional identity necessarily impacts La Réunion's identity. (…) The distance to the metropolitan epicenter is then very small, because La Réunion wants to be inhabited by the French state and its ideology. (…) This does not mean that any trace of island identity is absent in the mores, in the social, cultural and linguistic practices. But it falls into an individual or collective sphere, certainly private, and forms a tight seal, or almost, with public, political and legal life. (…)*[16]. *The search for a Reunionese identity*

16 « *L'identité constitutionnelle française impacte nécessairement l'identité de La Réunion. (…) Souhaits intégrateurs des projets républicain et constitutionnel. (…) La distance avec l'épicentre métropolitain est alors des plus réduites, car La Réunion se veut habitée de l'État français et de son idéologie. (…) Cela ne signifie pas que toute trace d'identité insulaire soit absente dans les mœurs, les pratiques sociales, culturelles et linguistiques. Mais celle-ci relève d'une sphère individuelle ou collective, privée assurément, et forme un ensemble étanche, ou presque, avec la vie publique, politique et juridique* ». See Laurent Sermet, « Les manifestations constitutionnelles de l'identité », Études océan Indien [En ligne], 49-50 | 2013, mis en ligne le 24 septembre 2015, consulté le 30 septembre 2016. URL : http:// oceanindien.revues.org/1947 ; DOI : 10.4000/ oceanindien.1947, p. 2.

in the Constitution is almost doomed to failure, if one considers the unifying vocation of the latter, which cannot further encompass the "flexibility" of the law or administrative acts."[17] Indeed, the French Constitution, which consists in a supreme legal act, is not an abstract mode of organization of powers. The French Constitution rather draws its inspiration from a political philosophy, a national history and from its society. This Constitution is built on an equalizing model that has a dubious view and works towards the constant questioning of differences and particularities[18].

It was in 1946 that La Réunion began its departmentalization, in a progressive act aiming at putting in place the equality of the rights[19]. Thus, emerged the principle of legislative identity in the oversea territories comprising the extension of the metropolitan laws with the possibility to adopt, as exceptions, laws specific to La Réunion.[20] This ensured the continuity between the metropole France and the oversea departments.

According to Laurent Sermet, a diversion of the departmental constitutional pact[21] came with the law of the 13th December 2000, known as the Orientation Law for Oversea Territories[22]. In its Article 1, paragraph 4, is stipulated that the law "*recognizes towards Guadeloupe, Guyana, Martinique and La Réunion the possibility to dispose of an institutional organization of their own*"[23]. On the condition that whichever institutional evolution falls

---

17 « *La recherche d'une identité réunionnaise dans la Constitution est presque vouée à l'échec si l'on prend en compte la vocation unificatrice de celle-ci, qui ne peut de surcroît épouser la « souplesse » de la loi ou des actes administratifs.* » See Laurent Sermet, « Les manifestations constitutionnelles de l'identité », Études océan Indien, p. 3.

18 Laurent Sermet, « Les manifestations constitutionnelles de l'identité », Études océan Indien, p. 1.

19 The law of the 19th of March 1946 had recognized to La Réunion the quality of a French department. The French Constitution of 1946 constitutionalized soon after the notion of oversea department (Article 73 of the french Constitution of 1946). See Laurent Sermet, « Les manifestations constitutionnelles de l'identité », Études océan Indien, p. 3.

20 For example, the law of the 16th of June 1977 on woods and forests in the department of La Réunion. Laurent Sermet, « Les manifestations constitutionnelles de l'identité », Études océan Indien, p. 3.

21 Pacte constitutionnel départemental.

22 Loi d'orientation pour l'outre-mer. The second major territorial reform happened on the 28th of March 2003, was constitutional in its nature and affected deeply the autonomy of the "Dom", since they became oversea regions and departments. However with the exclusion of La Réunion : See Laurent Sermet, « Les manifestations constitutionnelles de l'identité », Études océan Indien, p. 6.

23 La loi « *reconnaît à la Guadeloupe, à la Guyane, à la Martinique et à la Réunion la possibilité de disposer à l'avenir d'une organisation institutionnelle qui leur soit propre* ».

under the principle of *"the consultation of the populations regarding the evolutions envisioned"*. The result was the possibility to establish an additional territorial congress[24].

La Réunion has long worked towards the protection of the liberation of the "Reunion Man"[25], through notably the communist political party "le Parti communiste réunionnais", but also towards an "Indianoceania"[26].

3) *Indian Ocean Commission, IOC*

a. *Creation and specificity of the IOC*

The IOC, created in 1982 (in Mauritius) and institutionalized in 1984 through the Victoria Accord (in the Seychelles), encompassed Madagascar, Mauritius and Seychelles. To be then enlarged in 1986 to include France (due to La Réunion), as well as the Comoros. The main goal has stayed the same: the research of a regional cooperation, hand in hand with stronger bonds of friendship and solidarity between their people and regional projects of sustainable development. However, this inter-governmental organization does periodically question its future.

The IOC is the only African regional organization composed exclusively of islands. The IOC defends their islands interests on the regional as well as international scene and promotes a more sustainable development, given that the protection of their natural resources is of utmost importance for their survival.

b. *The relation of France and the European Union with the IOC*

The decree n° 2007-1030 of the 15th of June 2007 issued the Protocol of Accession of the French Republic to the General Agreement for Cooperation between the Member States of the Indian Ocean Commission[27]. While the decree n° 2007-1259 of the 21st of August 2007 issued the Additional Protocol to the General Agreement for Cooperation between the Member Sta-

24 In addition to the regions and departments. See Laurent Sermet, « Les manifestations constitutionnelles de l'identité », Études océan Indien, p. 4.

25 L'homme réunionnais.

26 Laurent Sermet, « Les manifestations constitutionnelles de l'identité », Études océan Indien, p. 6.

27 From the 10th January 1984 and made in Mauritius on the 10th January 1986.

tes of the Indian Ocean Commission of 10 January 1984, signed at Victoria (Seychelles) on the 14th of April 1989.

As the IOC's first partner, the European Union continues to invest in the development of the island states of the South West Indian Ocean. In 2013, this support was renewed, notably by providing funding for the forthcoming implementation of the "Biodiversity" and "Renewable Energy" projects[28]. Also, steps to grant the Contribution Agreement[29] work towards strengthening relations with the EU.[30]

The IOC represents through its 5 Member States 26 million people spread over 595,000 square kilometers of land, but suffers still from a lack of visibility. For some, it remains to the general public a fuzzy concept, whose distance may cast doubts on the future of the wished solidarity in the Indianoceania.[31]

The recognition of the importance of the IOC is in regard to IOC projects on the island of La Réunion particularly needed, since La Réunion works as a natural gateway for Indianocean products to reach the European Union. However, modest annual payments contribute to the (financial) problems faced by the IOC[32]. Furthermore, its Platform for Regional Integration Development Effectiveness (PRIDE)[33] and the University of the Indian Ocean are considered by some to be far-reaching, since the islands are hardly linked by trade and commerce[34].

One major difference, contributing to those problems may consist of the GDP of La Réunion, which is close to that of a developed state through

28 http://commissionoceanindien.org/activites/biodiversite/le-projet-the-project/a-propos-about/..

29 http://commissionoceanindien.org/fileadmin/resources/SG/Accord_de_contribution.pdf..

30 COI, http://commissionoceanindien.org/a-propos/nos-partenaires/une-relation-historique-avec-lunion-europeenne/..

31 Témoignages, André Oraison, 27 février 2017, http://www.temoignages.re/politique/sciences-politiques/des-propositions-pour-rendre-la-commission-de-l-ocean-indien-plus-visible-plus-audible-et-plus-credible,88936..

32 Témoignages, André Oraison, 27 février 2017.

33 Programme commercial de libération régionale des barrières douanières.

34 *"Our main failure is to have been unable to create an economic space. There has been no intensification of trade. This is the weakest link in inter-regional cooperation"*: « *Notre principal échec est de n'avoir pu créer un espace économique. Il n'y a pas eu d'intensification des échanges. C'est là le maillon le plus faible de la coopération inter-régionale* » : *Interview* de Caabi Elyachroutu Mohamed *in* « Le Secrétaire général de la Commission de l'océan Indien… attend le sommet des chefs d'État. Nous devons faire notre *mea culpa* », *Le Quotidien de La Réunion*, mardi 23 novembre 1999, p. 18.

France and that faces, developing countries[35]. In light of the four IOC countries that are "African Carribean Pacific", La Réunion as an ultra-peripheral region stands out[36]. Another major difficulty resides within the relationship and lack of trade between La Réunion and the following neighboring countries of the IOC actors, such as South Africa, India, Australia and the Far East[37].

III. The delegation of the European Union and its role in the Indian Ocean

The European development funds consists of the eleventh European development fund from 2014 to 2020 for the Republic of Mauritius[38], the national indicative program from 2014 to 2020 for the Seychelles (for the period 2014-2020[39]) and the regional indicative program for Eastern Africa, Southern Africa and the Indian Ocean (2014-2020)[40].

The European External Action Service, EEAS, deals among others with relations between the Republic of Mauritius, the Republic of Seychelles, the Indian Ocean Commission and the EU[41]. Regarding the delegation of the European Union to Mauritius and Seychelles, it ensures the relations between them and with the IOC. The delegation is active in the coordination with the Member States[42], contributes to the implementation of part-

35 Along with Mauritius.

36 For the reason that due to this difference, either La Réunion is not competitive enough regarding labor and production costs, or else La Reunion is isolated considering her competences.
Laurent Sermet, « L'océan Indien : la difficile intégration dans l'espace régional », *Revue française d'administration publique*, vol. n°101, no. 1, 2002, pp. 149-156.

37 The same cannot be said for Mauritius, that has achieved a better integration with these neighboring countries. Notably through Mauritius linguistic diversity and a willed commercial mobility towards many countries: See Laurent Sermet, « L'océan Indien : la difficile intégration dans l'espace régional », *Revue française d'administration publique*, vol. n°101, no. 1, 2002, pp. 149-156.

38 National indicative Programme for the Republic of Mauritius: https://eeas.europa.eu/delegations/mauritius_en/13939/Mauritius%20-%20National%20Indicative%20Programme%202014-2020..

39 https://ec.europa.eu/europeaid/national-indicative-programme-seychelles-2014-2020_en..

40 https://ec.europa.eu/europeaid/regional-indicative-programme-eastern-africa-southern-africa-and-indian-ocean-2014-2020_en..

41 https://eeas.europa.eu/headquarters/headquarters-homepage/82/about-european-external-action-service-eeas_en..

42 Exchanges, technical and financial cooperation, aid programs.

nership agreements and to maritime and anti-piracy security in the region. Fisheries agreements between Mauritius, Comores and Seychelles are also part of it. Marjaana Sall, is the current ambassador of the European Union for the Republic of Mauritius and the Republic of Seychelles[43].

IV. Conclusion

The French and English colonization and visions, inherently different, did have direct consequences on the development of the Mascarenes and Seychelles. The Creole character remains today a strong common characteristic and the will is there, to unite in a successful regional cooperation in the IOC, for which the help of the European Union remains necessary.

Bibliography:

Caabi Elyachroutu Mohamed *in* « Le Secrétaire général de la Commission de l'océan Indien… attend le sommet des chefs d'État. Nous devons faire notre *mea culpa* », *Le Quotidien de La Réunion*, mardi 23 novembre 1999

EEAS, https://eeas.europa.eu/headquarters/headquarters-homepage/82/about-european-external-action-service-eeas_en

IOC, http://commissionoceanindien.org/activites/biodiversite/le-projet-the-project/a-propos-about/ ; http://commissionoceanindien.org/fileadmin/resources/SG/Accord_de_contribution.pdf ; http://commissionoceanindien.org/a-propos/nos-partenaires/une-relation-historique-avec-lunion-europeenne/

Marjaana Sall, https://eeas.europa.eu/generic-warning-system-taxonomy/404/50417/allocution-de-marjaana-sall-ambassadeur-de-lunion-europ%C3%A9enne-aupr%C3%A8s-de-la-r%C3%A9publique-de_en

NASA, https://earthobservatory.nasa.gov/images/85135/sediment-around-the-cargados-carajos-shoals

National indicative Programme for the Republic of Mauritius: https://eeas.europa.eu/delegations/mauritius_en/13939/Mauritius%20-%20National%20Indicative%20Programme%202014-2020

National indicative Programme for the Republic of Seychelles: https://ec.europa.eu/europeaid/national-indicative-programme-seychelles-2014-2020_en

43 https://eeas.europa.eu/generic-warning-system-taxonomy/404/50417/allocution-de-marjaana-sall-ambassadeur-de-lunion-europ%C3%A9enne-aupr%C3%A8s-de-la-r%C3%A9publique-de_en.

Oraison André, 27 février 2017, http://www.temoignages.re/politique/sciences-politiques/des-propositions-pour-rendre-la-commission-de-l-ocean-indien-plus-visible-plus-audible-et-plus-credible,88936

Regional indicative Programme for Eastern Africa, Southern Africa and the Indian Ocean: https://ec.europa.eu/europeaid/regional-indicative-programme-eastern-africa-southern-africa-and-indian-ocean-2014-2020_en

Sermet Laurent, « Les manifestations constitutionnelles de l'identité », Études océan Indien [En ligne], 49-50 | 2013, mis en ligne le 24 septembre 2015, consulté le 30 septembre 2016. URL : http:// oceanindien.revues.org/1947 ; DOI : 10.4000/oceanindien.1947

Sermet Laurent, « L'océan Indien : la difficile intégration dans l'espace régional », *Revue française d'administration publique*, vol. n°101, no. 1, 2002

The Commonwealth, Mauritius: history, http://thecommonwealth.org/our-member-countries/mauritius/history

Wilfrid Bertile, « Mascareignes et Seychelles, archipels créoles de l'océan Indien », Études océan Indien [En ligne], 49-50 | 2013, mis en ligne le 23 septembre 2015, consulté le 30 septembre 2016. URL : http://oceanindien.revues.org/1811 ; DOI : 10.4000/oceanindien.1811

Constitutional Rights as a Pillar for sustainable administration of Justice. A Focus on Mauritius

Vittiyaiye Teeroovengadum

Mauritius is a small island developing state which obtained its independence on 12th March 1968 and along with it obtained its constitution. The legal system in the country is very peculiar as it is an hybrid system of English and French Law. Mauritius is often referred as an African country with an effective legal system and it has been argued that the constitution has greatly contributed to the development of the country. The constitution established the principle of rule of law and separation of powers in Mauritius. As objectively described by Dicey (1881), the rule of law implies that no man is above the law of the land irrespective of his status or function. Mauritius at the very outset wanted to be a democratic and sovereign state as spelt out in the first section of the constitution. The latter can be considered as the root of the laws in Mauritius which is enforced through the various enactments. The supremacy of the constitution is demonstrated in the second section which explicitly states that any law contrary to the constitution will be void. However, it can be argued that the constitution is more than a law but a paradigm that evolved with years. Just like in any field, it is important to have a solid base, for any sustainable development. The constitutional rights can be said to be the pillar for a proper administration of Justice in the country. In this study, the focus will be on "Substantial administration of justice" and whether in 2018, the constitution still acts as a strong foundation. Out of this critical analysis, some possible recommendations will be proposed to allow a sustainable substantial administration of justice relative to the constitution.

1. *Introduction*

The organ of the State which is empowered for the administration of Justice in Mauritius is the Judiciary. There are many factors that affect the administration of justice in a country. The administration of justice can be categorised as Substantial administration of justice and Procedural administration. The substantial administration of justice concerns whether the laws in Mauritius allow a proper administration of justice. For the purpose of this research, the focus will be on substantial administration of justice, more precisely whether the Mauritian constitution allows a proper administration of justice. The Mauritian constitution is the empowering supreme law which allows the enactment of all the laws and provides for powers of the organs of the State which is essential for an effective and efficient legal system. But more than being an empowering law, the constitution establishes the principle of separation of powers and the rule of law which are necessary for a democratic State. The constitution was enacted 50 years ago when Mauritius has obtained its independence. In 2018, it is important to consider whether the constitution needs some amendments in order to act as a very strong pillar for the proper administration of justice in Mauritius and for the coming years.

2. *The Constitution: A Paradigm Rather Than A Law*

The constitution is more than a mere law. It can be said to represent the spirit of the State where it is enforced. For instance, countries like the United Kingdom do not have a written constitution but still, they strictly abide by the principles of their unwritten constitution that is the rule of law and the separation of powers. The constitutional rights provide for a strong foundation for the proper management of the State.

Historically, Lord Denning stated that the Magna Carta is the oldest and greatest constitutional document of all times, it is the foundation of Individual's rights against arbitrary authority. It marked the idea of a higher law, one not susceptible to manipulation either by the legislative acts or the executive: One that no man, no matter how powerful, can rise above it.[1] The backbone idea was provision for a guarantee of freedom and fairness; it gave rise to the contemporary concept of rule of law.[2]

On the 12th March 1968, Mauritius became an independent constitutional monarchy and the independence Constitution was on the familiar Westminster-style model.[3] The Mauritian legal system rests on these two principles as stated above, and laws are enacted in accordance with this empowering enactment. In 1991, Mauritius became a Republic and the constitution was amended by section 3 of the 1991 Act.

---

1 Miranda, David, 2015. The True Administration of Justice is the Firmest Pillar of Good Government. *NYSBA Journal*, 2, 13.

2 IBID.

3 Justice Rodger in the case of "The State v Khoyratty, 2006", UKPC 13

Section 1 of the Constitution now provides:

> *"The State of Mauritius shall be a sovereign democratic State which shall be known as the Republic of Mauritius."*

"A democratic State" has been interpreted in various case law and its interpretation has greatly evolved over time. In 1973, in the case of *Vallet v Ramgoolam* [1973] MR 29, a restrictive approach was adopted with regards to the interpretation of the concept of a democratic State. It was held that a democratic State can be defined as the sum of provisions of the rest of the Constitution and we shall not travel outside the constitution for an interpretation. However, in 2006, in the case of *The State v Khoyratty [2006] UKPC 13*, Lord Rodger adopted a broader approach and held that the constitution cannot be interpreted in a vacuum. That is, the constitutions of other countries sharing similar values can be considered for the interpretation of the Mauritian constitution. Moreover, in 2015, in the case of *Madhewoo v The State (2015) UKPC 30*, it was held that the constitution cannot be interpreted as an ordinary enactment but it must be given a generous and purposive interpretation.

This closely shows that section 1 of the Mauritian constitution is an overriding constitutional right which can be considered as the yardstick to test for the constitutionality of a law or a constitutional amendment.[4] The test being whether the law is "Reasonably Justifiable in a democratic society".

Moreover, the section 2 of the constitution provides that

> *"The Constitution is the supreme law of Mauritius and any law inconsistent with the Constitution is invalid".*

Any enactment made by the legislative is presumed to be constitutional unless challenged before a court of law by the mechanism provided by section 17 and section 83 of the constitution. The Supreme Court will then interpret the law and consider whether there is any interference with other fundamental constitutional provisions. As held in the case of *Madhewoo v State (2015) UKPC 30*, the court will consider whether an interference is necessary in a democratic State to pursuit a legitimate aim and whether it answers a pressing social need.

In the light of the evolution in the interpretation of the constitution, it can be deduced that the constitution is more than law or a supreme law but a paradigm which evolves with time through its interpretation. For in-

4 *The State v [Khoyratty 2006] UKPC 13*

stance, in the case of *The State v Khoratty (2006) UKPC 15*, the constitutionality of section 5(3A) of the constitution and section 32 of the Dangerous drug act was questioned. According to section 5(3) of the constitution, any suspect upon arrest has the right to bail and it will be for the court to decide whether to grant bail or not. To bypass this right to bail, the legislative added section 5(3A) which provides that for certain drug offences or terrorism offences, the suspect will not have the right to bail until the final determination of the court proceeding. Subsequently based on this empowering provision, section 32 of the dangerous drug act was enacted to prevent bail in certain drug offences. Even if by a plain reading of the constitution, section 5(3A) of the constitution was properly enacted by the legislative as per section 47 of the constitution and section 32 of the dangerous drug act was properly enacted; it was held that section 5(3A) of the constitution and section 32 of the Dangerous Drugs Act were unconstitutional. This is because section 5(3A) affects the liberty of the individual which is a pillar of a democratic state as per section 1 of the constitution and because it infringes the principle of separation of powers. As it is the power of the Judiciary to decide on whether to grant bail or not, and not for the legislative to decide. Thus it was declared to be unconstitutional.

Even if we have a written constitution consisting of sections, the constitution is geared towards maintaining the principle of Rule of law and Separation of Powers and ensuring that any enactment is "Reasonably justifiable in a democratic society".

The Rule of Law

Even if a society is governed by laws, if it does not embrace the rule of law as guiding and underlying principle, the country may become a tyrannical State instead of a democratic state.[5] The rule of law ensures that the enforcement of laws achieve Justice and not oppression.[6] It is essential that fundamental values be manifested throughout the constitutional framework which regulates the relationship between the individual and the State for a country that uphold democracy and the rule of law. The Judiciary has an essential role in safeguarding the fundamental values of a democratic

5 Harman, J, 2014. Law as an Instrument of Justice and a Tool of Oppression. *The rule of law*, 1, 23.

6 IBID.

society.[7] For a fair administration of justice, it is essential that the rule of law promotes the State practice and policies that will prevent any breach of the fundamental human rights. Moreover, this will create a system of administration of justice which is necessary for the peace and stability of a State.[8]

As per Dicey's approach, the Rule of law is based on two principles:

(1) Absolute supremacy of laws: that is a man can be punished for a breach of law and nothing else

(2) Equality before the law: the same law will apply to any citizen [9]
These principles ensure that the administration of justice is fair and satisfies the primordial section 1 of the constitution that is ensuring that Mauritius is a democratic State.

Separation of Powers

The second principle of the Mauritian constitution is the separation of powers. As per Montesquieu's Spirit of laws on the Separation of powers:

(1) There are three different powers:

- the executive
- the legislative and
- the judiciary

(2) It is necessary to promote the expression of liberty through the constitution and ensure the balance of power in government[10]

The role of the legislative is to enact law while the executive's primary function is to execute the laws. Even if the legislative and the executive are inextricably linked. However, the Judiciary is an organ of the State which is

7 Warsaw (2016), The Administration of Justice: the lawyer, the courts and the police.

8 David Weissbrodt, The Administration of Justice and Human Rights, 1City U. H.K. L. Rev. 23 (2009.).

9 IBID.

10 Hunter-Schulz, Tina (2005) "Rule of law, separation of powers and judicial decision making in Australia: Part 1,"The National Legal Eagle: Vol. 11: Iss. 1, Article 5.

distinct and independent from the legislative and the executive.[11] Its role is to prevent any abuse from the organs of the State and to prevent any deviation from the rule of law. It will interpret the law and ensures its application.[12] The Judiciary will have also a power of check and balance. For instance, the Judiciary can assess whether a law enacted by the legislative is constitutional or not. The Judiciary can also review the decisions of the executive. As Lord Diplock in *Council of Civil Service Unions v. Minister for the Civil Service [1985] 3 All ER 935* said: "*Judicial review provides the means by which judicial control of administrative action is exercised*".

The Mauritian legal system is considered as an effective and efficient legal system.[13]"*The independence and the impartiality of the justice system is guaranteed in the Constitution and there have been a number of pronouncements by the Courts of the country protecting that independent and impartial character.*"[14]

3. *The Sustainable Administration of Justice*

For an administration of justice to be efficient and effective over time, it must evolve and adapt with the changing societal needs. The rights enshrined in the Constitution are the essential stepping stones for strong institutions necessary to promote the development of the country; Development is difficult, if not impossible, without these basic guarantees.[15]

The rules applicable to the administration of justice are extensive and refer to, inter alia, fair trial, presumption of innocence, independence and impartiality of the tribunal, and the right to a remedy.[16]

The administration of justice can be grouped in two categories:

(1) Substantial administration of justice

---

11 Hunter-Schulz, Tina (2005) "Rule of law, separation of powers and judicial decision making in Australia: Part 1,"The National Legal Eagle: Vol. 11: Iss. 1, Article 5.

12 IBID.

13 Angelo, A.H, 1970. Mauritius: The Basis of the Legal System. *The Comparative and International Law Journal of Southern Africa*, 1, 4.

14 Former Judge of the Supreme Court of Mauritius.

15 Richard A. Posner, Creating a Legal Framework for Economic Development, 13 THE WORLD BANK RES. OBSERVER 1, 1 (1998).

16 David Weissbrodt, The Administration of Justice and Human Rights, 1City U. H.K. L. Rev. 23 (2009)

Aspects that need to be considered for substantial administration of justice is whether the constitution and the laws ensure that justice is properly administered.

(2) Procedural administration of justice.

On the other hand, for procedural administration of justice, more practical aspects have to be considered to assess whether justice is properly administered. For instance, the delay of court proceedings, the efficiency of judges in delivering judgment, the cost of court proceedings, the efficiency of law practitioners, the administration of courts, the use of technology among others.[17]

For proper substantial administration of justice, the Mauritian constitution provides for the following among others:

(1) Independent and Impartial legal system

The constitution has made it clear that the judiciary shall be an independent and impartial organ not subject to other powers. It is in line with the principle of rule of law and separation of powers. As stated in section 79 of the constitution, the Judges shall take the oath of allegiance as follows.

JUDICIAL OATH I, ... , do swear (or solemnly affirm) that I will well and truly serve Mauritius and the Constitution in the office of Chief Justice/judge of the Supreme Court and I will do right to all manner of people after the laws and usages of Mauritius without fear or favour, affection or ill will. (So, help me God).

Section 10 of the constitution also provides that both for a criminal or civil case, the court must be independent and impartial. Moreover, the law provides for mechanism for a magistrate or a judge to be challenged.

(2) The constitutionality of the laws

It was held in the case of *Police v Moorba (1973) MR 290*, that when a law is enacted, it is presumed to be constitutional and can be challenged.

Any breach in the constitutional rights of a person is given great importance. If it concerns a matter of interpretation of the constitution, it will be

17 Hons Justice John Hansen, Judge of the High Court of New Zealand - the F.W. Guest Memorial Lecture, Otago University on 28 September 2006.

dealt by the Supreme Court but for matter of application, it can be dealt by the lower courts as provided by section 84 of the constitution. Under section 17 and 83 of the constitution, any person can apply for a constitutional redress if their constitutional rights have been breached. The court will consider whether the law will satisfy the test of constitutionality namely: As held by the caselaw, the different laws must be reasonably justifiable in a democratic society. Furthermore, it must not interfere with the fundamental constitutional rights provided unless interference is possible where there is a pressing social need and to achieve a legitimate aim as held in the case of *Madhewoo (supra)*.

Nevertheless, if the provision is capable of two interpretations then the one making it constitutional should be preferred as held in *Noordally v Attorney General (1986)MR 205*. It was further held that if the law passes the test of constitutionality, the Judiciary has no power to question the wisdom of Parliament.

The issue is that to contest the constitutionality of a law, it can only be challenged only by an aggrieved party as there is no public interest litigation in Mauritius. This can be questioned in a democratic State. Another issue is the short time delay of 3 months to bring an action in court.

(3) *There is a fair trial in civil and criminal proceedings*

The constitution has provided for various safeguards to ensure that a person will have a fair trial both for civil and criminal proceeding as provided by section 10 of the constitution. The Mauritian criminal litigation is based on the adversarial process however the rights of the suspect or the accused are well protected. For instance, as provided by section 5 and 10 of the constitution, the person must be informed of the charge, he must be brought before a court within a reasonable time delay, the right to bail, the right to be presumed innocent, the right to be tried by an independent and impartial court, the right to be given even time and facilities to prepare for his defence among others.

Both nationally and internationally, it has been recognised that the right to a fair trial is a fundamental right for the proper administration of justice.[18] The right to a fair trial consists of a complex set of rules and practices rather than focusing on a single issue.[19] Even in Mauritius, the Supreme

18 IBID.
19 IBID.

Court has held that the right to a fair trial is an overriding constitutional right in a trial and that it can be affected by any other constitutional breaches as held in *Dzitse v The State (2016)*.

(4) There is a right of appeal or review

As provided by section 80 and section 82 of the constitution, if a person is dissatisfied with a judgment of the Supreme Court or subordinate court he can appeal to a court of law. Even if there are statutory delays for an appeal, the party will have a right to appeal. This mechanism of appeal is important for the administration of justice. There are many judgments that have been quashed on appeal to prevent any miscarriage of justice. There is a right to apply for a judicial review of the decision of public bodies or decision of the executive. There is procedural requisite but still, the review is a mechanism for a fair administration of justice.

Section 81 of the constitution provides for appeal to the judicial committee of the Privy Council; the appeal can be as of right, with leave of the Supreme Court or special leave. Even if Mauritius is recognised as a Sovereign State, the ultimate court of appeal is the Privy Council. This can be said to be contrary to the principle of a democratic Republic State. However, it cannot be denied that Mauritius has benefitted from the expertise of the law Lords of the Privy Council through the various judgments delivered.

4. Is The Mauritian Constitution Outdated In 2018?

According to the research of Daniel Sacks :“ *Mauritius's success story is impressive, which is why its constitutional system provides a model for economic development.*“[20] The Mauritian constitution concerning individual rights are mostly negative rights rather than positive rights. Part II of the Mauritian constitution consists of the bill of rights which provides for protection of life, liberty and property. These negative rights are especially important as there has been a recent downward trend of negative rights in many develo-

20 Sacks, D, 2010. Mauritius: An Example of the Role of Constitutions in Development. *University of Miami Law School Institutional Repository.*

ping countries.[21] This preventive approach safeguards the rights of the people in the country.

The structural Constitution forms the basic institutions that contribute to the Mauritian success story. [22] Perhaps the most important factor in Mauritius's success in reducing economic tension, consolidating stable democracy, and developing economically, is that it followed its rules where so many other nations did not.[23] The Constitution provides protection of property and other rights, but without proper enforcement and the ability of citizens to vindicate their rights, the basis for any development fails. 'the ultimate measure of a constitution is how it balances entrenchment and change', the importance of the amendment formula is clear.[24]

The provisions of the Mauritian constitution with regards to the administration of justice cannot be said to be outdated even if the provisions of constitution date 50 years. This is because the interpretation of the provisions by the court has evolved over years. The same section enacted 50 years back is now given a different interpretation. However, some sections of the constitution must be reviewed and appropriate sections must be enacted to solve new issues in 2018.

5. *Possible Improvements For A Better Administration Of Justice*

Amending Section 47

Section 47 of the constitution which provides for the amendment of the constitution has to be changed. As per section 47, most of the sections can be amended by three quarter of votes apart from section 1 and 57. These can only be amended by a referendum of three quarter and unanimous votes from members of the National assembly. While the rest of the sections, including section 47, can be amended by two third of votes of the members of the National Assembly. The constitution which ensures that there is a stable and sustainable administration of Justice, that establishes the root of the legal system cannot rest on moving sand.

In a far fledged example, it is constitutionally possible that the legislative amends section 47 with just 2/3 of the votes of the National assembly

21 IBID.
22 IBID.
23 IBID.
24 Chemerinsky, Erwin, 'Amending the Constitution', 96 Mich. L. Rev. (1998), 1561.

and change the amendment requirement. It is essential that section 47 protects itself. For example, it can be provided that for section 47 to be amended, there must be a referendum and an unanimous vote.

Committee For Constitutional Amendment and Reviewing the Different Sections of the Constitution

The constitutional committee shall be an independent body empowered by the constitution to review the different sections, to bring cases, to make recommendations and research. The committee shall not impeach the power of the legislative to make laws or the judiciary to decide on the constitutionality of a law. It shall act as a watchdog and ensure that the constitution is properly amended. Its main object shall be to promote the aspiration of the development of Mauritius, as stated in section 1 of the constitution. Even if it can be seriously questioned whether Mauritius is a completely democratic State where communalism and discrimination are still present. From a positive point of view, Mauritius has internationally been recognised as being one of the most democratic African State. As previously discussed, the interpretation of the constitution has evolved during these 50 years. Thus, the object of the committee will be geared towards the development of the constitution and moving towards a fully democratic State.

The constitutional committee shall be constituted of learned legal persons, for example, former experienced judges and experts in the constitutional field. The committee shall have the following roles:

(1) Reviewing present constitutional sections

There are various sections of the constitution that are still presumed to be constitutional but in the light of the judgments rendered shall normally be ruled to be unconstitutional. Namely sections 5(7) or section 8(A). The constitutionality of a law can only be questioned by an aggrieved party whose constitutional rights have been breached and not by any other person as held in the recent case *IUS AD VITAM v STATE (2017), SCJ 1.* In a democratic State, any citizen or legal person should have had the right to bring a case even if he is not the aggrieved party. But there is no public interest litigation in Mauritius. On the other hand, this requirement of locus standi also prevents the legal system from being burdened with cases.

To prevent an abuse of process, a possible recommendation will be that where the plaintiff is not an aggrieved party, the constitutional committee be empowered to bring any case to challenge the constitutionality of the provision. The purpose being that the committee continuously review the sections of the constitution with the interpretations in the recent cases. This "fine tuning" of the constitution shall ensure that it reflects the spirit of the Mauritian constitution as described above.

Another issue is that a case for constitutional redress can only be brought within 3 months. This short delay can be contended to be arbitrary. It is recommended that the delay be extended.

(2) *Reviewing Constitutional Amendment*

Normally a constitutional amendment like a law is presumed to satisfy the test of constitutionality *(Police v Moorba, (1973) MR 290)*. It is recommended that a constitutional amendment is so important, that before it is enacted, its constitutionality has to be assessed. Whenever there is a constitutional amendment, the committee must consider if this amendment satisfies the test of constitutionality. There shall be no presumption of constitutionality for any constitutional amendment. Then a report can be sent to the National assembly or to the specialised court to decide on the constitutionality of the sections if it is contested.

(3) *Doing Research to Decide on Possible Amendments to be Made*

Another object of the Constitutional Committee shall be to have a department for research. The constitution is so important that the Mauritian must have a say directly and not just through the elected members of the National assembly. Various studies can be done throughout the country and suggest to the legislative possible amendments of the constitution. Moreover, the best practices and reforms in countries having a similar legal system can be considered by the committee. Furthermore, they can liaise with international experts from abroad to suggest innovative amendment. On addition, the committee shall also take various initiatives to promote the knowledge of the constitutional laws in the country. Furthermore, the constitutional committee can liaise with the University of Mauritius to get the most of the different research done in this field.

(4) Educating The Population

A possible step to educate the population about their constitutional rights is by *Introducing simple law courses as from primary level.* The constitutional committee will also have the responsible to design user friendly courses about the essence of the constitution. This course will not be like an academic course but one which will empower the people by teaching them the supreme law by which they are concerned.

Specialised Court For Constitutional Issues

There must be a specialised court for constitutional issues. This court must be a division of the Supreme Court. The constitution provides that the Supreme Court shall deal with any constitutional issue. This recommendation will not alter this section as it will only be a division of the Supreme Court. However, it will speed up the court proceedings with regards to constitutional issues just like the family law division of the Supreme Court.

Enacting Proper Laws As Per The Provisions Of The Constitution

The constitution as an empowering enactment caters for the requirement for a proper administration of justice. However, it is important for the legislative enact adequate laws accordingly.

For example, in Singapore, they have enacted the "administration of justice act. One provision 'is that it prevents trial by the press in a criminal case as it infringes the right of an accused to a fair trial. Even if the constitution does protect the fundamental rights of the individual, it is an empowering law. In a democracy, it is important that there are appropriate laws to protect these fundamental rights. The constitutional committee shall work in line with the Law reform committee to have law which will promote the principles of the constitution.

It is not only important that the laws are in line with the constitution but they must reflect the principles of the constitution.

6. An Ending Note

Mauritius is a multicultural country with a constitution which establishes strong principles. Even if the constitution was drafted in 1968, the essence of the constitution which constitutes the basis of our judicial system has not changed. However, a few sections of the constitution that need to be revised and appropriate changes be made in order to adapt to the rapidly evolving Mauritian society. As Albert Einstein stated, *No problem can be solved with the same level of mind which created it,* thus the constitution must be developed alongside as the country is developing. The law should not be static but rather evolves in a positive direction while responding to the current social and political values of the dominant culture.[25]

It is a fact that the constitution does provide a solid base but at the same time it should not imply that the no amendments or changes be brought to the constitution. It must have deep and strong roots but at the same time a certain degree of flexibility should be allowed in order to cope and promote the development of the country and for the welfare of its population. The Mauritian experience teaches us that the more successfully a constitutional structure fosters the rule of law and incubates endogenous growth of respect for negative rights, the more successful that constitutional structure will be in fostering development.[26]

Law and order exist for the purpose of establishing justice and when they fail in this purpose, they become the dangerously structured dams that block the flow of social progress. - Martin Luther King Jnr. The impact of the administration of justice within a state has practical significance on the affairs of ordinary individuals and groups.[27] The Mauritian constitution is still applicable in 2018 as an empowering law to have a sustainable administration of Justice. Even if the origin of our constitution is not "purely Mauritian"; the constitutional rights with regards to the administration of justice, do reflect to a large extent the Mauritian mind and its aspiration for the future Mauritius while reflecting the spirit of democracy .

---

25 Harman, J, 2014. Law as an Instrument of Justice and a Tool of Oppression. *The rule of law*, 1, 23.

26 Sacks, D, 2010. Mauritius: An Example of the Role of Constitutions in Development. *University of Miami Law School Institutional Repository.*

27 David Weissbrodt, The Administration of Justice and Human Rights, 1City U. H.K. L. Rev. 23 (2009.).

Bibliography

Angelo, A.H, 1970. Mauritius: The Basis of the Legal System. *The Comparative and International Law Journal of Southern Africa*, 1, 4.

Chemerinsky, Erwin, 'Amending the Constitution,' 96 Mich. L. Rev. (1998), 1561.

David Weissbrodt, The Administration of Justice and Human Rights, 1City U. H.K. L. Rev. 23 (2009)

Harman, J, 2014. Law as an Instrument of Justice and a Tool of Oppression. *The rule of law*, 1, 23.

Hons Justice John Hansen, Judge of the High Court of New Zealand - the F.W. Guest Memorial Lecture, Otago University on 28 September 2006

Miranda, David, 2015. The True Administration of Justice is the Firmest Pillar of Good Government. *NYSBA Journal*, 2, 13.

Richard A. Posner, Creating a Legal Framework for Economic Development, 13 THE WORLD BANK RES. OBSERVER 1, 1 (1998).

Sacks, D, 2010. Mauritius: An Example of the Role of Constitutions in Development. *University of Miami Law School Institutional Repository*

Warsaw (2016), The Administration of Justice: the lawyer, the courts and the police

The challenges of European Constitutions regarding multicultural societies
Le défi des Constitutions européennes face aux nouvelles sociétés multiculturelles

Marie Rossier

Les Constitutions européennes sont fondées sur l'image d'une société homogène ; toutefois, *aujourd'hui les sociétés en Europe ont évolué et cette image ne correspond plus aux réalités sociales. Ainsi, le droit fait face à de nouveaux défis relatifs à la diversité au sein de la société, en particulier le droit constitutionnel en matière de liberté religieuse, de droit à l'éducation parentale et de liberté professionnelle.*

Compte tenu du multiculturalisme constituant une caractéristique déterminante mauricienne, la Constitution de l'Ile Maurice et son application peuvent-elles servir d'inspiration pour les modèles constitutionnels européens actuellement ?

Introduction

Since the foundation of the modern nation states, the concept of state populations within Europe was that of homogenous communities – the state's population as a nation. Mauritius, however, with its rich history of immigration over the centuries, prides itself with its diversity in population. As legislation is partly based on a self-conception, often called national identity, Mauritius and Europe are rather different in many aspects. For this reason, it is interesting to discuss the emerging conflicts in the European societies in the context of Mauritius. The objective of this paper is to illustrate the potential of friction between guiding constitutional principles and other cultures, creating challenging cases for the administration and courts.

Germany, for instance, is a secular state, in which the idea of community is founded on occidental Christian values. Today, though, about one fifth of the population has a so-called migration background[1] and about 6 % of the population are Muslims[2]. Even though that number is not immense, German society is confronted with many new issues.[3]

German constitutional law traditionally uses the instrument of the so-called practical "*Konkordanz*"[4]: for some constitutional rights the constitution does not allow a limitation by simple laws, the only way to limit these fundamental rights is by other fundamental rights[5], meaning a balance needs to be found between the two contradictory constitutional rights[6].

In German constitutional law each fundamental right has a so-called protected area, for instance religious freedom protects beliefs (*forum internum*) and the practice of religious beliefs (*forum externum*).[7] Correspondingly, negative religious freedom is also protected, meaning the right not to believe in any higher power.[8] The state has the duty to protect both elements and to elaborate the guidelines for peaceful coexistence.[9]

Headscarf in the public sector

One major aspect of integration is the access of migrants to the labor market. Yet, especially Muslim women encounter many obstacles related to the headscarf. In public service the headscarf can be banned.[10] This constitutes an infringement of the religious freedom, which can, however, be justified by other constitutional values, for instance the principle of state neutrality.[11] The state must be neutral and respect every religious community

---

1 Bevölkerung mit Migrationshintergrund I, Bundeszentrale für politische Bildung (BB), www.bpb.de; retrieved 9.9.18.
2 Wie viele Muslime leben in Deutschland? https://www.bamf.de, retrieved 9.9.18.
3 W. Bock, *Der Islam in der Entscheidungspraxis der Familiengerichte* NJW 2012, 122.
4 V. EPPING, Grundrechte, 6 ed., 2015, Rn 91, 308, 320; BVerfGE 93, 1, 21.
5 ErfK/SCHMIDT, 18 ed. 2018, GG Art 4, Rn 69; VGH Kassel, 23.5.2017 - 1 B 1056/17, Rn 22 = BeckRS 2017, 110950.
6 ErfK/SCHMIDT, *op.cit.* 5, Rn 69.
7 V. EPPING, *op.cit.* 4, Rn 307 ff.
8 V. EPPING, *op.cit.* 4, Rn 318 ff.
9 BVerfG, 18.10.2016 – 1 BvR 354/11 = NJW 2017, 381; VGH Kassel, 28.9.2012 – 7 A 1590/12 = NVwZ 2013, 161; BVerfG, 16.5.1995 - 1 BvR 1087/91, = NJW 1995, 2477; V. EPPING, *op.cit.* 4, Rn 120.
10 BVerfG, 27.6.2017 – 2 BvR 1333/17 = NJW 2017, 2333; ECtHR, NZA-RR 2017, 62.
11 Maunz/Dürig/ HERZOG, Art 4 GG, Rn 71, 82. EL 2018; Stern/Becker/ KÄSTNER, Art 4, Rn 176, 2. ed. 2016.

equally.[12] Wearing visible religious symbols in the public service might disturb the neutrality of the state.

In France, for instance, where the principle of state secularism is part of the democratic order, the headscarf ban is admissible in public hospitals.[13] A French public hospital refused to renew a nurse's contract, since she rejected to remove her headscarf while in service. The European Court for Human Rights (ECHR) deemed the hospital's refusal admissible because the claimant is in contact with frail and dependent patients. According to the ECHR, the restriction of the claimant's fundamental rights is justified by the legitimate objective to protect the patients' religious or other beliefs on the ground of article 9 ECHR.

Yet, the ban requires a legal basis.[14] The federal state of Berlin has a so-called neutrality law, which forbids public servants to wear or carry any kind of visible religious symbols.[15] Consequently, neither headscarf nor visible crosses nor any other religious symbols are allowed during work hours. This kind of provision was especially controversially discussed regarding female judges and legal trainees. The constitutional principle is that judges have to be impartial and independent.[16] This principle requires judges to be particularly neutral.[17] These strict requirements are necessary since the citizens are confronted with the state authority in a very particular way in the event of a court hearing.[18]

In Germany, to exercise any legal profession every law student needs to undergo a two-year legal training. The legal training is mandatory to obtain the status of lawyer, judge or prosecutor, therefore professional freedom[19] is at stake. In general, the headscarf is allowed during legal training.

---

12 HOLZKE, *Die „Neutralität" des Staates in Fragen der Religion und Weltanschauung*, NVwZ 2002, 903; Stern/Becker/ KÄSTNER, *op. cit.* 11, 177.

13 ECHR, 26.11.2015– 64846/11, Ebrahimian/France.

14 BVerfG, 27.6.2017, *op. cit.* 10; VGH Kassel, 23.5.2017, *op. cit.* 5; BVerfG, 27.1.2015 – 1 BvR 471/10, 1 BvR 1181/10 = NJW 2015, 1359; BVerfG, 24.9.2003 - 2 BvR 1436/02 Lehrerin mit Kopftuch = NJW 2003, 3111.

15 § 1 Gesetz zu Artikel 29 der Verfassung von Berlin, 27. Januar 2005.

16 Art 97 German Constitution; § 39 DRiG; M. Eckertz-Höfer, *Kein Kopftuch auf der Richterbank?* DVBl 2018, 537 ff.; Maunz/Dürig/GRZESZICK, Art 20 GG Rn 236, 237, 82. EL 2018.

17 V. SCHWANENFLUG/SZCZERBAK: *Das Tragen eines Kopftuches im Lichte des Neutralitätsgebots im Öffentlichen Dienst*, NVwZ 2018, 441.

18 BVerfG, 27.6.2017, *op. cit.* 10.

19 Art 12 German Constitution.

Yet the period when the trainees are assisting judges is problematic.[20] Like the judges, the trainees represent the state and are in charge of sovereign functions during their legal training, which can justify restricting the religious freedom in the name of the principle of neutrality.[21] Thus the headscarf ban for legal trainees is admissible on the ground of the priority of the principle of neutrality over the individual religious freedom in this situation.[22]

Regarding teachers, the question is more complex. Each federal state in Germany can implement a law regarding religious symbols in education.[23] This means neither individual schools nor the central state can decide independently on the question of religious symbols in the education system. Therefore, each federal state enacted their own law, which led to a complicated situation: in some states the headscarf was allowed, in others not and in some states the headscarf was banned but Christian or Jewish symbols were allowed. This was overruled by the Constitutional Court in 2015 on the ground of the principle of equal treatment.[24]

The difficulty is to balance religious freedom, negative religious freedom, meaning the right to have no religion, the governmental educational task, the right of the parents to educate their children and the principle of state neutrality.[25] The judges decided that merely dressing according to a religion cannot infringe the negative freedom of religion, if the teacher does not verbally advocate personal religious beliefs, meaning the religious expression remains optical.[26] Moreover, the mere fact that the state is tolerating a certain religious expression does not mean that the state is bound to that religion.[27] Therefore, state neutrality is not infringed by headscarf-wearing teachers.

The laws restricting fundamental rights have to be proportional.[28] One requirement consists in a legitimate objective. Regarding the headscarf

---

20 VGH Kassel, 23.5.2017, *op. cit.* 5; in Bavaria; VG Augsburg, Urteil vom 30.6.2016 – Au 2 K 15.457, BeckRS 2016, 47972, overruled by VGH München, 7.3.2018 - 3 BV 16.2040.

21 BVerfG, 27.6.2017, *op. cit.* 10; v. Schwanenflug/Szczerbak, *op. cit.* 17.

22 VGH München, 7.3.2018, *op. cit.* 20.

23 Art 30 German Constitution.

24 BVerfG, 27.1.2015, *op. cit.* 14, Rn 123 ff.

25 BVerfG, 27.1.2015, *op. cit.* 14, Rn 98 ff.; similar in VGH Kassel, 28.9.2012 – 7 A 1590/12, *op. cit.* 9, 160 ff.

26 BVerfG, 27.1.2015, *op. cit.* 14, Rn 105; similar: BVerfG, 18.10.2016 – 1 BvR 354/11, *op. cit.* 9, Rn 65.

27 BVerfG, 27.1.2015, *op. cit.* 14, Rn 104.

28 V. EPPING, *op. cit.* 4, Rn 48 ff.

ban, one objective invoked by some federal state legislators was the abstract danger for social peace within the school and the principle of state neutrality.[29] The court decided that religious freedom can be restricted only in cases where there is a concrete danger for the classes and education caused by religious symbols. However, the obstacle for this concrete danger is high and the school must bear the burden of proof.[30]

Comparing the constitutional judgements regarding the headscarf for teachers, it is worth noting that wearing a headscarf in public service is not forbidden *per se*. The conditions for restricting this religious expression have changed though. In 2003, an abstract danger was sufficient, in 2015, a concrete danger must be proven to restrict religious freedom.[31]

Regarding preschool teachers, a headscarf ban is identically admissible if there is proof of a concrete danger for social peace within the establishment.[32] The difference between school and preschool is that school is mandatory while preschool is optional and there are alternative forms of childcare.[33]

Headscarf in the private sector

Concerning the private sector the European Court of Justice indicated in 2017 that a headscarf ban is admissible under certain conditions. Firstly, the company must have internal regulation banning any kind of political or religious symbols. Secondly, the employee affected by the ban must be in contact with clients. [34]

---

29 T. TRAUB, *Abstrakte und konkrete Gefahren religiöser Symbole in öffentlichen Schulen*, NJW 2015, 1338.

30 BVerfG,27.1.2015, *op. cit.* 14, Rn 115, 116, 146.

31 D. ENZENSPERGER, *Verfassungsmäßigkeit eines pauschalen Kopftuchverbots für Lehrkräfte an öffentlichen Schulen*, NVwZ 2015, 871.

32 BVerfG, 18.10.2016, *op. cit.* 9, Rn 61.

33 BVerfG, 18.10.2016, *op. cit.* 9, Rn. 65.

34 ECJ, 14.3.2017 – C-157/15, Diskriminierung wegen der Religion durch Tragen eines Kopftuchs unter Verstoß gegen unternehmensinterne Arbeitsplatzregelung, EuZW 2017, 480; A. Sagan, *Unionaler Diskriminierungsschutz gegen Kopftuchverbote am Arbeitsplatz*, EuZW 2017, 457.

Swimming classes

In 2017, the ECHR had to decide about the attendance of two girls to swimming lessons.[35] The parents refused to let the girls attend swimming classes in Switzerland. Swiss authorities insisted and ordered a fine in case the parents would not comply with the mandatory classes. The European judges worked with a similar instrument as the German constitutional judges, trying to find a balance between religious freedom, the governmental educational task and the girls′ right to social participation.[36] The judges decided that swimming class attendance is mandatory. Swimming classes not only have the objective to teach students how to swim but also to create a community between them, a common space for the children to interact and to establish social integration.[37] Excluding the girls from that activity would constitute an infringement of the social integration that cannot be justified by religious freedom.

In 2013, there was a similar judgement in Germany. The claim was also rejected: judges stated that especially in summer the girl would see many lightly dressed men, therefore swimming classes only slightly impact religious freedom.[38] The exclusion from swimming classes would not prevent the claimant's confrontation with a generally accepted exterior appearance.[39] Moreover, the state has the mission to promote the integration of students into a secular and pluralistic society, where students are confronted with values, beliefs and behaviors that they may reject for themselves.[40] The revision to the Constitutional Court was rejected on the ground of lacking substantiated justification.[41]

---

35 ECHR, 10.1.2017 – 29086/12, Osmanoğlu u. Kocabaş ./. Schweiz, Keine Befreiung muslimischer Mädchen vom Schwimmunterricht = NVwZ-RR 2018, 505.

36 ECHR, *op. cit.* 35, Rn. 89 ff.

37 ECHR, *op. cit.* 35 Rn 64; German court having similar reasoning: VGH Kassel, 28.9.2012, *op. cit.* 9.

38 BVerwG, 11.9.2013 – 6 C 25/12 (VGH Kassel) = NVwZ 2014, 81; also VG Hamburg, 14.4.2005 - 11 E 1044/05 = NVwZ-RR 2006, 121; BVerwG, 29.5.2018 - 1 C 15.17, Rn 22 ff.

39 BVerwG, 11.9.2013, *op. cit.* 38.

40 BVerwG, 11.9.2013, *op. cit.* 38: similar in VGH Kassel, 28.9.2012, *op. cit.* 9, Das durch Art 4 GG gewährleistete Grundrecht der Glaubensfreiheit vermittelt [keinen] umfassenden Konfrontationsschutz; BVerfG, 31.5.2006 - 2 BvR 1693/04, EZAR NF 88 Nr. 1; BVerG, 29.4.2003 - 1 BvR 436/03, Heimunterricht grundschulpflichtiger Kinder durch Eltern, NVwZ 2003, 1113.

41 BVerfG, 8.11.2016 – 1 BvR 3237/13, NVwZ 2017, 227.

It is worth noting that in 1993 jurisprudence accepted the claim of a female student allowing her not to take part in swimming classes if separated classes for girls and boys were not proposed.[42]

Polygamy

For many authors polygamy is against the German *ordre public*[43], the principle of marriage being the voluntary long-term union between two people[44]. Moreover, polygamy is punishable under the German Penal Code.[45] The German *ordre public* does not allow that polygamous marriage, even if admissible according to foreign law, is concluded in Germany by German authorities nor is the suit to establish the marital relationship admissible. The values of article 6 of the German constitution prevail if the case's connection to the domestic legal system is strong and requires the participation of German authorities. Yet, if the marriage is legally concluded abroad, the polygamous union is recognized as civil marriage in Germany.[46] Moreover, family reunion is admissible, however the marital relationship has to be lived with one spouse only.[47]

Under this angle, some controversial decisions regarding polygamy might seem more understandable. A recently much debated case was the decision to allow a Syrian to bring his second wife to Germany. This family reunion was allowed considering the wellbeing of the children - it was not about bringing a wife but a mother.[48] This decision might be hard to rec-

42 BVerwG, Urteil vom 25.8.1993 – 6 C 30.92; OVG Bremen, 24.3.1992, 1 BA 17/91, BeckRS 1993, 31237936; VG Bremen 11.4.1991 3 A 420/90.

43 OVG Lüneburg, 29.11.2005 - 10 LB 84/0 = BeckRS 2006, 20697; W. Bock, *op. cit.* 3; VGH Mannheim, 25.4.2017, 12 S 2216/14 = NVwZ 2017, 1212, Rn 42; MüKoArt/ *COESTER*, EGBGB Art. 13, Rn. 68, 7. ed., 2018.

44 BVerfG, 30.11.1982 - 1 BvR 818/81 = NJW 1983, 511; BVerfGE 53, 224, BeckRS 1980, 106610; BVerfG, 29.7.1959 - 1 BvR 205/58 u.a. = NJW 1959, 1483; BeckOK/ UHLE, Art 6 GG, Rn 3, 37. ed. 2018; *Palandt/BRUDERMÜLLER*, Einf v § 1353 BGB Rn. 3; § 1353 BGB Rn 1, 77. ed., 2018.

45 Section 172 German Penal Code.

46 VGH Mannheim, 25.4.2017, *op. cit.* 43, Rn 42; BVerwG, 30.4.1985 - 1 C 33/81 (Münster) = BeckRS 9998, 163710; OLG Hamm, 12.9.1986 – 15 W 16/86AG = BeckRS 1986, 31381442; OLG München, 3.7.2015 – 34 Wx 311/14 =NJW-RR 2015, 1349.

47 Hofmann/MÜLLER, § 30 AufenthG, Rn 35, 2 ed., 2016.

48 Focus; https://www.focus.de/politik/deutschland/fluechtlinge-debatte-um-zweitfrau-anzeige-gegen-pinneberger-landrat_id_8410632.html, retrieved 9.9.18.

oncile at first glance with constitutional principles such as the equal treatment of man and woman and the principle of monogamy. However, another constitutional principle was considered: the protection of the family, especially the protection of the woman as a mother.

Family is protected under the German constitution, but the question is how to define a family nowadays? The notion of the traditional family remains the norm but is widely challenged. In another case the court stated that although polygamy is against the German *ordre public*, monogamy is not part of the free democratic basic order.[49] To have more than one wife does not make the claimant an enemy of the constitution.[50] The judges stated that polygamy does not infringe human dignity.[51] The court argued that the second wife would have been socially rejected in her home country if the claimant did not take her as a second wife.[52] One of the arguments was that polygamy was actually saving the woman from degrading treatment in that case. In 2005, the court weighed the public interest and the family's interests under article 6, indicating that article 6 does not necessarily prevail in the case of polygamy.[53]

These cases illustrate the ambiguity in dealing with the consequences of polygamy regarding family status, residency permits and others.

Honor Killing

The different cultural approaches are also discussed related to criminal law.[54] Regarding homicide and murder the following issues are controversially discussed: honor killing, blood vengeance and obsessive jealousy.[55] This paper will focus on honor killings. German criminal law distinguishes between murder, punishable by lifelong imprisonment, and homicide. One reason to convict for murder is the criteria of abject motives; the question is if honor killing can be qualified as abject motive. Jurisprudence defines abject motives as motives which according to general moral judg-

49 VGH Mannheim, *op. cit.*, 43, Rn 34, 40.

50 VGH Mannheim, *op. cit.*, 43, Rn 41; alsoVG Regensburg, 27.5.2009 - RN 9 K 08.01658.

51 VGH Mannheim, *op. cit.*, 43, Rn 35.

52 VGH Mannheim, *op. cit.*, 43, Rn 41.

53 OVG Lüneburg, 29.11.2005 - 10 LB 84/0 = BeckRS 2006, 20697.

54 L. GRECO, *Ehrenmorde im deutschen Strafrecht*, ZIS, München/Augsburg, 9. Jahrgang, Ausgabe 7-8/2014, 309 ff.

55 MüKo/SCHNEIDER, § 211 StGB, Rn 108, ed. 2017.

ment are at the lowest level, unrestrained, instinctual and selfish and therefore particularly reprehensible, even contemptible.[56] Compared to homicide, these acts are reprehensible to a much greater extent.[57]

The judgments concerning honor killings can be classified into three phases[58]; firstly, the differing cultural standards were compared with guilt-reducing mental illnesses[59]. Foreign perpetrators were seen as having a different psychological state since they were still in the cultural bias of their homeland. In the second phase, the jurisprudence determined that to qualify the killing as a murder for abject motives, an overall assessment of all circumstances was required, taking into account the cultural concept and moral values of the accused.[60] During this phase the judgements regularly convicted the culprit for homicide and not for murder. The third phase started in the mid-nineties and is ongoing.[61] The judges are still using the element of an overall assessment of all circumstances, yet the argument that the perpetrator is still entangled in a different cultural background is considered irrelevant. The evaluation standards are the ideas of the legal community of the Federal Republic of Germany and not the views of an ethnic group that does not recognize the moral and legal values of this legal community.[62]

This jurisprudence is leading to murder conviction for abject motives in case of honor killing. The culprit commits a twofoldly condemnable act, since firstly he considers himself as an authority about life and death, how-

56 BGH, 25.7.1952 - 1 StR 272/52 = NJW 1952, 1026; similar BGHSt 50, 1, 8; BGH, 24. 6. 2004 - 5 StR 306/03 = NJW 2004; BGH, 19.10.2001 - 2 StR 259/01 – NJW 2002, 382, 383; BGH, 18.2.1993 - 1 StR 49/93 = NJW 1993, 1665; BGH 1.9.2005 - 4 StR 290/05 = NStZ 2006, 97; BGH 10.11.1993 - 3 StR 476/93 = StV 1994, 182.

57 BGH, 10.11.1993 - 3 StR 476/93 = BeckRS 2009, 17620; BGH, 25.7.1952 - 1 StR 272/52 = NJW 1952, 1026; Kindhäuser/Neumann/Paeffgen/NEUMANN/SALIGER, § 211 StGB, Rn 26, 5. ed 2017.

58 L. GRECO, *op. cit.* 54, 311; F. SALIGER, StV 2003, 21, 22; B. VALERIUS, JZ 2008, 912, 915.

59 BHG GA 1967, 244; BGH, MDR 1977, 807, 810; L. GRECO, *op. cit.* 54, 311; F. SALIGER, *op. cit.*, 58, 22.

60 BGH, 27.11.1979 - 5 StR 711/79 = NJW 1980, 537; BGH, 8.9.1982 - 3 StR 228/82 = NJW 1983, 55; M. KÖHLER, JZ 1980, 238.

61 BHG, NJW, 1995, 602, BGH, StV, 1996, 208: F. SALIGER, *op. cit.* 58, 23.

62 BGH, Tötung durch Ausländer mit abweichenden Wertvorstellungen, 20.2.2002 - 5 StR 538/01 = NStZ 2002, 369; BGH, Tötungsmotiv aus fremder soziokultureller Wertvorstellung, 28.1.2004 - 2 StR 452/03 = NJW 2004, 1466, 1467; MüKo/SCHNEIDER *op. cit* 55, Rn 111.

ever the death sentence is no longer part of the German legal system[63]; secondly, by not respecting the individual lifestyle the victim has chosen, which is a fundamental right within the German legal system[64].

Yet, in practice the jurisprudence of the highest court was not respected by many lower courts, which still tend to convict for homicide instead of murder. An empiric study found out that 87 of the 122 offenders were convicted, 32 (36.8%) for murder, 42 (48.3%) for homicide and 13 (14.9%) for assault.[65] To sum up, the examined judgments of lower courts are more lenient.

Freedom of speech

In Denmark, a development regarding the freedom of expression can be observed. The Mohammed caricature from 2006 is well known - the Danish government was acclaimed for its firm stand on the freedom of speech.

Recently, however, the freedom of speech is the object of many controversial judgments. The main question is whether the ban of hate speech can cover criticism of religious ideology or if this kind of criticism is protected by the freedom of expression. The trend is to extend the ban of hate speech to criticism of religions. Blasphemy was covered by the Danish Penal Code, which punished anyone who publicly "*ridicules or insults the dogmas or worship of any lawfully existing religious community in this country*".[66] However, this provision was rarely used, the last time being in 1971. In June 2017, the blasphemy law was abolished in Denmark, as explained by MP Bruno Jerup "*Religion should not dictate what is allowed and what is forbidden to say publicly. (…) It gives religion a totally unfair priority in society.*" [67]

Hate speech ban is implemented in article 266b of the Danish Penal Code, stating that "*whoever publicly, or with intention to disseminating in a*

63 BGH, 7.10.1994 - 2 StR 319/94 = NJW 1995, 602; BGH, 2.2.2000 - 2 StR 550/99 = NStZ-RR 2000, 168.

64 L. GRECO, *op. cit.* 54, 318.

65 D. OBERWITTLER/ J. KASSELT, Ehrenmorde in Deutschland 1996-2005, Eine Untersuchung auf der Basis von Prozessakten, 161, 2011 Wolters Kluwer Deutschland GmbH, Köln.

66 Art 140 Danish Penal Code.

67 G. WILFORD, Quran-burner trial dropped after Danish parliament revokes centuries-old blasphemy law, www.independent.co.uk, retrieved 9.9.18.

larger circle makes statements or other pronouncement, by which a group of persons is threatened, derided or degraded because of their race, color of skin, national or ethnic background, faith or sexual orientation, will be punished by fine or imprisonment for up to 2 years"; it is worth noting that the article does not distinguish between true and false statements.[68] This means that once a person is charged under this article, there is hardly any admissible defense. Historically, one element of charge was false and derogative statements, yet this criterion was repealed in 1971.[69]

The following cases illustrate the ambiguity between both provisions. In 2015, a man burned a copy of the Quran; first he was charged with hate speech, later the accusation was changed to blasphemy, punishable by up to four months of prison.[70] Many authors claim that the charges should have been brought on the ground of the blasphemy law directly. But using a blasphemy law in 2016 might have caused a controversial debate in the press and social media. For instance, regarding the Mohammed caricatures from 2006, no charges on the ground of the blasphemy law were brought up.

Moreover, it should also be noted that in 1997 a Danish artist had burned the bible in a TV show and was never charged with anything, neither with hate speech nor with blasphemy.[71] In another case, the District Court ruled that a man was punishable under section 266b Danish criminal code for criticizing the ideology of Islam. The court stated that the statement as a whole was generalizing and was "*insulting and demeaning to wards adherents of Islam*"[72]. Yet, it is worth noting that section 266b does not protect religious doctrines or religious feelings, it only prohibits remarks aiming directly at a determinable group of believers.[73] However, the man was acquitted by an appeals court.[74]

---

68 *Not all is well in the State of Denmark: Freedom of expression versus "Hate Speech" and Defamation*, International Civil Liberties Association, ICLA, PC.SHDM.NGO/29/14, 2014.

69 ICLA, *op. cit.* 68.

70 K. DE FREYTAS-TAMURA, *Danish Man Who Burned Quran Is Prosecuted for Blasphemy*, 2017, www.nytimes.com, retrieved 9.9.18.

71 K. DE FREYTAS-TAMURA, *op. cit.* 70; F. ROSE, *Blasphemy: A Victimless Crime or a Crime in Search of a Victim?*, The Fall and Rise of Blasphemy Law, Leiden University Press, 2017.

72 J. MCHANGAMA, *Something's Rotten: How Denmark Is Criminalizing Blasphemy Through Hate Speech Law*, 2016, Columbia Global Freedom of Expression.

73 J. MCHANGAMA, *op. cit.* 72; F. ROSE, *op. cit.* 71.

74 F. ROSE, *op. cit.* 71.

This example illustrates that the ban of hate speech tends to be widely enforced. The objective of the hate speech law is to protect specific groups from degradation or insults, the goal of the blasphemy law is to protect religious feelings of believers. Yet, in practice the application seems to overlap. However, there should be a difference between criticizing a group or an ideology, the latter should be protected by the freedom of speech.[75] Diversity of society should not lead to less diversity in the liberty of speech. As society becomes more diverse, the ways of expression will also become more diverse and it should not be limited, as this will not lead to social peace.[76]

Conclusion

These examples show that different cultures living together can lead to friction, which begs the question how constitutional guidelines should be interpreted in this new context to satisfy social needs. The German government said that common life needs to be negotiated on a daily basis. However, the core foundation should be the constitution. It is certainly a long-term project and laws and jurisprudence are crucial to ensure social peace. Mauritius with its long tradition of coexistence of different cultures might inspire European legislators and courts to find an appropriate balance.

75 J. MCHANGAMA, *op. cit.* 72.
76 F. ROSE, *op. cit.* 71.

PART V

Economic and Social Rights and their Indirect Protection by the Strasbourg Court

Les droits économiques et sociaux et leur protection indirecte par la Cour de Strasbourg

Constitutional Protection of Investments in Domestic, European Union and International Law
La protection constitutionnelle des investissements en droit interne, en droit de l'Union européenne et en droit international

Stéphanie Rohling-Dijoux

Dans le cadre de la globalisation, les entreprises tentent de trouver une protection maximale de leurs investissements à l'étranger. Les mécanismes de protection des investissements sont multiples. En droit national, la protection constitutionnelle de la propriété privée et la protection contre les expropriations englobe également la protection des investissements. La présentation examine si cette hypothèse est vrai pour les systèmes des droits examines dans le colloque. En droit international et en droit de l'Union Européenne, la protection des investissements fait objet des conventions bilatérales et multilatérales. Dans quelle mesure les clauses de ces conventions (clause de parapluie, clause de non-discrimination d'étranger et clause de la partie la plus favorisée) sont-elles efficaces pour aboutir à une protection satisfaisante des investissements ?

The influx of foreign investments plays the role of income- and welfare-generator for the whole country's economic development. It contributes to the economic growth and reduction of poverty in developing countries. Those who invest in foreign countries seek to protect their investments as much as possible. The definition of investments is extensive, and they range from use of capital, acquisition of property and assets for "*a certain duration of performance of the contract and a participation in the risk of a transaction …*" [1] Hence, the starting point for protecting investments is the protection of private property[2].

1 Salini Costruttori S.p.A. and Italstrade S.p.A. v. Kingdom of Marocco, ILM 42 (2003), P. 609, para 52.

2 Pierre-Marie Dupuy et Yannik Radi, Le droit de l'expropriation directe et indirecte, p. 375.

The protection of private property is granted in most countries' constitutions:

Article 14 of the German Fundamental Act (GG) and Article 17 of the French Constitution's Declaration of Human and Civil Rights both ensure the protection of private property. Section 3 and 8 of the Mauritian Constitution also grants protection to private property. Article 17 of the EU's Charter on Fundamental Rights (2000/C 364/01) grants the right to own property.

The definition of protected property in the sense of customary law encompasses all goods and chattels, all rights, titles and interests that can be sold, all things with a monetary value. Property can be divided into real estate property and personal property. In addition, it encompasses incorporeal chattels like distraints, outstanding claims, shares in companies' capital, intellectual property rights and goodwill. Not included are mere market opportunities for profit.

All the aforementioned fundamental rights pertaining to private property stipulate a possibility for expropriation under restricted conditions, respecting the principle of a reasonable compensation at the right time[3]. The amount of the compensation must take into consideration the market value of the withdrawn asset. Formal expropriations as well as measures tantamount to a nationalization or expropriation are comprised by the liability of compensation.

Investment protection law lies at the crossroads of national and international law[4]. Investments are fundamentally protected by national law as they are considered private property. But the general rules of the protection of private property by national or European law are insufficient for the protection of foreign investors against expropriation and the loss of their investments. The rules of international common law round out the protection system. Nevertheless, the rules of international law relating to expropriation offer only limited protection of foreign investors against deprivation of assets. The standard of full compensation is not always respected.

The protection against expropriation is especially important for the protection of investments in case of indirect expropriation. For example, it is controversial if the breach of a private contract between a private corporation and a foreign state can be considered as an expropriation requesting an award of damages adequately compensating the investor for the loss

3 Hervé Ascensio, Droit international économique, p.281.
4 Griebel, Kim, SchiedsVZ 2007, 186.

s/he has suffered[5] or if a change in actual or economic circumstances requests compensation for the investor. In Société United Dock's v. Government of Mauritius [1985] A.C. 585, the Judicial Committee of the Privy Council confirmed that section 8 of the Constitution of Mauritius awards damages only where "property is compulsorily taken possession of or compulsorily acquired but not otherwise". In the instant case, where the Mauritian Bulk Sugar Terminal was modernized for the storage and loading of sugar on marine vessels, the Lordships stated that the fact that the Sugar Terminal Act doesn't provide compensation to be paid to the dock companies losing their business, can't be assimilated as an expropriation. A loss of business opportunities by progress or as a result of technological advance is not covered by the constitutional protection of property by Section 8[6].

The concept of the protected investment is generally defined in an extensive way. It encompasses not only direct investments but also the use of capital for the acquisition of real state or personal property, protection of companies' shares, contractual rights and intellectual property rights.

This paper will successively examine the protection of investments in national and international law with specific focus on Mauritius.

I. Protection by national law (contract law)

Even though international investments are regulated mainly by rules of international law, national law sources are however applicable and these rules will be the first to which the foreign investor will be confronted[7]. Each economic activity is linked to a domestic law system[8]. An investment of a foreigner on a territory of another state is subject to the laws and regulations of this state[9]. However, we don't deal in this article with the need for authorizations, licenses, permits etc. for foreign investors in accordance

5 Pierre-Marie Dupuy et Yannik Radi, Le droit de l'expropriation directe et indirecte, p. 381.

6 Arvin Halkhoree, The contribution of the Constitutional Judge to the Development of Mauritian Law
p.235, in this book.

7 Arnaud de Nanteuil, Droit international de l'investissement, p.55 (nr.104.).

8 Arnaud de Nanteuil, Droit international de l'investissement, p.57 (nr.109)

9 Claire Crépet Daigrement, Les sources du droit international des investissements, p.83.

to domestic law (investments codes) but only with the protection of the at once done investments in domestic law.

Different clauses in investments contracts (State contracts) aim to protect investors. These clauses must be written in accordance with the national law applicable to the contract. Even the contract between a private investor and a state is subject to domestic law[10]. The parties should agree on the applicable national law in the contract to avoid any disputes over the applicable law[11]. However, the scope of protection provided by general clauses in bilateral treaties, such as the requirement of good faith, principle of non-discrimination, prohibition of the arbitrary abuse of power and the grant to full protection and full security, is often controversial. The most used general clauses in investment treaties are:

A. *Stabilization Clause*

One way to protect foreign investments by national law is the inclusion of stabilization clauses in contracts prohibiting a unilateral change of contractual obligations by the hosting state[12]. Such a clause limiting the regulatory power of a state is only effective if it constitutes an obligation of the host state according to international law. Therefore, the stabilization clause must be accompanied by an internationalization clause[13].

B. *Internationalization Clause*

The internationalization clause refers to international law and thereby internationalizes the relationship between the state and the foreign company[14]. It is a kind of a choice of legal clause for international law.

10 Cass. 21 June 1950, Rev.Crit. DIP, 1950, p.609.
11 Arnaud de Nanteuil, Droit international de l'investissement, p.33 (nr.53).
12 Matthias Herdegen, Internationales Wirtschaftsrecht, p. 342.
13 Arnaud de Nanteuil, Droit international de l'investissement, p.36 (nr.62).
14 Arnaud de Nanteuil, Droit international de l'investissement, p.34 (nr.56).

C. National Investment Insurances

In several industrial states, a public insurance system is provided for the protection of foreign investments by national investors insuring the political risks.

In France, for example, the COFACE (Compagnie française d'assurance pour le commerce extérieure), has been operating as a private commercial risk insurance with a double activity since 1946: insuring the French State with a credit insurance against political, monetary and other catastrophes; and insuring private companies against the risk of investments loss. It is now a private company but remains the coordinator of state guaranties for French companies' exports. It still plays an important role in insuring international commercial transactions, particularly insurance for direct investments.

In Germany, the Federal Republic has concluded an agreement with a private consortium under the leadership of PricewaterhouseCoopers AG, which acts as mandatory of the German state. Based on the guarantee agreement, the damaged investor has the right to compensation for his/her damages if the insured risk is realized.

In addition, there are private investment insurance companies such as Lloyds of London, which provide long term insurance against exceptional risks[15].

II. Bilateral Investment Treaties (BITs)/ Preferential Trade Agreements

The protection of foreign investments is mainly safeguarded by bilateral treaties (BITs)[16]. A BIT is an agreement between two countries regarding promotion and protection of investments made by investors from the respective countries in each other's territory. Recently, several bilateral treaties for the protection of investments have been signed, even between the least developed countries[17]. Several states have established a wide network of BITs. Currently, around 3,000 different bilateral treaties are in force[18].

---

15 Matthias Herdegen, Internationales Wirtschaftsrecht, p. 389, nr.44.

16 Claire Crépet Daigrement, Les sources du droit international des investissements, p.87.

17 Gilles Lhuilier, Le droit transnational, nr.70.

18 Arnaud de Nanteuil, Droit international de l'investissement, p.50 (nr.99).

BITs are protecting legal entities in the same way as natural (physical) persons, citizens of the contracting country. Private investors not directly bound by agreements of international law can benefit from the protection of their investments through bilateral and multilateral treaties. These guaranties are important for Multi National Enterprises (MNEs) because they supply them with a safe, stable legal framework by planning legal remedies in case of contract violations. The treaties often provide fast, standardized compensation and the possibility of conflict resolution by alternative dispute resolution procedures implemented by the WTO (World Trade Organization).

BITs have a certain number of standard clauses established in model treaties which are based on the principle of non-discrimination.

A. *Standard clauses in BIT model contracts provide:*

a. *Full protection and security*

The principle of full protection and security has its origins in the contractual practice of the USA. The core of this obligation of the host country is to take all reasonable measures necessary for the protection of life, property, possession and other legally protected interests of the investor[19]. A threat can come either from public authorities or from non-government individuals.

b. *Fair and equitable treatment*

The principle of fair and equitable treatment prohibits the mistreatment of aliens. Aliens must be treated with ordinary standards of civilization[20]. It is a kind of customary international law minimum standard for the treatment of foreign investments to be always respected[21]. The description of

19 Yves Nouvel, Les standards de traitement: Le traitement juste et equitable, la sécurité pleine et entière, p.313.

20 J. Paulsson, Neer-ly Misled? ICSID Review 22 (2007), p. 242; Yves Nouvel, Les standards de traitement: Le traitement juste et equitable, la sécurité pleine et entière, p.322.

21 Hervé Ascensio, Droit international économique, p.282, nr.575.

this minimum standard, as set forth by the USA-Mexican General Claim Commission[22], has existed since 1926.

c. National treatment

The command of national treatment is part of the regulation standards for modern investment protection treaties. It requires equal treatment of products or services from aliens and nationals. The treatment of investments by foreign undertakings shouldn't be less favorable than that of national investors regarding establishment, acquisition, management, conduct and sale of investments in its territory[23].

d. Most favored nation treatment clause (Most Favored Nation Clause – MFN clauses)

Modern investment protection treaties generally contain a most favored nation treatment clause. If an initial treaty is compared to similar treaties that have been established with third countries bearing the same content of regulation, and it can be found that the other treaties accord further benefits, then this preferential treatment can be extended to the initial treaty. The favorite nation treatment clause can concern certain tax benefits, customs status benefits or a compensation rate, as well as the possibility for alternative dispute regulation. Often this possibility is subordinate to the futile attempt to find an extrajudicial compromise (cooling-off period or waiting clause) or the fact of taking legal action before a state court. In cases where the plaintiff hasn't fulfilled this condition, the attempt to find more favorable settlement clauses in other treaties (treaty shopping) is generally undertaken. This possibility is controversial[24].

---

22 US-Mexican General Claims Commission, United States v. Mexico, RIAA 4 (1926), p.60.

23 Compare US Model Contract, Art 3, Hervé Ascensio, Droit international économique, p.286, nr.585.

24 Emilio Agustin Maffezini v. Kingdom of Spain, ICSID Case No. ARB/97/7, Decision of the Tribunal on Preliminary Questions on Jurisdiction, January 25th 2000, Nr. 38; http://icsidfiles.worldbank.org/icsid/ICSIDBLOBS/OnlineAwards/C163/DC565_En.pdf.

e. Umbrella clauses

Often bilateral investment treaties contain a clause of respect of contractual obligations called umbrella clause[25]. The significance of this clause is controversial. In the prevailing opinion, in accordance with this clause, each obligation the host state may have entered into with regard to investments in its territory by investors of a contracting state is elevated to an international law obligation[26]. Subsequently, the breach of a single contractual obligation could be considered as a breach of the bilateral investment treaty. The coverage of the umbrella clause is likewise controversial. Here, the question is to what extent is the investor permitted to assert claims regarding a contractual relation with the host state before an international arbitration court scheduled in the BIT in application of the umbrella clause. This is an important type of protection for the investor, which aims to avoid two different procedures before not necessarily neutral state courts.

B. Bilateral Investment Treaties of Mauritius

Mauritius currently has 29 BITs signed and in force with countries all over the world, and has concluded 18 BITs which have not yet come into force.

- Bilateral treaties with France and Germany are in force since 1973 and 1971.
- Bilateral treaties with countries in the Indian Ocean Region: South Africa and Madagascar are in force since 1998 and 2004. One with the Comoros was signed in 2001 but hasn't come into force yet.
- Bilateral treaties with India and Pakistan are in force respectively since 1998 and 1997.
- Other bilateral agreements are in force between Mauritius and Barbados, BLEU (Belgium-Luxembourg Economic Union), Burundi, China, Congo, Czech Republic, Egypt, Finland, Indonesia, Republic of Korea, Kuwait, Madagascar, Mozambique, Portugal, Romania, Senegal, Singapore, South Africa, Sweden, Switzerland, United Republic of Tanzania, Turkey, the United Kingdom and Zambia.

---

25 Arnaud de Nanteuil, Droit international de l'investissement, p.151 (nr.313 - 323).

26 Julien Cazala, La clause de respect des engagements, p. 347.

III. BIT Treaties with the European Union

The European Union has signed several Free Trade Agreements and is constantly negotiating new agreements with other countries, especially emerging countries (of the ACP group).

As demonstrated in the Treaty of Lisbon, the European Union's competence in the domain of trade policy encompasses the conclusion of treaties relative to direct foreign investments (Art 207 section 1 Phrase 1 TFEU)[27]. Since the Lisbon Treaty, the EU has become a global player in establishing European External policies and Art 206 and 207 TFEU entitles the EU to conclude agreements with third countries[28]. Since this modification, EU Member-states shouldn't be authorized anymore to sign BIT with third countries[29]. Individual BIT of Member -states will be replaced by the EU BIT.

Currently, the EU is negotiating with Canada and the United States, which is fueling controversial discussions in all Member States. These agreements would allow privileged access to the markets of the signatory countries.

A. Arbitration clauses in BIT treaties between EU Member States

Currently EU Member States have signed some 191 BITs among themselves, most of which contain arbitration clauses[30].

In a recent landmark case of the ECJ on March 3, 2018 (Achmea versus Slovenia)[31], the ECJ ruled that an arbitration clause in a BIT between Member States is invalid. This ruling is very important for all other BIT with arbitration clauses. It is only directly applicable to BITs between Member States but could impact Multilateral Agreements with the EU.

The reason this clause is considered invalid is because the settlement of disputes between the BIT parties by an Arbitration Court doesn't necessarily respect the rules of uniform interpretation of EU law. Art 344 TFEU

---

27 Arnaud de Nanteuil, Droit international de l'investissement, p.468 (nr.908).

28 Francesco Romano, TTIP and free trade agreements between the EU and Third countries, in Stephanie Rohlfing-Dijoux, p. 80.

29 Séverine Menétrey, Droit international des investissements et droit de l'Union européenne, p.632.

30 Séverine Menétrey, Droit international des investissements et droit de l'Union européenne, p.616.

31 ECJ 6.3.2018, C284/16.

statues the principle of uniformity of the application of EU law. Arbitral Tribunals are not considered competent for the interpretation of EU Law. This would be a violation of the principle of autonomy of EU Law. The EU has its own jurisdictions established to ensure the uniform application and construction of EU Law in all Member States, which is essential. EU Law should have the same effect in all Member States.

A jurisdiction clause in a BIT in favor of Arbitral Courts would deprive the ECJ of its monopoly to implement EU Law, as provided in Art 267 TFEU.

In the 1/09[32] statement, the ECJ argued that "given that the Article 344 TFEU merely prohibits Member States from submitting a dispute concerning the interpretation or application of the Treaties to any method of settlement other than those provided for in the Treaties", the submission of litigation to other courts could be in conflict with this article.

The principle of uniformity of EU Law is, amongst others, guaranteed by the possibility of preliminary reference (Art 267 TFEU) to the ECJ. However, the possibility for preliminary rulings by the ECJ exists only for National Courts of Member States and not for Arbitral Courts. An arbitral sentence is subject to controls by National Courts, but only in a restricted way. The appeal on questions of law can be excluded, making the sentence final, binding and conclusive. Paragraph 1059 BGB (German Civil Code), applicable in the Achmea case, as the seat of arbitration was in Germany, permits only a restricted review of the arbitral sentence. Hence the effectiveness of EU Law is not guaranteed by Arbitration Courts.

For this reason, arbitration clauses in EU BITs are considered incompatible with EU Primary law.

B. Arbitration clauses in Multilateral Treaties with the EU

Although the Achmea decision is only applicable on BITs, it has spill-over effects on Multilateral treaties such as the CETA and TTIP treaties. Though Arbitration clauses in BIT treaties between EU Member States are considered as incompatible with EU Law, Achmea is a clear indication that the CJEU is likely to also find the Investor States dispute settlement system by arbitration in CETA problematic for the autonomy of EU law.

32 Opinion of the Court (Full Court) of 8 March 2011 pursuant to Article 300(6) EC and Article 218(11) (TFEU European Court Reports 2011 I-01137).

IV. Investment protection in Multilateral Commercial Treaties and free trade areas

A. NAFTA (North American Free Trade Agreement)

One of the most important Multilateral Commercial Treaties in history, the NAFTA established a free trade area between the United States Canada and Mexico, as of 1992. The agreement aims to promote fair trade, guarantee protection of intellectual property and enhance conditions for investments in the designated area. In January 2017, the Trump government started negotiations for a renewal of the Treaty. In September 2018, an agreement between the US, Canada and Mexico was reached that should lead to a new Treaty in 2019.

Chapter XI of the NAFTA contains substantial provisions pertaining to the protection of investments by foreigners in order to encourage international investments. These provisions reflect the main principle of equal treatment on foreign investors (national treatment) and international reciprocity. This chapter also establishes special procedures for investment dispute resolution.

B. CETA (Comprehensive Economic and Trade Agreement)

The 30 October 2016, the EU concluded a mixed free trade agreement with Canada (CETA), which includes chapters relating to the protection of investments. Negotiations were launched for another multilateral agreement (the TTPI) but are currently in a stale mate due to several areas of resistance[33].

The CETA with Canada contains an Arbitration clause, that could be declared incompatible with EU Law. A request by Belgium is pending before the CJEU asking for clarification on the legality of the new Investor Court System in CETA[34]. As a result of the Achmea ruling, national Parliaments should halt the CETA ratification process and wait for Opinion 1/17.

33 Arnaud de Nanteuil, Droit international de l'investissement, p.470 (nr.912).

34 Opinion 1/17 about CETA pursuant to Article 218(11) TFEU (C-1/17). Hearing in Opinion 1/17 held by the European Court of Justice (ECJ) on 26 June 2018.

C. TTIP (Transatlantic Trade and Investment Partnership)

Negotiations for this transatlantic agreement began in 2007. The aim was to create the largest free trade zone in the world as EU and US are each other's main trade partners and have already signed many trade agreements in specific fields. The "ongoing negotiations" for a global trade agreement which began in 2013, were stopped in 2016 by France and Germany and definitely since the election of Donald Trump[35]. Many critics accuse the project of inequitable distribution of costs and benefits.

Donald Trump withdrew the United States from the TTIP, which nevertheless continues as the CPTTP[36] with 11 other countries bordering the Pacific Ocean, although certain TPP provisions have been suspended for the time being.

D. Other Multilateral Commercial Agreements between the European Union and third countries

In July 2018, the EU signed a Free Trade Agreement with Japan and Singapore. These agreements will come into force in 2019. They do not contain special investment protection clauses. Free Trade Agreements with Mexico, Australia and New Zealand are currently underway. These new agreements are considered as a European answer to the withdrawal of the United States from the TTIP and the Trump administration's current trade policy.

E. Regional free trade areas in Africa

In 1992, the Republic of South Africa built the Southern African Development Community (SADC) with 14 other states to promote regional trade, economic growth and development through deeper collaboration and the creation of a free trade zone. The final goal is the creation of a common market. Mauritius is member of the SADC.

Another international organization dedicated to regional integration of commerce in the eastern and southern parts of Africa is the Common Market for Eastern and Southern Africa (COMESA), which now has 21 Mem-

35 Arnaud de Nanteuil, Droit international de l'investissement, p.470 (nr.912).

36 Comprehensive and Progressive Agreement for Trans Pacific Partnership signed on 8 March 2018 in Santiago, Chile.

ber States. It was established in 1994 as an organization for regional cooperation in the field of trade and social development. The aim of the program is the reduction or abolition of customs and the abolition of other non-tariff trade barriers. Mauritius is also member of the COMESA.

F. *Multilateral Investment Guarantee Agency (MIGA) organized by the World Bank*

The MIGA is an international insurance provider and member of the World Bank Group. It provides coverage for non-commercial hazards pertaining to capital investments in emerging countries. The agency was established in on April 12, 1988 by an international Convention proposed by the Board of the Governors of the World Bank as a legal, separate and financially independent entity. MIGA initially had just 29 members. Today there are 156 Member States of developing countries and 25 Member States of industrialized countries. Mauritius is member of the MIGA.

It aims to increase direct investment into developing countries and to promote capital and technology transfer from developed countries to emerging countries with the final ambition of increasing economic growth, reducing poverty and improving welfare. The covered risks are mainly the transfer risk (with regard to restrictions of currency exchange or transfer of foreign currency) the risk of expropriation or breach of contracts by the guest state and the risk of political or military disturbances or armed conflicts.

In most developed countries, there are also private investment insurance options (see above: I.C.).

V. *International Centre for Settlement of Investment Disputes (ICSID)*

As arbitration is the traditional method for dispute regulation in investment cases, investment arbitration is of considerable importance for international investment law. International Arbitration Courts play a key role in securing of investments. The dispute settlement replaces the diplomatic protection and removes the political aspect of investment disputes. The binding force of the judgements is safeguarded under international law. Arbitration also plays a major role in the development of International Investment law, although arbitral verdicts have only a function as "subsidiary means for the determination of rules of law" of International Public Law pursuant to Art 38 para.1 lit. d of the Statute of the International Court of Justice. Most published international arbitration sentences directly influence the International legal system and are therefore very important[37].

But International Investment Arbitration suffers from substantial juridical insecurity concerning central questions. The sentences of different arbitration courts are often controversial. The creation in 1966 of the International Centre for the Settlement of Investment Disputes (ICSID) in Washington and the strengthening of its role was an important step toward greater security and predictability of the jurisprudence.

The ICSID was established in 1966 by the ICSID Convention and is part of the World Bank Group. The creation of the Frankfurt International Arbitration Centre (FIAC) in 2005 and with it the institutionalization of the possibility to conduct procedures of the International Centre for Settlement of Investment Disputes (ICSID) also in Frankfurt am Main provided important progress for better investment protection in Germany[38].

However, some states consider the possibility of the settlement of Investor-State disputes by the ICSID a restriction of their sovereignty and freedom to act as legislator, and thus try to move away from this ADR system by resigning the ICSID Convention (i.e. Bolivia, Ecuador, Venezuela).

The current critics of the systems show the need for reforms in particular regarding the need for transparence of the proceedings[39]. These have been discussed for a long time but without concrete results. Proposals concern the establishment of a permanent arbitration court or the creation of a second instance according to the model of the WTO arbitration or of preliminary rulings according to the model of the ECJ[40].

At this point, none of these suggestions have been adopted. But the discussion shows a need for reforms in the coming years in order to increase the legal certainty and the confidence of the contracting states and the investors in the existing legal framework.

Bibliography:

Hervé Ascensio, Droit international économique, Paris 2018.

---

37 Kim Griebel, SchiedsVZ 2007, 186.

38 Framework agreement of 16 December 2005 between DIS and ICSID.

39 Loretta Malintoppi, Procedure arbitrale devant les tribunaux CIRDI et hors CIRDI, p.644.

40 Marten Brauer, Peter Dreist, Andreas Funke, Völkerrecht: Lexikon zentraler Begriffe und Themen, p. 459.

Marten Brauer, Peter Dreist, Andreas Funke, Völkerrecht: Lexikon zentraler Begriffe und Themen, 2014, P. 459

Julien Cazala, La clause de respect des engagements, in Droit international des investissements et de l'arbitrage, Paris 2015, p. 347

Claire Crépet Daigrement, Les sources du droit international des investissements, in Droit international des investissements et de l'arbitrage, Paris 2015, p.83.

Pierre-Marie Dupuy et Yannik Radi, Le droit de l'expropriation directe et indirecte, in Droit international des investissements et de l'arbitrage, Paris 2015, p. 375.

Kim Griebel, Zwischen Aufbruch, Stillstand und Rückschritt - Überlegungen zur Zukunft des internationales Investitionsrechts, SchiedsVZ 2007, 186

Matthias Herdegen, Internationales Wirtschaftsrecht, 11. Auflage 2017

Gilles Lhuilier, Le droit transnational, Dalloz Paris 2016

Loretta Malintoppi, Procédure arbitrale devant les tribunaux CIRDI et hors CIRDI, in Droit international des investissements et de l'arbitrage, Paris 2015, p.644

Séverine Menétrey, Droit international des investissements et droit de l'Union européenne, in Droit international des investissements et de l'arbitrage, Paris 2015, p.613

Arnaud de Nanteuil, Droit international de l'investissement, 2eme édition 2017 Paris

J. Paulsson, Neer-ly Misled? ICSID Review 22 (2007), p. 242

Yves Nouvel, Les standards de traitement : Le traitement juste et equitable, la sécurité pleine et entière, in Droit international des investissements et de l'arbitrage, Paris 2015, p.287

Opinion of the Court (Full Court) of 8 March 2011 pursuant to Article 300(6) EC and Article 218(11) (TFEU European Court Reports 2011 I-01137).

Francesco Romano, TTIP and free trade agreements between the EU and Third countries, p. 80 in Stephanie Rohlfing-Dijoux, Developing intra-regional exchanges through the abolition of commercial and tariff barriers: Myth or Reality, Peter Lang, Brussels, 2017

The Constitutional Revision Law Review - Comparative Approach Mauritius-France

Rémi Barrué-Belou

This paper wants to explain how far the Mauritian Supreme Court can make a constitutional revision law review and how it is permitted by the Mauritian Law. This latter create itself this capacity to constitutional revision law review, partly. A Comparison with the French Constitutional Council (Conseil constitutionnel) will be made in order to see how the Supreme Court plays a really important role.

The anniversary of the adoption of the new constitution is generally the way for drowing up a report and drowing an assessment so as to highlight progressist or in contrary old-fashioned angles that deserve a change. For this fiftieth anniversary of the Mauritian Constitution, the eye of a french researcher on constitutional law about the revision constitutional law check could be relevant for doing an evaluation and a check up. To make this evaluation, a comparative analysis will be done to determine the importance of this check vis-à-vis the french exemple.

The Constitution of 1968, currently applicable, is a kind of constitution which can not be amended by an ordinary law but only with a specific rule, by a complex procedure. Some constitutional principles with a fundamental value owing to a judicial recognition can't be amended. First article of the Mauritian Constitution gives a good exemple declaring the democratic nature of Mauritius. According to the british logic of constitutionalism proper to member States of Commonwealth, constitutional review owns to the judiciary power. As for the other legal disciplines, constitutional claims are subjects to the Judicial Committee of the Privy Council check, a british court playing a key role of appeal court in the jurisdictional Mauritian legal system. The Supreme Court first jurisdiction concerns constitutional matters. Constitutional review is so made by two court[1], in two different levels. That can conduct to different or turn aroud of court ruling because the Judicial Committee of the Privy Council has the power

1 We will see that even district court can make a constitutional review in specific cases.

to annul a Supreme Court decision[2]. However, mauritian system also blends aspects of *european model.* Constitutional review is concentrated (made by a specific court) even if some courts can take part of this check. The Supreme Court has a general jurisdiction, any person can have recourse to it (article 88-1-2 of the Constitution) or any district court by asking an interlocutory question (article 84-1). The constitutional review of a law by a direct resort is the main way to initiate constitutional proceedings. This proceeding can just be initiate by a private individual and not by a public authority.

Protection of the Mauritian Constitution is made at several levels. Because of british colonial influence until 1968, many levels of jurisdiction are competent to make this constitutional review. According to article 84 of the Constitution, the district courts are first competent to appreciate the importance of a rule in case of an interpretation question asked by a party during legal proceedings. The judge gives their decision about the conformity with the constitution of the contents of the rule affected[3]. We after will see that the Supreme Court is competent to make constitutional review and the Judicial Committee of the Privy Council can also intervene on appeal.

The check of constitutional revision laws has an important democratic scope by allowing the legal check of rules that often have political or symbolic significance. The interest of this check consists notably in avoiding constitutional revisions which are purely demagogic or which seek to free themselves from a predictable parliamentary rejection. Several cases formally providing for this type of check exist. For example, the case of India[4], South Africa[5], Congo[6], Burkina Faso[7]. However, it should be noted that generally bodies with constitutional review power are not courts[8]. This is not

---

2 The decision *Government of Mauritius v. Union Flacq Sugar Estates Company Ltd.* (1 W.L.R. 903) of July 23 1992 is a good exemple. In this sentence, the Judicial Committee of the Privy Council declared null the Supreme Court decision by declaring the compliance of a law with the constitution.

3 See Supreme Court, October 20 1989, *Duval v/ District Magistrate of Flacq.*

4 Supreme Court, *His Holiness Kesavananda Bharati Sripadagalvaru and Ors. v. State of Kerala and Anr*, (1973) 4 SCC 225).

5 Article 167- 4 (b) of the Constitution of 1996.

6 Article 241 of the Constitution of 2015.

7 Article 154 of the Constitution of 1991.

8 A court is a body which is in charge to implement and enforce the law. For more details, see Séverin Andzoka Atsimou, « La participation des juridictions constitutionnelles au pouvoir constituant en Afrique », *Revue française de droit constitutionnel*, 2017/2, n°110, pp. 279 à 316.

the case of the Republic of Mauritius since both the members of the Supreme Court and those of the Judicial Committee of the Privy Council are mandatorily judges.

By a comparative analysis of the cases of Mauritius and France, this study wishes to question the appropriateness of the check of constitutional revision laws. For this, a two-step analysis will be performed. By a case study, the first step will be to note that this check is limited by the procedures directly allowing it but also implicit. The second step will try to show that this check relies largely on the logic of the separation of powers but that in this respect, it can both justify a check like refusing it.

I A limited and revealed review of revision laws

The Mauritian constitutional review is not entirely provided by the Constitution. The Constitution organizes some ways to make this check but the Supreme Court interpret the text to practise it more to a great extent (A). This was possible by the power of interpretation of the judge proper to common law (B).

A) The mauritian constitutional review inspired by the common law tradition

As regards the protection of the Constitution and more precisely of check during constitutional revisions, Mauritian law provides for a relatively concentrated check since it allows the intervention of the Supreme Court but also of the Judicial Committee of the Privy Council. The first is placed at the top of the judiciary system as a court of last resort and the second plays a special role of suppletive since it sets its own jurisdiction according to the rules established before the independence of the country. The Judicial Committee of the Privy Council then plays a role of appellate jurisdiction, particularly in criminal, civil and sometimes constitutional matters, even though the constitutional review is assigned to the Supreme Court.

The constitutional system of protection of Mauritius can be described as hybrid since it mixes quite diverse characteristics like a concentration of the check of constitutionality by the obligatory referral of the Supreme Court but with a possible intervention of the Judicial Committee of the Privy Council in certain cases. The latter may rule in the last instance and is competent to review the constitutionality of any act giving rise to the creation of rights.

As in the French system, direct check by way of action is the main means of triggering constitutional proceedings. This check can be done in two ways and two articles of the Constitution envisage it. Article 17 of the Constitution allows the Supreme Court to take all appropriate measures to put an end to the violation of fundamental rights envisaged in Title 2 of the Constitution if no other more appropriate remedy is possible. Article 83 concerns all the other constitutional provisions. A third way, however, is envisaged by Article 81-1. It concerns the possibility for inferior courts to examine the constitutionality of a norm if it concerns a right considered "unimportant". Exceptional review is however possible: pursuant to Article 84-1 of the Constitution, a lower court may appeal to the Supreme Court when a question of interpretation is put to it. The Judicial Committee will then have jurisdiction on appeal. It should be noted that this exception of unconstitutionality can be raised before the Supreme Court or the Judicial Committee of the Privy Council for any type of trial, even though these courts intervene only as an appeal or as a last resort.

If a priori check is not favored[9], it is permitted by the second paragraph of Article 17 when it concerns fundamental rights or freedoms. The majority of the referral cases concern a posteriori check, of British inspiration. The possibilities of referral cases are numerous because they are based on an interest in action and a time frame for action heard very widely[10].

B) *A constitutional review of the constitutional laws review revealed by the judge*

Under the Mauritian Constitution, the constitutional review of the revision laws is not formally provided for. It is the Supreme Court that will grant this jurisdiction in a decision *Berenger v. Governor General* of 1973[11].

In this case, the vote on an amendment to Article 57 of the Constitution takes place in 1969 in order to extend the duration of the parliamentary term. An applicant complains to the Supreme Court because he considers that this amendment is contrary to Article 1 of the Constitution which provides that "Mauritius is a five-year parliamentary democracy", but also in Articles 41-3 and 57-2 of the Constitution arguing that the deadlines set

9 See Supreme Court *Lincoln v. Governor General*, 1974 (MR 112) for an exemple of the restrictive conception of the *a prioiri* check.

10 See for exemple JCPC, April 30 1985, *Hubert Bell c/ The Director of Public Prosecutions*, Weekly Law Reports, 1985, vol. 3, pp. 73 à 84.

11 Supreme Court, *Berenger v. Governor General*, 1973, MR 215.

by the normative provisions relating to the procedural conditions were not respected. In this respect, the duration of the parliamentary term can not therefore be extended, on pain of going against Article 1. The Supreme Court will consider its referral grounded and adopt a voluntarist attitude. Indeed, it will decide on the procedure, as it is allowed but also substantially analyze the substance. Thus, the Court rules in favor of the applicant for the principle provided for in Article 57-2, while considering that the procedure, provided for by the Constitution has been respected. The Constitution provides for the possibility of amending certain articles if a planned and specific procedure is respected. In the event, this procedure is respected, considering this amendment in conformity with the Constitution. The importance of this decision and the scope of it is then for the Supreme Court to make a clear decision on the procedure (as it is allowed) but specially to make an analysis on the merits, which was not part of its prerogatives. It gives itself a new and fundamental power of control of the laws of revision because the original constituent does not formally attribute this power but it gives him the means to do it in the facts.

Two other important decisions of the Supreme Court will lead to - and base - a review of constitutional review laws: *Lincoln v. Governor General* of 1974[12] and the decision *State v. Khoyratty* of 2004[13]. In the latter, the petitioner considers that the *Dangerous Drug Act*, a statutory standard, modifies the conditions of release on bail and, as such, is contrary to the Constitution. He considers that the new conditions encroach on the jurisdiction of the judiciary in determining the conditions of bail, which has an effect on certain norms of constitutional value. As such, check by the Supreme Court is entirely possible. The Supreme Court agrees favorably with this plea and agrees with the applicant[14]. But again, the judges of the Supreme Court do not just make a control of the procedure as the Constitution allows but go beyond by carrying out a control on the merits. This is a position that can be qualified as an intermediary because, if this power of review is not explicitly provided for, the Constitution provides the means for the Court to do so in practice. In the light of this observation, it should be noted that this control is not directly provided by the texts but allowed. Indeed, the interpretation of the texts authorizes the existence of a control of the laws of revision without however being total and systematic because re-

12 Supreme Court, *Lincoln v. Governor General,* 1974, MR 112.

13 Supreme Court, *State v. Khoyratty,* 2004, MR 137.

14 This decision will be confirmed by the Judicial Committee of the Privy Council.

latively framed. The possibility of a form control allows, by an extensive interpretation, a control of the bottom, limited.

The same attitude of a supreme or constitutional court is found in many cases: in Mali (with a judgment of December 12 of 2001[15], in Niger since 2003, in Chad since 2004, in Benin since a decision DCC 06-74 of July 8 2006, in Italy, Germany, Austria or the United States since the *Marbury v. Madison* decision of 1803.

The French case may make it possible to draw some parallels but the attitude of the Constitutional Council can not be compared to that of the Mauritian Supreme Court in the function of controlling the constitutional revision laws.

It is undeniable that the Constitutional Council has shown certain attitudes of emancipation and affirmation vis-à-vis the executive power. The *Liberté d'association* decision of 1971[16] is a fundamental illustration of this since the Council stated that its control framework was not limited to the 1958 constitutional text alone[17]. As far as the control of the constitutional revision laws is concerned, it should be made clear that the control is only carried out on the procedure since it concerns the control of the regularity of the referendum operations (provided for in Article 60 pursuant to Articles 11 and 89 of the 1958 Constitution and Article 88-5 which provides for the control of a draft law authorizing the ratification of a treaty on the accession of a State to the European Union following the procedure laid down in Article 89). A check is also made for the organic laws before their promulgation (article 61 of the Constitution). As such, decision No. 60-8 DC of the Constitutional Council of August 11 1960 states that the non-observance of an organic law by an ordinary law is comparable to the violation of the article of the Constitution which provides for it. A parallel is therefore possible between the Mauritian Supreme Court and the French Constitutional Council in that each has extended its control of constitutionality through its decisions. The Constitutional Council became, from its 1971 decision, a constitutional judge and the Defender of fundamental rights ("*Défenseur des droits*").

---

15 Judgement n°1-128.

16 Constitutional Council, decision n°71-44 of July 16 1971.

17 The general constitutional review extends to other texts of fundamental value to the Council. These include the principles contained in the *Declaration of the Rights of Man and the Citizen* of 1789, the principles contained in the preamble to the 1946 Constitution, "fundamental principles recognized by the laws of the Republic", " principles particularly necessary for our time "within the meaning of this preamble of 1946 and finally of the *Charter of the Environment*.

On the basis of this observation, it is possible to consider that the control of the revision laws is well provided for by the law of Mauritius but it is framed by rules not envisaging a total and systematic control. This control, though partially provided for in the 1968 Constitution, which is limited to an analysis of procedural conditions, has been extended by the Supreme Court, itself, by the interpretation of the constitutional text. It did this in cases for which it was seized from 1973 until the 1990's. This allowed the Supreme Court today to be recognized - not formally a power of interpretation of the merits.

That being the case, the Supreme Court has only been able to grant this new power of constitutional review under the revision laws through the Anglo-Saxon view of the separation of powers. We will see how this control is justified.

II A position justified by the argument of the separation of powers variably used

The separation of power is the basis argument to legitimize or refuse the constitutional review (A) and plays a role of a malleable paradigm (B).

A) A role conditioning the argument of the separation of powers to legitimize or refuse a review of the laws of revision

After having considered the existence of a control of the laws of revision, one must ask how this control is justified? What is the philosophical basis for these legal mechanisms, according to each of the two States considered for study?

The argument used to consider or reject the review laws is the separation of powers. Indeed, in order not to allow the amendment of the constitutional text too simply and by the only executive or legislative power, a specific procedure is foreseen. The Anglo-Saxon logic of constitutionalism followed by Commonwealth member states puts forward a strong judiciary, which can play either the role of arbitrator or counterbalance vis-à-vis the two other powers that are the executive and the legislative.

The role of arbitrator is for the judiciary to form a third force alongside the legislature and the executive. In case of disagreement or opposition between these two powers, the judiciary represents a way to overcome oppositions and to decide the issues that are subject of disagreement. The most illustrative example is the United States Supreme Court. The latter exercises, in part, a "decision-maker" role, in order to "settle" the points of disagreement between the Congress and the federal administration. Other states whose constitutional system is based on the same Anglo-Saxon tradition, are organized according to a somewhat different logic: the judiciary plays a counterweight role. This concerns constitutional systems in which the executive and legislative branches are interdependent or even interdependent, as is the case in the United Kingdom or Canada. As such, the function of the judiciary is to constitute a counterbalance in order to restore a balance between the powers, in a democratic logic. The Mauritian judicial system is part of this second path. The check of constitutional revision laws is then based on a separation of powers in which the judge's function is to find a balance and in particular to supervise the power with the power of initiative to revise the constitution.

However, the separation of powers argument can also be used *a contrario* to deny the possibility of review law check. The French position of the Constitutional Council is based on this argument. The justifications are plural. Indeed, the Council has clearly considered that if a law is contrary to the Constitution, the rule it contains can be adopted and enter into force if the constitutional text is revised. Following the so-called "*Quota par sexe*" decisions of the Council[18], Article 3 of the Constitution has been revised to provide that "*the law shall promote equal access for women and men to functions and mandates*" in the context of candidatures for the French elections. Following this logic, the Constitutional Council - as a judge of constitutionality - is a mere "*switcher*"[19]. This position is justified by the existence of several safeguards. In fact, the Council of State also exercises a compulsory check through the submission of draft laws by the Government following which the *Conseil d'Etat* delivers an opinion, pursuant to Article 39 of the Constitution. It should be added that this control is optional for legislative proposals. It is also possible to add that from an extra-legal point of view, a form of check can be identified thanks to the importance of the media and the importance of public opinion or intermediary bodies, particularly the trade unions[20]. However, one has to wonder why the Constitutional Council is, in spite of all, aspects of a mere *switcher*.

18 Conseil constitutionnel, 146 DC, Rec. 66, RJC I-184 ; 407 DC of January 14 1999, RJC I-798 ; 429 DC of May 30 2000, Rec. 84.

19 According to Doyen Louis Favoreu.

20 Two recent examples can be cited: one relating to the media who commented strongly on the existence of a draft law, one of whose articles consisted in providing for cases of deprivation of nationality; the other more related to the unions concerning the El Khomri bill on the reform of the labor code.

First, its composition does not make it a real jurisdiction in the legal sense of it. Its members are appointed by political authorities[21] and are also entitled when they have carried the presidential office. Even if legal skills are needed, they are only agents of public institutions and not judges. Secondly, and this is a strong argument because of its historical legitimacy, the Constitutional Council is the first institution created to advise political power. Its role made it the first body to be able to counter parliamentary sovereignty by controlling its legislative action, limited to a field of action framed by Article 34 of the Constitution. From this follows the denomination attributed to the members of the Council: "*advisers*". These arguments may therefore contribute to legitimizing this role of "*switcher*", but a more legal role and a more important action, particularly in the control of constitutionality, would not give them any legitimacy. One of the issues is explained by the foreign and autonomous existence of the Council vis-à-vis the jurisdictional organization (judicial or administrative). It is in no way at the top of judicial or administrative orders even if its decisions are binding "*to the public authorities and all administrative and jurisdictional authorities*"[22].

B) The separation of powers as a malleable paradigm

The Council has thus twice recalled its lack of jurisdiction to rule on the constitutional revision laws, in decisions 62-20 DC of November 6 1962 and 92-312 DC of September 2 1992, while recalling the supreme sovereignty of the constituent power. In spite of this, the position defended by the Constitutional Council seems to us rather truncated. It makes a distinction between the constitutional revisions made by the Congress - for which it exercises control - and the revisions made by referendum which can not be subject to scrutiny because of the will of the people[23], the original con-

---

21 3 members are appointed by the President of the Republic of which the President of the Council, 3 are appointed by the President of the Senate and three others by the President of the National Assembly. For more details, see for example https://www.conseil-constitutionnel.fr/les-membres/statut-des-membres.

22 Article 62, alinea 2 of the french Constitution.

23 Laws "adopted by the People following a referendum constitute the direct expression of national sovereignty" in Constitutional Council, November 6 1962, No. 62-20 DC, *Loi relative à l'élection du Président de la République au suffrage universel direct*.

stituent and derivative[24]. This distinction between the sovereignty of the people expressed directly and the sovereignty of the people expressed through their representatives is more a political ideology than a legal argument. In what way would the representatives of the people have a vote whose value is less or less legitimate than that of the people? If there is distrust of the representatives of the people, why is it not possible to refer the matter directly to the Council by an individual outside the framework of a trial?

It should be added that the Constitutional Council has also refused to carry out such a check in the framework of a compatibility check of a treaty with the French Constitution when the adoption of the treaty results from the referendum procedure[25]. If Article 54 of the Constitution requires the Council to verify the constitutionality of a treaty or an international commitment before its ratification when it is seized for that purpose, in case of incompatibility of the treaty with the Constitution, the latter shall be revised if ratification is desired. It can not therefore be considered that a review of a revision law is carried out by the Council.

The power of review laws is clearly permitted in the Mauritian legal system. Although the Constitution provided for limited control from the outset, the Supreme Court assumed its responsibilities by broadening the scope of this control and thereby largely emancipated itself from the executive and legislative branches. The attitude of the Supreme Court has therefore been salutary and courageous in extending the scope of its power of review through the jurisprudential process. A review of the constitutional revision laws is an essential tool in the protection of the rule of law and in the balance of the separation of powers in order to avoid debates "*unworthy or muddy*"[26] and subsequently demagogic revisions, politicians or forced.

---

24 In its decision 92-313 DC, *Maastricht III* of September 23 1992, the Council states with force that "*with regard to the balance of powers established by the Constitution, the laws it intended to cover in Article 61 are only the laws passed by Parliament and not those passed by the French people following a referendum constitute the direct expression of national sovereignty* ". The Council refuses to distinguish between constituant power and built power (from Carl Schmitt, Constitutional Theory, Duke University Press, 2008). The people is really just souvereign when it is constituant power. See Xavier Magnon, « Quelques maux encore à propos des lois de révision constitutionnelle : limites, contrôle, efficacité, caractère opératoire et existence », *Revue française de droit constitutionnel*, 2004-3, n°59, pp. 595-617.

25 Conseil constitutionnel, 2th septembre 1992, *Traité sur l'Union européenne*, n °92-312 DC.

26 Guy Carcasonne, *La Constitution introduite et commentée*, Paris, Seuil, 9e éd, 2009, p. 99.

The trivialization of constitutional revisions reinforces the importance of this control. One can also wonder if the modification of the article 11 of the French Constitution during the constitutional revision of July 23, 2008 did not open a first form of control of the laws of revision: in case of referendum of initiative minority, the Constitution now obliges the Constitutional Council to review the constitutionality of the proposal[27]. It therefore seems clear that a proposal for a constitutional amendment by a part of the people (thus the holder of sovereignty in France) potentially contrary to the Constitution can be sanctioned by the Council. Thus, the Council is entrusted with a power of compulsory control over the constitutional amendment proposals from the grantor. This first step seems auspicious and seems to open the way to a control that "*takes the appearance of a reasonable probability provided it is reasoned*"[28].

Bibliography

Séverin Andzoka Atsimou, « La participation des juridictions constitutionnelles au pouvoir constituant en Afrique », *Revue française de droit constitutionnel*, 2017/2, n°110, pp. 279 à 316.

Guy Carcasonne, *La Constitution introduite et commentée*, Paris, Seuil, 9e éd, 2009.

---

27 Article 11 of the Constitution stipulates in paragraphs 3 and 4 that "*a referendum on an object mentioned in the first paragraph may be organized on the initiative of one fifth of the members of the Parliament, supported by one-tenth of the electors registered on the electoral lists. This initiative takes the form of a legislative proposal and can not have as its purpose the repeal of a legislative provision promulgated for less than one year.*
The conditions of its presentation and those in which the Constitutional Council controls the respect of the provisions of the preceding paragraph are determined by an organic law".
The proposed law must thus relate to the organization of public authorities, the reforms relating to the economic, social or environmental policy of the Nation and the public services that contribute to it, or leading to an authorization to ratify a treaty.
According to the Organic Law of December 6, 2013, when such a proposed law is presented, the Constitutional Council must review the constitutionality of the proposed law, within one month of the transmission, and ensure that it fulfills the other requirements laid down by the organic law.
If the Council declares the proposal compliant, the organization of the referendum procedure can be organized.

28 Armel Le Divellec, Anne Levade et Carlos Miguel Pimentel, « Le contrôle de constitutionnalité des lois constitutionnelles - Avant-propos », https://www.conseil-constitutionnel.fr/node/3074/pdf.

Armel Le Divellec, Anne Levade et Carlos Miguel Pimentel, « Le contrôle de constitutionnalité des lois constitutionnelles - Avant-propos », https://www.conseil-constitutionnel.fr/node/3074/pdf.

Xavier Magnon, « Quelques maux encore à propos des lois de révision constitutionnelle : limites, contrôle, efficacité, caractère opératoire et existence », Revue française de droit constitutionnel, 2004-3, n°59, pp. 595-617.

Socio-economic rights : useful ways of dealing with the aftermath of slavery

Didier Michel

The international conference organised by the universities of Paris-Nanterre, Réunion and Mauritius to mark the fifty years of independence of the Republic of Mauritius is an excellent platform to reflect on the constitution of Mauritius. In half a century of existence, it still maintains stability among institutions.

However, this text has shortcomings that must be addressed in order for the Mauritian society to be equitable. Among these shortcomings can be mentioned the electoral system that no longer reflects the reality of Mauritius; provisions for affirmative action are completely obsolete and the inclusion of socio-economic rights in the constitution has become vital. It is on the latter that this work will focus.

This work has two objectives to demonstrate that socio-economic rights are imperatives. The first objective is to take into account the situation of the descendants of slaves in Mauritius who are marginalised. The second objective is to build on the proposals of the Truth and Justice Commission. It recommended in its report the introduction of socio-economic rights in the constitution of Mauritius to overcome the legacy of slavery and make the Republic of Mauritius a just and fair society.

Introduction

The aftermath of slavery is still a live issue in Mauritius mainly for two reasons. The first reason is that many achievements have been realised in the Mauritian context in terms of recognising the wrongdoings of slavery compared to former colonies or dependencies that have known the system of slavery. Mauritius has already started its reparation process.[1] The second reason is that despite these acts of remembrance, the aftermath of slavery is still visible on the descendants of slaves, as they are still marginalised. One

1 D. Michel, *La réparation des dommages et préjudices subis par le crime de l'esclavage: le cas des descendants d'esclaves de la République de Maurice*, PhD thesis in public law defended at Réunion University, 03 September 2018.

example is that there are 85,000 civil servants; the number of descendants of slaves hardly reaches 2,000.[2]

Objectives

This article argues firstly that "*the constitution is a living, dynamic organism which at any point in time will reflect the moral and political values of the people it governs, and accordingly, the law of the constitution must be appreciated within the socio-political context in which it operates.*"[3] In the Mauritian context, the constitution is not dynamic. It does not reflect the moral and political values of the people it governs. It does not take into account the socio-political context in which it evolves as the descendants of slaves are still victims of the aftermath of slavery.

Secondly this article features that all states are to be attributed with a written constitution. This argument stems from the fact that there has been a clear historical break with a previously pertaining constitutional arrangement.[4] This feature has been followed in the Mauritian context as since its independence on 12th March 1968, it has a written constitution. The issue to be determined is whether the Mauritian constitution has allowed a clear historical break. The normal trend has been to carry the interest of a certain group of people namely the Franco-Mauritian elite.[5] In order to solve that issue, some of the recommendations made by the Truth and Justice Commission are considered as useful ways of dealing with the aftermath of slavery.

The structure of this contribution

The first part deals with a brief background of slavery in the Mauritian context. Why after 182 years since its abolition, the legacy left by slavery is still a live issue? The second part tackles the failure of the constitution to cater for the descendants of slaves, in 50 years of independence; they are

---

2 Staff List, Government Printing, Republic of Mauritius, 2002.

3 H. Barnett, *Constitutional & Administrative Law*, 4th Edition Cavendish Publishing Limited London 2003, p. 3.

4 K.C. Wheare, *Modern Constitutions*, 2nd Edition Oxford University Press 1966, p.64.

5 T. Salverda, *Balancing (re)distribution : Franco-Mauritians landownership in the maintenance of an elite position*, Journal of Contemporary African Studies, July 2013, p. 511.

still marginalised and therefore affected by the equality principle. The final part justifies the introduction of socio-economic rights in the Mauritian constitution. In order to guaranty a fair and equitable society, these rights are useful ways of solving the aftermath of slavery.

Mauritian slavery and confirmation of its legacy

In order to understand the reason as to why the descendants of slaves are still marginalised and the Mauritian society as a whole, reference must be made to history. The Mauritian historiography provides important sources that allow its understanding.[6] The country has been built on slavery and colonisation. It has known over two centuries of slavery under three different colonial powers.

The Dutch were the first to settle on the island from 1598 to 1710 where they introduced around 150 slaves.[7] The French took possession of the island in 1710 after the Dutch has abandoned it.

The French era developed an aggressive slavery system by bringing on the island more slaves from Madagascar, Mozambique and Senegal. The idea of bringing more slaves on the island was to make it an international port for sailors, businesses and merchants.[8] In 1721, there were around 648 slaves. The Code noir was introduced to regulate the slaves.[9] Under that law, the slaves were considered as chattels which meant that they could be sold, bought and punished depending on the will of their owners.[10] The Code noir made way for the most inhuman treatment of the slaves on the island as many of them were severely punished.[11] In 1746, the number of slaves was 2,533. From 1750 to 1767 the slave population was 15,027. The number of slaves reached 63,281 in 1810.[12]

---

6 V. Teelock, *Bitter Sugar and Slavery in 19th Century Mauritius,* Mahatma Gandhi Institute, Moka, 1999, p. 21.

7 Truth & Justice Commission, Report of the Truth and Justice Commission Volume 1, Government Printing, November 2011, p. 53.

8 Ibid, p.65.

9 Ibid, p.120.

10 Ibid, p.135.

11 A. Nagapen, *Le Marronnage à L'Isle de France – Île Maurice Rêve ou Riposte de l'Esclave ?* Centre Culturel Africain, Centre Nelson Mandela pour la Culture Africaine, Port-Louis, 1999, p. 127.

12 R. B. Allen, *Slaves, Freedmen, And Indentured Laborers in Colonial Mauritius,* African Studies, Cambridge University Press, 2006, p. 13.

The British occupied the island from 1810 to March 1968. Slave trade was abolished in 1807 as in all British colonies.[13] Slavery came to an end in 1835.[14] Despite the fact that slavery was officially abolished, the former slaves had to remain with their owners for another 3years in order to buy their freedom. It was known as the Apprenticeship period.[15] The working conditions of the Apprentices were more severe than when they were slaves.[16] On 1st April 1839, the Apprentices were given their freedom, it was known as the Emancipation era. However, the former slaves were left to mend for themselves. A large number migrated in the region of Port-Louis and other groups migrated on the coastal regions of the island. It was another harsh period for the former slaves.

Their post-emancipation experience is characterised thus by:

1. Decreasing numbers as it was already an ageing population: nearly 40% in 1846 were over the age of 40, and few young people (26%). 40% consisted of males, in the 15-50 age group.
2. High mobility, given the fact they had no particular place of employment.
3. No pension or retirement scheme was put in place for the elderly, no educational programmes for the young and no employment opportunities offered to the ex-slaves who could work at anything other than the plantation activities.
4. Increasingly Creolised population as only ¼ were left as had been African-born
5. Out of 49,365 ex-apprentices, 6,096 mostly male, had been born in Madagascar and an almost equal number in Mozambique, also mostly male, i.e. 6,260. These most probably represent the illegally brought in slaves after 1807. 35,746 were born in Mauritius and 633 in Asia, excluding India. None had been born in India.[17]

---

13 F. Beauvois, *Indemniser les planteurs pour abolir l'esclavage? Entre économie, éthique et politique, une étude des débats parlementaires britanniques et français (1788 – 1848) dans une perspective comparée*, Bibliothèque parlementaire & constitutionnelle, Dalloz 2013, p.45.

14 Ibid.

15 M. D. E. Nwulia, *The History of Slavery in Mauritius and the Seychelles 1810- 1875*, Farleigh Dickinson University Press, 1981, p. 147;.

16 Ibid, p. 150.

17 Truth & Justice Commission, Report of the Truth and Justice Commission Volume 1, Government Printing, November 2011, p. 219.

As a whole, Slavery, Apprenticeship and Emancipation were harsh systems towards African descents consisting of depriving individuals of their rights. However, it was after more than a century that slavery has been recognised as a crime against humanity. Only the French Parliament has been the first former colonial power to qualify slavery as a crime against humanity through the law known as *"loi Taubira-Delannon"*.[18] The United Kingdom which has become amongst the powerful colonial countries has refused to make any official apology in connection with its implication in the system of slavery.[19] The UN has been the only international organisation to qualify slavery as a crime against humanity. This recognition was held at World Conference against Racism, Racial Discrimination, Xenophobia and Related Intolerance organised in Durban from 02 to 09 September 2001, South Africa.[20]

Mauritius stands as an exception as its achievements are as follows compared to other former colonies that have known the system of slavery: [21]

- A public holiday is decreed to commemorate the abolition of slavery every 1st of February;
- A Truth and Justice Commission (TJC) was instituted in 2009 to study the legacy left by the slave system. In November 2011, the Commission submitted a report of 4 volumes confirming that the descendants of slaves are still suffering the damage and injury caused by the system of slavery in the Republic of Mauritius. The Commission has reported several areas that effectively demonstrate that the slave legacy is still relevant. In addition, the Commission issued 290 recommendations to mitigate these damages.
- The Mauritian National Assembly in 2003 passed a private motion declaring slavery and committing as crimes against humanity.
- In 2008, Morne Mountain, a place of refuge for slaves, was inscribed as a cultural landscape by the United Nations.

---

18 La loi Taubira-Delannon tendant à la reconnaissance de la traite et de l'esclavage en tant que crime contre l'humanité.

19 https://www.independent.co.uk/news/uk/politics/blair-admits-to-deep-sorrow-over-slavery-but-no-apology-426058.html.

20 https://www.humanrights.ch/fr/dossiers-droits-humains/racisme/conference-examen-durban/contexte/conference-mondiale-de-durban-2001.

21 These achievements have been possible due to the work of the political party Verts-Fraternels. Since April 1968 to date, the party has fought for the necessity to provide reparations to the crime of slavery.

Those achievements would not have been possible without an involvement in political activities. Politics seemed to be the ultimate process if progress has to be made. This has been the case for recognising the aftermath of slavery. [22] In the Mauritian context had not there been political interventions, the acts of remembrance would not have taken place.

The TJC has identified seven areas where the consequences of slavery are still visible in the Mauritian context which are as follows:

(*i*) *They are poorly housed, in that a majority of them live in housing estates, devoid of bare amenities and in over crowdedness;*
(ii) Literacy is rampant in their milieu, schooling of children needs rethinking to be effective; due to their low level of education and poor performance at school, few can get employed in Government services and parastatals;
(iii) Marked absence in agricultural occupation, as a result of circumstances arising from the aftermath of slavery;
(iv) Marked absence in the fields of trade and commerce, and especially in the small and medium enterprises sector;
(v) Over-concentration of employment in hard manual work;
(vi) Contrary to the other communities, they have no real effective pressure groups to make their voices heard in higher and political quarters, most of their grievances remained unheard;
(*vii*) *For these and other reasons, they are poorly represented in all spheres of public life and in Government institutions;*[23]

The Mauritian constitution and its failures towards the descendants of slaves

The provisions of the Mauritian constitution were unilaterally decided by the officials of the Colonial Office. They were Professor S. A. de Smith, Sir J. Rennie the then Governor of Mauritius, Sir A. Greenwood Secretary of state to the colonies.[24] The content of the constitution was decided as far

22 B. Rossi, *'50 Years of African Slavery Studies: Concepts, Methiods, Politics' 1968 – 2018*, Between Slavery and Post-slavery Citizenship, Dependence and Abolitionism in Africa and Indian Ocean Societies, International Conference 10 – 12 April 2018, University of Mauritius, SLAFNET, University of Birmingham.

23 Truth & Justice Commission, Report of the Truth and Justice Commission Volume 1, Government Printing, November 2011, p. 2.

24 J. Colom, *L'Écriture Dirigée par le Colonial Office de la Constitution mauricienne de 1968*, (in) Le Développement Constitutionnel dans les États du Sud-Ouest de

back as 1961.[25] Those truly concerned with the provisions of the constitution were not properly consulted, with the exception that there were consultation meetings held in London, Lancaster House from 1961 to 1965 with delegates from Mauritius. However, the Mauritian delegation did not include any representative speaking on behalf of descendants of slaves. The delegates belonged to the Hindu community elite. Despite the fact that not all communities were adequately represented, these meetings were approved by Professor de Smith himself that *"the least controversial safeguard would probably be a justiciable set of fundamental rights based on the terms of the European Convention on Human Rights and fundamental freedoms. Provision along these lines has already been made in the constitutions Nigeria, Sierra Leone and Kenya…The main dangers of fundamental rights provisions are that they may throw a heavy burden on the judiciary bring up expectations that cannot be fulfilled."*[26] The end result is that in March 1968 the Mauritian constitution had only civil and political rights in terms of fundamental rights. The socio-economic rights were purely and simply set aside as Professor de Smith was opposed to follow the universal declaration of human rights.[27]

The fact that the Mauritian constitution is limited only to civil and political rights; it has a negative impact on the descendants of slaves. Because only civil-political rights were protected, this type of constitution is seen as embodying a narrowly individualist version of freedom, blind to social and economic disparities: this narrow view of equality before the law, in the words of the 19th-century French writer Anatole France, *'prohibited rich and poor alike from sleeping under bridges, begging in the streets, and stealing loaves of bread.'*[28]

The descendants of slaves are victims of the narrow view of equality before the law as the Mauritian constitution does not define its population, it rather classifies in the Mauritian population in four categories. Schedule 1 paragraph 3 (4) provides that *"for the purposes of this Schedule, the population of Mauritius shall be regarded as including a Hindu community, a Muslim community and a Sino-Mauritian community; and every person who does not appear, from his way of life, to belong to one or other of those 3 communities shall be regarded as belonging to the General Population, which shall itself be regarded*

l'Océan Indien sous la direction de Jacques Colom, Presses Universitaires d'Aix-Marseille Collection Sociétés de l'Océan Indien, p. 21.

25 Ibid.

26 Ibid, p. 26.

27 Ibid, p. 31.

28 Social and Economic Rights, International IDEA Constitution-Building Primer 9, 2017, p. 6.

as a fourth community."[29] It can be deducted that the Mauritian constitution does not refer to descendants of slaves. Neither can it be explained or defined the classification of *"General population"*. In the case of *Parvez Carrimkhan v Tin How Lew Chin & Ors*, the issue to be determined was mainly about the classification of ethnic groups in the Republic of Mauritius for candidates taking part in general elections. It is a constitutional requirement that all candidates declare his or her community on the nomination paper as provided by paragraph 3(1) of Schedule 1 of the Mauritian constitution in the following terms, *"Every candidate for election at any general election of members of the Assembly shall declare in such manner as may be prescribed which community he belongs to and that community shall be stated in a published notice of his nomination."* In the case mentioned above, the litigants have refused to declare to which community they belong to on their nomination papers. The Supreme Court confirmed that paragraph 3 (4) of Schedule 1 of the Constitution contains a legal lacuna because it is difficult to define how an individual by his way of life can be considered to be part of the *"General population."*[30] Because of its difficulty, the *"General population"* can be broken down into the following components: the Franco-Mauritians, those of the Christian and Protestant faith and the creoles or descendants of slaves. Within this classification, the descendants of slaves occupy the bottom of the ladder.[31]

Further, as pinpointed by the Truth and Justice Commission it is not easy to assess the exact number of citizens who claim ancestry of slaves of African and Malagasy origins, as these are lumped in the group of "General population". The Housing and Population Census of 2000, however, indicates that this group of citizens should number well above 250,000.[32]

The situation of the descendants of slaves has been raised by the Committee on the Elimination of Racial Discrimination of the United Nations. It concluded in its reports on the Republic of Mauritius in paragraph 19, that the Committee notes with concern the disadvantageous position of Creoles in terms of economic, social and cultural enjoyment. The Com-

29 Constitution of Mauritius.

30 *Parvez Carrimkhan v Tin How Lew Chin & Ors* 2000, SCJ 264.

31 M. J. R. Boswell – Laville, *Le Malaise Créole: A Critical Study of Ethnic Identity in Mauritius*, Academisch Proefschrift, Vrije Universiteit, 2003, v. p. 93.

32 Truth & Justice Commission, Report of the Truth and Justice Commission Volume 1, Government Printing, November 2011, pp. 1-2.

mittee makes a special appeal to the Mauritian authorities to act promptly.[33] The UN Committee on Economic and Cultural Social Rights in its report in paragraph 26 has expressed concern that 10% of the population of Mauritius still lives in extreme poverty.[34]

Since the Mauritian constitution has not followed the universal declaration of human rights, it automatically does not make reference to the International Convention on the Elimination of All Forms of Racial Discrimination and International Covenant on Economic, Social and Cultural Rights, the descendants of slaves are still marginalised. Both Committees have expressed concerns on the situation of descendants of slaves.

Furthermore, other regional instruments have not been signed by the authorities to cater for the rights of the descendants of slaves namely the African Charter and the Maputo protocol. Ratification of international instruments in Mauritius is the responsibility of the executive and Parliament. International instruments can only have significance in Mauritius if they are endorsed by Parliament upon the request of relevant authorities.[35]

Socio-economic rights as useful ways of dealing with the aftermath of slavery

There has been much debate throughout the 50 years of independence in Mauritius of how to solve the legacy of slavery. The authorities instead of looking into the issue of solving the aftermath of slavery have always laid emphasis on developing the island through different development programmes. However, these development programmes have been favouring the Franco-Mauritian elite instead of those in need namely the descendants

33 Committee on the Elimination of Racial Discrimination, Concluding observations on the fifteenth to nineteenth periodic reports of Mauritius, adopted by the Committee at its eight-second session (11 February – 1 March 2013), (in) *Compendium of Concluding Observations and Reports of International Bodies on Human Rights in Mauritius*, National Human Rights Commission Mauritius, 2018.

34 Committee on Economic, Social and Cultural Rights, Concluding observations of the Committee on Economic, Social and Cultural Rights, May 2010, (in) *Compendium of Concluding Observations and Reports of International Bodies on Human Rights in Mauritius*, National Human Rights Commission Mauritius, 2018.

35 M. G. Techane & R. Mahadew, *The Impact of the African Charter and the Maputo Protocol in Mauritius*, (in) The impact of the African Charter and the Maputo Protocol in selected African states, Victor Oluwasina Ayeni (editor), Pretoria University Law Press, 2016, p. 168.

of slaves.[36] Despite the country being an exception in terms of remembering that slavery existed in Mauritius, the proper solution to solve this issue has been ignored.[37] The TJC has made 290 recommendations in order to cater for the signs of Mauritius being an unjust and unfair society.

On the international front, development is considered not being the ideal solution to bridge the gap between the developed and developing countries, especially for countries which have been colonised.[38] In those countries the legacy of slavery are still present namely in the United States. Police brutality and excessive use of lethal force by law enforcement officials, are committed with impunity against people of African descent. In addition to the most recent and well-known cases of killings of unarmed African Americans — such as the cases of Eric Garner, Michael Brown, Tamir Rice, Walter Scott, Freddie Gray and Laquan McDonald.[39]

One useful way of dealing with the aftermath of slavery is to introduce socio-economic rights in the Mauritian constitution. The TJC has recommended that the 'protection of fundamental rights and freedoms of the individuals', embodied in chapter 2[40] of the constitution, should be amended

---

36 D. Michel, *La réparation des dommages et préjudices subis par le crime de l'esclavage: le cas des descendants d'esclaves de la République de Maurice*, PhD thesis defended at Réunion University, 03 September 2018.

37 S., MICHEL, *L'Organisation Fraternelle Noir sur Blanc*, Swan Printing, 1998, Port-Louis, Île Maurice.

38 B. Etamed, *Crimes et Réparations L'Occident face à son passé colonial*, André Versaille Éditeur 2008, p. 17 .

39 UN Working Group of Experts on People of African Descent Visit in the United States, August 2016.

40 Chapter II of the Mauritian constitution is a as follows:
"It is hereby recognised and declared that in Mauritius there have existed and shall continue to exist without discrimination by reason of race, place of origin, political opinions, colour, creed or sex, but subject to respect for the rights and freedoms of others and for the public interest, each and all of the following human rights and fundamental freedoms -

(a) the right of the individual to life, liberty, security of the person and the protection of the law;
(b) freedom of conscience, of expression, of assembly and association and freedom to establish schools, and
(c) the right of the individual to protection for the privacy of his home and other property and from deprivation of property without compensation, and the provisions of this Chapter shall have effect for the purpose of affording protection to those rights and freedoms subject to such limitations of that protection as are contained in those provisions, being limitations designed to ensure that the enjoyment of those rights and freedoms by any individual does not prejudice the rights and freedoms of others or the public interest.".

to include economic, social and cultural rights.[41] The inclusion of those rights will help to promote social justice and help to combat racial discrimination at any level in the Mauritian society. This includes any real or perceived discrimination in treatment at hospitals (crucial, especially at general hospitals), government offices, education facilities, workplace interviews, shops, marketplace or place of worship.

The socio-economic rights must cater for the right to housing as regarding housing estates, where 19,400 householders reside-roughly 125, 000 individuals - there exists a serious problem of overcrowding. For instance, a 3-room apartment can sometimes accommodate as many as 12 individuals. Besides, many of the housing estates do not provide amenities such as playgrounds, kindergarten and do not have any community hall. This is not conducive to the welfare of the young generation who tend to be idle and demotivated.[42] Certain housing estates (residences) have been constructed with asbestos, a substance known as a serious health hazard. Such houses should be pulled down on a phase to phase basis, and new apartments allocated to such residents.[43]

Education is another area where descendants of slaves are lagging behind. The impact of slavery on descendants of slaves and persons with an African phenotype is believed to be more strongly felt on descendants of slaves than the impact of indenture on descendants of indentured immigrants as far as the lack of educational provision during those periods is concerned. Racism and prejudices against persons of African descent exist in Mauritius and influences perceptions of those in charge of education. Many children endure abuse and denigration of their culture at school at the hands of other children and teachers.[44]

Right to decent wage for decent work concept should be introduced. Slavery and indentured labour were, amongst other things, labour systems. There should be an overhaul of the labour system. Firstly, a decent wage for decent work policy should be adopted. Whilst the notion of a decent wage will be defined in different sectors of the economy through consultation with labour and capital, the notion of decent work has been defined by the International Labour Office as far back as 1999.

41 Truth & Justice Commission, Report of the Truth and Justice Commission Volume 1, Government Printing, November 2011, p. 404.

42 Truth & Justice Commission, History, Economy, Society and Memory Volume 4, Government Printing, November 2011, p. 505.

43 Ibid.

44 Truth & Justice Commission, Report of the Truth and Justice Commission Volume 1, Government Printing, November 2011, p. 296.

It includes, *inter alia*, rights at work whether in the formal or informal economy; the obligation to promote the possibilities of work; protection against vulnerability and contingency arising from unemployment, loss of livelihood, sickness or old age; social dialogue. Socio-economic rights will provide better protection if they are included in the Mauritian constitution as it is the supreme law of the country, and if any other law is inconsistent with it, that other law shall, to the extent of the inconsistency, be void.[45] What is significant is that the more durable human rights dimensions of these social values or interests, when they are captured in constitutions.[46] This is not to downplay the role of legislation from either a principled or pragmatic perspective. It is often more precise and contextualised and has the direct authoritative and democratic imprimatur of the legislature. But legislative rights are not always sufficient to protect human rights, and they are subject to amendment by a simple majority of the population.

The Mauritian society has been built on inequalities dating back from the time slavery was used as a means of labour. The 1968 constitution of Mauritius has not solved those inequalities. After 50 years of independence, changes can be brought especially towards the descendants of slaves as there is a need for national policies to be formulated that are based on full public and professional consultations and to cover cultural and natural, tangible and intangible. This would set the base for the development of an integrated management of heritage in Mauritius.

Bibliography

M. J. R. Boswell – Laville, *Le Malaise Créole: A Critical Study of Ethnic Identity in Mauritius,* Academisch Proefschrift, Vrije Universiteit, 2003, v. p. 93.

J. Colom, *L'Écriture Dirigée par le Colonial Office de la Constitution mauricienne de 1968,* (in) Le Développement Constitutionnel dans les États du Sud-Ouest de l'Océan Indien sous la direction de Jacques Colom, Presses Universitaires d'Aix-Marseille Collection Sociétés de l'Océan Indien,

45 Section 2 Supremacy of the Constitution
"This Constitution is the supreme law of Mauritius, and if any other law is inconsistent with this Constitution, that other law shall, to the extent of the inconsistency, be void.".

46 M. Langford, *The Justiciability of Social Rights: From Practice to Theory,* (in) Social Rights Jurisprudence Emerging Trends on International and Comparative Law, Edited by Malcom Langford, Cambridge University Press, 2008, p. 3.

Committee on Economic, Social and Cultural Rights, Concluding observations of the Committee on Economic, Social and Cultural Rights, May 2010, (in) *Compendium of Concluding Observations and Reports of International Bodies on Human Rights in Mauritius,* National Human Rights Commission Mauritius, 2018.

Committee on the Elimination of Racial Discrimination, Concluding observations on the fifteenth to nineteenth periodic reports of Mauritius, adopted by the Committee at its eight-second session (11 February – 1 March 2013), (in) *Compendium of Concluding Observations and Reports of International Bodies on Human Rights in Mauritius,* National Human Rights Commission Mauritius, 2018.

B. Etamed, *Crimes et Réparations L'Occident face à son passé colonial,* André Versaille Éditeur 2008.

D. Michel, *La réparation des dommages et préjudices subis par le crime de l'esclavage: le cas des descendants d'esclaves de la République de Maurice,* PhD thesis defended at Réunion University, 03 September 2018.

S., MICHEL, *L'Organisation Fraternelle Noir sur Blanc,* Swan Printing, 1998, Port-Louis, Île Maurice

B. Rossi, *'50 Years of African Slavery Studies: Concepts, Methiods, Politics' 1968 – 2018,* Between Slavery and Post-slavery Citizenship, Dependence and Abolitionism in Africa and Indian Ocean Societies, International Conference 10 – 12 April 2018, University of Mauritius, SLAFNET, University of Birmingham.

Social and Economic Rights, International IDEA Constitution-Building Primer 9, 2017,

M. G. Techane & R. Mahadew, *The Impact of the African Charter and the Maputo Protocol in Mauritius,* (in) The impact of the African Charter and the Maputo Protocol in selected African states, Victor Oluwasina Ayeni (editor), Pretoria University Law Press, 2016.

V. Teelock, *Bitter Sugar and Slavery in 19th Century Mauritius,* Mahatma Gandhi Institute, Moka, 1999.

Truth & Justice Commission, Report of the Truth and Justice Commission Volume 1, Government Printing, November 2011.

Truth & Justice Commission, History, Economy, Society and Memory Volume 4, Government Printing, November 2011,

UN Working Group of Experts on People of African Descent Visit in the United States, August 201

Constitutional requirements for the deployment of Germany's Armed Forces

Kerstin Peglow

The deployment of Germany's armed forces, the Bundeswehr, is under very strict conditions of the Constitution. In light of increasing international armed conflicts, terrorists and piracy attacks, this paper examines the constitutional requirements for the deployment of international and domestic operations of the Bundeswehr. Deployment abroad needs advanced parliamentary approval; domestic deployment has to respect the priority of police interventions. Even if a paradigm shift in the Bundeswehr's tasks can be observed over the last three decades the integration in democratic and constitutional rule-of-law-structures of the armed forces remains a sensitive and highly important subject in Germany.

Introduction

In this paper I will address the constitutional requirements for the deployment of Germany's armed forces both on home territory and in foreign countries. The topic might appear surprising in a colloquium celebrating the 50th anniversary of the Mauritian Constitution. No provision of this Constitution mentions the army and military forces: in fact, even after independence the sovereign state of Mauritius did not create a standing army which is a rare particularity.

This is where a link can be drawn between Germany and Mauritius: for a short period, after the end of the Second World War, when the Federal Republic of Germany was founded in 1949, no armed forces existed in Germany either. It was only in 1955, with the beginning of the Cold War and the threat of Russian stationed troops near the frontiers of the Federal Republic of Germany, that the German parliament adopted a legal basis for the creation of the "*Bundeswehr*", the federal armed forces for purposes of defence. The same year, Germany became a member of NATO. In 1968, new dispositions governing the deployment of the *Bundeswehr* during the state of defence or internal emergency were inserted into the Constitution. After the reunification and the regain of Germany's "full sovereignty", the *Bundeswehr* had to face new challenges.

Nowadays, in the light of increasing international armed conflicts and of frequent terrorist attacks all over the world, political and legal discussions about the allowed activities of the *Bundeswehr* in order to combat these dangers are arising in Germany. The classic deployment of the armed forces is the state of defence. Article 87a (1) of the German Constitution[1] claims in this regard: "The Federation shall establish armed forces for purposes of defence." This means that the principal task of the *Bundeswehr* is the defence of the national territory. Defence consists in preventing any external armed forces from attacking the federal territory, or from imminently threatening such an attack, in order to maintain or to re-establish the security of the Federal Republic of Germany within the rules of international law.[2] An attack requires border violations by armed forces aiming to damage specific targets located on the federal territory. The state of defence has to be determined upon application of the government by the federal parliament and the federal council. In contrast, acts preparing a war of aggression are unconstitutional. Thus, the *Bundeswehr* has a strictly defensive character.

The defence of Germany was the *Bundeswehr*'s main task during the Cold War. Yet, since the beginning of the 1990s and Germany's reunification, the armed forces have had to accept new challenges. In fact, the *Bundeswehr* is constantly deployed in military operations abroad. Furthermore, apart from the deployment of German armed forces in foreign countries, its domestic use may be allowed in a state of internal emergency, but only under very strict conditions as internal security is primarily the task of the police.

In Mauritius, the lack of military forces does not mean that Mauritius is not interested in security: it has a regular armed police force including the Special Mobile Force ensuring the internal and external security and the coast guard taking care of the surveillance of the territorial waters[3]. Maritime insecurity in the Indian Ocean such as pirate attacks, illegal fishing, arms traffic or the risk of terrorist attacks remain a major issue for Mauritius and other islands. Five countries in the Indian Ocean region, Mauritius, France/Réunion, Madagascar, Comoros, Seychelles, all members of the Indian Ocean Commission created in 1982 in Port Louis, are therefore cooperating within the regional program of promotion of maritime safety (MASE)[4]. Struggle against terrorism in the region was recently brought before the UN by the Indian Ocean Commission. Arguing the weakness of

---

1 The German Constitution is called « Grundgesetz », translated "Basic Law" in the English Version. For the purposes of this article, it will be called "Constitution".

2 Cp. Article 115a of the Constitution.

3 <https://Mauritius Military Stats_ NationMaster.com.> The paramilitary personnel counted about 2000 persons in 2014.

4 <http://commissionoceanindien.org/>.

military forces of most of its member states, the general secretary asked the international community to increase cooperation against terrorism. On Independence Day, 12 March 1968, Mauritius signed an agreement on Mutual Defence and Assistance with the United Kingdom of Great Britain and Northern Ireland.[5] A recent bilateral agreement which aims to develop common strategies to tackle maritime pollution, piracy, drug trafficking, hostage taking or money laundering was signed between France and Mauritius on 12 April 2018. It also covers an enforced cooperation between Mauritian Police and the French armed forces in the South Indian Ocean region.[6]

Some of these international security problems, like piracy or terrorist attacks have been creating new challenges for the German *Bundeswehr* over the last three decades.[7] The deployment of German troops abroad is subject to very severe conditions of the Constitution (I). A very important issue here is that the "*Bundeswehr*" is a "parliament's" army, which means its military deployment is subjected to parliamentary approval. But also, domestic deployment of the *Bundeswehr* must rigorously respect constitutional limits (II). Under the impression of increasing terrorist attacks, I would especially like to ask whether such attacks and threats may properly qualify as an external or internal state of emergency, which could justify armed deployment of German soldiers.

I. Deployment of the German Armed Forces abroad

Military operations abroad result from cases of collective defence or from international crises. Without the parliament's approval, the *Bundeswehr* is not entitled to participate in any armed operation.

1. Collective defence

The state of defence, as defined by article 115a (1) 1 of the German Constitution, either requires that the federal territory is under attack by armed

---

5 < http://treaties.fco.gov.uk/docs/pdf/1968/TS0043.pdf>.

6 <http://outremers360.com/politique/cinquantenaire-de-lindependance-de-lile-maurice-un-accord-de-defense-signe-avec-la-france/>.

7 For example: European Naval Force Somalia (EU NAVFOR Somalia) – Countering piracy off the Coast of Somalia. <http://eunavfor.eu/>.

forces, or that it will be imminently threatened by such an attack. However, a larger definition of "defence" is commonly admitted, it also includes the case of collective defence[8], which applies when one of Germany's allies is attacked by armed forces. In fact, article 24 (2) of the Constitution rules that the "Federation may enter into a system of mutual collective security". To take part in a mutual or collective defence action, the *Bundeswehr* is authorised to carry out military operations abroad. Such a defence might take place within a mission approved by the United Nations or in the scope of Art. 5 of the NATO Treaty. According to this provision, collective defence means that an attack against one of the allies is considered an attack against all allies. Under the terms of Article 5 of the treaty, collective defence was invoked – for the first time – as a response to the Al-Qaida attacks on September 11th in the US. The so called "Operation Enduring Freedom" directed by NATO came as a reaction to this attack on the United States' territory.[9] The United Nations Security Council, in its Resolution 1368 (2001) of 12 September 2001, expressly recognised the United States' right to individual and collective self-defence under article 51 of the UN-Charter. As a consequence, Germany sent its troops to different areas of the world – first of all to Afghanistan – in order to fulfil its obligations within the alliance. According to the German Federal Constitutional Court, in a case of collective defence, the defence is not limited to the alliance territory but may take place on the attacker's territory without unlawfully exceeding the regional restriction of the NATO Treaty.[10] From this point of view the German participation within this collective operation was constitutionally justified.

2. *Crisis management in conflict areas*

The German Constitution does not expressively foresee the deployment of the armed forces abroad for anything other than defence missions. Thus, the state of defence and the collective defence neither include armed activi-

---

8 Pieroth, in: Jarass/Pieroth, GG, article 87a, n° 11; Baldus/Müller-Francken, in v. Mangoldt/Klein/Stark, Grundgesetz, Band 3, article 87a, n° 44; BVerwGE (Entscheidungssammlung des Bundesverwaltungsgerichts – Rulings of the Federal Administrative Court) 127, n° 51, Judgement of 26 September 2006.

9 <https://www.nato.int/cps/en/natohq/topics_110496.htm#>.

10 BVerfGE (Entscheidungssammlung des Bundesverfassungsgerichts – Rulings of the Federal Constitutional Court) 118, 244 (269), Judgement of 3 July 2007; BVerfGE 104, 151 (210-211), Judgement of 22 November 2001.

ties in international peacekeeping missions in conflict areas, nor the participation in UN-Peacekeeping troops and humanitarian activities. While most of the peacekeeping missions intend to prevent the recurrence of armed conflicts, peace enforcements aiming to stop such conflicts are less frequent. In any case, these deployments take place with the objective to protect the population of another state. They are only authorised within the scope of a collective, mutual security system as the United Nations or NATO.[11] Usually, deployments abroad permitting military joined actions in combat operations are discussed very controversially in Germany. Yet, since the end of the Cold War, the deployment in armed conflicts has been the main operative activity of the *Bundeswehr*. German troops have carried out dozens of missions, like in the Balkans, the Far and Middle East, Africa, Mali and in the Western Sahara, on the high seas as the operation Atalanta off the coast of Somalia[12] –, or in the Mediterranean. Currently, the *Bundeswehr* is involved in 14 operations. In 2018, about 3,500 soldiers were on a mission abroad. More than 100 soldiers lost their lives since 1992. Until August 2017, the deployments abroad incurred costs that reached around 21 billion euros.[13] Based on the criteria of crisis response operations, one may say that the German security policy was radically reviewed since the early 1900s, entailing that the *Bundeswehr* has evolved from a purely territorial defence force into an operational army.

3. *Constitutional conditions for operations outside the federal territory*

Since the first operations abroad in 1992, there has been a vivid debate in Germany about whether the Constitution permits military operations abroad, outside the scope of collective defence. Before the German reunification, armed "out of area" missions were unthinkable because of historical experience. The *Bundeswehr* was considered a strictly territorial defence force. But under the growing international demand for an active participation of Germany's military forces in worldwide crisis areas, a paradigm

11 Cf. article 24 (2) of the German Constitution; Baldus/Müller-Francken, in v. Mangoldt/Klein/Stark, Grundgesetz, Band 3, article 87a, n° 92; BVerfGE 90, 286 (345 et seq.), Judgement of 12 July 1994; BVerfGE 104, 151 (210-211); BVerfGE 118, 244 (261 et seq.); BVerfGE 123, 267 (361) Judgement of 30 June 2009.

12 Cf. on new developments, Grunert, Marlene "Die Rechte der Seeräuber", 9 August 2018, Frankfurter Allgemeine Zeitung, <http://einspruch.faz.net/recht-des-tages/2018-08-09/6888f400a9ff4ed2d220726ef6894b6f/?GEPC=s5>.

13 <https://www.bundeswehr.de/portal/a/bwde/start/einsaetze/ueberblick>.

shift of the *Bundeswehr's* possible tasks seemed to be necessary. From a constitutional point of view, was it acceptable that German troops act "out of area", meaning outside of the NATO territory? What were the legal conditions for military deployment in the context of international crisis management, where such deployment did not have the purpose of collective defence? One of the most important questions in this discussion was the role of the German parliament. The Constitution itself provides no answer about whether or not it is necessary that the parliament participates in the decision-making process of the *Bundeswehr*'s military deployment abroad.

That is why the question was brought before the Federal Constitutional Court. In its judgement on 12 July 1994, in what became a landmark decision, the court held the principle that every single deployment of the federal armed forces requires prior approval of the German parliament.[14] The Court also acknowledged the legitimacy of the deployment of German soldiers on the basis of a United Nations mandate. *Bundeswehr* deployments outside NATO territory are not restricted to the defence of the NATO territory because the Constitution does not forbid participation in multilateral operations. As to the Court, the authorisation of article 24 (2) to join a system of mutual, collective security is the constitutional basis for accepting duties typically resulting from membership in such a system. Therefore, German soldiers may be also sent to "out of area" deployments, meaning missions of the *Bundeswehr* outside the federal or NATO territory.

Parliamentary permission is not only necessary for armed deployments in conflict areas, but is required for any kind of deployment abroad.[15] This means that even if an ally is attacked and the collective defence is invoked, the parliament's approval must be obtained for the *Bundeswehr's* involvement. In spite of the fact that the parliamentary approval corresponds to the historical idea of "entering into war" it is nowadays not limited to wars or war-like situations.[16] With regard to the "political dynamics" of an alliance system, it is of the highest importance that a democratic elected body

---

14 BVerfGE 90, 286 (387 et seq.); see also English press release: <https://www.bundesverfassungsgericht.de/SharedDocs/Pressemitteilungen/EN/1994/bvg94-029.html>.

15 Pieroth, in: Jarass/Pieroth, article 87a, n° 14.

16 BVerfGE 140, 160 (192, n° 78 et seq.), Judgement of 23 September 2015, see also English press release: <https://www.bundesverfassungsgericht.de/SharedDocs/Pressemitteilungen/EN/2015/bvg15-071.html>.

is consulted in every case of deployment.[17] Its approval is the reflection of the separation of powers within the principle of rule of law. However, although the parliament takes the essential constitutive decision, the way in which operational matters are to be decided is under the exclusive responsibility of the government.

Exceptionally, in case of "imminent" danger, the federal government may decide upon deployment by itself.[18] Nevertheless, the government is obliged to obtain the Parliament's consent as soon as possible in order to continue the operation. If the Parliament disapproves the deployment, the troops must stop their activities and the deployment will become illegal for the future.[19] Since 2005, deployment of the German forces abroad is governed by the Parliamentary Participation Act.[20]

Parliamentary approval is only required when the *Bundeswehr* will be involved in armed hostilities. Only *obvious exclusively* humanitarian motives to the deployment may empower the government to decide all by itself. Sometimes the problem arises of whether an involvement in armed combats is concretely to be expected in a mission by German soldiers abroad. In its decision of 7 May 2008, the Court held that it is only the well-founded expectation of involvement in armed conflicts based on individual legal and factual circumstances, which is relevant for the parliament's involvement, the mere possibility is not sufficient.[21] Even a humanitarian mission does not render parliamentary involvement obsolete.

II. Domestic deployment of Germany's Armed Forces

The German Constitution deals with several cases of domestic deployment of the armed forces. The use of the army, the marine or the air force for internal purposes is admitted in a state of defence, a state of tension as well as in three kinds of internal emergency situations.

---

17 BVerfGE 121, 135 (160 et seq.), Judgement of 7 May 2008, English version: <https://www.bundesverfassungsgericht.de/SharedDocs/Entscheidungen/EN/2008/05/es20080507_2bve000103en.html> see also English press release: <https://www.bundesverfassungsgericht.de/SharedDocs/Pressemitteilungen/EN/2008/bvg08-052.html>.

18 BVerfGE 90, 286, 389.

19 BVerfG 140, 160 (195-196, n° n° 86 et seq.).

20 Parlamentsbeteiligungsgesetz.

21 BVerfG 121, 135 (164 et seq.).

1. *State of defence or State of tension*

Article 87a (2) of the German Constitution provides that "apart from defence, the armed forces may be employed only to the extent expressively permitted by this Basic Law." First, it means that the armed forces can be used on the federal territory to prevent external attacks in a state of defence. This deployment is ruled by articles 87 (1) and 115a to 115l of the Constitution. The state of defence is determined upon application of the federal government by the federal parliament and the federal council. Furthermore, apart from the genuine military duty of defence, the state of defence or the state of tension – as governed by article 87a (3) – may allow the *Bundeswehr* to assist or to replace the police to a certain extent, in order to protect civilian property and to perform traffic control functions. Such a situation has never taken place so far.

One could ask whether the state of defence and the domestic deployment of the *Bundeswehr* requires an attack by another country in all cases. In principle, the traditional response in Germany to this question is in the affirmative. But what should be made of violent terrorist attacks, like 9/11 in New York and, more recently, 13 November 2015 in Paris, which were not state-run attacks but steered by terrorist organisations? In fact, even attacks on behalf of the "Islamic State" do not qualify as state-run. According to international public law, the self-proclaimed "Islamic State" is not recognised as a state. So what kind of attack could justify a defence, when the attack is not a state-run operation? Reasonably, it should be admitted that it must be a military attack which will cause damages similar to those provoked by an attack from a foreign state.[22] Regarding these criteria, it might be difficult to equate attacks from a terrorist organisation with state directed operations. For this reason, even a very important and harmful terrorist attack would not allow Germany to proclaim the "state of defence", authorising domestic intervention of the *Bundeswehr*.[23]

---

22 Baldus/Müller-Franken, in v. Mangoldt/Klein/Stark, Grundgesetz, Band 3, article 87a, n° 52.

23 Cp. Pieroth, in: Pieroth/Jarass, article 87a, n° 12; Bäumerich/Schneider, NVwZ 2017, 189, 191.

2. *Internal State of emergency*

Besides the case of defence, another state of emergency may be declared, the internal state of emergency. In this respect, the Constitution provides different situations which entitle Germany to consider an internal state of emergency, and to deploy armed forces on the federal territory.

According to article 91 (1) of the Constitution, the first situation deals with an "imminent danger to the existence or free democratic basic order of the Federation or a *Land*" (*Land* means a region of Germany). Under the terms of articles 91 (2) and 84a (4), in order to avert such an imminent danger, the federal government may call upon armed forces to support the police in protecting civilian property or in fighting against organised, armed insurgents.[24] This rule only applies if the police are unable to remedy the danger by their own means.

The second kind of internal emergency that empowers domestic deployment of the armed forces deals with "Legal and administrative assistance during disasters", like "grave" accidents, natural disasters like earthquakes, floods, major fires or accidents in nuclear power plants. According to article 35 (2) and (3) GG, the *Bundeswehr* may assist the police in order to handle these situations. In both kinds of internal emergency, the decision of deployment of the armed forces must respect the distribution of competences between the federation and the "*Länder*" (regions of Germany).

Coming back to whether or not terrorist attacks could be the cause of an internal emergency justifying the domestic use of military forces, the answer – for the time being – is that armed deployment is only possible under those two provisions of the Constitution. To fulfil the criteria of internal emergency set in articles 91 (2) and 87 (4), terrorists have to qualify as "organised, armed insurgents", which means non-governmental actors. Even if this might be conceivable, the second condition – claiming "imminent danger" to the existence or to the free democratic basic order in Germany – is questionable. Indeed, in respect to the terrorist attacks of the last years, we can consider that they do not present such a vast danger. Furthermore, one cannot compare them with "civil war-like" conditions, which are a classical case pertaining to this kind of internal emergency.[25]

Within the scope of article 35 (2) and (3) GG, terrorist attacks could eventually qualify as a "grave accident". A "grave accident" has to be unders-

24 The deployment of the armed Forces must be discontinued on demand of the federal Parliament or the federal Council. Cp. article 87a (4) of the Constitution.

25 Bäumerich/Schneider, NVwZ 2017, 189, 193.

tood as large-scale damage generated by human misconduct or technical deficiency. It must have catastrophic dimensions, and might even be intentionally caused by man. As the Constitutional Court held in 2012, the case of "catastrophic dimensions" could justify the use of military arms under strict conditions.[26]

Article 35 implies that the *Bundeswehr* may only be deployed if the accident and the damage which might be caused by the catastrophe are imminent.[27] Concretely, this means that the *Bundeswehr* might not be allowed to provide security services as a preventive measure for buildings, airports, railway stations and big sport events. Under the current constitutional provisions, the prevention of damage is the exclusive task of the police. For example, during the 2006 football World Cup that took place in Germany, the *Bundeswehr* could only provide sanitary services, organisation and aerial surveillance. This permission was granted in accordance with article 35 (1) of the Constitution, which governs legal assistance without military weapons. Over the past few years, nevertheless, there has been a very lively political and legal debate about whether the traditional distinction between the police and armed forces in Germany should be abandoned in favour of increased domestic military assistance of the *Bundeswehr*.[28]

In the aftermath of 9/11 especially, Germany considered allowing the shooting of a passenger aircraft by adopting the Aviation Security Act in January 2005. The government wanted to provide a legal basis for invoking a "grave accident" in terms of article 35 (2) and (3) of the Constitution, meaning that an airplane was used as an instrument of death against human lives on the ground. By order of the federal Minister of Defence, the Aviation Security Act would have granted the *Bundeswehr's* permission to shoot down a commercial passenger aircraft, on the condition that it was the last resort to remedy the threatening situation. In its decision judging the legitimacy of this act, the Federal Constitutional Court declared the relevant provision void. The Court held firstly that the Minister of Defence was not competent and secondly that the shooting down was not compatible with provisions of the Constitution protecting the right to life in con-

26 BVerfGE 132, 1 (16-17), n° 41 and 43, Decision of 3 July 2012; BVerfGE 115, 118 (143), Judgement of 15 February 2006, English version: <https://www.bundesverfassungsgericht.de/SharedDocs/Entscheidungen/EN/2006/02/rs20060215_1bvr035705en.html>.

27 V. Danwitz, in v. Mangoldt/Klein/Stark, Grundgesetz, Band 2, article 35, n° 51.

28 Cf. for instance Di Fabio NJW 2008, 421 (423).

junction with human dignity.[29] Such a measure would affect innocent people as the crew members and passengers are not participants of the crime. By killing these people for the protection of others the state would treat them as mere objects. Presently, it is permitted to threaten a passenger plane. Threatening a plane here means the armed forces shall be permitted to force the aircraft aside, to force it to land, to threaten the use of armed force or to fire warning shots. In addition, arms may be used directly when aiming at a pilotless aircraft or, exclusively, at persons – the attackers – who intend to use the aircraft as a weapon.[30]

III. Concluding summary

In conclusion, the rules governing the *Bundeswehr* are aiming to integrate the armed forces in democratic and constitutional rule-of-law-structures. Clearly, the *Bundeswehr* shall not be under the exclusive power of the government. Thus, deployment abroad requires systematic, prior approval of the parliament. We may say the *Bundeswehr* is a "parliamentary army".[31] Even in times of an international increasing demand for more German military commitment in conflict areas, the parliamentary control remains an absolute condition for every armed deployment abroad.

Regarding domestic, military intervention of the *Bundeswehr*, it is kept under extremely strict limitations by the Constitution. Even in very difficult situations, such as terrorist attacks or the threat of such attacks, priority is given to police interventions. However, considering the current discussions and developments on the subject, the traditional sharing of responsibilities between the police and the armed forces may well be weakened in the future.

Bibliography:

Bäumerich, Maik/Schneider, Maximilian, Terrorismusbekämpfung durch Bundeswehreinsätze im Innern: Eine neue alte Diskussion, NVwZ 2017, 189.

Di Fabio, Udo, Sicherheit in Freiheit, NJW 2008, 421.

29 Article 2 (2) sentence 1 and article 1 (1) of the German Constitution; BVerfGE 115, 118 (139 et seq.), Judgement of 15 February 2006.

30 Concerning the permission of using military weapons: BVerfGE 132, 1 (10 et seq. - n° 28 et seq. and 39 et seq.).

31 BVerfGE 90, 286 (382).

Jarass, Hans D./Pieroth, Bodo, Grundgesetz für die Bundesrepublik Deutschland: GG, C.H. Beck, 15th ed., München 2018.

von Mangoldt, Hermann/Klein, Friedrich/Starck, Christian, Kommentar zum Grundgesetz: GG, Band 2: Art. 20-82, Band 3: Art. 83-146, 7th ed., C.H. Beck, München 2018.

The Perilous Balance between Legal Protection of Adults and their Fundamental Rights and Freedoms : A Comparative Study of the Rights of French and German Guardianship

Charles Walleit

Introduction

The French and German laws have both consecrated universal principles in their respective constitutional laws, which are appealed to apply to every individual, without any distinction of sex, race, religion, political opinion or even disability[1]. The Declaration of human and citizen rights of 1789 (*Déclaration des droits de l'Homme et du Citoyen*), iconic text of the French constitutional laws, enunciates in its first article that « All men are born free and equal in rights », the equality proclaimed here has been developed to a « principle of equality »[2]. The first article of the German fundamental law (*Grundgesetz*) states that « the human dignity is inviolable [...] fundamental principal on which relies any human society, peace and justice in the world »[3]. Despite the incomparable formulations, the target remains to affirm immediately the superiority of fundamental rights on any other norm. Both law systems raise the State, in all extent of his powers[4], as guarantor of the respect and the protection of human rights.

According to this principle of equality, vulnerable persons, namely persons enjoying a legal protection due to their particular vulnerability, have to enjoy indifferently human rights. In this sense, the article 415 section 2 of the French civil code specifies that the « protection is installed and assured in the respect of the individual liberties, the fundamental rights and the person's dignity ».

But those supreme norms suffer immediately exceptions. In this way, the article 2 of the German fundamental law offers for example to the lawma-

1 Art. 3 GG.
2 M. LASCOMBE / X. VANDENDRIESSCHE / C. DE GAUDEMONT, *Code constitutionnel et des droits fondamentaux 2017, annoté et commenté*, 6e éd., Dalloz, 2016, p. 11-14.
3 Art. 1 GG.
4 Art. 1 Abs. 1 S. 1, Abs. 3 GG.

ker the possibility to « interfere » in the rights consecrated by this provision. In France, facing the silence of the constitutional laws and considering that a « harmonious functioning of a democratic society requires that the lawmaker can regulate the conditions of exercise of the citizens rights and liberties »[5], the constitutional council (*conseil constitutionnel*) has developed the condition of general interest aiming to justify the constitutionality of legislative restrictions to the fundamental rights guaranteed by the constitution.

The vulnerability of some individuals, should it be characterized by a situation of dependance or a lack of discernment, has constrained both lawmakers to authorize guardians to act against the will of protected persons, with their sole interest to guide their action. They are sometimes even appealed to make decisions capable to compromise the physical integrity of the protected person or to constitute a deprivation of liberty. The protection's need of those individuals compelled the French and German laws to derogate to their most fundamental rights, which most vulnerable persons are not in a position to assert themselves. Those derogations are considered by the law in extreme situations only. It is therefore the responsibility of the judges and the guardians to guaranty the respect of the human rights and dignity of the protected person, as from the initiation of the proceedings for a legal guardianship. The power of attorney isn't an exception.

However, the protection of the human rights in France and Germany isn't only relying on their respective constitutional laws, but also on international instruments. Both have ratified the Convention on the Rights of Persons with Disabilities (thereafter Convention or CRPD), like the European Union, as well as the Universal Declaration of Human Rights, the Hague Convention on the International Protection of Adults or the European Convention on Human Rights.

The CRPD « aims at reaffirming the universal, indivisible, interdependent and indissociable character of all the human rights and all the fundamental liberties and the necessity to guaranty the same enjoyment of those to disabled persons without discrimination »[6]. Without creating new rights, the Convention has deeply disrupted certain conceptions which are still to find among both guardianship laws. The official reports are over-

5 G. MERLAND, Cahiers du Conseil constitutionnel, 2004.

6 F. JEGU, J. ESTRADE, Guide comprendre et mobiliser la Convention pour défendre les droits des personnes handicapées, 2016, p. 12.

whelming, the German law but more importantly the French law conceal a lot of violations to the principles of the Convention[7].

Indeed, the article 12 of the CRPD proscribes notably any limitation of the legal capacity of the disabled persons as defined by the Convention. The accompaniment has to be privileged and representation measures have to be avoided. The article 12 proclaims the « recognition everywhere as persons before the law »[8] of persons with disabilities particularly through a full recognition of their legal capacity « on an equal basis with others in all aspects of life »[9].

This ideal to reach encounters practical difficulties, the protected person's interest having to be necessarily taken into account, as it is also the State's role to protect the citizens.

Finding a balance between the respect of the vulnerable person's rights and the necessity to act in her interest requires a case-by-case assessment.

We will first study how the French and German laws guaranty textually the respect of the vulnerable person's human rights (I) and we will see what can justify their limitation (II).

I. The protection of human rights in the light of the CRPD

It is today impossible to consider the protection of vulnerable persons' human rights without considering the Convention on Rights of Persons with Disabilities. Indeed, the Convention can be seen as the achievement of the voluntarist and autonomist movement of the last decades, which has inspired the reforms of the German guardianship law in the 1990's and of the French guardianship law in 2007. The guiding principle is to put the concerned person in the middle of the protection measure, to guaranty the respect of her will for the decision concerning her and enhance her autonomy.

The CRPD aims at leading the States in the reform of their guardianship laws for a better respect of the protected person's will and to privilege accompaniment measures over representation.

7 C. DEVANDAS-AGUILAR, Observations préliminaires de la Rapporteuse spéciale sur les droits des personnes handicapées, 2017; Das deutsche Betreuungsrecht im Lichte des UN-Behindertenrechtskonvention, Positionspapier der Staatlichen Koordinierungsstelle nach Art. 33 UN-BRK, 2017; Défenseur des droits, Rapport « Protection juridique des majeurs vulnérables », 2016.

8 Article 12 section 1 CRPD.

9 Article 12 section 2 CRPD.

The Convention and its optional protocol have effects in French and German laws as both have been ratified by the two countries[10]. In France as in Germany, it is the role of the jurisdictions to verify the conformity of the domestic law with the Convention and to interpret the internal norms in the light of the last[11]. No judge had yet to decide about the direct effect of the CRPD, but as long its provisions are precise and unconditional, that they have the purpose of guarantying rights for the benefit of individuals and that they partly don't need complementary measures of the State to have effects towards individuals, persons subject to the law could theoretically ask for the application of the Convention[12].

Additionally, the ratification of the optional protocol enables individuals to refer the matter before the comity for the rights of persons with disabilities after exhaustion of the domestic remedies, what lets presume that the CRPD can be pleaded since the first jurisdiction.

Furthermore, the Convention disposes a general obligation to take all the appropriate legislative, administrative or other measures, to execute the rights recognized by the Convention[13]. The State has to ensure the respect of the Convention on every level, and particularly the justice. Finally, the lawmaker has the obligation to amend or repeal the laws which can are inconsistent with the CRPD[14].

The CRPD has widely shaken the French and German guardianship models in retaining a large enough definition of disability to extend its scope of application to all vulnerable persons. It also consecrates a legal capacity suffering no restrictions and almost prohibits representation. When some of the principles of the Convention are in deep contradiction with the French and German laws (1), others are only reflecting the rights recognized by both laws (2).

---

10 Art. 55 de la Constitution.

11 F. JEGU, J. ESTRADE, op cit, p. 17 ; V. LIPP, UN-BRK und Betreuung, BtPrax, 2010.

12 CE, ass. 11 avr. 2012, GISTI et FAPIL, n°322326.

13 Art. 4 section 1 CRPD.

14 V. LIPP, «Autonomie und Schutz, Fürsorge und Zwang - Konsequenzen aus der UN-Konvention /art. 12 und 14) zur Novellierung des Betreuungs- und Unterbringungsrechts», S. 5.

1. The deep contradictions with the CRPD

To contemplate the effects that the inconsistence existing between the CRPD and the French and German laws can have on them, the rules of interpretation of international treaties shall be reminded. The principle is that the convention shouldn't be read literally but according to the rules of interpretation.

Indeed, « a treaty shall be interpreted in good faith with the ordinary meaning to be given to the terms of the treaty in their context and in the light of its object or purpose »[15]. If provided, a treaty has to be interpreted according to the definitions which precise « the sense that should be given to the key concepts of the treaty »[16]. The convention defines as person with disabilities « those who have long-term physical, mental, intellectual or sensory impairments which in interaction with various barriers may hinder their full and effective participation in society on an equal basis with others »[17]. The CRPD's scope of application extends therefore to all persons presenting durable incapacities, what ever the origin of their deficiency, so that persons victim of degenerescence because of age are covered by the Convention.

The German and French laws are in contradiction with some of the CRPD's principles, regarding the competency to contract for France in particular (a), the representation of protected persons (b) and their right to vote (c).

a. The competency to contract

In France as in Germany, the « legal capacity » is formed by the capacity to enjoy rights (*Rechtsfähigkeit/capacité de jouissance*) on one side, which every individual acquires by birth[18], and could be defined as the « entitlement to have rights » and, on the other side, the competency to contract (*Handlungsfähigkeit/capacité d'excercice*), which corresponds to the « aptitude of

15 Article 31 section 1 of the Vienna Convention on the Law of Treaties 23 May 1969.

16 P.-M. DUPUY et Y. KERBRAT, *Droit International public*, Dalloz,13e éd., 2016, 314, p. 351.

17 Article 1 CRPD.

18 Art. 7 C. civ. ; § 1 BGB.

the individual to exercise his rights himself »[19]. The conception of legal capacity retained by the CRPD in the article 12 makes the two aspects known by the French and German laws inseparable. This implies that any restriction of the competency to contract of a person with disabilities according to the Convention's definition would amount to a violation of the right of full legal capacity recognized by the last.

In consciousness of the general misunderstanding[20] caused by this conception of legal capacity, the comity of rights of persons with disabilities has confirmed the literal interpretation of the art 12 of the CRPD which « clearly indicates that expressions as « unsoundness of mind » and other discriminatory labels are not legitimate reasons for the denial of legal capacity (both legal standing and legal agency) »[21].

This confusion has heavy consequences for France and Germany which shall review their guardianship and capacity laws.

In France, we regret that the big majority of vulnerable persons are subject to protection measures of « *curatelle renforcée* » or « *tutelle* », totally depriving them of the competency to contract. Those measures are in this sense inconsistent with the principle of legal capacity according to the CRPD. However, to avoid a total loss of capacity, the French law recognizes a residual capacity to contract for common acts authorized by the law or custom, « as long as they are concluded under normal conditions »[22]. The same solution is considered by the German law through the concept of everyday life acts (*Geschäfte des täglichen Lebens*[23]). Even if the French law assumes a limitation of the capacity to contract, it isn't excluding all capacity, with the will to protect as well as to permit a participation of the protected person to the social life.

Contrary to the French guardianship measures of « *tutelle* » and « *curatelle renforcée* », the German « *rechtliche Betreuung* » doesn't result in incompetency to contract[24]. The protected person can thereafter act as any other adult, those acts will remain valid, even if the guardian has done acts of the same nature. The rules of the ordinary law of competency to contract will only allow to contest the acts which could have a negative impact on the

---

19 Art. 414 C. civ. ; §§ 2 and 104 BGB; F. TERRE, P. SIMIER et Y. LEQUETTE, *Droit civil. Les obligations*, 11e éd., Dalloz, 2013, n°96.

20 Committee on the Rights of Persons with Disabilities, Eleventh session, General comment No. 1, 2014 (CRPD/C/GC/1.).

21 CRPD/C/GC/1 n.13.

22 Art. 1148 C. civ.

23 § 105a BGB.

24 W. BIENWALD, *Betreuungsrecht, Kommentar,* 6. Auflage, § 1902 BGB, Rn. 5.

protected person's patrimony. The full participation of the protected person shall be guaranteed. Such a solution could be considered in France to comply with the principles of the CRPD.

The incapacity to contract because of protection measure leads to a representation of the protected person for the acts she can not accomplish herself.

b. The representation at the expense of autonomy

The CRPD aims at encouraging accompaniment measures and at banning measures of representation for the purpose of enhancing the autonomy of protected persons.

Following the principles of subsidiarity and proportionality, shared by the French and German laws, representation measures should be an exception and should only be initiated in the worst cases. However, as raised before, 75% of protected persons in France are represented. This is mostly justified by practical reasons « to [...] facilitate the procedures of access to social benefits or the placement in a specialized institution »[25]. Accompaniment measures were introduced in the Code of social action and families (*code de l'action sociale et des familles*) by the reform of 2007, but we can regret that their scope of application is limited to the persons enjoying minimum welfare benefits. The united nations reporter is reduced to « urge » France to « review its legislation in the view to eliminate all regimes of decision in the name of others »[26].

In Germany, even if the guardianship isn't incapacitating, the guardian represents the protected person in all matters he has been appointed for[27]. This aspect is criticized as it should be replaced by a system of « assisted decision » (*unterstützte Entscheidungsfindung*)[28], which would better comply with the CRPD. However, nobody can deny the fact that some individuals are absolutely unable to express their willingness and that the only accompaniment possible is a representation of the person concerned by the decision.

It can be deducted that the article 12 of the Convention does not prohibit any representation but gives to all persons a right of autonomy. Accom-

25 C. DEVANDAS-AGUILAR, *op cit.*
26 C. DEVANDAS-AGUILAR, *op cit.*
27 § 1902 BGB.
28 Abschliessende Bemerkungen über den ersten Staatenbericht Deutschlands, Abs. 25-26.

paniment measures shall be limited to the strict necessary, in compliance with the principles of subsidiarity and proportionality[29].

c. The right to vote

In France, the judge « decides on the continuation or the suspension of the right to vote of the protected person » when he initiates or renews a guardianship[30]. The solution is comparable in Germany but restricted to the particular case of a guardianship covering all the protected person's affairs (*alle Angelegenheiten*)[31]. The systematic suspension of the right to vote, which was existing before the reform of the guardianship laws, should have been abolished by the same. However, the law commission of the lower chamber of the parliament had objected the risk to compromise the seriousness of the right to vote. Indeed, if a guardianship should cover all the legal affairs of a person, the latter could only be completely confused and not in a position to participate to a scrutiny[32].

The inconsistence of those suspensions of the right to vote with the article 29 of the CRPD is obvious[33]. A withdrawal of the right to vote for a reason of a psychosocial or intellectual disability, real or perceived, including a restriction relying on an individual evaluation, constitutes a discrimination on the basis of disability[34]. No reasonable restriction is foreseen and no exception is authorized.

In Germany, a bill is pending to bring the law in line with the Convention[35]. The restoration of the right to vote for all protected persons is considered[36]. In France, the *Défenseur des droits* prescribed the same[37]. Consequently, in his discourse addressed to the French Congress of Parliament, the President of the Republic, stated that the government will be engaged in a politic of return to the « full and complete citizenship, including a co-

29 V. LIPP. *op cit*, S. 11.

30 Art. L. 5 C. électoral.

31 § 13 Nr. 2 BWahlG.

32 H. DEINERT, Wahlrecht, eBAnz AT.

33 U. HELLMANN, « Zur Vereinbarkeit des Wahlrechtsausschlusses nach § 13 Nr. 2 BWG mit bestehenden völkerrechtlichen Verpflichtungen », BtPrax 5/2010, 209 ; Rapport Def p. 40.

34 Committee on the Rights of Persons with Disabilities, Communication No. 4/2011 (CRPD/C/10/D/4/2011.).

35 BT Druck 17/12068.

36 BT Druck 17/12380.

37 Rapport du Défenseur des droits, *op cit*, p. 61.

me back to the right to vote for the persons with disabilities, even for those under guardianship »[38].

Protected majors under « *tutelle* » and « *curatelle* » are also not electable in France and Germany, in total contradiction with the article 29 of the CRPD[39]. The Convention seems here to have neglected the risk of manipulation of vulnerable persons.

The inconsistence with the CRPD are obvious, however, both laws strive to guaranty vulnerable persons the maximum of liberties and the best respect of their human rights.

2. *The convergences with the Convention*

As the CRPD, the French and German laws are committed to the defense of the rights and liberties of protected majors. In this sense, the liberty to choose the living place and company is guaranteed (a), the physical integrity is strongly protected (b) and some acts can only be done by the protected person herself (c).

a. The right of choice of the living place

In conformity with the article 19 of the CRPD, the French and German laws protect the protected person's will regarding the choice of the living place and the persons with which she has relations, but with some restrictions. In France, the judge decides « in case of difficulties on those choices »[40]. The *Défenseur des droits* is pointing abuses within closed care facilities and retirement homes[41].

In Germany, even if the choice of the living place often belongs to the field of competence of the guardian, the latter has to take into account the choices of the protected person according to the general obligation of respect of her wishes and her participation to the important decisions concerning her[42].

---

38 A.-L. STACHURSKI-LEROY, Congrès du Parlement XVe législature, Compte rendu intégral, 9 juillet 2018.

39 Art. L. 200 C. électoral ; § 15 II Nr. 1 BWahlG.

40 Art. 459-2 C. civ.

41 Rapport du Défenseur des droits, *op cit*, p. 43-44.

42 § 1901 III ; OLG Köln, 26.2.1996, 16 Wx 47/96, NJW-RR 1997, 451.

b. The protection of the physical integrity

The protection of the vulnerable person's physical integrity is in French as well as in German law in compliance with the article 17 of the Convention.

In France, « apart in case of emergency, the person charged of the protection of the major can not take [...] a decision which could seriously affect the body's integrity »[43]. But she can take towards the latter « the protection measures strictly necessary to stop the danger that its own behavior poses to himself »[44].

In Germany, the Federal Constitutional Court (*Bundesverfassungsgericht*) insists on the serious violation of the rights of the person under coercive treatments. Such a violation should rely on a solid legal basis[45], what is not the case according to a constant jurisprudence of the Supreme Civil Court (*Bundesgerichtshof*). Such a violation of the person's rights shall only be in the view to restore its autonomy and such coercive treatments can only be provided if the patient isn't able to express his willingness. The Court also noticed the compliance with the CRPD of coercive treatments as last way to restore the person's autonomy and liberty.

In France as in Germany, the patient's will has to be researched in any case and respected, particularly when advance directives have been written.

c. The strictly personal acts

In both laws, some acts with a strictly personal character can only be done by the person herself. In France, « the declaration of a new born, his recognition, the acts of parental authority relating to the person of a child, the declaration of choice or of modification of a child's name and consent to its own adoption or the one of a child »[46], are deemed strictly personal.

Even if there is no comparable list in Germany, the same acts relating to the parental authority but also the acts the protected person can only accomplish herself are reputed strictly personal[47]. Furthermore, the law fore-

---

43 Art. 459 al. 3 C. civ.
44 Art. 459 al. 4 C. civ.
45 Art. 2 Abs. 2 GG.
46 Art. 458 C. civ.
47 W. BIENWALD, *op cit*, § 1896 BGB, Rn. 158.

sees an obligation to appoint a special guardian as to consent into a sterilization[48].

It is also regrettable that marriage and civil partnership are subject to authorization in French law[49], what is contrary to the article 23 of the CRPD. The German law does not give to the guardian a right of opposition to the marriage or civil partnership, he can only inform the registrar (*Standesbeamte*) in case of suspicion of manipulation of the protected person[50].

II. The justifications of limitation of human rights of vulnerable persons

Whereas the Convention suffers *a priori* no exception, the French and German laws justify the limitation of some of the protected person's rights. According to a certain conception, the State has to make the people happy, against their will if necessary. The protection only aims at safeguarding the protected person's best interest (1) and to some extent the general interest and the public order (2).

1. The vulnerable person's interest

a. The protection is provided in the respect of the concerned person's will

The limitation of the competency to contract and the use of representation are only admitted as far as the law constrains the persons in charge of the protection to guaranty the respect of the protected persons will, as long it's without prejudice for her.

Indeed, the german law foresees an obligation of the guardian to conduct the protected person's affairs for the « weal » (*Wohl*) of the latter[51]. The concept of weal includes the possibility for the protected person to organize her life according to her « wishes » and « ideas »[52]. The French law bases the legal protection on the same obligations[53]. Furthermore, the lea-

48 § 1899 Abs. 3 BGB.
49 Art. 460 and 462 C. civ.
50 W. BIENWALD, *op cit*, § 1896 BGB, Rn. 157.
51 § 1901 Abs. 3 BGB.
52 § 1901 Abs. 2 BGB.
53 Art. 415 al. 3 C. civ.

ding principle of the legal protection in France as well as in Germany is to permit the restoration of the protected person's autonomy.

b. The protection of the concerned person against herself

The French and German laws allow the internment of a person against her will. This possibility doesn't have to be counted as a right to interfere in the concerned person's life, should it be in the interest of her relatives, her social environment or even the general interest, but more as a way to realize her rights of treatments and of protection, provided she is unable to express her willingness and risks to harm herself. The guardian only concretizes the protected person's right of an equal access to treatments[54].

c. The protection of the vulnerable person against dishonest third-parties (Überschrift)

Being represented enables the concerned person to assert her rights when she's not able to act herself in this sense. But, the CRPD refuses this argument to restrain the protected person's legal capacity.

An accompaniment could indeed be sufficient, provided that the accompanying person has a continuous access to the protected person's correspondence to be able to help the latter to assert her rights without delay. But this would already constitute a violation of the respect of correspondences as disposed by both laws.

2. The protection of the general interest and the public order

Advancing the protection of third-parties to justify the limitation of vulnerable persons' fundamental rights isn't considered as an acceptable argument for many authors or following the general principles of the CRPD. However, the participation of the vulnerable persons to the social life could be largely compromise if third-parties can not rely on a certain juridical security. The lack of legal certainty could furthermore have for consequence to amplify the stigmatization of persons with disabilities.

Moreover, the State's function is to protect the general interest. The condition of general interest allows the lawmaker to restrain some rights and

---

54 V. LIPP, «Autonomie und Schutz, Fürsorge und Zwang - Konsequenzen aus der UN-Konventuin /art. 12 und 14) zur Novellierung des Betreuungs- und Unterbringungsrechts», S. 13.

liberties, as for the principle of equality[55]. In this way, the French Constitutional Council has confirmed the constitutionality of the internment without consent of a person affected by mental troubles of nature to compromise the « security of people » or « seriously affect the public order »[56]. It is resulting in an obligation of cares of mental patients[57].

In principle, judicial measures of protection provide a juridical security for the concerned person in her relations with third parties and help her to recover her autonomy.

To achieve a better inclusion of the persons with disabilities in the society, it would be appropriate not to reduce the scope to a purely individualistic vision of the protection, risking to act against the third-parties with whom their interaction should be encouraged.

Conclusion

In France, contrary to the arrogant reactions of a part of the doctrine[58], it appears that a lot can be done to be in line with the Convention on Rights of Persons with Disabilities. The path of the German law could be inspiring in a certain manner. The recent initiative of the French Government to return their right to vote to all protected persons can be seen as a little step towards a better compliance with the CRPD. However, most of the restrictions and violations of the vulnerable persons' rights and liberties are rather resulting from practical than from juridical difficulties.

A review of the French and German guardianship laws will most probably not reinforce the *ante litem* protection of the protected persons' human rights. Both laws have already evolved towards a better respect of the vulnerable persons' will, but in many cases, an accompaniment would not be sufficient to enable the concerned person to assert her rights. Practitioners and commentators also report that many practical obstacles hinder the consideration of the protected persons' will. The French and German judges can for example easily override their obligation to hear or examine

55 G. MERLAND, Cahiers du Conseil constitutionnel, 2004.

56 Cons. const. 26 nov. 2010, Mlle Danielle S., no 2010- 71 QPC § 32.

57 M. LASCOMBE / X. VANDENDRIESSCHE / C. DE GAUDEMONT, *Code constitutionnel et des droits fondamentaux 2018, annoté et commenté*, 7e éd., Dalloz, 2017, note 158 p. 33.

58 D. NOGUERO, « Pour la protection à la française des majeurs malgré la Convention des Nations unies relative aux droits des personnes handicapées », RDSS 2016, p. 964.

the person concerned by the decision. A better balance between legal protection of vulnerable persons and respect of their human rights will only be achieved through changes in practices and mentalities[59].

59 Rapport du Défenseur des droits, *op cit* ; F. JEGU, J. ESTRADE, *op cit* ; Das deutsche Betreuungsrecht im Lichte des UN- Behindertenrechtskonvention, Positionspapier der Staatlichen Koordinierungsstelle nach Art. 33 UN-BRK, 2017.

The hereditary reserve in comparative Franco-German International Private Law.

Aurélien Lortholary

The theme to be studied in this brief presentation combines several branches of law, namely public law with constitutional law, international law from the exclusive perspective of private international law and more particularly that relating to family property. Since the early 2000s, private international law has become increasingly European and inheritance law is one of the last areas that the European legislator wanted to deal with, since international successions are the subject of a very recent regulation. This is Regulation 650/2012[1], commonly known as the "succession" regulation and sometimes even found in Germany as the Rome IV regulation. This regulation now revolutionizes this field by providing for more precise planning by leaving room for the autonomy of will of the *de cujus*[2]. Therefore, a question remains. How can we reconcile greater liberalism and faithful respect for the deceased's last wishes with the protection of the hereditary reserve ? In other words, what place is left for the hereditary reserve if the choice of law is made in favour of a law where the hereditary reserve is (almost) non-existent ? It is by first considering the different means implemented in both France and Germany to protect the hereditary reserve and then by exposing recent developments that we will try to find a solution.

---

1 Regulation (EU) No 650/2012 of the European Parliament and of the Council of 4 July 2012 on jurisdiction, applicable law, recognition and enforcement of decisions and acceptance and enforcement of authentic instruments in matters of succession and on the creation of a European Certificate of Succession.

2 The deceased is a synonym of "future deceased". This is the abbreviation of the Latin phrase "Is de cujus successions agiter", i. e. the succession of which we are discussing.

I. The protection of the hereditary reserve under French and German law

A. The influence of Constitutional Courts on the hereditary reserve

(a) The abolition of the « droit de prélèvement » under French law

The « droit de prélèvement » made it possible to restore the balance between the heirs in an international succession. This was expressly provided for in article 2 of the law of 14 July 1819 *relative à l'abolition du droit d'aubaine et de détraction*. The latter stated that "in the event of the division of the same estate between foreign and French coheirs, they shall deduct from the property located in France a portion equal to the value of the property located in a foreign country from which they would be excluded, for any reason whatsoever, under local laws and customs"[3]. This was an "exception to the normal application of the conflict of law rule" which constituted a substantive rule of private international law[4] allowing prejudiced heirs on foreign property, to recover their share normally due under French law on property located in France[5]. The French judge had to take into consideration all the estate assets regardless of their location and determine the amount of the withdrawal. This was calculated on the basis of the difference between the share that the French coheir had received under foreign law and that he would normally have received under French law. This bold provision was declared contrary to article 6 of the 1789 Déclaration des droits de l'homme et du citoyen on the Principle of Equality. The unconstitutionality of article 2 of the 1819 law was declared by the Constitutional Council and consequently repealed on 5 August 2011. Following this decision, the Constitutional Council raised doubts about the protection of the hereditary reserve in the context of international successions.

(b) The decision of the German Constitutional Court of 2005

In a German internal succession, the hereditary reserve is protected by the Constitution, unlike French law, which protects it by means of public policy (see below). This is reflected in the famous 2005 judgment of the German Constitutional Court, which held that the hereditary reserve must en-

3 Loi du 14 juillet 1819 relative à l'abolition du droit d'aubaine et de détraction.
4 Cass. Civ. 1re, 7 décembre 2005, Loiseau, n° 02-1115418.
5 Cass. Civ. 1re, 24 février 1998, de Lobkowicz et de Bourbon Parme.

sure a "minimum economic participation of the deceased's children in his succession"[6]. This minimum participation is protected by the German Constitution (Grundgesetz) in Articles 6 (1) on the protection of the relationship between the deceased and his children and in Article 14 (1) on the guarantee of inheritance rights[7].

B. *Protection of the hereditary reserve by means of public order*

(a) *Internal public order*

Domestic public order is a concept that must be distinguished from international public order. This distinction between domestic public order and international public order comes from French law. Under German law this distinction is not really useful, since the reference to domestic public order does not exist. However, a violation of French domestic public order can be equated with a violation of a legal prohibition or the concept of morality found in Articles 134 and 138 BGB[8]. In a purely internal succession, German law protects the hereditary reserve exclusively by means of the constitution, whereas under French law it is internal public order that ensures this function.

(b) *International public order*

When foreign elements are involved in a succession, reference will no longer be made to domestic public order but to international public order. The latter includes the binding standards of domestic public order that must also be respected outside the national territory. Insofar as German law does not use public order in domestic successions, when reference is made to the concept of public order or "reserve clause" (also *Vorbehaltsklausel*), it must be understood that this is international public order[9]. Nevertheless, the German Federal Court sometimes makes explicit reference

---

6 Translation of « das Pflichtteilsrecht ist eine unentziehbare und bedarfsunabhängige wirtschaftliche Mindestbeteiligung der Kinder des Erblassers an dessen Nachlass ». BVerfG, NJW 2005, 1561 (1563).

7 Ibidem.

8 K. Simitis, Gute Sitten und ordre public, Elwert, 1960, S. 168 ff.

9 The concept of French public order has only been borrowed by German law in the field of conflict of laws (J. Basedow, Die Verselbständigung des europäischen ordre

to international public order in its decisions[10], but this addition is redundant and only indicates that this is a cross-border case[11]. International public order is specific to each State, so we speak of French international public order and German international public order. Nevertheless, the Court of Justice will check that each use complies with European law[12].

In the new succession regulation, a provision entitled "public policy" allows Member States[13] to apply their own concept. Article 35 provides that: " The application of a provision of the law of any State specified by this Regulation may be refused only if such application is manifestly incompatible with the public policy (*ordre public*) of the forum". If this provision can and should even be invoked when a foreign law disregards the principle of equality between successors, for example because of sex or religion, for the hereditary reserve it is not so obvious.

It is on this point that we will focus in a second part by evoking the latest concrete developments with a real upheaval in France and a real question in Germany following the entry into force and a fortiori following the implementation of the succession regulation[14].

---

public, in : Privatrecht in Europa : Vielfalt, Kollision, Kooperation, Festschrift für H. Jürgen Sonnenberger zum 70. Geburtstag, 2004, S. 294).

10 BGH NJW 2016, 160.

11 B. Gsell, W. Krüger, S. Lorenz, J. Mayer, Art. 6 EGBGB, Rn. 170, in beck-online Grosskommentar.

12 CJCE, 28 mars 2000, C-7/98, Krombach c. Bambersky, point 23 : « It is nonetheless required to review the limits within which the courts of a Contracting State may have recourse to that concept » ; CJCE, 14 octobre 2004, C-36/02, Omega, point 30 : « Its scope cannot be determined unilaterally by each Member State without any control by the Community institutions ».

13 Only the States party to the Regulation, i.e. the Member States of the European Union except the United Kingdom, Ireland (recital 82) and Denmark (recital 83), are covered.

14 It is worth noting that the date of entry into force of the Regulation was set at 16 August 2012 and its application dates only from 17 August 2015 (Art. 84). This dissociation, which will also be found in the last block on private international family property law (Art. 70 of Regulation 2016/1103 of 24 June 2016 implementing enhanced cooperation in the field of jurisdiction, applicable law, recognition and enforcement of judgments in matrimonial property regimes), allows practitioners to be better prepared for the new rules in the majority of cases, which are simpler, but sometimes in the opposite direction to pre-existing solutions.

II. The place given to international public order and the constitution in the face of the most recent developments in the field of international successions

A. The French jurisprudential saga

Before the succession regulation, reference was often made in France to an old decision of the Paris Court of Appeal dating from 1987[15]. The latter considered that the hereditary reserve was not of international public order but had ruled on exequatur. This was the only case law reference, which is explained by the fact that the « droit de prélèvement » mechanism existed until 2011 when it was repealed. It was from that moment that the question really arose as to the fate of the hereditary reserve in international successions, since international public order was the last means of protecting it. In the past, it had also been possible to invoke the mechanism of fraud to protect the hereditary reserve, but only under French law. German law has always been reluctant to apply it, as was noted when the Regulation was drafted[16].

It was in 2013, two years after the abrogation of the « droit de prélèvement », that the jurisprudential saga began. In two high-profile cases, each of the two deceased died in California, where they had their homes. Regulation 650/2012 did not apply to their succession, which was opened in 2004 and 2009, so it was necessary to use the old conflict of laws rules. The movable property representing the vast majority of the estate depended on the law of the deceased's domicile, namely California law. The deceased had succeeded in transferring the entire estate to their wives by removing the children of previous unions through a family trust. In the Colombier case, their two daughters were subsequently to inherit upon the wife's death. California law ignores the hereditary reserve, but children deprived of their share normally attributable under French law have therefore brought an action before the French courts.

The Court of Cassation put an end to the doubts surrounding the hereditary reserve and international public order on 27 September 2017[17] in the famous Jarre and Colombier judgments, since it followed the reasoning of the Court of Appeal[18] by considering that the law which "ignores

15 Cour d'Appel de Paris, 3 novembre 1987, JDI 1990. 109, note J. Héron.

16 A. Dutta, Vorbemerkung zu Art. 20 EuErbVO, Münchener Kommentar zum BGB, 6. Auflage 2015, Rn. 35.

17 Cass. 1re civ., 27 septembre 2017, pourvois n° 16-17198 ; n° 16-13151.

18 Cour d'Appel de Paris, pôle 3 chambre I, 16 décembre 2015, Aff. Colombier, n° 13/17078.

the hereditary reserve is not in itself contrary to French international public policy and can only be ruled out if its practical application in the present case leads to a situation incompatible with the principles of French law considered essential". The arguments of the High Court[19] were already extremely convincing and suggested that the Court of Cassation would take such a position. Indeed, "if the Constitutional Council considers, in recital 6 of its decision, that in order to restore the equality between heirs guaranteed by French law, the legislator could base a difference of treatment on the fact that foreign law favours the foreign heir to the detriment of the French heir (...) it must be noted that the legislator did not consider it useful, until now, to take a measure allowing any heir, French or not, injured by the application of a foreign inheritance law, to undertake a withdrawal on inheritance property located in France, it being noted that Regulation (EU) No 650/2012 does not prohibit it". The legislator's inaction clearly shows that the protection of the hereditary reserve was no longer so essential in his view and this is corroborated by the Court of Appeal, which had indicated that "the amendments made in France by the law of 23 June 2006 to the law of succession (...), the mechanisms introduced by the European regulation of 4 July 2012, marked by greater freedom to test and the anticipation of succession, now in force in France, have changed the meaning of the hereditary reserve".

In the two judgments Jarre and Colombier, the Court of Cassation gives us, on the one hand, a satisfactory answer as it was anticipated, leaving no room for doubt, but on the other hand leaves some uncertainties. What must be remembered is that if the law of habitual residence or even why not the designated national law[20] disregards the hereditary reserve, there is no reason to apply international public policy under Article 35 of the Rome IV Regulation, since the hereditary reserve would not be an essential principle of French law. This is the principle laid down by the Regulatory Court, which nevertheless suffers from an exception, and which, according to the Court, requires an in concreto assessment to ensure that the heir benefits from a minimum subsistence level. However, if in abstracto disinheriting is not shocking, why should it become more shocking in concre-

---

19 TGI Paris du 10 juillet 2013, n° 06/13502.

20 The rule of principle remains the connection to the law of the deceased's last habitual residence (Art. 21§ 1) and if the deceased wished to make a choice of law (professio juris), this requires that it be made exclusively in favour of his national law (Art. 22§ 1).

to?[21] The solution of the Hague Convention of 1989[22] is interesting in this respect, as it was in line with the Court of Cassation. It did not focus on the hereditary reserve as such, but looked at the final result and provided a remedy in the event of a shocking situation[23].

What the Court of Cassation invites us to take into account in any case is the economic situation or need of the heir(s) who cannot be totally disinherited and in case of proven indigence international public order may apply. It is clear that the reserve can now be assimilated to a maintenance claim[24] under French law which will be determined exclusively on the basis of the situation of an heir, we are dealing with an instrument that shapes a situation of inequality. We would have a two-tier inheritance law, so to speak, with on the one hand a heir who has potentially succeeded well in his life and on the other hand, a younger brother who has given up his studies and prefers to live on the hook of the society. These are extreme cases but where the situation of inequality and frustration that the decision of the Court of Cassation can generate is clearly perceived, since in the first case the older brother would not have the right to the hereditary reserve and in the second, he could benefit from it. It remains to be seen how this "new" hereditary reserve will be calculated[25]. We are not immune from litigation.

21 M. Goré, Requiem pour la réserve héréditaire, Defrénois, 12.10.2017, n° 22, p. 26.

22 Convention of 1 August 1989 on the Law Applicable to Succession to the Estates of Deceased Persons, which has not entered into force in France and Germany. However, it was used as a basis for the succession regulation.

23 Art. 24§ 1 littera d : « Any State may, at the time of signature, ratification, acceptance, approval or accession, make any of the following reservations that it will not recognize a designation made under Article 5, if all of the following conditions are met -
- the law of the State making the reservation would have been the applicable law under Article 3 if there had been no valid designation made under Article 5,
- the application of the law designated under Article 5 would totally or very substantially deprive the spouse or a child of the deceased of an inheritance or family provision to which the spouse or child would have been entitled under the mandatory rules of the law of the State making this reservation,
- that spouse or child is habitually resident in or a national of that State.

24 The maintenance character of the hereditary reserve was expressly cited by the Court of Appeal, while the Court of Cassation did not reiterate this reference (E. Fongaro, La réserve héréditaire ne relève pas, en principe, de l'ordre public international, in : La Semaine Juridique Notariale et Immobilière n° 45, 10 novembre 2017, 1305, p. 6).

25 E. Fongaro does not know whether to refer instead to the classical calculation methods of the French Civil Code or whether to take into account the resources of the heir or the deceased (ibidem) ; Rather, M. Goré opts for the second solu-

B. The inheritance regulation and the German inheritance reserve

In Germany, it is necessary to note that a violation of Article 6 EGBGBGB relating to German international public policy could exist according to part of the doctrine, when the heir who cannot be totally disinherited was a minor or in a situation of indigence or even holder of German social assistance[26], which ultimately approaches the solution of the Jarre and Colombier judgments. Similarly, the German Federal Court, like the Court of Cassation, had held that there was in principle no violation of international public policy when the foreign law applicable to the succession did not provide for the hereditary reserve[27]. In any case, this was well before the decision of the German Constitutional Court in 2005, which ensured the protection of the hereditary reserve by means of the constitution.

The German Federal Court has not ruled since the Constitutional Court's decision, so the question remains open as to whether the solution is still valid despite the constitutional nature of the hereditary reserve under German law.

What is known is that Article 27(2) of the proposed Regulation - i.e. the current Article 35 on international public policy - provided that "Differences between the laws relating to the protection of the legitimate interests of the relatives of the deceased must not be used to justify its use, as this would be incompatible with the objective of ensuring the application of a single law to all of the succession property". The justification for such a provision was in the preservation of the unity of the succession, it should not be compromised by rights that recognized a lower reserve rate. This provision could therefore be understood in a rather favourable sense for

---

tion, which suggests that the assessment "may vary according to the most subjective assessments" (M. Goré, Requiem pour la réserve héréditaire, Defrénois, 12.10.2017, n° 22, p. 26) ; we can also consider the maintenance claim of ordinary ascendants against succession on the basis of the article 758 Cciv (J. Guillaumé, La loi étrangère qui ne connaît pas la réserve héréditaire n'est pas en soi contraire à l'ordre public international, Recueil Dalloz 2017, p. 2185).

26 H. Klingelhöffer, Kollisionsrechtliche Probleme des Pflichtteils, ZEV 1996, 258, 259 ; contra : Müller-Lukoschek, Die neue EU-Erbrechtsverordnung, zerb Verlag, 2. Auflage, S. 243, for whom this solution is not satisfactory because the results are not predictable. In France, we would join this old German doctrine if we take into account to a greater or lesser extent minors, vulnerable adults mainly when they were financially dependent on the deceased (L.Dimitrov, M-L. Niboyet, Réserve héréditaire et ordre public international : les arrêts tant attendus n'ont pas tenu toutes leurs promesses, Gazettes du Palais, n° 1, 9 janvier 2018).

27 BGH NJW 1993, 1920 (1921).

the hereditary reserve by considering that if the rate of the reserve varied from one State to another, it could not be sufficient to invoke public order[28]. However, another interpretation could emerge and retained that when the law that was to apply to the succession did not know the hereditary reserve, there was no violation of the international public order of the forum[29].

This article, which should rather have been the subject of a recital[30], has been deleted following criticism mainly from Germany, since the "Pflichtteilsrecht" is part of German international public policy and there was clearly a contradiction in retaining the second interpretation. Part of German doctrine is of the opinion that with the Rome IV Regulation the hereditary reserve could be of international public policy within the meaning of Article 35[31]. In the absence of a clear and unambiguous position like the Court of Cassation, nothing is certain.

What we must keep in mind is that not everything is fixed and the arguments put forward so far may no longer be relevant in the near future. It is known that the European Court of Human Rights has always considered that any discrimination between heirs should be punished, but refuses to guarantee them rights from an inheritance[32]. However, it should not be forgotten that the Court of Justice of the European Union could assess the extent to which the breach of the reservation allows the reaction of public policy[33]. The recent evolution of the hereditary reserve in France "would undoubtedly weigh very heavily in the balance of the European judge"[34] and what will happen in this case to the German hereditary reserve?

---

28 Recital 54 confirms that a simple difference in the hereditary reserve of one State compared to another does not seem shocking ; contra : M. Grimaldi considers that intervention by public policy is justified when the reserve is "much lower than that of the forum » (Brèves réflexions sur l'ordre public et la réserve héréditaire, Defrénois, 2012, art. 40563).

29 H. Dörner, Der Entwurf einer europäischen Verordnung zum Internationalen Erb- und Erbverfahrensrecht- Überblick und ausgewählte Probleme, ZEV 2010, 221, 227.

30 Lechner, in : Dutta/Herrler, Die Europäische Erbrechtsverordnung, 2014, Rn. 5.

31 F. Bauer in : Dutta/Weber, Art. 35 Öffentliche Ordnung (ordre public), Internationales Erbrecht, 1. Auflage, 2016, Rn. 11 ; A. Dutta, Münchener Kommentar zum BGB, 7. Auflage 2018, Art. 35 EuErbVO, Rn. 8.

32 Aff. Merger et Cros c. France, requête n° 68864/01, point 37 ; Aff. Fabris c. France, requête n° 16574/08, point 50.

33 P. Mayer, V. Heuzé, Droit international privé, LGDJ, 11ème édition, 2014, n° 881.

34 H. Fulchiron, Réserve et ordre public : protection nécessaire ou protection du nécessaire ?, Droit et patrimoine, n° 246, 1er avril 2015, p. 4.

Conclusion: While in an internal succession the respect of the hereditary reserve is indisputable, whether in France through internal public order or in Germany through the Constitution, in an international succession the hereditary reserve may in certain cases be avoided. The role of the Constitutional Courts in relation to the hereditary reserve has not been the same and in a sense in contrast. The right of deduction made it possible to restore a certain equality between the heirs and it is on this very basis that the unconstitutionality of this mechanism was pronounced. In Germany, the intervention of the Constitutional Court has allowed the hereditary reserve to enjoy relatively strong protection. All this is not necessarily transposable to international successions, particularly in France since the recent decision of the Court of Cassation, which excludes in principle the application of international public policy when foreign law ignores the hereditary reserve. In Germany, unlike in France, it is only on the basis of doctrine that solutions can be found, which are not yet established.

In any case, the succession regulation has provided for a certain liberalism among its many provisions, which will certainly gradually make the Member States aware, as shown by the arguments developed in the Jarre and Colombier judgments, that the nature of the hereditary reserve has changed in the international order. Perhaps States will even be encouraged to change the nature of the hereditary reserve in the internal order or even abandon it, who knows?

Bibliography

Monograph :

Müller–Lukoscheck J.,
- *Die neue EU-Erbrechtsverordnung*, zerb verlag, 2. Auflage 2015.
Simitis K.,
- *Gute Sitten und ordre public*, Elwert, 1960

Collective book :

Dutta/Weber, Art. 35 öffentliche Ordnung (ordre public), Internationales Erbrecht, C.H. Beck, 1. Auflage, 2016.

Dutta A., *Art. 35 EuErbVO, Münchener Kommentar zum BGB*, C.H. Beck, 7. Auflage, 2018.

Dutta A., *Vorbemerkung zu Art. 20 EuErbVO, Münchener Kommentar zum BGB*, C.H. Beck, 6. Auflage 2015.

Mayer P., Heuzé V., *Droit international privé*, LGDJ, 11è édition, 2014.

Review articles :

Dimitrov L., Niboyet M-L., « Réserve héréditaire et ordre public international : les arrêts tant attendus n'ont pas tenu toutes leurs promesses », Gazettes du Palais, n ° 1, 9 janvier 2018.

Dörner H., « Der Entwurf einer europäischen Verordnung zum internationalen Erb- und Erbverfahrensrecht – Überblick und ausgewählte Probleme », ZEV 2010, pp. 221, 227.

Fongaro E., « La réserve héréditaire ne relève pas, en principe, de l'ordre public international », La semaine juridique notariale et immobilière, n° 45, 10 novembre 2017, p. 6.

Fulchiron H., « Réserve et ordre public : protection nécessaire ou protection du nécessaire ? », Droit et Patrimoine, n° 246, 1er avril 2015, p. 4.

Goré M., « Requiem pour la réserve héréditaire », Defrénois, n° 22, 12 octobre 2017, p. 26.

Guillaumé J., « La loi étrangère qui ne connaît pas la réserve héréditaire n'est pas en soi contraire à l'ordre public international », Recueil Dalloz, 2017, p. 2185.

Klingelhöffer H., « Kollisionsrechtliche Probleme des Pflichtteils », ZEV, 1996, pp. 258, 259.

Article published in a collective work :

Basedow J., « Die Verselbständigung des europäischen ordre public » in : Privatrecht in Europa : Vielfalt, Kollision, Kooperation, Festschrift für H. Jürgen Sonnenberger zum 70. Geburtstag, C.H. Beck, 2004, p. 294.

Le système de représentation politique mauricien : entre symbole et nécessités démocratiques

Josselin Rio

La Constitution de Maurice a fêté le 12 mars 2018 son demi-siècle d'existence. Comme la plupart des Constitutions, les origines du système électoral sont plus anciennes. Le suffrage universel, tout comme la logique d'une représentation des minorités, remonte à 1958[1] et l'émergence d'une vie politique accompagnant l'utilisation d'un processus électif remonte, quant à elle, à 1885[2].

L'analyse des systèmes électoraux conduit systématiquement à observer l'absence de confiance absolue dans le suffrage universel. La loi du nombre a rarement joué pleinement dès l'instauration d'une République démocratique. Tout comme certaines Républiques européennes à leurs débuts, le suffrage mauricien fut restreint par un cens élevé[3]. La disparition de cet obstacle ne s'est cependant pas accompagnée d'une totale abdication en faveur du suffrage universel. Là où les régimes européens ont eu recours à des techniques de votes pluraux pondérant la puissance des électeurs[4], le droit électoral mauricien a choisi de pondérer la loi du nombre par une représentativité spéciale : une représentation des communautés.

---

1 BOUDET (C.), « L'émergence de la démocratie consociative à Maurice (1945-1968) », *Annuaire des pays de l'Océan Indien*, 2001, Vol. 17, p. 330 :« Le gouvernement britannique tranche dans le débat en promulguant la Constitution de 1958 qui instaure le suffrage universel [...] et l'accompagne d'un système de nominations correctives destiné à assurer la représentation des minorités ».

2 LAU THI KENG (J.-C.), *Interethnicité et politique à l'île Maurice*, L'Harmattan, Paris, 1991, p. 16.

3 Ibid. p. 16.

4 Pour quelques exemples de votes pluraux dans les pays européens, voir : DUGUET (R.), *Du Vote Plural*, Thèse, Paris, 1900 ; LABOURÉ (P.), *Le vote plural et ses applications*, Thèse, Paris, 1910 ; MAURANGES (M.), *Le Vote plural, son application dans les élections belges*, Thèse, Paris, 1899 ; BARTHÉLEMY (J.), *L'organisation du suffrage censitaire et l'expérience Belge : Suffrage censitaire, capacitaire, universel, suffrage plural, vote obligatoire, sincérité des opérations électorales, scrutin de liste, scrutin uninominal, représentation des intérêts, représentation proportionnelle*, édité par Giard (M.) et Brière (É), Paris, 1912.

Ce choix spécifique s'explique par l'histoire de la composition démographique de l'île Maurice. Le territoire ne comportant pas d'autochtones, l'histoire de son peuplement ne peut être dissociée du développement économique de l'île[5]. L'origine d'un groupe « franco-mauricien » est issue de l'exploitation sucrière de l'île qui se verra complétée par l'immigration massive d'indiens comme main d'œuvre agricole à la suite de l'abolition de l'esclavage. Ce peuplement sera enrichi par l'immigration d'une population chinoise[6]. La coexistence de ces communautés ne se fait pas sur un pied d'égalité démographique. En 1944, la population mauricienne « comprend trois grands groupes : les Indo-Mauriciens (66,9%), la Population Générale (29,6%) et les Sino-Mauriciens (3,5%) pour un effectif total d'environ 420000 personnes »[7]. Ces chiffres étant portés, en 1991, à 68,3% pour les Indo-Mauriciens (dont 51, 8% d'hindous et 16,5% de musulmans), à 28,5% pour la Population générale (dont 3-4% de Franco-Mauricien) et à 3,2% pour les Sino-Mauriciens[8] pour un total de 1 023 900 habitants. La structuration et l'appellation de ces groupes n'a pas été uniforme à travers l'histoire[9]. Ce peuplement d'origines multiples explique que « le système politique mis en place à Maurice lors du processus de décolonisation britannique repose largement sur l'institutionnalisation du pluralisme culturel »[10]. En ce sens, le point 3 de l'Annexe 1 de la Constitution reconnaît l'existence de 4 communautés[11].

---

5 COLOM (J.), *La Justice constitutionnelle dans les États du Nouveau Commonwealth : Le cas de l'île Maurice*, éd. Economica, collection droit public positif, Presses Universitaires d'Aix-Marseille, Paris, 1994, p. 169-170.

6 Ibid., p. 169-170.

7 LAU THI KENG (J.-C.), *Interethnicité et politique à l'île Maurice*, op cit., p. 14.

8 Ibid., p. 15.

9 Ibid., p. 60 : « Le groupe indien va réapparaître vers le milieu du XIXe siècle tandis que le groupe de différents types d'Africains et de Malgaches vont se fusionner entre eux et se métisser avec les blancs pour donner ce qu'aujourd'hui on dénomme la « Population générale ». Cette catégorie va devenir un peu le fourre-tout de tous les cas « douteux » […] La communauté musulmane, quant à elle, n'émerge en tant que groupe distinctement reconnu qu'à partir du recensement de 1962 ». L'auteur cite notamment BROOKFIELD (H. C.), « Population distribution in Mauritius. An inquiry into the determinants of distribution in a tropical sugar island », *Journal of tropical geography, XIII*, dec. 1959 (Republié par l'Université de Malaisie), p.13, note n°1.

10 BOUDET (C.), « L'émergence de la démocratie consociative à Maurice », op. cit., p. 325.

11 Constitution de la République de Maurice du 12 mars 1968, Annexe 1, 4ème point, alinéa 3 : « […] la population de Maurice est considérée comme comprenant une communauté hindoue, une communauté musulmane et une communauté sino-

La connaissance des individus composant l'entité souveraine apparaît comme une condition nécessaire à sa représentation adéquate. Ainsi, le recensement du nombre et de l'identité des sujets d'une puissance publique « s'inscrit historiquement dans la mise en place au XIXe siècle de régimes politiques fondés sur le principe de la souveraineté nationale »[12]. Toute la question est alors de savoir ce que l'on représente ? Cette dernière tourmente l'ensemble des théoriciens politiques depuis l'Athènes antique. Est-ce que l'on représente les individus pour ce qu'ils sont ? Ou est-ce que l'on représente l'entité « citoyen » qui n'est rien d'autre qu'un sujet interchangeable, qu'un citoyen fongible ?

Toute l'originalité du système mauricien, et probablement toute sa complexité, découlent du fait que la Constitution, tout comme les acteurs politiques à travers l'histoire constitutionnelle du pays, semble tiraillée entre ces deux logiques. Le compromis entre la représentation du citoyen fongible (sujet politique libre et autonome) et de l'individu complexe (sujet politique, culturel, ethnique, communautaire, religieux, économique etc.) s'illustre au travers d'un certain nombre de dispositions constitutionnelles, notamment en droit électoral. Ce compromis accentue la représentation par l'appartenance communautaire et occulte les autres types d'appartenances, de traits caractéristiques de l'individu (situation sociale, économique, familiale, affiliations culturelles etc.)

Le rôle de chaque institution dans la représentation politique étant susceptible d'un trop grand nombre de questionnements, les développements qui vont suivre s'intéresseront uniquement aux mécanismes électoraux régissant la représentation politique des mauriciens. Ainsi, ne seront pas étudiés tout un ensemble de mesures constitutionnelles ou de pratiques institutionnelles qui jouent un rôle dans la protection des communautés, comme le président de la République, l'Ombudsman (défenseur des droits), le président et les membres de la Cour Suprême, le leader de l'opposition, la commission des services publics, etc.[13].

---

mauricienne ; toute personne qui, par son mode de vie, ne peut être considérée comme appartenant à l'une de ces trois communautés, est réputée appartenir à la population générale, laquelle forme elle-même une quatrième communauté ».

12 LABBÉ (M.), « Statistique ethnique, légitimité politique et changement de régime », *Critique internationale*, 2009/4 (n° 45), p. 13.

13 FAVOREU (L.), « Le régime constitutionnel et politique de l'Ile Maurice », *R. jur. Pol. Ind Coop*., t. 23, n° 3, Paris, juillet 1969, pp. 316-317. Voir également : COLOM (J.), *La Justice constitutionnelle dans les États du Nouveau Commonwealth : Le cas de l'île Maurice*, op. cit., p. 172.

À côté de ces institutions, l'Annexe 1 de la Constitution de Maurice et plus particulièrement son point 5 va opter pour un mode de scrutin tout à fait particulier souvent résumé à travers l'expression « Best-Loser-System ». Ce système vise à instaurer un scrutin majoritaire plurinominal à un tour compensé. Le caractère plurinominal étant censé permettre la mixité communautaire des candidatures et des votes. La compensation, quant à elle, est un système de « repêchage » des candidats n'ayant pas été élus. Parmi eux, ceux disposant du plus grand nombre de suffrages peuvent prétendre à l'octroi d'un siège. Cependant, la particularité du système ne s'arrête pas là, les candidats malheureux ne sont « repêchés » qu'à condition d'appartenir à la bonne communauté dans un premier temps, puis dans un second temps au parti politique majoritaire. Ces derniers sièges participent directement à l'objectif de représentation descriptive des communautés composant le corps électoral car ils constituent une forme de quota, selon la définition du professeur Nenad, en ce qu'ils sont imposés par « une règle formelle [...] plus ou moins systématique, qui permet de distribuer les positions dans un organisme en fonction de l'appartenance des personnes à des groupes donnés »[14].

L'exemple mauricien permet de rappeler qu'un mode de scrutin n'est pas qu'une simple technique de transformation des voix en sièges. Il s'agit d'un procédé technique ayant pour but la synthèse complexe entre de nombreux objectifs : la stabilité de l'assemblée et la cohérence de la majorité d'un côté, et, de l'autre, la retranscription la plus fidèle possible des différents courants d'opinions exprimés dans les suffrages. Cette fidèle retranscription est guidée par l'importance de voir se confronter les points de vue et intérêts divergents présents au sein du corps électoral. Le mode de scrutin est donc le vecteur permettant ce que Bernard Manin appelle le principe de discussion[15] permettant la relativité des valeurs et des connaissances chère à Hans Kelsen[16], et que de nombreux autres auteurs de doctrine appellent le pluralisme des courants d'idées et d'opinions. Le mode

14 NENAD (S.), *Dialogue sur les quotas. Penser la représentation dans une démocratie multiculturelle*. Presses de Sciences Po (P.F.N.S.P.), 2013, p.21-23. Sur le concept de « représentation-mandat », de « représentation reflet » voir MANIN (B.), *Principes du gouvernement représentatif*, Flammarion, 1995, rééd. 2012, p. 144-148.

15 Sur le principe de discussion voir MANIN (B.), Principes du gouvernement représentatif, op. cit., p. 234-246, 263, 277 et 297.

16 Sur le principe de relativité des valeurs voir KELSEN (H.), *La démocratie, sa nature, sa valeur*, traduction par EISENMANN (C.), Dalloz, 2ème éd., 2004, p. 113. Voir également KELSEN (H.) et URFALINO (P.), « Les fondations de la démocratie, *Raisons politiques n° 53*, 2014/1, p. 33-34.

de scrutin doit donc permettre d'apporter à l'assemblée « délibérante » les moyens de délibérer. En ce sens, le droit électoral doit faire entrer dans l'institution des belligérants, des représentants de causes diverses et variées qui défendront des postures différentes. Le tout étant de favoriser la discussion précédent la prise de décision majoritaire. Cette discussion, cette expression fidèle des courants d'opinions peut être pondérée par des objectifs de représentation descriptive. Le mode de scrutin mauricien ajoute donc un objectif de représentation des communautés à la synthèse complexe destinées à produire leur assemblée législative.

La discussion permet à la majorité d'être informée de l'ensemble des problématiques d'un sujet afin, éventuellement, de réviser sa position et tenir compte de nouveaux éléments. En l'occurrence la pondération communautaire est censée permettre une omniprésence des enjeux communautaires au sein de l'organe délibérant. À terme, la discussion donne la possibilité d'évaluer et de contrôler les décisions de la majorité et de garantir la possible alternance. Une majorité refusant la contradiction heuristique pourra se voir reprocher de ne pas avoir pris les bonnes décisions par le corps électoral ouvrant la possibilité à de multiples oppositions de convaincre et rallier une partie de ce dernier. Le pluralisme politique est donc le fondement du principe de l'alternance lui-même garant de la pacification de la quête du pouvoir[17]. Le mode de scrutin constitue donc le canal légal principal permettant « la protestation des différentes catégories de la population ». L'absence ou la défaillance d'un tel canal disqualifie la représentativité des partis légaux et jette un doute sur le système électif générant des contestations politiques qui ne prennent plus la voie des urnes[18]. Ce canal est d'autant plus difficile à construire qu'il prend en considération un objectif supplémentaire. L'ajout de la représentation des communautés aux objectifs traditionnels d'un mode de scrutin complexifie l'élaboration du système électoral.

Le droit électoral mauricien a-t-il réussi à dénouer cette complexité ? L'entremêlement des représentativités a créé deux boucles électorales : un suffrage majoritaire plurinominal à un tour et une nomination des meilleurs candidats non victorieux. La compréhension et l'évaluation de l'efficacité de ce nœud gordien de la représentativité impliquent moins de

17 ADDI (L), « Pluralisme politique et islam dans le monde arabe », *Pouvoir*, n°104, p. 88, note de bas de page n°3 : « Toute société est traversée par des enjeux de pouvoir [...]. La modernité en Occident a pacifié, pour la première fois dans l'histoire, la compétition pour le pouvoir sur la base de la légitimité électorale avec le principe de l'alternance ».

18 Ibid., p. 94.

trancher brutalement la question que de comprendre la composition et les techniques utilisées pour sa réalisation. La première boucle témoigne d'un indice de représentativité faible dont la justification communautaire apparaît de plus en plus superflue (I). Le second entrelacs présente des défauts de définition et de mise en œuvre dont la rénovation, loin d'être souhaitée politiquement, se révèle presque impossible matériellement et juridiquement (II).

I- Un faible indice de représentativité pour une représentativité communautaire superflue

L'indice de représentativité est un des critères permettant d'analyser la « justice »[19] d'un mode de scrutin : « Par indice de représentativité, on désigne le rapport entre les électeurs effectivement représentés, c'est-à-dire ceux qui ont voté pour une liste qui a obtenu des élus ou pour un candidat qui a été élu, et l'ensemble des électeurs. [...] »[20]. Cet outil mathématique mesure combien de suffrages sont réellement perdus en ce qu'ils n'aboutiraient à l'octroi d'aucun siège à la chambre. Le mode de scrutin mauricien paye un coût excessivement important en voix perdues pour une représentativité communautaire négligeable au travers de ses circonscriptions démographiquement inégalitaires (B) dans lesquels l'électeur désigne en un tour à la majorité relative trois représentants (A).

A- Une faible représentativité communautaire pour une grande brutalité du scrutin majoritaire plurinominal à un tour

Un indice de représentativité particulièrement faible - Le scrutin mauricien n'exigeant qu'une majorité simple et se terminant en un seul tour conduit à la seule représentativité des électeurs ayant voté pour les trois candidats remportant la circonscription. Tous les autres suffrages se retrouvent perdus mise à part l'hypothèse des meilleurs perdants évoquée ci-après. Le scrutin majoritaire, qui plus est plurinominal, aboutit à une très forte « déformation en sièges des résultats en voix » pour reprendre l'expression de Pierre Martin. C'est une défaillance caractéristique du scrutin majori-

---

19 BALINSKI (M.), *Le suffrage universel inachevé*, Débats BELIN, 2004, p. 188-214.
20 MARTIN (P.), *Les systèmes électoraux et les modes de scrutin*, 3e éd., Clefs politique, Montchrestien, p. 87.

taire uninominal que l'auteur illustre au travers des élections présidentielles américaines de 1876, 1888 et de 2000[21] auxquelles l'on peut dorénavant ajouter celle de 2016.

Cette défaillance se trouve fortement amplifiée en ce qui concerne les scrutins majoritaires plurinominaux à un tour. Cela a été une des justifications de l'évolution en faveur de la proportionnelle du mode de scrutin Turc selon l'auteur précité[22]. Pour reprendre l'expression d'un auteur grec, le scrutin majoritaire plurinominal à un tour est « le plus brutal » en termes de représentativité des minorités[23]. Ayant pour objectif la représentation des communautés, l'élection de 3 députés par circonscription selon ce mode de suffrage peut paraître paradoxale.

De plus, la majorité relative induite par ce mode de scrutin est connue pour son atteinte au principe de monotonie[24] : le vainqueur en sièges n'est pas forcément le vainqueur en voix. Cela peut se produire suite à l'aléa des affrontements et résultats électoraux dans l'ensemble des circonscriptions ainsi qu'à l'absence de seuil d'éligibilité inhérent à la majorité relative.

La dangerosité du « Winner take all » - Si le faible indice de représentativité avait déjà été souligné par le rapport de la Commission Sachs[25], ce dernier mit également en lumière la potentielle atteinte au principe de l'alternance par un phénomène de « winner take all ». Le rapport explique en ce sens que « bien qu'ayant obtenu un vote substantiel, l'opposition a été complètement ou presque complètement éliminée. Ainsi, en 1982 et en 1995, le résultat était de 60 à 0, alors qu'en 1991 et en l'an 2000, la présence de l'opposition atteignait à peine des niveaux symboliques »[26]. Cette dérive du mode de scrutin est également dénoncée par le rapport Carcassonne, observant que celui-ci « donne des résultats très déséquilibrés accentuant la

---

21 MARTIN (P.), *Les systèmes électoraux et les modes de scrutin*, op. cit., p. 53-54 : « le candidat [...] l'avait emporté en termes de suffrages et où le candidat républicain l'avait emporté en nombre de grands électeurs ».

22 Ibid., p. 52-53. Leurs élections législatives de 1950, 1954 et 1957 avaient en effet recensé une amplification massive des sièges par rapport à la victoire en voix conduisant à une chute de l'indice de représentativité.

23 DIAMANTOPOULOS (T.), *Les systèmes électoraux aux présidentielles et aux législatives*, éd. de l'Université de Bruxelles, 2004, p. 123-127.

24 Voir en ce sens les ouvrages précités de BALINSKI (M), DIAMANTOPOULOS (T.) et MARTIN (P.).

25 SACHS (A.), TANDON (B. B.) et AHNEE (R.), *Report of the commission on constitutional and electoral reform*, Port Louis, 2002, p. 1, nous traduisons.

26 Ibid. p. 13, nous traduisons. Voir également, GUNPUTH (R. P.), « Droit électoral. Projet de réforme électorale prospective en droit constitutionnel ou la pratique du Best Loser System et du système proportionnel », *RFDC* n°78, 2009/2 p. 433.

victoire du camp arrivé en tête au point de priver la minorité de la représentation équitable à laquelle elle doit toujours avoir droit »[27]. Reprenant les chiffres de l'ensemble des travaux et rapports soulignant les discordances entre les résultats en voix et ceux en sièges, le Gouvernement mauricien a reconnu ce faible indice de représentativité et la nécessité d'une réforme[28].

Une faiblesse volontaire pour un rendement incertain - Au-delà de la nécessaire émergence d'une majorité parlementaire stable et cohérente, l'objectif poursuivi par ce mode de scrutin était d'obliger les partis à présenter des candidats de différentes communautés dans une même circonscription. Les différentes communautés étant éparpillées à travers le territoire national, le caractère plurinominal devait pousser « les partis politiques à s'organiser ou à conclure des alliances sur des bases transethniques » pour augmenter leur chance de remporter les trois sièges de la circonscription. Ce choix résulte d'une volonté politique, issue de l'indépendance, de ne pas transformer la vie politique (et donc les partis qui l'animent) en miroir des communautés. Le fait de pouvoir choisir trois candidats devait permettre à l'individu de voter à la fois pour sa communauté et ses opinions politiques.

Cependant, aucune précision ou contraintes normatives n'imposent, aux partis, des alliances pluriethniques ou la présentation de candidats de communautés différentes. Ainsi, l'atteinte à l'indice de représentativité ne se fonde que sur la supposition d'un comportement stratégique des formations politiques. Autrement dit, ce mode de scrutin fut choisi sur des spéculations de sociologie électorale : le fait que les partis choisissent de présenter des candidats d'origines communautaires différentes et que les électeurs votent pour ces candidats[29]. Les électeurs comme les partis ont donc la possibilité de réduire à néant la représentativité communautaire. Ainsi, si celle-ci est volontairement détruite, à quoi cela sert-il de maintenir un mode de scrutin avec un aussi faible indice de représentativité.

Si la plupart des rapports précités préconisent un passage à un mode de scrutin proportionnel, une réforme différente est possible : les scrutins uninominaux apparaissent « moins injustes », en ce qui concerne l'amplifica-

---

27 BOGDANOR (V.), CARCASSONNE (G.) et VILANOVA (P.), *Rapport à Monsieur le Premier Ministre sur la réforme électorale*, Londres, Paris, Barcelone, 2011, p. 2.

28 Republic of Mauritius, *Renewing Democracy, Electoral Reform. Modernising the Electoral System, Consultation Paper*, 2014, p. 57.

29 FAVOREU (L.), *L'île Maurice*, éd. Berger Levrault, coll. Encyclopédie politique et constitutionnelle série Afrique, 1970, p. 41. CHAN LOW (J.), « L'actualité du débat constitutionnel dans la vie politique à l'île Maurice », préc., p. 72-73.

tion des sièges, que les scrutins plurinominaux[30]. Le maintien de l'objectif de stabilité et de cohérence de la majorité parlementaire pourrait alors être garanti avec un meilleur indice de représentativité. Il sera également toujours possible de jouer sur le nombre de tours, la pondération des voix, le type de suffrage utilisé, etc.[31] pour garantir une éventuelle représentativité communautaire complémentaire. Les procédures de votations regorgent de subtilités et de potentialités qu'il conviendrait d'étudier pour rétablir un entremêlement plus équitable, plus équilibré des représentativités individuelles et communautaires. Ces évolutions pourront d'ailleurs accompagner une rénovation du découpage des circonscriptions qui porte également atteinte à l'indice de représentativité

B- *Une faible densité communautaire pour des circonscriptions inégalitaires*

Une égalité de puissance électorale - Une autre difficulté est inhérente au choix du mode de scrutin. Si la République de Maurice souhaite augmenter l'indice de représentativité de son mode de scrutin, tout en restant sur un mode de scrutin majoritaire, elle se doit de faire respecter l'égalité arithmétique de suffrage qui « ne peut être réellement obtenu que dans le cadre de circonscriptions de même population comprenant le même nombre de sièges à pourvoir. En effet, si l'on a un nombre de sièges par circonscription qui n'est pas proportionnel à leur population, certains électeurs sont obligatoirement sous-représentés, ceux qui votent dans les circonscriptions sous-représentées »[32].

Une inégalité voulue - Le paradoxe du système mauricien se retrouve encore une fois dans le découpage des circonscriptions. Il est porté atteinte à l'indice de représentativité des électeurs dans un souci de représentativité des communautés. Toutes les circonscriptions envoient 3 représentants au Parlement (excepté Rodrigues dont le statut particulier ne sera pas abordé présentement), peu importe leur population.

À l'aube de l'indépendance, l'inégalité démographique des circonscriptions fut volontaire au regard de l'objectif de représentation des minorités communautaires. M. Lau Thi Keng constatait déjà une telle inégalité :

---

30 Ibid., p. 57-58.

31 T. DIAMANTOPOULOS, précité, explicite différentes procédures de votation : le vote unique non transférable, le vote limité, le vote cumulatif, le vote gradué (qui s'apparente au jugement majoritaire expliqué par M. BALINSKI, précité), le vote alternatif .

32 Ibdi., p. 54.

« Les circonscriptions de Maurice varient en taille, allant de 21 000 électeurs environ pour la plus petite à 39 000 pour la plus grande, sauf la circonscription de Rodrigues qui a autour de 17 000 électeurs inscrits ». Celle-ci était issue d'un objectif purement communautaire puisque dès 1958 la Commission des limites électorales « avait pour souci de découper l'île de telle sorte que chaque communauté puisse avoir les mêmes chances d'envoyer à l'Assemblée un nombre de députés proportionnel à la représentation nationale »[33]. Contrairement au gerrymandering ethnique, pratiqué aux États-Unis dans les années soixante-dix, l'île Maurice va adopter une pratique inverse semblable à celle des américains après 1982 : un racial redistricting[34]. Cette posture est clairement assumée dans le rapport Sithanen[35].

Cette atteinte à l'indice de représentativité sert la représentativité communautaire. Au-delà de la dispersion des communautés entre les vingt circonscriptions de l'île et la géographie parfois complexe[36], « 10 circonscriptions avec une majorité hindoue, 4 avec une majorité de la population générale, 2 musulmanes »[37] semblent garantir une représentativité communautaire. Les différents travaux et rapports ne s'intéressant qu'à la reconstruction du mode de scrutin, proposant la proportionnelle, entrainant la rénovation des circonscriptions actuelles (notamment le rapport Carcassonne) ont été vivement rejetés car il semblerait qu'au niveau des partis traditionnels il n'y ait « aucune intention de remettre en cause le fondement du système électoral qui repose sur la représentation de communautés »[38] peu importent les inégalités démographiques et donc l'inégalité de puissance des électeurs.

Une impossible alternance compensée - M. Chan Low affirme que ce découpage ethnique soulignerait l'existence d'une Constitution informelle fondée non plus sur la représentation des citoyens-individus mais sur une représentation communautaire dont les logiques viendraient pervertir les institutions[39]. Ce découpage ethnique, loin de pervertir les institutions,

---

33 LAU THI KENG (J.-C.), *Interethnicité et politique à l'île Maurice*, op. cit., p. 22-23.

34 FASSIN (É.), « Les couleurs de la représentation. Introduction », *RFSP* n°60, 2010/4.

35 Voir en ce sens Republic of Mauritius, *Renewing Democracy, Electoral Reform. Modernising the Electoral System, Consultation Paper*, 2014, p. 43.

36 Voir également LAU THI KENG (J.-C.), *Interethnicité et politique à l'île Maurice*, op. cit., p. 23.

37 CHAN LOW (J.), « L'actualité du débat constitutionnel dans la vie politique à l'île Maurice », préc., p. 79.

38 Ibid., p. 79.

39 Ibid., p. 79.

permet de concilier les logiques propres aux deux représentativités en jeu. Le découpage des circonscriptions semble résoudre un problème inhérent à la logique du principe majoritaire. Avant d'envisager cette solution, quelques détails sur les contraintes du principe majoritaire permettront d'apprécier plus subtilement le rôle des circonscriptions inégalitaires.

Dans une société pluricommunautaire, « la minorité ne peut espérer passer à un statut de majorité que par un accroissement démographique accéléré et compétitif et, en somme, aléatoire. La minorité serait donc condamnée à rester minoritaire ». Le changement de majorité parlementaire s'opère alors non pas sur un plan d'idéologie politique, mais sur un plan aléatoire dépendant des taux de natalité de chaque communauté. Ainsi, « si la loi de majorité a donc été associée à celle de démocratie, c'est à cause de la possibilité d'alternance au pouvoir de la majorité et de la minorité devenue majoritaire. Mais quand la possibilité même de l'alternance est exclue, le gouvernement des sociétés plurales en vertu de la loi de majorité, même en l'assouplissant, perd sa valeur démocratique »[40].

La critique et la contradiction politique et parlementaire étant insusceptibles de convertir communautairement, le poids politique des minorités devient négligeable en ce qu'elles sont incapables de se convertir en majorité par la voix des urnes. La contradiction ne comportant pas la menace d'alternance, elle se retrouve démunie de puissance politique.

Les circonscriptions acquises à certaines communautés permettent à ces dernières d'envoyer autant de représentants que des circonscriptions beaucoup plus peuplées. La représentation communautaire devient un choix des individus. Ils peuvent choisir de se regrouper dans une circonscription ou non pour offrir ou conquérir une représentativité communautaire. Ce système heurte nécessairement l'indice de représentativité d'un mode de scrutin mais offre une garantie de représentation communautaire proche de la fédéralisation. Plutôt que de garantir la représentation de territoire inégalement peuplés comme le Sénat américain, le découpage électoral des circonscriptions choisit de garantir une représentativité des communautés. La piste de la fédéralisation pourrait être envisagée par la République de Maurice si elle souhaite rétablir un équilibre et une efficacité cohérente entre les deux types de représentativité. L'exiguïté du territoire mauricien est le seul argument utilisé par les experts constitutionnels britanniques pour rejeter l'idée du fédéralisme et/ou de l'instauration d'une seconde chambre

---

40 MESSARRA (A.), « Un modèle consociatif au Proche-Orient arabe : approche comparative du système politique libanais », in *Mélanges en hommage à Maurice Duverger*, PUF, 1986, p. 138.

représentant les divers groupes composant la population, « formule pourtant retenue dans d'autres pays du Commonwealth (Ceylan, Malaisie, Jamaïque) [...]»[41]. Ce fédéralisme pourrait être une réponse explicite et formelle aux débats sur la capacité de l'espace national mauricien à intégrer la diversité de ses composantes pour paraphraser ce qu'illustre Éloi Ficquet au sujet du fédéralisme éthiopien[42].

Toute la problématique, soulignée par le découpage des circonscriptions, tient aux proportions démographiques de chaque communauté. C'est précisément pour répondre à cette préoccupation que les forces politiques à l'aube de l'indépendance, ont milité pour l'ajout, d'une garantie de représentation communautaire[43]. Si le fonctionnement de la règle des « meilleurs perdants » a vieilli, elle n'en conserve pas moins sa logique inhérente au système mauricien. Celle-ci tient à la correction de la critique énoncée en amont au sujet du suffrage plurinominal : celui-ci présuppose un effet de sociologie électorale qui pousserait non seulement les partis à présenter des candidats de communautés différentes, mais également les électeurs à voter pour ces derniers. Or, les proportions démographiques des différentes communautés énoncées en introduction ne garantissent pas du tout un tel effet sociologique, ce qui présente un risque de tyrannie communautaire qu'ont probablement souhaité prévenir les auteurs de cette règle pour le moins originale. Il convient dès lors d'en étudier le fonctionnement et les éventuelles rénovations ou évolutions qu'elle pourrait subir à côté de celles précédemment évoquées en ce qui concerne le mode de scrutin plurinominal à un tour.

II- Une impossible rénovation de la réserve de représentativité communautaire

Là où le scrutin plurinominal et le découpage des circonscriptions ne garantissent qu'implicitement une représentativité communautaire, la logique du *best-loser system* énoncée à l'annexe 1 de la Constitution la garantit explicitement. Une fois l'ensemble des sièges répartis, la règle des meilleurs perdants prévoit l'éventuelle attribution de huit sièges supplémentaires en deux temps. L'attribution des quatre premiers sièges ne prend en considération que l'appartenance communautaire : au regard des

41 FAVOREU (L.), « Le régime constitutionnel et politique de l'Ile Maurice », op. cit., p. 315-316.

42 FICQUET (É), « Fonder un régime sur le recensement ethnique : le fédéralisme éthiopien », *Critique internationale n°45*, 2009/4, p. 54.

43 SACHS (A.), TANDON (B. B.) et AHNEE (R.), op. cit., p. 31.

députés élus, un rapport de proportionnalité est effectué pour déterminer quelle communauté a obtenu le moins de représentants. Les candidats malheureux ayant obtenu le plus grand nombre de suffrages (d'où le terme de best-loser) et ayant déclaré appartenir à la communauté sous-représentée se voient attribuer un siège peu importe la force politique à laquelle ils appartiennent[44]. L'attribution de quatre autres sièges peut être rendue nécessaire pour compléter la représentation communautaire mais également pour prendre en compte un second critère : celle de la monotonie d'un scrutin pour reprendre l'expression de Pierre Martin[45]. Il s'agit de respecter la victoire en voix d'un parti politique. Si celui-ci a obtenu le plus de voix, le mode de scrutin se doit de traduire cette victoire en sièges[46]. Or, l'attribution des quatre premiers sièges est susceptible de réduire l'écart de majorité voir théoriquement de supprimer cette majorité, étant donnée la potentielle appartenance de ces candidats malheureux à des forces d'opposition politique. C'est pourquoi, l'attribution des quatre derniers sièges doit respecter à la fois la disproportion de représentativité entre communautés mais également la disproportion entre le parti vainqueur et les autres formations politiques.

Quand bien même cette règle électorale est intimement liée à l'objectif de représentation communautaire, il est possible de distinguer les critiques propres à l'aspect communautaire des critiques propres au mécanisme électoral. La représentativité communautaire qu'est censée garantir cette procédure complémentaire aux élections législatives souffre d'incohérences dans la définition des meilleurs perdants (A) mais également des communautés (B).

A- *Les incohérences de la définition des meilleurs perdants*

La procédure de nomination des meilleurs perdants fait l'objet de plusieurs critiques : les unes tenant à la procédure de nomination proprement dite, les autres au caractère purement communautaire de la procédure.

Une atteinte au principe de monotonie - La règle d'attribution des quatre derniers sièges souhaite mettre en adéquation le nombre de sièges avec la victoire électorale précédente d'une formation politique. Cependant, la

---

44 GUNPUTH (R. P.), « Droit électoral [...] », op. cit., p. 439. COLOM (J.), *La Justice constitutionnelle dans les États du Nouveau Commonwealth : Le cas de l'île Maurice*, op. cit., p. 173.

45 MARTIN (P.), *Les systèmes électoraux et les modes de scrutin*, op. cit., p. 88.

46 FAVOREU (L.), *L'île Maurice*, op. cit.,p. 41-42.

victoire, comme précisé en amont, du fait du caractère majoritaire et plurinominal peut tout à fait être une victoire avec une minorité des voix. Le *best-loser system* aurait pu venir corriger cette atteinte potentielle à l'indice de représentativité en prenant en compte le parti ayant obtenu le plus de suffrages (qui ne serait pas forcément celui qui aurait obtenu le plus de sièges). Mais, le neuvième paragraphe du point 5 de l'annexe 1 a décidé de ne pas corriger cette disproportion, et décide d'appréhender la victoire électorale non pas en termes de suffrages, mais en termes de candidats élus. Cette précision entache donc l'attribution des quatre derniers sièges d'un indice de représentativité aussi faible que celui du scrutin majoritaire plurinominal à un tour.

Une disparition de la responsabilité politique - Plus largement, pour les huit sièges, un doute existe quant au critère de mérite dans la nomination. Les meilleurs perdants ne sont pas ceux qui ont obtenu le plus de suffrages, ils doivent d'abord appartenir à la bonne communauté et ensuite à la bonne formation politique. Cela peut donc conduire à la nomination de candidats ayant obtenu moins de suffrages que d'autres perdants. Cette répartition est susceptible alors de créer une inégalité de représentation entre les formations politiques dans l'attribution des sièges réservés[47]. Le seul mérite relève alors de l'appartenance communautaire et politique[48]. L'absence de mérite électoral, rejoint une critique plus large quant à la responsabilité politique d'un tel député. La sanction d'un député sortant par le corps électoral pourrait alors être contournée par la règle du *best-loser system*. Ne serait-ce pas là une atteinte importante à la souveraineté du peuple ? L'objectif de représentation communautaire est-il si important qu'il justifie une telle atteinte au pouvoir de suffrage ? Un amendement pourrait facilement être envisagé, complexifiant certes le système, mais évitant une telle aberration : les meilleurs perdants ne pourraient pas être des députés sortants.

En ce qui concerne l'aspect communautaire de ce mécanisme, plusieurs imperfections émanent du débat entre partisans et opposants à ce mécanisme.

La stigmatisation des clivages communautaires - D'une part, on assiste à l'apparition préjudiciable de clivages politiques communautaires. Cette règle des meilleurs perdants ne participe pas à la volonté de générer une

---

47 Republic of Mauritius, *Renewing Democracy, Electoral Reform. […]*, op. cit., p. 60: « And the final result can be arbitrary, for example a small party with a low percentage of votes may secure a Best Loser seat while a larger party with a greater percentage of votes may not ».

48 GUNPUTH (R. P.), « Droit électoral […] », op. cit., p. 439.

représentation communautaire implicite. Pour son application, il est nécessaire de connaître la communauté de tous les candidats. En ce sens ces derniers doivent déclarer cette appartenance pour officialiser leurs candidatures. Les déclarations d'appartenance communautaire explicites et l'existence de ces « sièges réservés » vont conduire à l'apparition de clivages communautaires en politique. Certaines forces politiques[49] vont adopter une posture purement communaliste, réduisant à néant l'objectif initial de représentativité communautaire diluée dans l'ensemble du corps politique. C'est précisément ce caractère officiel, cette introduction d'« éléments de communautarisme dans la Constitution [qui] a violé l'essence même du développement de la citoyenneté mauricienne »[50] qui fonde la plupart des remises en cause de cette règle électorale dans la vie politique du pays. Le *best-loser system* passe d'une garantie nécessaire à un symbole désuet voir contreproductif. De la « curiosité discutable » à l'obstacle au « sentiment national »[51], de « l'anachronisme » au « frein à l'avancement de la société »[52], ce mécanisme fait l'objet de très nombreuses critiques. Cette déclaration de candidature est malheureusement obligatoire[53], son absence conduisant au rejet de la candidature à l'élection[54]. La Constitution bloque ainsi tout potentiel abandon par la pratique d'un tel mécanisme.

Des recensements communautaires périmés - D'autre part, l'évolution de la posture politique vis-à-vis de ce mécanisme n'a fait qu'empirer les choses. Plutôt que de supprimer la règle ou d'en perfectionner le fonctionnement, les autorités politiques, par une demi-réforme peu ambitieuse

---

49 COLOM (J.), *La Justice constitutionnelle dans les États du Nouveau Commonwealth : Le cas de l'île Maurice*, op. cit., p. 173 : « Cette disposition constitutionnelle, réclamée par le C.A.M., qui devait être au départ unesimple protection des communautés a contribué puissamment à maintenir et à développer le communalisme à Maurice ».

50 SACHS (A.), TANDON (B. B.) et AHNEE (R.), op. cit., p. 30-31, nous traduisons.

51 BOGDANOR (V.), CARCASSONNE (G.) et VILANOVA (P.), *Rapport à Monsieur le Premier Ministre sur la réforme électorale*, op. cit., p. 2-3.

52 CHAN LOW (J.), « L'actualité du débat constitutionnel dans la vie politique à l'île Maurice », op. cit., p. 75.

53 COLOM (J.), *La Justice constitutionnelle dans les États du Nouveau Commonwealth : Le cas de l'île Maurice*, op. cit., p.173. Voir également, GUNPUTH (R. P.), « Droit électoral. […] » op. cit., p. 432 : « Qu'en est-il si un candidat refuse de mentionner une telle déclaration sur le formulaire de candidature au motif qu'il est Mauricien ou qu'il ne pratique aucune religion ? Le commissaire électoral rejette sa déclaration de candidature ! ».

54 Republic of Mauritius, *Renewing Democracy, Electoral Reform. […]*, op. cit., p. 46, le document cite l'arrêt *Electoral Supervisory Commission* v. *The Honourable Attorney-General* (2005) MR 42.

n'ont fait que rajouter à l'imperfection du mécanisme. La lutte contre le communalisme de la majorité politique de 1982 a conduit à la suppression par le gouvernement de « l'exigence de mentionner dans les formulaires de recensement démographique, l'appartenance ethnique. Cette disposition éliminant la base de calcul du système des meilleurs perdants, un amendement constitutionnel du 14 décembre 1982 renvoie désormais aux résultats du recensement de 1972 »[55].

La Constitution fut amendée pour préciser sur quel recensement devrait alors se fonder le calcul de la proportion de la communauté la moins représentée. Autrement dit, au lieu de supprimer la règle des « meilleurs perdants » (déjà fondée sur une « base arbitraire, sans aucune justification sociologique sous-jacente ») ce calcul est désormais basé « sur des chiffres de 1972 qui étaient complètement périmés ; Les résultats individuels s'avèrent irrationnels et paradoxaux »[56]. Cet amendement bloque toute prise en compte de l'évolution démographique des communautés, « [...] un simple regard sur les chiffres d'appartenance religieuse du recensement de 2010 révèle à quel point ces chiffres [ceux du recensement de 1972] sont erronés par rapport à la situation actuelle »[57]. Le rapport Sachs conclut à la suffisance du scrutin majoritaire plurinominal au regard de l'objectif d'une représentativité communautaire diffuse. Cet objectif atteint, la commission constate qu'« aucune communauté n'est exclue ». L'impact du système des « meilleurs perdants » est donc beaucoup trop infime par rapport aux clivages qu'il apporte : « Le degré de correction de l'équilibre communautaire que le BLS fournit en conséquence tend à être tangentiel plutôt que substantiel [...] le BLS se trouve isolé et bloqué comme une relique inconfortable d'une époque antérieure »[58]. L'obligation de déclaration pourrait alors disparaître en même temps que les 8 sièges mettant fin aux clivages communautaires explicites en matière électorale.

---

55 COLOM (J.), *La Justice constitutionnelle dans les États du Nouveau Commonwealth : Le cas de l'île Maurice*, op. cit., pp. 173-174, pour une référence exacte de l'amendement : The Constitution of Mauritius (amendment n° 2) Act 1982 (n° 36 de 1982).

56 SACHS (A.), TANDON (B. B.) et AHNEE (R.), op. cit., p. 30-31, nous traduisons. Voir en ce sens également, GUNPUTH (R. P.), « Droit électoral. [...] » op. cit., p. 439-440.

57 CHAN LOW (J.), « L'actualité du débat constitutionnel dans la vie politique à l'île Maurice », op. cit., p. 76. Voir également sur l'ancienneté des chiffres communautaires : Republic of Mauritius, *Renewing Democracy, Electoral Reform. [...]*, op. cit., p. 60.

58 Ibid., p. 32, nous traduisons.

La République de Maurice pourrait également faire le choix de réactualiser ses recensements et de faire en sorte que la procédure de nomination ne porte atteinte ni au principe de monotonie, ni au principe de la souveraineté du peuple. Pour cela, il sera impératif d'adopter une définition des communautés totalement différente pour pallier les nombreuses critiques de la Constitution actuelle.

B- Les incohérences de la définition des communautés

La rénovation du best-loser system apparaît théoriquement possible, cependant plusieurs obstacles matériels semblent venir poser des défis d'envergure à la science juridique qui sera chargée de transposer les modifications nécessaires.

Une représentativité communautaire imprécise - Si la République souhaite maintenir cette procédure de représentation communautaire et la perfectionner, il existe de réelles difficultés quant à la définition arbitraire des communautés ainsi qu'aux entités à recenser. Un recensement de 1983 dénombrait 80 sous-groupes religieux et 22 groupes linguistiques[59] : « La notion de minorité souligne ainsi le fait que la catégorisation communautaire institutionnelle ne contient pas toute la réalité du découpage ethnique à Maurice »[60]. Cela est notamment le cas pour la catégorie « Population générale » qui regroupe en réalité une pluralité de groupes : « l'ancienne catégorie de « Blancs », et les individus issus du métissage, « Gens de couleur » et « Créoles »[61]. De même, toute autre personne ne s'identifiant pas à une des trois autres communautés se verra automatiquement rattachée à cette catégorie par défaut[62]. La critique tient ici à ce que la Constitution ne soit pas allée jusqu'au bout de son objectif de représentativité communautaire. En effet, la constitutionnalisation du concept de communauté n'a pas été accompagnée « d'une définition claire et rigoureuse du terme en fonction de critères précis. [...] Aucun critère simple (racial, re-

59 LAU THI KENG (J.-C.), *Interethnicité et politique à l'île Maurice*, op. cit., pp. 2-3, p. 15. Voir également comme illustration de la richesse communautaire FAVOREU (L.), *L'île Maurice*, op. cit.,p. 13 et p. 18.

60 BOUDET (C.), « L'émergence de la démocratie consociative à Maurice (1945-1968) », op. cit., p. 329.

61 Ibid., p. 329.

62 DOOKHY (P.) et SAMBADOO (P.), « Le best-loser : La dangereuse actualisation du communautarisme électoral », précédemment cité.

ligieux, linguistique) ni combinaison de critères ne peut rendre compte d'une telle segmentation »[63].

Une complexe définition de communauté - Une définition des communautés pouvant prétendre à une représentativité respectueuse des libertés individuelles rejoindrait la définition du « pluralisme culturel ». Il s'agirait de l'ensemble des situations « où se sont constitués des groupes dotés de « styles de vie » [...] objets d'une identification « saillante, dominante ». Ce qui est plus précis mais également très proche de la notion de « way of life » développée par la Cour Suprême[64]. D'autres critères s'attachent à l'analyse de ces communautés : « ne dérivant pas de la division du travail social [...] revendiquant un droit à la reproduction garantie de leur style de vie et de leur vue du monde [...] et à la politisation (une participation à la vie politique) [...] ce qui pousse au rejet de la politique d'ignorance des différences (« difference-blind politics ») caractéristique de l'individualisme atomiste et égalitariste »[65]. La Constitution de 1968 a choisi une approche beaucoup plus objective du recensement, visant à imposer des cases préconçues d'appartenance communautaire. Cette logique ne respecte pas réellement la complexité ethnique de la population et peut conduire à imposer des regroupements[66]. Or, si l'on souhaite que la représentativité communautaire soit conforme à la liberté politique de l'individu, celle-ci ne doit pas être fondée sur des recensements arbitraires, mais sur une logique « intérieure » visant à prendre en considération uniquement ce que les individus déclarent. Un recensement, respectueux de l'idéologie démocratique doit alors « se contenter de relever le très grand nombre de catégories mentionnées par les recensés [...] »[67]. Ainsi, le fait que soit imposées quatre communautés, seules susceptibles de prétendre à l'obtention d'un des huit sièges réservés aux meilleurs perdants constitue un « quota perpétuel », difficile à modifier ou abolir et ayant pour « effet de « geler » les clivages ou les rapports de pouvoir existant au moment de leur adoption »[68] d'où la qualification d'archaïque attachée à ce mécanisme. Le rejet

63 LAU THI KENG (J.-C.), *Interethnicité et politique à l'île Maurice*, op. cit., p. 58.

64 Republic of Mauritius, *Renewing Democracy, Electoral Reform. [...]*, op. cit., p. 51. Le rapport cite notamment Carrimkhan v. Lew Chin and others (2000) SCJ 264.

65 LECA (J.), « La démocratie à l'épreuve des pluralismes », RFSP n°2, 1996, p. 234-235.

66 Pour un exemple de modifications communautaires imposées par l'État Russe voir AREL (D.), « Recensement et légitimation nationale en Russie et dans la zone postsoviétique », *Critique internationale n°* 45, 2009/4, p. 29.

67 Ibid., p.29. Voir également sur l'utilisation de critères moins rigides de recensement, NENAD (S.), *Dialogue sur les quotas.[...]*, op. cit., p. 210.

68 NENAD (S.), *Dialogue sur les quotas.[...]*, op. cit., p. 27 et p. 216.

d'une démarche démocratique en 1968 tient à l'existence d'autres considérations dans la construction du régime politique mauricien : la stabilité et la cohérence de la majorité parlementaire. La démarche « intérieure » pose un problème purement technique de réalisation de la représentation communautaire, car « [...] reconnaitre encore plus de communautés ou minorités allait compliquer le problème à un tel point qu'aucun système de protection sur les bases communales fonctionnerait et entraverait l'émergence et le renforcement d'un sentiment mauricien »[69].

Un statu quo condamné - La République se voit cependant invitée à faire évoluer le système actuel, vers une rénovation ou une suppression de la règle. En ce sens, le Comité des droits de l'homme a reconnu, le 31 août 2012, la nécessaire rénovation du système de représentation mauricien actuel : il « demanda à ce que le gouvernement mauricien réactualise les données ethniques du recensement de 1972 utilisées pour choisir les best losers mais aussi de reconsidérer la nécessité de classification ethnique pour les élections »[70]. La déclaration obligatoire d'appartenance à une communauté mal définie et mal recensée a conduit le Comité à déclarer contraire cette obligation au Pacte International relatif aux droits civils et politiques, « il demande à l'État mauricien de faire procéder à un nouveau recensement communautaire dont le dernier datait de 1972 »[71]. Au-delà d'une non-conformité avec les principes internationaux des droits de l'homme, le rapport Sachs indique que ce mécanisme serait également contraire à l'esprit général de la Constitution, celle-ci « consacre les droits politiques sans référence à la communauté ou à la religion »[72]. La Cour suprême elle-même reconnaît les difficultés d'application de cette déclaration obligatoire d'appartenance à une communauté. Elle a alors lancé un appel à la révision constitutionnelle en ce qui concerne l'ancienneté des recensements ethniques dans deux arrêts[73]. L'opportunité d'une révision con-

---

69 AKUNG (M.), « Vie politique et évolution constitutionnelle de Maurice -1958-1968 : les sources du Public Records Office », in *Le développement constitutionnel dans les États du Sud-Ouest de l'Océan Indien*, sous la dir. de COLOM (J.), Presses universitaires d'Aix-Marseille-PUAM, 2013, p. 63.

70 CHAN LOW (J.), « L'actualité du débat constitutionnel dans la vie politique à l'île Maurice », op. cit., p. 80-81. Voir également : Republic of Mauritius, *Renewing Democracy, Electoral Reform. [...]*, op. cit., p.55-56.

71 DOOKHY (P.) et SAMBADOO (P.), « Le best-loser : La dangereuse actualisation du communautarisme électoral », précédemment cité.

72 SACHS (A.), TANDON (B. B.) et AHNEE (R.), op. cit., p.34, nous traduisons.

73 Republic of Mauritius, *Renewing Democracy, Electoral Reform. [...]*, op. cit., p. 50. Le rapport cité notamment: Ex parte Electoral Supervisory Commission (1991) MR 166 at 171-172. Joomun v. Government of Mauritius (2000) SCJ 234.

stitutionnelle apparaît d'autant plus nécessaire que la Cour a considéré les critères de qualification d'une appartenance communautaire comme extrêmement flous dans un autre arrêt (« Carrimkhan v. Lew Chin and others » de 2000) [74] au sujet d'un changement d'appartenance communautaire.

Conclusion

La Constitution n'a donc pas su faire un choix entre l'élaboration d'un système de représentativité communautaire complet et un système de représentativité politique classique. Le fait d'entremêler les deux logiques conduit à un cumul des défauts de chaque système avec l'impossibilité de réparer l'un sans porter atteinte à l'autre. C'est ce constat qui justifie principalement l'étude de deux potentielles évolutions en faveur soit d'un système fondé sur la représentation des communautés, soit sur la représentation des individus.

Si la révision constitutionnelle n'est plus une option, la République de Maurice est obligée de faire un choix : il lui est possible de rénover son système de pluralisme communautaire en adoptant des définitions et critères objectifs, respectueux de la liberté individuelle en matière d'appartenance communautaire. Il lui faudra alors accompagner cette réforme de quelques retouches précédemment évoquées en ce qui concerne l'augmentation de son indice de représentativité.

Le système des meilleurs perdants pourrait tout à fait être maintenu, mais le nombre de sièges devrait varier en fonction du nombre d'appartenances qui serait déclaré dans des recensements plus démocratiques. L'apport de cette nouvelle représentativité, le gain de ce pluralisme culturel, sera cependant rapidement compensé voir minimisé par rapport aux contraintes de stabilité et de cohérence de la majorité parlementaire que ces nouveaux sièges feraient peser sur le système. Il serait alors peut-être préférable de simplement se passer de la règle des meilleurs perdants tout en conservant des mécanismes incitatifs définis formellement, mais par des termes neutres. L'élaboration d'autres solutions visant à rénover le mode de scrutin mauricien se révèle pour le moins complexe, mais extrêmement riche d'enseignements.

Pour assembler correctement les cordages des représentativités individuelle et communautaire de la représentation le nœud du scrutin majoritaire

74 Ibid., p. 50-51.

plurinominal à un tour ne convient pas. Il est possible d'envisager d'autres nœuds capables de retranscrire une complexité des objectifs à synthétiser. En ce sens les scrutins mixtes pourraient offrir de nombreuses réponses. Plusieurs ganses institutionnelles pourraient renforcer la qualité et la cohérence du nœud de la représentation mauricienne. Replier les cordages représentatifs sur eux-mêmes par une stratégie constitutionnelle de type fédérale pourrait offrir de nombreuses opportunités de conciliation entre les différents objectifs de la représentation.

Building a common identity in a multicultural society through electoral rules, the case of Mauritius

Régis Lanneau

If Mauritius is well known for its "best loser system" supposed to ensure an "adequate" representation of the different ethnic group, it is probably not the most effective tool to avoid the tyranny of majority and favor the emergence of the common identity. On that matter, the original and less publicized three-first-past-the-post is probably more relevant and more efficient. The purpose of this paper will be to show that this system is contributing way more to the emergence of a Mauritian identity than the best loser system.

Introduction

Dealing with minorities and the risk of a tyranny of majority is an unescapable constitutional task[1]. For some, this protection will be ensured through declaration of rights and constitutional review, for other through institutional arrangements – and most notably checks and balances, which is probably a less deceptive concept than the separation of power –, and quite often, at least in modern democracies, through the combination of all. Adequate representation of minorities cannot be ignored when the country for which institutions have to be designed is multi-ethnic. Indeed, if majority and minorities are defined through ethnic group (or religious group), ethnic (or religious) tension are likely to appear and could lead, in some dramatic cases, to civil war and genocides. It is difficult to forget what happened in Yugoslavia or Rwanda.

---

1 Alexis de Tocqueville, Democracy in America : "There is no power on earth so worthy of honor in itself or clothed with rights so sacred that I would admit its uncontrolled and all-predominant authority. When I see that the right and the means of absolute command are conferred on any power whatever, be it called a people or a king, an aristocracy or a democracy, a monarchy or a republic, I say there is the germ of tyranny, and I seek to live elsewhere, under other laws". See also Dennis Mueller, Constitutional Democracy, Oxford: Oxford University press, 1996.

Mauritius developed two very unique political arrangement to address the issue.

The first arrangement is often not noticed. It is establishing a system of "three-first-past-the-post" (TFPTP) which is used to designate 60 members of Parliament (out of 70) in 20 mainland constituencies[2]. In that system, voters will choose three candidates in each constituency by crossing boxes in front of their favorite candidates; the three candidates who are obtaining the greatest number of votes will then be elected. 2 more members are elected in and representing Rodrigues. Apparently, this arrangement is not trying to secure minorities rights.

The second one, and probably the most famous, called the "Best Loser System" (BLS)[3] is a type of positive discrimination based on ethnic/religious group. For the purpose of that system, the Constitution is distinguishing between four communities[4]. The first three are positively defined using ethic/religious characteristic: Hindu, Muslim, Sino-Mauritian. The fourth one is "the general population", a community gathering all people who are not belonging to the first three categories. The constitution seems to define communities according to a "way of life" and not to "objective" characteristics since it is possible to wonder if the belonging to one community cannot be considered as purely subjective[5].

Once these 62 members of Parliament are elected, the Electoral Supervisory Commission will designate 8 best losers, member of Parliament. The Constitution is distinguishing two rounds in the allocation of best loser's seats. "The first 4 of the 8 seats shall so far as is possible each be allocated to the most successful unreturned candidate, if any, who is a member of a party and who belongs to the appropriate community, regardless of which party he belongs to"[6]. To establish which is the appropriate community for each allocated seat, the Commission will first compute a ratio of representation equal to the number of persons belonging to a community, using the 1972 census (which is the last taking into account ethnic group) divided by the number of elected members of parliament from that community, to which it is added one. The community obtaining the highest quotient is logically the most under-represented community (or the "appropriate community" mentioned by the constitution). The first best loser seat will then be allocated to the non-elected candidates belonging to the ap-

2 Constitution of Mauritius, first schedule, section 1.
3 Constitution of Mauritius, first schedule, section 5.
4 Constitution of Mauritius, first schedule, section 3 and especially (4).
5 See for example Parvez Carrimkhan v Tin How Lew Chin & Ors, SCJ 264 (2000).
6 Constitution of Mauritius, first schedule, section 5, (3).

propriate community who is a "best loser", meaning who obtained the highest percentage of vote, whatever the constituency. The operation is then repeated for allocating seats 2 to 4.

The second set of 4 seats is allocated in order to correct the "imbalance" that may have occurred from the allocation of the first 4 seats[7]. Let's assume for example that the winning coalition before the best loser allocation obtained a short majority, for example 32 against 30 for the opposition. Let's assume that all the first best loser's seats are allocated to the opposition, then the results of the election are inverted with 34 against 32 for the opposition! Thus, something has to be done because the purpose of the BLS is not to change the results of election but only to ensure an "adequate" representation of each ethnic group. The Constitution's wording is far from being clear regarding this operation: "When the first 4 seats (or as many as possible of those seats) have been allocated, the number of such seats that have been allocated to persons who belong to parties, other than the most successful party, shall be ascertained and so far as is possible that number of seats out of the second 4 seats shall one by one be allocated to the most successful unreturned candidates (if any) belonging both to the most successful party and to the appropriate community, or where there is no unreturned candidate of the appropriate community, to the most successful unreturned candidates belonging to the most successful party, irrespective of community"[8]. The idea is that the pool of best losers is now the pool of non-elected candidates belonging to the party (or the coalition) which won the election. Each seat which has not been allocated to the winning party or coalition in the first round will be allocated in the second round. If the winning coalition obtained 0 seats in the first round, it should obtain all 4 in the second round. If the winning coalition obtained 1 seat, it should obtain 3 in the second round. If the winning coalition obtained 4 seats in the first round, it should not obtain a single one of them in the second. The "appropriate community"[9] will be determined using the same ratio approach as in the first allocation round.

The Constitution is then considering the allocation of some non-allocated seats, the situation in which the ratio of representation is the same between two (or more) communities, etc[10]. However, elaborating on these provisions will not modify the core of the argument presented.

---

7 Constitution of Mauritius, first schedule, section 5, (4.).
8 Ibid.
9 Constitution of Mauritius, first schedule, section 5, (8).
10 Constitution of Mauritius, first schedule, section 5, (5)-(9).

Being a system of positive discrimination, it is often believed that the BLS is a key to secure minorities rights and minorities representation[11]. However, since it is taking into account ethnicity, it could be believed that the BLS might also hamper the emergence of a Mauritian identity by institutionalizing racial discrimination, or, more generally, by being non-compatible with the principles of a modern democracy (including the protection of fundamental rights). For others, it is required to secure minorities rights and minorities representation to allow for the emergence of an identity and the BLS is contributing to that goal[12].

The purpose of this paper will be to show that minorities rights and representation are better ensured through the TFPTP than through the BLS. This appears clearly when an economic approach is adopted to inquire into the consequences of these arrangement. This approach will assume that political parties and candidates are rational and that they will respond to the incentives created by these arrangements. I will show in section I that these two arrangements were especially designed to deal with communalism with a clear consequentialist approach of the problem and that, from that point of view, the BLS is way less effective than the TFPTP. I will then demonstrate in section II that, the TFPTP is also supporting the emergence of a Mauritian identity. The BLS might also play a role in that but is probably a less effective tool.

I. TFPTP or BLS, which is more efficient to deal with communalism?

It is impossible to understand the TFPTP or the BLS without historical contextualization[13]. The history of democracy in Mauritius began in 1885 but was limited: only one-third of the seats were provided through election

11 According to the Constitution of Mauritius, first schedule, section 5, (1), "In order to ensure a fair and adequate representation of each community, there shall be 8 seats in the Assembly, additional to the 62 seats for members representing constituencies, which shall so far as is possible be allocated to persons belonging to parties who have stood as candidates for election as members at the general election but have not been returned as members to represent constituencies". The purpose is thus to ensure the representation of minorities.

12 For some elements, see for example, A. Mahadew, The Best Loser System in Mauritius: An Essential Electoral Tool for Representing Political Minorities, available online: http://www.academia.edu/11482744/The_Best_Loser_System_in_Mauritius_An_Essential_Electoral_Tool_for_Representing_Political_Minorities.

13 For elements, see Shelia Bunwaree, "Economic, Conflicts and Interculturality in a Small State: The Case of Mauritius", Polis 9: 1 (2002); Deborah Braütigam, "Insti-

until 1933, and only French and Creole (male) property owners were allowed to vote until 1926. In 1926, (male) Indo-Mauritian right to vote was recognized. In 1933, the number of seats allocated through election rose to two-third to reach 100% in 1947. With this evolution, Hindus also managed to secured majority both in Parliament and government… it was also the first time that the elite francophone were ousted from power. Mauritius was not yet independent; the governor of Mauritius was still British which probably played a function in lowering communities' tensions. Most Mauritian were indeed considering themselves as Hindu, Muslim, Asian, Creole or French. These tensions picked just before the accession to independence in 1968, with 300 victims (an exceptional outburst considering the history of Mauritius)[14]… This risk was well known by the British rulers and was strengthen by the fact that many "strong" political parties from 1947 to 1968 were community based (like the Muslim Committee of Action, the – Hindu – independent forward block or the – Franco-Creole – Mauritian social democratic Party). Without some checks, independence would offer a boulevard for Hindus to rule the country with a clear subsequent risk of ethnic tensions and economic destabilization[15]. The 1965 constitutional conference in London thus considered the problem and tried to design an electoral system which would lower the risk of a tyranny of the (Hindu) majority (A). This system was not only targeting the risk of a tyranny of majority (which is more or less unescapable in a democracy), it was also trying to do so while incentivizing parties to seek support from all communities (B) and thus build the foundations of a well-functioning democracy.

---

tution, Economic Reform, and Democratic Consolidation in Mauritius", Comparative Politics 30: 45 (1997); Henry Srebnik, "Can an Ethnically-Based Society Succeed? The Case of Mauritius", Contemporary African Study 18: 7 (2000); S. A. de Smith, "Mauritius: Constitutionalism in a Plural Society", Modern Law Review 31: 601 (1968).

14 Arvind Subramanian & Devesh Roy, Who can explain the Mauritian Miracle: Meade, Romer, Sachs or Rodrick, in Dnai Rodrik, In Search of Prosperity: Analytic Narratives on Economic Growth, Princeton: Princeton University Press, 2003, p 207; see also S.A. de Smith, "Mauritius: Constitutionalism in a Plural Society", op cit, p 602.

15 The risk is that Hindu majority will "use its majority power against the numerically weaker groups" (Arvind Subramanian & Devesh Roy, Who can explain the Mauritian Miracle: Meade, Romer, Sachs or Rodrick, op cit, p 207); see also S.A. de Smith, "Mauritius: Constitutionalism in a Plural Society", op cit, p 606.

A. *Lowering the risk of a tyranny of majority*

Tyranny of majority would occur when a majority has the possibility to oppress a minority. This oppression could manifest itself through different rules regarding fiscal law (favoring one group over another), through disproportionate redistribution in favor of one subset of the society at the expense of another subset[16], or through what would be considered as an "abuse" of power in a modern democracy which is also characterized by self-restraint[17]. This tyranny should especially be feared when a society is characterized by heterogeneous group with heterogeneous preferences[18]. If the society is completely homogeneous, there is no such risk of oppression since there is no identifiable minority. The use of power by the majority cannot be considered as an abnormal one in such a situation. If the society comprise different clearly identifiable groups with clearly different preferences, be that ethnic, religious or socio-economic, the risk is materialized through rent seeking behavior, and should be curbed. This was of course the situation of Mauritius before accession to independence since Hindu was by far the largest ethnic group on the island.

At this stage, it is required to stress two things.

First, if it were possible to identify "scientifically" the best course of actions, democracy would not be required, and tyranny of majority would be impossible. Democracy is required when the problem does not have a technical solution. According to public choice theory, it would be a mistake to believe that decisions made by democracies are necessarily for the general interest since this interest cannot really be defined procedurally. The best thing we could do is to lower the sum of two costs, the external cost of a decision (meaning the cost imposed on those who are not in favor of this or that rule) and the cost of decision making (typically the time required to negotiate and adopt a regulation)[19].

Second, more than ethnic, religious or socio-economic groups, it is the heterogeneity in preferences which matters when addressing the problem of a tyranny of majority. This is not to say that all preferences should be "represented" by one member of parliament; as long as the preferences

---

16 All these are mechanism of "rent seeking" as coined in the Public Choice literature.

17 Steven Levitsky & Daniel Ziblatt, How Democracies Die, New York City: Viking, 2018.

18 See especially James Buchanan & Gordon Tullock, The Calculus of Consent, Ann Arbor: Michigan University Press: 1962.

19 James Buchanan & Gordon Tullock, The Calculus of Consent, op cit.

are sufficiently diversified, the probability of a tyranny of majority will be reduced and adding more diversity in preferences will only have a marginal impact on the decision being made at the level of the parliament (through its effect on the bargaining range). Hence, passed a certain threshold the benefit of adding more heterogeneity (lowering the risk of oppression) will not be sufficient to compensate for the cost of heterogeneity (increasing decision-making costs and lowering the coherence of national policies)[20]. Rooting a voting system on ethnic groups is assuming that ethnicity represent a good way to assess the preference of that group. If the diversity of preference is more socio-economic, then taking into account ethnicity is irrelevant to ensure a sufficient heterogeneity of preferences. In the 1960's it was probably relevant to consider that preferences were linked to ethnic group belonging and this is the assumption we will make in the remaining part of this paragraph.

To lower the risk of potential oppression, constitutions are using fundamental rights (to reduce the risk that the majority will remove such rights to a minority), checks and balances (to make sure that no single group could impose their own preferred point), constitutional review (to enforce fundamental rights), forbidding certain actions (takings without compensation for example, or subsidies allocated based on ethnic group) and are also establishing different majority requirement depending on the "external costs" of the decision at stake (for example, it will be harder to amend the constitution than to amend some other law and regulation)[21]. It is also possible to play with electoral rules[22] and it is this aspect which will be developed in that section since the 1965 conference considered many different voting rules before opting for the TFPTP coupled with the BLS. Of course, these electoral rules are just one piece in the design of a system lowering the risk of a tyranny of majority.

The first option considered was to use a first-past-the-post (FPTP) system and the multiplication of the number of constituencies[23], this solution

---

20 See for example, Robert Cooter, The Strategic Constitution, Princeton: Princeton University Press, 2002.

21 See for example Jon Elster, Ulysses and the Sirens: Studies in Rationality and Irrationality, Cambridge: Cambridge University Press, 1998. See also Robert Cooter, The Strategic Constitution, op cit and Dennis Mueller, Constitutional Democracy, op cit.

22 See especially James Buchanan & Gordon Tullock, The Calculus of Consent, op cit.

23 See Deborah Braütigam, "Institution, Economic Reform, and Democratic Consolidation in Mauritius", op cit, 53.

being the one used by the Britishers in their own country. This solution would have led to an overrepresentation of Hindus. Indeed, they would have won most rural constituencies since a majority of Hindus were living there. French elite, representing less than 2% of the population and being dispersed throughout the island would not have been represented and other communities might have been depending on how the borders of constituencies were set. Assuming homogeneity in the repartition of groups, Hindus could even obtain 100% of parliament's seats (since they are representing more than 50% of the population). This risk was too high to seriously consider this system as relevant.

The second option would have been to opt for proportional representation[24]. This solution would also have led Hindus to always secure a majority assuming abstention to be non-existent, probably lower than what would have happen with a FPTP. Indeed, proportionality would then represent each community according to their weight in the community, and since Hindus are constituting the majority, they would also have had the majority in the Parliament which would have led to a majority in government. Under such a system, other ethnic group could have felt deprived of power, especially since a proportional representation would have not forced Hindus to negotiate with other ethnic groups.

The third one was to enact a system under which some seats are "reserved" to certain ethnic communities[25]. This situation would certainly have enabled the representation of all communities according to what was perceived as adequate but would also have crystallized the status quo. Moreover, it would have been possible for a coalition of large communities to obtain and maintain a majority at the expense of minority groups. It would also have been difficult to modify the system to fit the evolution of the relative size of each community.

The fourth option, and the actual system in place in Mauritius, is a combination of the three previous system. The first and second system are combined to obtain some form of proportional voting through a TFPTP. The logic of the last one is followed through the BLS.

24 See Raj Mathur, "Parliamentary Representation of Minority Communities; The Mauritian Experience", Africa Today 44: 61 (1997).

25 See Deborah Braütigam, "Institution, Economic Reform, and Democratic Consolidation in Mauritius", op cit, 53.

In order for the TFPTP to achieve its purpose, it is required to make sure that each constituency is including different ethnic groups[26] so that attracting members from each community would be a relevant strategy for candidates. Under such a system, the purpose is simply to obtain more votes than other candidates, or at least to obtain a sufficient number of votes to figure in the top three. Assuming one candidate per ethnic group, it is clear that this system would lead to obtain the representation of 3 communities, despite the fact that Hindus are representing the majority in one constituency. This would lead to a higher division of power and thus a better protection of the rights of minorities. Assuming more than one candidate per ethnic group representing either different preferences within one ethnic groups, or only the preferences of that ethnic group (which seems to be a rational choice to obtain more than one seat per constituency), things are getting more complex and all will depend on the strategy of the voters. Let's assume that Hindus are heterogeneous in their preferences and that 6 (but the results would be the same for 4) Hindu parties exist while only one party for each other community exists. Let's also assume that non-Hindus are not voting for Hindus. Then, even if Hindus are representing 50% of the voters, nothing is making sure that they will win even a single seat. Indeed, the three other communities will obtain 50% of the vote for each of their respective candidates while Hindu parties will only attract 25% per candidate (if the Hindu group is homogeneous and each Hindu party represents a similar portion of the Hindu group). If Hindus are representing less than 50%, then the same result would be obtained with 3 or less Hindu candidates (because they would only secure less than 50% while the other three candidates representing the three other communities will obtain more than 50% each). If we are assuming the possibility that vote are taking into account other things than ethnicity, then the results of the system are difficult to predict but it is to be expected that a diversity of preferences will be represented in the Parliament which should lead to lower the risk of a tyranny of majority. If we are also considering political party strategies, under-represented communities might have an incentive to join their force.

Contrary to the TFPTP, the BLS, as such, is unable to avoid a tyranny of majority. Assuming that 62 seats are allocated to Hindus, it is not because 4

---

26 The Banwell Commission suggest precisely that: to divide the constituencies evenly between rural and urban areas (see Henry Srebnik, "Can an Ethnically-Based Society Succeed? The Case of Mauritius", op cit, p 11; see also Raj Mathur, "Parliamentary Representation of Minority Communities; The Mauritian Experience", op cit, p 62).

of them will be allocated to other communities that the tyranny will be reduced or that communities will be represented adequately. It is certainly securing, symbolically, some "right to be represented" to all communities, but it would appear as purely cosmetic in its ability to allow the preferences of these communities to really matter.

B. Incentivizing parties to seek support from all communities

To avoid communalism, it is also required to "force" parties to seek support from all communities, a target explicitly considered by the 1965 conference. To secure peace and avoid ethnic strife triggered by election, it would indeed be better to ensure that ruling parties are not only representing their community but the diversity of preferences of voters in Mauritius. Since the independence, it seems to have been the case and logic would point the function of the TFPTP for this result. The BLS is certainly symbolic but cannot force parties to seek support from all communities under reasonable assumptions.

If parties are trying to maximize the number of seats they could obtain in Parliament, the BLS might make sense. Indeed, even if it is possible to secure a (tiny or large) majority of seats in the Parliament, 4 seats are still allocated taking into account ethnicity. To pretend playing a role in this allocation, it is of course relevant to have candidates from different ethnic groups, which means that the party policy cannot be purely in favor of one ethnic group! It is also required to have a sufficient number of candidates from different ethnic groups otherwise the likelihood that one of them will be a best loser will logically decrease (except if the results in each constituency are relatively stable in which case some strategic consideration). Regarding the allocation of the second set of BLS, it is unclear why it would make sense for the winning party to seek ethnic diversity in the candidates it will support since seats are allocated even if the party does not have a best loser from the appropriate community.

If parties are only looking for securing a majority – which is probably more likely –, then the BLS will be irrelevant to them since it cannot give a majority and only moderately increase a majority. Assuming Hindu obtaining 60 out of 62 seats, the remaining 4 seats allocated through the first round to other ethnic group are irrelevant for decision making since the majority is sufficiently clear to rule without considering the opinion of other ethnic groups (except of course if the constitution is requiring some super majority voting on some issues). Assuming even a 32 out of 30 seats, the BLS will not reverse the result of the election and an absolute majority will still be hold by one party and since, except for modifying the constitution, majority is often sufficient, it would not necessarily make sense to look for more seats at the Parliament.

Without any other external constraints, the BLS is thus not incentivizing political parties to seek support from all communities and cannot be at the origin of the relative peace between ethnic group we could observe throughout the history of Mauritius since independence.

The TFPTP system seems to be a way better option to force parties to seek support from all communities and lower the risk of ethnic strife. Indeed, under such a system, and assuming rational voters (voting according to their own preferences without trying to develop strategies), a rational candidate (or party) will seek to secure a sufficient number of votes to be elected (or obtain a majority in the Parliament). In order to do so, playing the card of communities would be quite risky: this strategy would be relevant if and only if two conditions hold. First, the preferences of an ethnic group should be relatively homogeneous and very different from other ethnic groups. If it is not the case, it should appeal to the preferences of a subset of the community and if the preferences of that subset could be shared by other subset of other communities, it would not make sense to only appeal to one community since voters from other communities could be interested. Second, it should be the case that securing the vote of one ethnic group or a sufficiently large subset of that ethnic group would be sufficient to be elected (which will of course depend on the drawing of constituencies). It is probably difficult to meet simultaneously these two conditions if constituencies are cleverly designed or if the party seeks to promote a national policy without too much adaptation of its program to specific constituencies. It is especially unlikely that the preferences of one community are sufficiently homogeneous if the community is sufficiently large since, for example, heterogeneity in socio-economic position, education, etc... will logically increase with the size of the group. In any case, this strategy could only make sense for the largest community (Hindus in the case of Mauritius). To secure power, small communities cannot do without seeking support in other communities, meaning playing the card of preferences heterogeneity and not the ones of ethnic belonging.

It should also be mentioned that the TFPTP could also give some advantage to conservative parties. If voters could not vote for three candidates of their own party and other parties are antagonizing, voting for that party would be a safe option (if nothing is changing for the best – my party is winning – at least it will not change – the conservative party will win). Such a party cannot, of course, play the card of ethnic groups and will only concentrate on voters' preferences. Moreover, in order to ensure the credibility of political promises based on preferences, it would make sense to present candidates from different ethnic groups. Indeed, they will be in position to "control" for any policy made to the detriment of some ethnic groups and not purely based on the preferences announced during the political campaign. If a party is using first preferences to obtain majority and then use that power to secure some privilege for one subset of the society based on the ethnic group of that subset, it is unlikely that they will attract candidates from other communities or even attract the votes of electors from other communities in the next election.

At the end of this section, it clearly appears that TFPTP is a better tool than the BLS to not only lower the risk of a tyranny of majority but also ensure ethnic diversity within the Parliament, even if the TFPTP is apparently not focusing on the representation of ethnic group. This does not mean that "ethnic" party cannot arise or even obtain some seats in the Parliament, but if constituencies are drawn carefully, it should not be the case, or the likelihood that this party will come into power is rather low. The TFPTP is also playing a key function in the emergence and development of a Mauritian identity while the BLS could only symbolically play such a role.

II. TFPTP or BLS, which one is more efficient for the creation of a Mauritian identity?

The electoral system should not be considered as a mere way to incentivize for the development of multi-ethnic parties or merely deal with communalism, it should also be seen as launching a dynamic which will lead to develop trust across communities (A) and from trust to the development of a Mauritian identity (B) and, eventually (and ideally), the eradication of the relevance of communities in politics. It will thus appear that the dynamic effect of electoral arrangements should also be considered, despite the fact that it is often not! Once again, it seems relevant to distinguish between the TFPTP and the BLS… and once again to stress the dynamic efficiency of the TFPTP over the BLS.

1. *Electoral rules and their function regarding the level of trust between communities*

At the essence of communalism (and communalism politics) is the idea that it is better to trust your own kind than to trust others for helping you. A good way to avoid communalism is thus to try to build trust between communities and both the TFPTP and the BLS could play a role in that since, at least, they would avoid group polarization.

From an economic point of view, trust is characterizing the belief that player A has that player B with whom it is playing the cooperation game (typically a prisoner's dilemma) will not seize the opportunity of playing the non-cooperative strategy even though, in the short run, it will increase its payoffs at the expense of player A[27]. In other words, trust is the belief that a player will not choose to behave opportunistically when his action might have an impact on others (who are believing they can trust). For this situation to occur, it is required for a game to be a repeated one (since, in the short run the dominant strategy is the non-cooperative's one), in theory with an infinite or at least unknown horizon (otherwise, backward induction would also lead to choose the non-cooperative option). Axelrod[28] showed that cooperation could emerge out self-interested agents and be the most efficient strategy in a repeated prisoner's dilemma. Binmore[29] used the same logic to explain that reciprocity is the key to understand morality. This trust will be easier to maintain if the non-cooperative behavior could be clearly identified, hence if noncooperation is clearly defined and if players could easily know which option has been chosen by other players. It should also be required to have some punishing mechanism in case the anti-social behavior is chosen[30].

In order to build trust, it is first required to create interactions between different communities. If the BLS is used instrumentally by political parties (simply to maximize the number of parliamentarian seats they could win), they will have to have candidates from other communities than the community primarily targeted. Interaction between communities will then occur within the party. To ensure also that these candidates have a real chance to either be directly elected or elected through the BLS, it will be

---

27 A similar definition could be found in Kaushik Basu, The Republic of Beliefs, Princeton: Princeton University Press, 2018.

28 Robert Axelrod, The Evolution of Cooperation: Revised Edition, NYC: Basic Books, 2006.

29 Ken Binmore, Natural Justice, Oxford: Oxford University Press, 2011.

30 These rules are deriving from basic game theory.

required that the voters from the targeted community will be ready to vote for a candidate from another ethnic group. In other words, the BLS will contribute to the development of trust simply because what should matter at the end is the political party and not the candidate. It should nevertheless be stressed that the BLS is working for "under-represented" communities which means that, at the level of the Parliament, this system is not required to obtain interaction between communities (except if nobody from a specific community is elected).

From that point of view, the BLS is not a required mechanism to allow for interaction since the TFPTP is achieving the same purpose, and probably more efficiently, by incentivizing parties to be multi-ethnic and to seek support from all communities through a focus on individual preferences and not on "ethnic" preferences. It will then lead to interaction within the party and between candidates and voters. It will also force cooperation between different ethnic group at the level of the Parliament.

For trust to be built, it is also required to identify sanction mechanism in case a candidate or a party is playing the non-cooperative behavior. The non-cooperative behavior which is relevant here is to favor one ethnic group over another – which necessarily implies that each community is having homogeneous preferences and that two different communities have very different preferences, otherwise there would be no possibility to identify "ethnic" preferences when a choice is made. Assuming that voters and candidates or elected candidates could easily identify cheating, because they are supposed to belong to one community, both the BLS and the TF-PTP are integrating mechanism to punish defection.

Regarding the BLS, it would be difficult for parties to find candidates if these candidates have to perceive themselves as pure pawn. But it would nevertheless lead the voters from the community targeted by the political party to "trust" the pawn coming from another ethnic group. If they are deceived by the supposed "pawn" then not only the party could not endorse the candidate in the next election, but the candidate will also have lower chance to win assuming that voters have some memory of the past behavior. At the parliament level, playing the card of cooperation is probably the best way to be more influential since it would be easier to secure sufficient support for a bill or an action with members which are trustworthy that with members which are not. This means that trustworthy members would also have the possibility to obtain more than members which are explicitly not ready to cooperate (which could be a political strategy of course).

Regarding the TFPTP, if a party is ending up favoring only one community or a subset of communities at the expense of another or others, they will lose the voters from that "oppressed" community(ies). It will also be more difficult for this party to obtain members from that community(ies). If a member of parliament from one party is choosing ethnic preferences in contradiction to what the party announced, he or she could be sanctioned by the party and might lose some support in his or her constituency... a sanction in general sufficient to ensure cooperative behavior.

It thus appears that both TFPTP and BLS are offering the conditions for the emergence of trust between different communities. However, the BLS does not appear to be required, except if one community is not at all represented in the Parliament. Of course, trust between communities will be built and strengthen through repeated interaction and not as soon as such electoral arrangements are adopted. In other words, for trust to emerge between communities, it is required for governing parties or parties pretending to govern, to focus on preferences or Mauritian and not preferences of some communities of Maurice.

2. *From trust to the creation of an identity, the dynamic efficiency of electoral arrangements*

"Identity" is probably one of the most difficult concepts to define. If identity refers to homogeneity of all preferences, then no heterogeneous country could meaningfully use that term (or maybe federal countries if heterogeneity concerns mostly the provision of goods with local characteristics and not the provision of pure public goods). If identity refers only to a geographical location, then the concept is probably pointless and certainly not a problem. Identity will be here used in a specific sense: as long as most members of the community are considering that elected candidates and ruling parties are "legitimate" even if they are not necessarily favoring their preferred policy, so as long as some "core values" are respected (which is a form of homogeneous preferences), it is possible to consider that the community is not just a patchwork of communities but that it has an identity. In a way, this is an extension of the type of trust considered in the previous paragraph, now trust is referring to the belief that a voter of candidate A is believing that candidate B, once elected, will not use his power to blatantly favor one subset of the society which is voting for candidate B, and will respect some "core values", including respect for all communities. It will thus have to engage in self-restraint.

The TFPTP is inherently favoring the emergence of a Mauritian identity since it is focusing on preferences which could be found in different communities if not all communities (hence avoiding group polarization). Self-restraint regarding the opportunity to favor one community over another will also be ensured: not only will it be expected that the party's members from that community will voice and threaten to exit, but this strategy will destroy the mere foundation of a multi-ethnic party. If only preferences are considered by parties, then they will target the median voter (or the political space in which the median voter is to be expected) in Mauritius whatever his or her preferences and not the median voter of one specific community. They will thus address the Mauritians and polarization will be avoided… which was exactly the purpose of this electoral arrangement.

This narrative could "explain" (or be part of the explanation) why, in Mauritius, parties targeting one specific community are in general not well considered by Mauritian. According to the World bank[31], it seems that Mauritian government are promoting broad base growth and redistribution over ethnic preferences which is making perfect sense under the narrative presented. Subramanian & Roy are stressing "a genuine consensus among major political parties on the rules of attaining, exercising, and relinquishing power"[32].

It could also explain why, for some Mauritian, the BLS is not making any more sense since by focusing on the representation of communities it would be against the principle of "mauritianism"[33]. The idea behind this reasoning is that Mauritian should first be Mauritian and then belong to "communities" which are not only defined by ethnic groups, religion, sexual orientation or socio-economic characteristics[34]. However, if Mauritianism is in part defined by tolerance and trust between different communities, it is only through a large majority that the BLS could be modified or abandoned. Indeed, a modification of this system which is supposed to ensure minimal representation of all ethnic groups could be perceived as an attack against small minorities which are perceiving the BLS as a way to "protect" them.

---

31 See for example https://www.worldbank.org/en/country/mauritius/overview.

32 Arvind Subramanian & Devesh Roy, Who can explain the Mauritian Miracle: Meade, Romer, Sachs or Rodrick, op cit, p 208.

33 See for some development A. Mahadew, The Best Loser System in Mauritius: An Essential Electoral Tool for Representing Political Minorities, op cit.

34 This approach is not without appeal for a French since it is matching what is at the heart of the French concept of "Laicité".

III. Conclusion

Contrary to what is often said, the TFPTP is probably a better mechanism to ensure the protection of minorities than the BLS since it is achieving everything that the BLS is trying to achieve, except in the case in which one community did not secure a seat through the TFPTP. And even in such a situation, it is unclear why this community should feel threatened because it does not have any "representative" in the Parliament. Indeed, this community could consider that their preferences are sufficiently represented by other political parties and candidates or could simply consider that community is a relevant parameter to choose a representative.

In order for the narrative presented in this paper to be tested, it should be possible to observe how political parties evolved after the introduction of a mechanism like the TFPTP with an adequate drawing of constituencies. Unfortunately, no other country tried to copy Mauritius... and considering the risk of group polarization in many African country it is possible to wonder if some should not transplant Mauritian electoral arrangements in their own country.

List of Contributors

Joelle Barnes,
BA LL.B (UCT), LL.M (UMichigan) is a Ph.D candidate with the University of Cape Town in the Department of Public Law, executive assistant to the Chief Justice of Seychelles and lecturer in Public Law at the University of Seychelles.

Rémi Barrué-Belou,
Assistant Professor (Maître de conférences), Centre de Recherche Juridique (E.A. 14), University of La Réunion, Faculty of Law and Economics, President of the section « Countries of the Indian Ocean » of the Comparative Legislation Society (Société de législation comparée, Paris, France)

Didier Blanc
Professeur de droit public à l'Université Toulouse I Capitole, membre de l'Institut de Recherche en Droit Européen, International et Comparé (IRDEIC).

Satyajit Boolell,
Director of Public Prosecutions Mauritius

Jocelyn Chan Low,
Associate Professor, History and Political Science, Université de Maurice. Ancien Doyen de la Faculté des Sciences Sociales et Humaines de l' Université de Maurice à la retraite. Ancien Directeur du Centre Culturel Mauricien, il fut aussi membre du Bureau du Comité Scientifique international de la Route de L'Esclave de L'Unesco.

Michel Charasse,
Member of the French Constitutional Council, Former Finance Minister in France

Jacques Colom,
Associate professor in public law, University of La Reunion, expert in comparative constitutional justice and health law, State doctorate-HDR (Docteur d'Etat Aix en Provence) in public law.

Pierre Rosario Domingue,
Chief Executive Officer of the Mauritius Law Reform Commission since October 2006. Prior to assuming office at the Commission, he was a Law Academic at the University of Mauritius and has been Head of the Department of Law. Mr. Domingue has also practiced as barrister.

Michael Eichberger,
Justice at the Federal Constitutional Court of Germany, professor for environmental law at the Eberhard Karls University Tübingen.

Yves Goguen,
Professeur adjoint à la Faculté de droit de l'Université de Moncton, au Canada.

Arvin Halkhoree,
Barrister called to the bar of the Republic of Mauritius in 2008, presently Senior Associate at Juristconsult Chambers, a tier 1 business law firm. He also sits on the Bar Council (2017, 2018). PhD candidate at Univesité Paris Nanterre.

Christian Kohler,
Former Director General at the Court of Justice of the European Union, *Honorarprofessor* at the Europa-Institut, Saarland University, Germany.

Odile Lim Tung,
has been a lecturer of the Department of Law of the University of Mauritius from 1996 to 2012. She completed two post-doctoral research fellowships at North-West University (Potchefstroom Campus) and at the University of the Witwatersrand (Wits) (Mandela Institute, School of Law) in South Africa from 2012 to 2018 and is currently an "Extraordinary Research Fellow" at the North West University (Potchefstroom Campus).

Dominique Lottin,
Member of the French Constitutional Council

Johannes Masing,
Justice of the Federal Constitutional Court of Germany since 2008 and Professor of Constitutional Law at the University of Freiburg.

Milan JN Meetarbhan,
Barrister in Public Law, adviser to government, regulator and Ambassador to the United Nations. He is the author of "Constitutional Law of Mauritius- Constitution of Mauritius with Commentaries ".

Aurélie Mendoza Spinola,
Ph.D in Public Law. She is specialized in Human Rights and Environmental Law, and she works with the CERAP of the University of Paris 13-Sorbonne-Paris.

Didier Michel,
PhD in Public law Réunion University and Lecturer at the Faculty of Law and Management, University of Mauritius where he teaches Constitutional law, Criminal law, Criminal procedure and the law of Evidence. His research is focused on Slavery, Reparations and Historical wrongs in Mauritius.

Varsha Mooneeram Chadee,
Chargée de cours (lecturer), Département de Droit, Faculté de Droit et Gestion de l'Université de Maurice.

Jean Eric Rakotoarisoa,
Président de la Haute Cour Constitutionnelle de Madagascar.

Romain Ollard,
Agrégé des facultés de droit, Professeur à l'Université de Poitiers.

Kerstin Peglow,
Professor at the University of Paris Nanterre in the French-German Curriculum of Legal Studies. Member of the Pluridisciplinary and Multilingual Research Center (CRPM).

Josselin Rio,
PhD student in public law at the University of La Reunion.

Stephanie Rohlfing-Dijoux,
Professor at the University Paris Nanterre since 2008 and since 1994 Lawyer at the Paris (France) and Munich (Germany) Bar.

Marie Rossier,
LL.M. (Beijing), Master in comparative European law and business law, doctoral candidate at Paris Nanterre and University of Potsdam; research assistance for Prof. T. Bezzenberger, civil law, University of Potsdam.

Victoria Roux,
LLM in French and German law at the University Paris Nanterre and University of Potsdam and Dresden, LL.M. Study program "Oil and Gas Law" at the University of Aberdeen / Scotland. She is currently PhD candidate with the Universities of Paris Nanterre and Dresden and Senior Researcher at the Foundation for Environmental Energy Law "Stiftung Umweltenergierecht" in Würzburg / Germany since January 2018.

Götz Schulze,
Professor at the University Potsdam for Civil Law, European Law, Private International Law, International Procedural Law, Comparative Law.

Vittiyaiye Teeroovengadum,
PhD candidate in International Public Law at University Paris Nanterre.

Mathilda Twomey,
is graduated from the University of Kent at Canterbury with a BA in English and French Law in 1986 and a Diplôme de Droit Français from the Université de Paris-Sud in 1985. She was admitted to the Bar of England and Wales in 1987 and practiced in Seychelles as a barrister. She graduated with an LLM in Public Law and subsequently a PhD in comparative aw from the National University of Ireland, Galway. She was appointed judge on the Seychelles Court of Appeal in 2011 and Chief Justice in 2015.

Charles Walleit,
PhD student at the University of Paris Nanterre (France). Graduated of a Master of Law, trilingual studies in Germany, France and India with a specialization on business, private, labor and family laws.